Josef Thaller

Die baden-württembergische Meisterküche

Josef Thaller
Meistervereinigung Gastronom

DIE
BADEN-WÜRTTEMBERGISCHE
MEISTERKÜCHE

407 Rezepte von 120 badischen und schwäbischen Küchenmeistern
44 Farbaufnahmen von Edith Gerlach

2. Auflage

HUGO MATTHAES DRUCKEREI UND VERLAG
GMBH & CO. KG

ISBN 3-87516-605-1

Umschlagbild: Studio 4 D, Stuttgart; Konzeption Josef Thaller
Fotos: Fotostudio Gerlach, Frankfurt am Main

© 1990 by Hugo Matthaes Druckerei und Verlag GmbH & Co. KG, Stuttgart
Printed in Germany
Gesamtherstellung: Hugo Matthaes Druckerei und Verlag GmbH & Co. KG, Stuttgart

INHALTSVERZEICHNIS

Alle Rezepte sind, soweit nicht anders angegeben, für vier Personen berechnet.

Dieses erste gemeinsame Werk
badischer und schwäbischer Küchenmeister
ist den beiden Altmeistern
der klassischen Kochkunst in Deutschland
Rudolf Katzenberger und Karl Brunnengräber
gewidmet.

Allen beteiligten Küchenmeistern danke
ich herzlich für ihre kreativen Beiträge.
Ein besonderer Dank geht an
Jörg Ebermann
Eugen Heubach
Walter Hofmann
August Kottmann
und
Dieter Wägerle
für ihren fachlichen Beistand,
an
Albert Bouley
für die Nutzung seiner Ausarbeitungen
im Kapitel „Fachliche Hinweise"
und an
Karl Knipp
sowie die Allgemeine Rentenanstalt Stuttgart
für die Bereitstellung des Vorstands-Kasinos,
in dem die Aufnahmen für dieses Buch
entstanden sind.

Josef Thaller

Noch heute sind deutsche Köche stolz auf einen der ihren: Es ist Alfred Walterspiel, der die Tradition des großen französischen Meisters Escoffier mit seiner eigenen Vorliebe für gutes Essen aufs schönste kombinierte. Walterspiel, in Baden-Baden geboren, hat niedergeschrieben, welches die Ursprünge seiner Kochkunst waren: „Der Faden, der durch mein Werk geht", so heißt es in seinen Erinnerungen, „ist höchste Schule aus Frankreich."

Das gilt bis zu einem gewissen Grad sicher auch für die badischen und schwäbischen Köche, die in dem vorliegenden Buch ihre Rezepte vorstellen. Sie beweisen damit aber auch, daß sich in Baden-Württemberg eine eigenständige Küche von internationalem Renommee entwickelt hat. Denn Kochen ist mehr, als lediglich die klassischen Rezepturen berühmter Meisterköche nachzuahmen: Kochen wird Auge und Gaumen nur entzücken, wenn talentierte und kreative Meister ihres Fachs mit Freude immer wieder neue Gerichte komponieren.

Ich habe dieses Wort aus der Sprache der Musik gewählt, weil ich weiß, daß jedes Menü bis ins kleinste vorhergeplant werden muß. Zutaten von ausgesuchter Qualität, Sorgfalt und Raffinesse bei der Zubereitung, eine ansprechende Präsentation und Weine, die mit den Speisen harmonieren – all das macht aus der Alltagsküche erst eine Küche der Spitzenklasse. Wenn dazu noch die regionale Komponente mit regionalen Produkten kommt, dann entsteht das, was „die baden-württembergische Meisterküche" weit über die Grenzen unseres Bundeslandes hinaus mit Recht so berühmt macht.

Unsere badischen und schwäbischen Köche haben sich mit Talent, Kreativität und handwerklichem Können an die Spitze der deutschen Küche gekocht. Ich freue mich, daß sie mit diesem Buch ihr Können und ihre reiche Erfahrung weitergeben. Sie werden auf ein begeistertes Publikum treffen.

Lothar Späth
Ministerpräsident des Landes Baden-Württemberg

ZAUBERER DER KÜCHE

VORWORT

Auf die Kochkunst allein ist daher jener berühmte Ausspruch des Horaz anzuwenden, den man so oft von den ganz nutzlosen und ganz einseitig schönen Künsten der Poesie und Malerei hat verstehen wollen; nämlich dieser: „Vermische Nützlichkeit mit Anmut."

Karl Friedrich von Rumohr:
„Geist der Kochkunst" (1822)

Zauberer der Küche heißt die nebenstehende, wirklich zauberhafte Radierung von Simon Dittrich, und man glaubt diesem jungen Manne, der so anmutig, wenn auch nicht ganz korrekt gekleidet, mit Bratpfannen, Hummern, Poularden und Torten jongliert, daß er ein Zauberer der Küche ist. Und wie bei allen Zauberern ist ihm nichts von dem Schweiß anzumerken, den die Götter vor das Können gesetzt haben.

Zauberern und Köchen ist gemeinsam, daß der größte Teil ihrer Arbeit in der Vorbereitung liegt und daß die für das Gelingen unerläßliche, sorgfältige handwerkliche Arbeit kein Mensch sieht, weil jeder fasziniert auf das Ergebnis starrt. Andererseits beschert kaum ein Beruf, Operntenöre, Dirigenten und Hochseilartisten ausgenommen, ein so unmittelbares Erfolgserlebnis.

Einen Unterschied gibt es allerdings. Während der Zauberer mit immer denselben Requisiten arbeitet, tut der Koch dies mit täglich wechselnden Produkten. Weshalb dem Einkauf eine zentrale Rolle zukommt. Fernand Point, der berühmte französische Koch, hat den Einkauf sogar an den Anfang jeder Kochkunst gestellt, und der bekannte Filmregisseur und Feinschmecker Claude Chabrol antwortete einmal auf die Frage, warum seine Frau zweimal täglich auf dem Markt einkaufe: „Wir essen ja auch zweimal am Tag." Ein nicht zu übersehender Hinweis, daß für jede gute Küche neben der Qualität der Produkte, die sie verwendet, deren Frische am wichtigsten ist.

Die gute badische und gute schwäbische Küche war deshalb immer auch eine Küche der heimischen Märkte, deren Angebot erfreulicherweise von Jahr zu Jahr größer und vielfältiger geworden ist und die zunehmend wieder von selbstvermarktenden Bauern und Kleingärtnern beschickt werden.

Montaigne, der 1580 auf seiner Reise nach Italien unter anderem in Konstanz, Lindau und Augsburg Station machte, schrieb damals in sein Tagebuch, daß

die Küche des französischen Adels kaum gegen die guter süddeutscher Gasthäuser aufkommen könne.

Dies war zu einer Zeit, als die französische Küche noch nicht den Rang innehatte, der ihr später zukommen sollte, ja sogar noch als recht derb galt, andererseits in den herzoglichen Lustgärten Stuttgarts schon Spargelbeete angelegt wurden und bereits vierzig Jahre vorher in Ulm und Augsburg Artischocken angebaut worden waren, während man sie in Frankreich zu der Zeit kaum kannte.

Bekanntlich hat erst Katharina von Medici mit Hilfe ihrer italienischen Köche begonnen, die zur ihrer Zeit noch recht deftige Pariser Küche zu reformieren, und somit den Grundstein für die spätere Grande Cuisine Frankreichs gelegt.

Seit den Zeiten eines Apicius und Cato wird die Kultur einer Nation nicht nur an ihrer Dichtkunst, ihrer Musik und ihren bildenden Künsten, sondern auch an ihrer Küche gemessen.

Die Franzosen waren die ersten, die erkannten, daß die Gastronomie eines Landes auch ihr bestes Aushängeschild ist, und nicht wenige ihrer Galionsfiguren, allen voran Paul Bocuse, setzen dies von Tokio bis Disneyland hervorragend um.

Die baden-württembergische Meisterküche, wie sie sich in diesem Buch mit über vierhundert Rezepten, beigetragen von 120 badischen und schwäbischen Küchenmeistern, darstellt, ist keine Bestandsaufnahme, ist nur ein Querschnitt, eine Bodenprobe dessen, was an Kreativität und Talenten hierzulande vorhanden ist. Sie spiegelt das gastronomische Leistungsvermögen zweier Regionen wider, die zu den fruchtbarsten und schönsten in Mitteleuropa gehören und deren Küche zu den besten in Deutschland zählt.

Der Glanz der Namen ihrer Protagonisten, angefangen bei dem Doyen der deutschen Köche und Grandseigneur der badischen Küche, Rudolf Katzenberger, steht dem der großen Namen ihrer französischen und Schweizer Freunde in nichts nach.

VORSPEISEN UND SALATE

*Die Feinschmeckerei ist eine leidenschaftliche
begründete und gewohnheitsmäßige Vorliebe
für Dinge, welche dem Schmackssinn
schmeicheln.*

Brillat-Savarin

„Die Deutschen können alles, nur keinen Salat machen", soll der Verfasser der „Physiologie des guten Geschmacks", Brillat-Savarin, einmal gesagt haben. In der Tat scheint uns hierzulande die mediterrane Leichthändigkeit zu fehlen, mit der selbst in den unscheinbarsten Trattorias und einfachsten Bistros auch der simpelste Salat zum kulinarischen Erlebnis wird. Es mag an den Produkten liegen, es mag auch daran liegen, daß die alte spanische Regel, mit Öl ein Verschwender und mit Essig ein Geizhals zu sein, dort mehr beherzigt wird als bei uns, vielleicht ist es aber auch nur die Unbekümmertheit, mit der die Köche der Mittelmeerländer ans Werk gehen, die den Ausschlag gibt.

In Frankreich waren Salate immer schon Vorspeisen. Nicht nur in der einfachen Gastronomie, auch in der Grande Cuisine. Wobei in der letzteren es die sogenannten zusammengesetzten Salate, wie der Salat Landaise etwa, eine Komposition aus Frisée, Lachs, Gänseleber, Bohnen und Trüffel, oder auch der Salat Grand Veneur mit Fasanenbrust und Staudensellerie und andere mehr, sind, die zum festen Bestand des Vorspeisenregisters gehören.

In der regionalen deutschen Küche gibt es keine Vorspeisen. Das hängt mit der unterschiedlichen Lebensweise zusammen. Wo – wenn sich das inzwischen auch geändert haben mag – es vormittags ein Vesper, ein z'Nüne oder eine Brotzeit gibt, ist mittags kein Platz für Horsd'œuvre, Antipasti oder Tapas. Die Vorspeisen, die es auf den Karten manch bürgerlicher Lokale gab und zum Teil noch gibt, Sardinen mit Zwiebelringen oder Horsd'œuvre-Teller mit Tatar-Keilchen, gefüllten Tomaten, russischem Salat und Spargelspitzen aus der Dose, sind genausowenig als Vorspeisen anzusehen wie jener andere Magenfüller aus vergangenen Zeiten, das Restaurationsbrot. Eher schon als selbständige Imbisse, und

so werden sie auch gegessen. Mit der Nouvelle Cuisine hat sich eine Abkehr auch von den bis dahin oft überdekorativen und nicht selten kalorienträchtigen Vorspeisen klassischer Prägung im Stil der Küche Carêmes und Escoffiers, von ihren Kritikern auch Architektenküche genannt, vollzogen. Die neuen Vorspeisen sind nicht nur leichter, sie lassen auch der Phantasie der Köche mehr Spielraum und beziehen, vor allem in der neuen deutschen Küche, regionale Elemente stärker als bisher ein. Heimische Blattsalate wie Löwenzahn- oder Feldsalat, altschwäbisch-alemannische Gemüse wie Linsen, wild wachsende Kräuter und Blattpflanzen wie Bärlauch, mit kurzgebratenen Innereien, Geflügel oder Fisch, in aromatisch leichten Vinaigrettes zu lauwarmen Salaten angerichtet, kleine Maultaschen mit den unterschiedlichsten Füllungen in schaumigen Sabayons, luftige Mousses, neuartige Sülzen und die ganze Bandbreite der Terrinen und Confits.

Auf die munterste Weise mischt sich Neues mit Altem, Fremdländisches mit Landestypischem.

Lediglich die aufwendigen Pasteten, ob blindgebacken und gefüllt oder in der Teigkruste, die Darioles (Becherpasteten), die Chaudfroids, die Fondants (Schmelzkrusteln) und einiges andere mehr scheinen auf der Strecke geblieben.

Mit dem „Amuse-gueule", dem Gaumenkitzler, der die Wartezeit bis zum ersten Gang vertreiben soll, hat die Neue Küche dafür der Vorspeise einen kleinen Bruder zur Seite gestellt, mit dem sich die vergnüglichsten Kapriolen schlagen lassen.

Wenn die Neue Küche frischer, leichter und, wenn man so sagen kann, farbiger geworden ist, als ihre Vorgängerin es war, dann haben besonders zu letzterem die neuen Vorspeisen nicht unwesentlich beigetragen.

Rezept Seite 16: Jakobsmuscheln im Reisblatt, Siegfried Keck

Wachtelbrüstchenterrine mit Gänseleber

Heinz Bernardis
Hotel Adler, Asperg

7 Wachteln à 180 g, 2 Poulardenbrüstchen (zusammen 300 g), Pfeffer aus der Mühle, Salz, alter roter Portwein, 300 g Gänseleber, Armagnac, 200 g Röstgemüse, bestehend aus: Schalotten, weißem Lauch, wenig Sellerie, Möhrchen; 1 Thymianzweig, 1 Rosmarinzweig, 1 kleines Lorbeerblatt, 1 Nelke, ¼ l Sahne, Pastetengewürz, dünne Speckscheiben zum Auslegen der Form (so dünn wie möglich), 50 g Pistazien, 40 g Trüffeln

Die Form füt die Terrine sollte möglichst lang und schlank sein und ein Fassungsvermögen von 1 l haben.
Wachteln ausbeinen, Brüstchen (ohne Haut) sehr kurz schließen, d. h. in heiße Brühe tauchen, mit Salz, Pfeffer würzen und mit Portwein beträufeln. Restliches Fleisch und Haut mit Salz würzen, durch den Wolf drehen und kalt stellen. Gänseleber putzen, mit Salz, Pfeffer aus der Mühle, Armagnac und Portwein marinieren. Aus den Knochen, dem Röstgemüse und den Gewürzen einen kurzen Fond herstellen, zu Glace einkochen, mit Portwein und Armagnac abschmecken, kalt stellen. Das durch den Wolf gedrehte Fleisch, 100 g Gänseleber sowie die Gänseleberabgänge in den Mixer geben und dabei die gekühlte Sahne und die ebenfalls gekühlte Glace in kleinen Mengen zugeben. Die Farce mit Pastetengewürz abschmecken, durch ein Sieb streichen und kalt stellen. Pastetenform mit den Speckscheiben so auslegen, daß sie überstehen und man nach dem Füllen die Form damit schließen kann. Nun die Form ½ cm dick mit Farce ausstreichen, Pistazien einstreuen, 7 Brusthälften einlegen, dünn mit Farce bestreichen, die Hälfte der Trüffelwürfel und die Gänseleber einlegen, darauf etwas Farce und die restlichen Trüffelwürfel geben und sodann die anderen 7 Brusthälften einlegen. Das Ganze mit Farce abschließen, den übersten Speck satt darüberlegen, mit einem Deckel gut verschließen und etwa 40 bis 50 Min. bei 95 Grad im Steamer oder Wasserbad garen. Ein goldgelbes Quittenmus natur und ein kleiner Salat mit Nußöl passen sehr gut dazu.

Anmerkung: Um sicher festzustellen, ob die Terrine fertig ist, kann man mit einer dünnen Stricknadel oder ähnlichem in die Mitte der Terrine einstechen, um so die Temperatur festzustellen.
Die muß bei dieser Terrine so sein, daß die Nadel, wenn man sie an die Lippen führt, gut warm ist. Es ist auch wichtig, daß die Gänseleber stark gekühlt eingelegt wird, damit sie möglichst kein Fett abscheidet.
Deshalb muß die Terrine nach dem Garen sogleich in Eiswasser abgekühlt werden.

Wildententerrine auf Schlehensauce

Manfred Schwarz-Bosch
Sontheimer Wirtshäusle
Steinheim

1 Wildente, 80 g Schweinefleisch, 120 g frischer Speck, abgeriebene Schale von ½ Orange und ½ Zitrone, 1 Zweig frischer Rosmarin oder Salbei, 1 EL Pflanzenfett, 1 cl gelierter Wildgeflügelfond, 3 Wacholderbeeren (zerdrückt), Beifuß, 2 cl Orangensaft, 10 cl flüssige Sahne, 50 g Schlehen, 2 EL Orangensaft.

Die Wildente zerlegen, die Entenbrüste anbraten, herausnehmen und den Bratensatz mit Orangensaft und Wildfond ablöschen. Die Gewürze dazugeben und dickflüssig einkochen. Die Brüste beiseite legen und mit der Sauce überziehen. Das ausgelöste Wildentenfleisch mit dem Schweinefleisch und dem Speck zweimal durch den Fleischwolf drehen. Kühl stellen. Die Sahne unterarbeiten und durch ein Sieb streichen. Die Terrinenform mit Speckplatten auslegen und die Hälfte der Farce einfüllen. Die Brüste einlegen und mit der restlichen Farce auffüllen. Mit dem Speck verschließen und im Wasserbad 40 Min. bei 80 Grad Wassertemperatur garen.
Die gewaschenen Schlehen mit Zucker und Orangensaft kochen. Nach dem Auskühlen die Terrine in Scheiben schneiden und die Schlehensauce extra reichen.

Anmerkung: Die Schlehen im Herbst sammeln und in Obstwasser einlegen. Nach einigen Monaten hat man Schlehenlikör.

Lammkuttelterrine an Calvadoscreme mit kleinem Salat von Frühlingszwiebeln und Schafskäse

August Kottmann
Gasthof-Restaurant Hirsch
Bad Ditzenbach-Gosbach

300 g schieres Lammfleisch (sauber pariert), 150 g grüner Speck, 0,8 dl Sahne, 1 Ei, 2 EL blanchierte Paprikabrunoise (kleingewürfelte rote und gelbe Paprika), 300 g Milchlammkutteln (weich gegart und hauchdünn geschnitten), 1 Sträußchen frische Minze und Petersilie (für den Kräuterfarcemantel), Salz, weißer Pfeffer. 2 cl Calvados, Prise Pökelsalz für Farce.

Die Milchlammkutteln in einem öfter gewechselten Kochfond sehr weich garen (etwa 3 bis 4 Std. oder auch länger). Dem letzten Garfond etwas Weißwein und Wurzelgemüse zugeben sowie etwas Salz. Die erkalteten Kaldaunen in sehr feine Streifen schneiden und mit Calvados marinieren.

Das kalte, über Nacht marinierte Lammfleisch und den gefrorenen grünen Speck wolfen und im kalten Blitz (Moulinette) mit Zugabe der angefrorenen Sahne eine cremige Farce herstellen.

2 Eßlöffel feingehackte Minze und Petersilie sowie etwas Petersilienmatte (Saft von blanchierter, pürierter Petersilie) mit 3 Eßlöffel fertiger Farce mengen und davon für die Kuttelterrine einen Kräutermantel einstreichen. Die fertige Farce mit den marinierten Kutteln und den blanchierten Paprikawürfeln mengen, mittels Spritzbeutel in die vorbereitete Terrinenform füllen, verschließen und bei 80 Grad 35 Min. garen.

Calvadoscreme:
2 EL Sauerrahm, 1 säuerlichen Apfel, 0,5 cl Calvados.

Geschälten und entkernten Apfel in kleine Würfel schneiden, mit dem leicht gesalzenen, gezuckerten und mit Zitronensaft gesäuerten Sauerrahm vermengen. Je nach Geschmack 0,5 cl Calvados der Sauce zugeben.

Frühlingszwiebelsalat mit Schafskäse:
1 Sträußchen Frühlingszwiebeln, Olivenöl, Balsamicoessig, Msp. Honig, Msp. Kornsenf, 1 EL Schafskäse.

Sauber gewaschene und geputzte Frühlingszwiebeln in kleine Scheiben schneiden, mit Marinade von Olivenöl, Balsamicoessig, Honig, Kornsenf und Salz würzen.

Schafskäse fein zerbröseln und beim Anrichten über den Salat streuen.

Von der Lammkuttelterrine 2 Scheiben schneiden, gefällig auf einen Teller legen und darauf den Salat anrichten und mit dem zerbröselten Schafskäse bestreuen.

Frischkäse-Terrine mit Kalbshirn an Zucchinicreme mit Früchte-Vollkorn-Salat

Werner Prechtl
Psychiatrisches Landeskrankenhaus Winnenden

½ l trockener Weißwein, ½ l Wasser, 300 g Kalbshirn (nach dem Putzen und Garen etwa 180 g), 200 g Frischkäse, 100 g Crème fraîche, 100 g Joghurt, Salz, Pfeffer, 1 cl Portwein, 5 Blatt Gelatine, 1 kleines Bund Kerbel, 1 Apfel, 1 Birne.

Das ganze geputzte Kalbshirn am Stück in einem gesalzenen Weißweinwasser pochieren, auskühlen und mit Küchenkrepp abtrocknen.

Frischkäse, Crème fraîche und Joghurt leicht erwärmen, so daß sich darin die in kaltem Wasser eingeweichte Blattgelatine löst. Die Frischkäsemasse mit Salz, Pfeffer und trockenem Portwein abschmecken und mit frisch gezupften Kerbelblättchen vermengen. Eine Terrinenform mit Klarsichtfolie auslegen und die jetzt leicht angestockte Frischkäsemasse einstreichen.

Schichtweise zwischen die Masse das gekühlte und abgetrocknete Kalbshirn einlegen. Im Kühlschrank die Terrine erkalten lassen.

Zucchinicreme:
Kleine geputzte Zucchini mit weißem Port, etwas frischem Knoblauch, Salz, Pfeffer und Crème fraîche pürieren.

Früchte-Vollkorn-Salat:
Apfel und feste Birne grob raspeln und sofort mit etwas Sauerrahm marinieren. Nüsse, Pistazien, Sonnenblumenkerne, Kürbiskerne, gebrochener Buchweizen, Haferflocken und dergleichen können beliebig unter den Salat gemengt werden.

Hopfensprossen-terrine mit Kaninchenleber

Siegfried Keck
Hotel am Schloßgarten
Stuttgart

Farce:
150 g schieres Hähnchenfleisch (ohne Fett und Haut gegart), 100 g Hopfensprossen, blanchiert und abgetrocknet, 80 g krause Petersilie, 1 EL Crème double, 2 EL Nußöl, 1 EL Zitronensaft, 2 Eiweiß, steif geschlagen, Salz, Pfeffer, Aspik aus ½ l Kalbsfond und 8 Gelatineblätter.

Einlage:
200 g blanchierte Hopfensprossen, abgetrocknet, 200 g rosa gebratene Kaninchenleber in Stücken.

Alle Zutaten für die Farce fein pürieren, mit Salz und Pfeffer abschmecken, das steifgeschlagene Eiweiß, die blanchierten Hopfensprossen und die Kaninchenleberstücke unterheben und in eine Terrinenform einfüllen. 24 Std. kalt stellen.

Mit Salatdekor und Walnußvinaigrette servieren.

Auch gebratene Poulardenbrustscheiben passen dazu.

Ententerrine
auf Williamscreme

Heinz Renninger
Restaurant Hasen
Kornwestheim

200 g Entenbrustfilets, vom Fett befreit, als Einlage, 150 g Putenbrust, 150 g Entenbrust für die Farce, 150 g grüner Speck, 1 dl Sahne, geriebene Orangenschale (von 2 ungespritzten Orangen), 30 g Pistazien, Salz und Pfeffer aus der Mühle, 1 Williamsbirne, 1 dl Crème fraîche, etwas Zitronensaft.

Die Entenbrustfilets würzen, mit Orangenschale marinieren und über Nacht kalt stellen. Von dem ebenfalls marinierten und über Nacht kalt gestellten Enten- und Putenfleisch eine Farce herstellen und diese mit dem kaltgewolften grünen Speck und der Sahne geschmeidig glänzend aufarbeiten.
Die Enten- und Putenfarce schichtweise in eine Terrinenform einstreichen und dazwischen die marinierten Entenbrustfilets legen und im Wasserbad pochieren.
Garzeit bei 80 Grad 25 Min., Terrinendurchmesser 5 bis 7 cm.

Williamscreme:
Williamsbirne teils pürieren und in Brunoise schneiden, mit Crème fraîche und etwas Zitronensaft mengen.

Hummerterrine
mit Buchweizenblini

Eberhard Aspacher
Schloßwirtschaft Landhotel
Illereichen

1 Hummer, etwa 700 g, Hummercorail, Spinatblätter, Dill, Karottenbrunoise (kleine Würfel), 50 g Zanderfarce, 100 g Krustentierfarce von Hummer und Riesengarnelen, 60 g Lachsfilet.

Den Hummer in kochendem Wasser töten, herausnehmen, kalt abspülen und ausbrechen. Eine kleine Terrinenform mit Folie auslegen und mit Zanderfarce dünn bestreichen. Blanchierte, trockengetupfte Spinatblätter auf die Zanderfarce legen. Das Hummerfleisch mit Lachs, Dill, Corail, Karottenwürfeln in die Krustentierfarce geben und in die Mitte der Terrinenform fest eindrücken. Die Terrinenform verschließen und im Wasserbad bei 80 Grad 20 Min. pochieren. Herausnehmen und auskühlen lassen.

Buchweizenblini (etwa 20 St., 6 cm Durchmesser):
50 g Mehl, 50 g Buchweizenmehl, 10 g Hefe, 5 g Zucker, 5 g Salz, 100 g Milch, 2 Eigelb, 25 g Butter, 30 g Eiweiß.

Aus 20 g Mehl, Hefe, Zucker und 50 g Milch einen Vorteig machen und zugedeckt 15 Min. gehen lassen. Restliches Mehl und Buchweizenmehl mischen. Vorteig, übrige erwärmte Milch, Salz, Eigelb und zerlaufene Butter untermischen, gehen lassen (10 Min.). Eiweiß zu Schnee schlagen und unter den Teig heben. Einzeln ausbacken.
Dazu empfiehlt sich eine kalte Hummersauce mit aus den Karkassen gezogenen Hummern, die mit Crème fraîche aufbereitet wurde.

Fasanengalantine

Gernot Belke
TWS, Stuttgart

1 Fasan, etwa 800 g, mit seiner Leber, 50 g Butter, 100 g Röstgemüse (Karotten, Sellerie, Zwiebeln), ⅛ l Trollinger (Rotwein).

Füllung:
1 Fasanenleber, 100 g Putenfleisch, 30 g Weißbrotwürfel, 50 g frischer Speck, 1 Ei, 1 cl Cognac, 1 TL frische gehackte Petersilie, Thymiansträußchen, Salz, Pfeffer, 100 g rohe Champignons, Salatblätter.

Fasan rupfen, abbrennen, vom Rücken her gänzlich aus den Karkassen lösen und kühl stellen. Die Karkassen kleinhacken, mit dem Röstgemüse zur leichten Farbe angehen lassen, mit Trollinger auffüllen, 15 Min. ziehen lassen. Sirupartig einkochen und passieren. Für die Füllung Putenfleisch, Leber, frischen Speck, Ei, Weißbrotwürfel, gut gekühlten, gelierten Fond salzen, mit frisch gemahlenem Pfeffer würzen und durch die feine Scheibe des Fleischwolfs drehen. Die Rohfarce mit den gehackten Kräutern und dem Cognac im Mixer kurz pürieren. Die Füllung in den flach ausgelegten Fasan geben, vom Halsende aus einrollen und in einer leicht gefetteten Serviette zusammenbinden. 40 Min. bei 70 Grad in einer Gemüsebrühe pochieren und gut auskühlen. Galantine in ½ cm dicke Scheiben schneiden, auf einem gekühlten Teller mit Salatblättern (Eichblatt) anrichten und mit in Scheiben geschnittenen, marinierten Champignons garnieren.

Perlhuhngalantine
mit Linsensprossen
und Tresersülze

Heinrich und Jürgen Koch
Laurentius, Weikersheim

Zutaten für 10 Personen:
1 Perlhuhn, 200 g Enten- oder Perlhuhnleber, 150 g Süßrahmbutter,

14

1 Ei, 100 ml Weißwein, 50 ml Tresterschnaps, 5 g Aspikpulver, Salz, Pfeffer, Cayenne, Mazis, Senfpulver, Apfelessig, Distelöl.

Zum Garnieren:
Wachteleier, Rosinen, Linsensprossen und Salate der Saison.

Perlhuhn vom Rücken her entbeinen. Aus den Knochen, den Schenkeln und dem Wein einen ½ l kräftige Brühe für das Gelee kochen. Passieren und mit dem Tresterschnaps und Cayennepfeffer abschmecken, mit dem Aspikpulver versetzen und in kleine Förmchen füllen. Eingeweichte Rosinen und gekochte Wachteleier als Einlage zugeben. Das entbeinte Perlhuhn mit der Hautseite nach unten in einer Terrinenform auslegen. Aus der Leber, dem Ei und der flüssigen Butter im Mixgerät eine gleichmäßige Masse erstellen. Diese herzhaft mit Mazis, Salz und Pfeffer abschmecken. In die Terrine einfüllen, überlappende Perlhuhnteile einschlagen und bei 100 Grad 60 Min. im Ofen garen. Einen Tag im Kühlschrank ruhen lassen. Eine Scheibe der Galantine mit der gestürzten Trestersülze, Saisonsalat und Linsenkeimen, die zuvor in Apfelessig und Distelöl mariniert wurden, garnieren.
Dazu paßt ein trockener Gewürztraminer oder ein gehaltvoller Ruländer aus Weikersheim. Mit Walnußbrot servieren.

Gefüllte Poularde in Pfeffervinaigrette

Heinz Bernardis
Hotel Adler, Asperg

Poularde:
1 Poularde à 1,8 kg, 2 lange, dünne Möhren, weich gekocht, 4 bis 6 Wirsingblätter, blanchiert, 20 Spinatblätter, blanchiert, 2 Lauchstangen, weich gekocht, 1 Sellerieknolle, weich gekocht, 600 g Suppenknochen, 1 Bund Suppengrün (bouquet garni).

Pfeffervinaigrette:
5 Zwiebelröhrchen, in Ringe geschnitten, Dill, Petersilie, Basilikum, Melisse, Brunnenkresse (alles gehackt), 12 EL Olivenöl, 4 EL Weinessig, 8 EL abgefettete Brühe von Knochen und Suppengrün, 1 Eigelb, wenig Senf, 10 bis 15 g kleine, grüne Pfefferkörner (gewaschen), Pfeffer aus der Mühle, Prise Zucker, Salz.

Garnitur:
1 Bund Radieschen (in Schnitzchen), 2 Tomaten (in Würfeln), 10 kleine Champignonköpfchen (in Scheiben), 100 g feine Böhnchen, blanchiert, in Eiswasser abgekühlt und in 1 cm lange Stückchen geschnitten.

Poularde vom Rücken her vollständig ausbeinen, Keulenfleisch nach innen ziehen, Filet herauslösen. Poularde ausbreiten, mit den Wirsingblättern belegen, Möhren mit dem Lauch umhüllen, nebeneinander auf die Poularde legen, Sellerie in 1 cm dicke Stücke schneiden, mit den Spinatblättern umwickeln und neben den Möhren plazieren. Zwischen die Möhren die Filets legen, und nun das Ganze so zusammennähen und rund binden, daß ein wurstartiges Gebilde entsteht.
Aus den Poularden- und Suppenknochen sowie dem Suppengrün einen kräftigen, gut gewürzten Fond herstellen und darin die Poularde 40 Min. sieden lassen. Poularde aus dem Fond nehmen, einige Min. ruhen lassen, Bindfaden vorsichtig entfernen und mit einem sehr scharfen Messer in 1 cm dicke Scheiben schneiden.

Nun die Poulardenscheiben auf eine tiefe Platte legen, mit der vorbereiteten Garnitur umlegen und mit der Vinaigrette übergießen. Stangenbrot und gesalzene Butter passen sehr gut dazu.

Becherpastete vom Hirsch, gefüllt mit Pfifferlingsragout

Jörg Dietrich
Waldhotel Degerloch, Stuttgart

350 g reines Hirschfleisch, 2 Eiweiß, 250 g Sahne, geschlagen, Salz, Pfeffer, Zitrone. 120 g Pfifferlinge, 1 Schalotte, 2 EL gehackte Kräuter, 10 g Butter, 50 g Sahne. Butter zum Ausfetten der Förmchen

Aus Hirschfleisch, Eiweiß, Sahne und Gewürzen im Mixer eine Farce herstellen und kühl stellen. Die Pfifferlinge putzen und mit den restlichen Zutaten ein sämiges Ragout kochen und abkühlen lassen. Die Timbalförmchen mit Butter ausfetten.
Die Hirschfleischfarce mit einem Spritzbeutel ringartig übereinander in die Timbalen füllen, daß in der Mitte ein Hohlraum entsteht. Die Seitenwände glattstreichen und das kalte Pfifferlingsragout einfüllen. Mit der restlichen Farce oben abdecken und ein Stück gebutterte Aluminiumfolie auflegen. Im Wasserbad bei 80 Grad 15 Min. garen. Dazu schmecken Mini-Specksemmelknödel.

Anmerkung: Man kann auch Tassen verwenden, dann erhöht sich aber die Garzeit um 5 bis 6 Min. Die Zutaten für die Fleischfarce müssen gut gekühlt sein. Geschlagene Sahne nie auf einmal unterziehen, da sonst der Lockerungseffekt verlorengeht.

Frische Rheinwald-Morcheln, gefüllt mit Hechtmousse, auf Spargelnudeln

Richard Dutter
Adler, Glottertal

12 große Morcheln, 8 Stangen Spargel, 160 g Nudeln, 200 g Hechtfleisch, 120 g Sahne, 1 Eiweiß, einige Tropfen Weinbrand, 1 EL geschlagene Sahne, Salz, Pfeffer, Zitronensaft, 1 l Fischfond (siehe S. 196), 3/8 l Riesling, 2 EL Crème fraîche, 80 g Butter.

Garnitur:
Grüne Spargelspitzen und Tomatenwürfel.

Für die Hechtfarce das Hechtfleisch mit Salz, Pfeffer, Eiweiß und Zitronensaft würzen und 2 Std. kalt stellen. Nach dem Abkühlen die Masse im Mixer pürieren, dabei nach und nach die Sahne zugeben. Auf Eis stellen, anschließend durch ein Haarsieb streichen, die geschlagene Sahne unterheben, abschmecken und kühl stellen.
Die Morcheln unter fließendem Wasser abbrausen und auf Küchenkrepp trockentupfen. Mit der Hechtmasse mittels eines Spritzbeutels füllen. Vom Rest etwa 12 kleine Klöße abstechen und mit den gefüllten Morcheln im Fischfond bei etwa 80 Grad pochieren. Den Spargel schälen und in etwa 6 cm lange Julienne schneiden. In etwas Sahne aufkochen. Die gekochten Nudeln zugeben, durchschwenken und abschmecken. 1 l Fischfond und 3/8 l Riesling auf 1/4 l reduzieren. 2 Eßlöffel Crème fraîche zugeben, durchkochen. Zum Schluß 80 g Butter mit dem Stabmixer unterschlagen. Abschmecken mit Zitronensaft.

Ragout vom Hummer mit Kalbsbries

Günter Koppert
Restaurant Adlon – Hotel Berlin
Sindelfingen

Rezept für 4 Personen:
2 Hummer zu je 800 g, 400 g Kalbsbries, 150 g Sellerie, 100 g Lauch (nur das Weiße), 100 g Karotten, 1/4 l Fischfond, 1/8 l Sahne, 1/4 l Champagner oder Riesling, trocken, Salz, Pfeffer aus der Mühle, 100 g Butter, etwas Balsamicoessig.

Den Hummer in Salzwasser 20 Min. kochen und ausbrechen. Das Kalbsbries 1 Nacht wässern, mit kaltem Wasser aufsetzen und 20 Min. köcheln lassen, von Haut befreien und in Stücke schneiden. Mit dem Hummer zusammen warm stellen.
Fischfond und Sahne auf 1/3 der Menge einkochen. Champagner hinzufügen, nochmals reduzieren und die kleingewürfelten blanchierten Gemüse daruntermengen. Mit Salz, Pfeffer und Balsamicoessig würzen. Zum Schluß etwa 20 g kalte Butter einschwenken, Hummer und Bries dazugeben und in tiefen Tellern servieren.

Hummergratin mit Kardinalsauce

Wolfgang Riegler
Landgasthof Krone, Krautheim

1 Hummer (800 bis 1000 g), Dill und Petersilienstengel, 1 TL Kümmel, 2 EL Salz, 2 kleine Kohlrabi, 3 Eigelb, 2 EL Weißwein, 2 EL Hummerbrühe, 2 EL Sahne, 1 EL Trüffelauszug, 30 g Trüffel, 1 EL Zitronensaft, 1 Msp. Salz, 1 Prise Cayennepfeffer, 2 EL Hummerbutter, 3 EL geriebenes Weißbrot.

Hummer bürsten und waschen, mit Dill und Petersilienstengel, Kümmel und Salz etwa 15 bis 30 Min. kochen.
Wichtig: Hummer in kochend sprudelndes Wasser geben.
Hummerkörper halbieren, das dunkelgrüne Hummermark beiseite legen, den am Kopf befindlichen Magen entfernen, Scheren aufschlagen, Fleisch entnehmen, in Scheiben schneiden und auf einer Gratinplatte mit Trüffelstückchen anrichten.
Zuvor folgende Sauce erstellen: Eigelbe, Weißwein, Hummerbrühe, Sahne, Trüffelauszug, Salz, Cayennepfeffer, Zitronensaft über Dampf bis zur Bindung aufschlagen, zum Schluß die zerlassene Hummerbutter und das Hummermark darunterrühren. Die Hummerscheiben mit Sauce überziehen, mit geriebenem Weißbrot bestreuen und überbacken.

Tip: Pro 500 g Hummer rechnet man 20 Min. Kochzeit. Für Schaustücke bindet man Krustentiere auf ein Brett, bevor man sie kocht, so behalten sie ihre Form.

Jakobsmuscheln im Reisblatt

Bild Seite 10

Siegfried Keck
Hotel am Schloßgarten, Stuttgart

8 frische Jakobsmuscheln, 8 Reisblätter, Saft von 1 Zitrone, 40 g Gemüsebrunoise von Lauch, Karotten, Sellerie und Shiitakepilzen (feinstwürfelig blanchiert). 1/8 l Fischfond, stark reduziert (siehe S. 196), 1/16 l Blutorangensaft, 80 g Salzbutter, Salz, Pfeffer, 1 Msp. Safran und einige Fäden zur Garnierung, Zitronengras (aus dem Asia-Shop).

Garnitur:
Beliebige Gemüsejulienne.

Rezept Seite 18: Stangenspargel mit Avocadosauce und Langostinos, Adolf Niefer

Die frischen Jakobsmuscheln mit Pfeffer würzen und mit Zitrone beträufeln. Mit Gemüsebrunoise belegen und in das geweichte Reisblatt hüllen.

Mit Lauchfäden zu Säckchen binden und auf Zitronengras setzen. Im Steamer oder Dampfkochtopf glasig garen. Auch andere Dampfgartechnik ist möglich.

Von Fischfond, Blutorangensaft und Salzbutter Buttersauce schlagen, Safran beigeben und auf vorgewärmten Tellern angießen.

Die gedämpften Reis-Muschel-Säckchen auf den Saucenspiegel setzen und mit Gemüsestreifen und Safranfäden garnieren.

Stangenspargel mit Avocadosauce und Langostinos

Bild Seite 17

Adolf Niefer
Steigenberger Hotel
Graf Zeppelin, Stuttgart

2 kg Stangenspargel Hkl. I, 16 St. Langostinoschwänze.

Spargelwasser: *Salz, Prise Zucker, 20 g Butter.*

Sauce: *10 cl frische Sahne, 1 EL Crème fraîche, 1 reife Avocado, 6 cl Spargelwasser.*

Spargel schälen und in 4 Bund aufteilen. Etwa 14 Min. kochen. Avocado schälen und entkernen, mit heißem Spargelwasser und der Sahne mixen. Anschließend alles gut erhitzen und 1 EL Crème fraîche unterheben. Mit Salz, weißem Pfeffer und einer Prise Zucker abschmecken. Die Langostinoschwänze kurz in etwa 35 Grad heißem Spargelwasser erhitzen. Spargel mit den Köpfen in eine Richtung auf Teller anrichten, Sauce angießen und mit Langostinos garnieren.

Soufflé von Lachsforelle

Rolf Schlegel
Restaurant Zum Ochsen
Kernen i. R.

350 g Lachsforellenfilet (150 g für die Farce, 200 g als Einlage in Würfeln à 50 g), 150 g Zanderfilet, 400 g flüssige Sahne, 50 g frischer Spinat, Salz, Cayennepfeffer, 40 g Butter, 4 Timbalformen à 0,2 l.

Die Lachsforellenfilets in Streifen schneiden, würzen und kühlen. Danach die Filets zweimal durch die feinste Scheibe des Fleischwolfes drehen, salzen und mit der flüssigen Sahne auf Eis aufschlagen, bis die Masse glänzt. Anschließend durch ein feststehendes feines Metallsieb streichen.

Ebenso mit dem Zanderfilet eine Farce herstellen.

Den frischen Spinat mit etwas Sahne fein mixen. Die Spinatmasse unter die Hälfte der Zanderfarce mischen.

Die Timbalformen mit Butter einfetten, anschließend dünn mit der Lachsforellenfarce ausstreichen. Die weiße Zanderfarce nun dünn auf die Lachsforellenfarce aufstreichen. Anschließend die grüne Zanderfarce auf die weiße Farce streichen und je einen Würfel der Lachsforellenfilets in die ausgestrichene Form legen und mit den drei Fischfarcen abdecken.

Im Backofen im Wasserbad bei 80 Grad 15 Min. pochieren.

Kalbskopf, -bries und Krebse mit Frühlingssalaten

Lothar Eiermann
Wald- & Schloßhotel
Friedrichsruhe

½ Kalbskopfmaske, 1 Bouquet garni (Lauch, Karotte, Sellerie), Petersilie, Estragon, Kerbel, Lorbeer, weißer Pfeffer, 1 Knoblauchzehe, 1 Zwiebel, 200 g geputztes, gewässertes Kalbsbries, 16 Krebsschwänze, 1 kleiner Frisée, 1 kleiner Lollorosso, 40 g Feldsalat, 1 kleiner Eichblattsalat, 40 g Sahne, 50 g Butter, 250 ml Weißwein, Salz, Pfeffer, Sherry-Essig, Traubenkernöl, Zucker.

Die Kalbskopfmaske grob von Schwarten und Knorpeln befreien. Den Kalbskopf zusammen mit Bouquet garni, Petersilien-, Estragon- und Kerbelstengeln, Lorbeer, Pfeffer, Knoblauch, Zwiebel und 200 ml Weißwein etwa 1½ bis 2 Std. garen. Das gewässerte und gereinigte Kalbsbries in etwas Kalbskopffond einmal aufkochen lassen und etwa 15 bis 20 Min. gar ziehen lassen. Nach dem Erkalten von der Haut befreien und in kleine Röschen zupfen. Die Krebsschwänze von den Därmen befreien, indem man mit einem kleinen Messer den Rücken etwas einritzt, um die Därme dann einfach herauszuziehen. Nun den Kalbskopf auf der Aufschnittmaschine in 3 mm dicke und 4 cm auf 5 cm große Scheiben schneiden.

Die Salate putzen und waschen. Die Kräuter grob durchhacken. 200 ml Kalbskopffond zusammen mit dem restlichen Weißwein auf ⅓ reduzieren, die Sahne zugeben und noch etwas einkochen lassen. Die kalte Butter mit einem Schneebesen einschlagen, bis eine cremige Konsistenz erreicht wird. Die Salate mit dem Essig, dem Öl, Salz, Pfeffer und Zucker anmachen. Die Kalbskopfscheiben in etwas Fond heiß halten. Die Kalbsbriesröschen in schäumender Butter anbraten, ebenso die Krebsschwänze. Würzen. Die Kräuter der fertigen Sauce beifügen, abschmecken.

Die Salate in die Mitte eines großen Tellers zu einem Bouquet zusammenfügen. Die Kalbskopfscheiben über Kreuz anrichten und mit etwas Sauce leicht überziehen. In die Zwischenräume etwas Sauce auf den Teller geben und die Kalbsbriesröschen darauf anrichten. Zuletzt mit den Krebsschwänzen garnieren.

Kaninchenlebermus auf Ebereschensauce (Berberitzensauce) mit Kartoffel-Morchel-Brioche

Günter Bandsze, Lehrer
an der Landesberufsschule
Bad Überkingen

200 g Kaninchenleber, 50 g Butter, 1 TL Kaninchenglace, 2 EL Kaninchen-Velouté, 1 cl Calvados, 2 cl trockener Sherry, 4 Blatt Gelatine, 100 g süße geschlagene Sahne, Salz, Pfeffer.

Kaninchenleber in große Würfel schneiden und in Öl ganz kurz scharf anbraten. Kalt stellen. Die Leber mit der Butter, der Velouté, der Glace, Calvados, Sherry im Mixer fein pürieren. Würzen mit Salz und frischem Pfeffer. Durch ein Haarsieb streichen. Anschließend die aufgelöste Gelatine sowie die geschlagene Sahne vorsichtig unterheben und etwa 1 Std. kalt stellen.

Berberitzensauce:
50 g Berberitzen in etwas Rotwein und Portwein kurz aufkochen und zum Entfernen der Kerne durch ein Sieb streichen. Je nach Geschmack mit etwa 70 g Zucker im Mixer zur feinen Konsistenz pürieren.

Kartoffel-Morchel-Brioche:
100 g Mehl, 30 g Hefe, 50 g Butter, 2 Eier (Kl. 4), 1 Teelöffelspitze Zukker und die doppelte Menge Salz,

200 durchgedrückte Kartoffeln, etwas Morcheln.

Aus den Zutaten einen Briocheteig herstellen, in Auflaufform füllen, mit Eigelb bestreichen und backen. Eigelb mit Milch und Honig glattgerührt, ergibt einen schönen Glanz.

Kaltes Petersilienwurzelmousse mit Limonenrahm und gebeiztem Saibling

Reinwalt Renz
Landgasthof Riedsee,
Stuttgart-Möhringen

100 g Petersilienwurzeln, geputzt, 20 g Butter, 1 cl trockener Sherry, 1/4 l Sahne, geschlagen, 4 Blatt Gelatine, 20 g Lachskaviar oder Saiblingkaviar, 1 frische, ungespritzte Limone, 1 Eigelb, 250 g Saiblingfilet (alternativ Lachs oder Lachsforelle), je 1 Zweig Minze und Melisse, Zucker, Salz, Pfeffer aus der Mühle, 5 g rosa Pfefferkörner.

Die Saiblingfilets entgräten, mit 1 Prise Salz, Zucker und Pfeffer aus der Mühle bestreuen, mit dem Saft 1/2 Limone beträufeln und mit je einem 1/2 Zweig gehackter Minze und Melisse bestreuen. Auf einen Teller legen, abdecken und etwa 3 Std. im Kühlschrank ziehen lassen.
Petersilienwurzeln putzen, kleinschneiden. Butter in Kasserolle zergehen lassen, die Petersilienwurzeln weich dünsten und erkalten lassen. Danach mit dem Mixer fein pürieren, abschmecken. Gelatineblätter einweichen, ausdrükken und mit Sherry auflösen. Rasch unter das Petersilienwurzelmus ziehen, danach 1/8 l geschlagene Sahne unterheben und die Mas-

se in 4 kleine Förmchen füllen. Im Kühlschrank durchkühlen. Zum Servieren dann aus den Förmchen stürzen.

Limonenrahm
1 Eigelb mit dem Saft einer 1/2 Limone und der abgeriebenen Schale sowie etwas Wasser im Wasserbad heiß aufschlagen und anschließend wieder kalt rühren, danach 1/8 l halbsteif geschlagene Sahne und den Lachskaviar unterziehen und mit etwas Salz, Pfeffer und Zucker abschmecken.
Das Petersilienwurzelmus auf den Teller stürzen, das Saiblingfilet in hauchdünne Scheiben schneiden und auf dem Teller gefällig anrichten.
Den Limonenschaum dazugeben, mit den rosa Pfefferkörnern bestreuen und mit den restlichen Minze- und Melisseblättern garnieren.

Entenleberparfait mit warmem Pilzragout

Friederich Schmid
Gasthof zum Lamm
Kernen i. R.

Für 8 bis 10 Personen:

Entenleberparfait:
500 g Entenleber (keine Stopfleber), Butterschmalz, 5 cl Portwein, Salz, Pfeffer aus der Mühle, Macisblüte, 2 Eier, 250 g warme Butter, Butterschmalz, 250 g Sahne, 4 Blatt Gelatine.

Pilzragout:
1 Schalotte, 40 g Butter, 20 g durchwachsener Speck, kleiner Bund Petersilie, 100 g Sahne, Salz, Pfeffer aus der Mühle, Zitronensaft, evtl. Mehlbutter zum Binden, je nach Saison Pfifferlinge, Steinpilze, Maronen, Champignons, Austernpilze, insgesamt 250 g.

Entenleber von groben Sehnen befreien und in Butterschmalz von allen Seiten kurz anbraten. Die Entenleber muß innen noch roh sein. Mit Portwein ablöschen. Durch die feine Scheibe vom Wolf lassen und durch ein Sieb streichen (alle Sehnen und Häute müssen entfernt werden).

Lebermasse mit den Eiern in den Mixer geben und auf langsamer bis mittlerer Stufe die blutwarme Butter in dünnem Strahl einlaufen lassen (Emulsion). Masse in eine Schüssel geben, mit Salz, weißem Pfeffer aus der Mühle und ganz wenig Macisblüte abschmecken. Eingeweichte und aufgelöste Gelatine schnell unterrühren, Masse auf etwa 15 Grad abkühlen und dann halbfest geschlagene Sahne unterziehen und in mit Klarsichtfolie ausgelegte Pasteten- oder Puddingform geben (die Form muß randvoll sein). Mit Deckel verschließen und im Wasserbad im Ofen bei 70 Grad Wassertemperatur 30 Min. pochieren. Im Wasserbad erkalten lassen. Über Nacht in den Kühlschrank stellen, aus der Form nehmen und mit warmer Palette eventuelle Unebenheiten glattziehen. Zum Servieren mit warmem Messer in fingerdicke Scheiben schneiden.

Warmes Pilzragout:
Pilze putzen, waschen und abtrocknen. Gehackte Schalotte und gewürfelten Speck in Butter glasig angehen lassen (Pilze in gleichmäßige Stücke schneiden, je nach Sorte) und geschnittene Pilze kurz heiß mit angehen lassen.
Nach 4 Min. mit Schaumlöffel die Pilze herausnehmen, den Fond reduzieren, Sahne einrühren, nochmals reduzieren, bis der Fond dick wird. Pilze und gehackte Petersilie im Fond durchschwenken und mit Salz, Pfeffer und Zitronensaft abschmecken. Entenleberparfait und Pilzragout auf großen

Tellern anrichten, mit marinierten Salatblättern (Lollo, Feld, Kresse, Frisée) garnieren.

Anmerkung: Für die Zubereitung eines Parfaits sollte eine gut ausgestattete Küche vorhanden sein (Mixer, Pastetenform, eventuell kleine Kastenformen, passendes Brett zum Zubinden, Passiersieb, Bräter zum Pochieren). Bei Emulsionen ist die gleiche Temperatur der Zutaten (etwa 28 bis 32 Grad) von großer Bedeutung. Bei zu niedriger Temperatur gerinnt die Emulsion.
Das Parfait stets gut gekühlt mit einem in heißes Wasser getauchten Messer schneiden. Wenn das Schnittbild nicht schön ist, mit einem warmen Messer glattstreichen. Das Parfait hält sich verpackt im Kühlraum etwa 4 Tage.

Gugelhupf von der Gänseleber mit Apfelspalten

Lothar Eiermann
Wald- & Schloßhotel
Friedrichsruhe

Gelee:
0,2 l Portwein, 0,1 l Apfelsaft sowie 6 Blatt Gelatine.

Die Gelatine in kaltem Wasser etwa 5 Min. einweichen, ausdrücken, dann in der erwärmten Flüssigkeit auflösen. Mit dem Gelee eine kleine Gugelhupfform chemisieren (auskleiden). Etwas Gelee aufheben zum Abdecken des fertigen Gugelhupfes.

Gänselebergugelhupf:
320 g rohe Gänseleber, 100 g geschlagene Sahne, 6 Blatt Gelatine, 2 cl Cognac, 4 cl Orangenlikör, Salz, Pfeffer (schwarz) aus der Mühle, Pastetengewürzmischung.

Die Gänseleber von Haut und Sehnen befreien. 100 g in grobe Würfel schneiden, mit Cognac und Pastetengewürzmischung marinieren, abdecken und kalt stellen.
120 g Leber fest in eine Form pressen und bei 55 Grad Wassertemperatur im Wasserbad so lange garen, bis sich klares Fett absetzt. Abkühlen lassen (am besten über Nacht). Die pochierte Gänseleber (ohne Fett) und den Rest der Leber durch ein feines Sieb streichen. Die Gelatine in kaltem Wasser etwa 5 Min. einweichen, ausdrücken und im erwärmten Orangenlikör langsam auf die durchgestrichene Leber geben. Wenn die Masse stark anzieht, im Wasserbad bis zur Blutwärme rühren. Dann nach und nach langsam die geschlagene Sahne unterheben, mit wenig Salz, Pastetengewürzmischung und mit schwarzen Pfeffer abschmecken.
Die Masse zur Hälfte in die Gugelhupfform füllen, leicht aufstoßen, damit sich keine Luftblasen in der Masse bilden. Dann die vorbereiteten Gänseleberwürfel als Einlage einlegen. Mit dem Rest der Masse auffüllen, erneut leicht aufstoßen, glattstreichen und mit Gelee abgedeckt im Kühlschrank einige Stunden durchkühlen lassen.
Gugelhupf stürzen und sorgfältig portionieren.

Apfelspalten:
1 Golden Delicious (Apfel), 100 g Zucker, 0,1 l Weißwein, ½ Zitrone.

Den Zucker mit dem Saft einer halben Zitrone karamelisieren lassen, mit dem Weißwein ablöschen und verkochen. Den Apfel schälen, vierteln und entkérnen. Jedes Viertel in vier gleiche dicke Spalten schneiden. Diese im heißen Karamel garziehen lassen, herausnehmen und mit dem Gänselebergugelhupf anrichten.

Rezept Seite 22: Blunz in Blätterteig, Rudolf Katzenberger

Entenleberpudding mit Gemüsen und Portweinsauce

Horst Wendt
Restaurant Mildenberger
Backnang

400 g Entenleber, wenig Majoran, wenig Knoblauch, 4 cl Portwein, 1/4 l Milch, 4 Eier, 120 g zerlassene Butter, Salz, Pfeffer aus der Mühle, Butter für die Förmchen.

Alles außer der zerlassenen Butter in den Mixer geben, bis eine homogene Masse entsteht, dann die Butter dazugeben und weiter mixen. In Förmchen abfüllen, in ein Wasserbad stellen, mit gebutterter Alufolie abdecken und Löcher einstechen, daß der Dampf abziehen kann. Die Puddinge im Ofen bei 170 Grad etwa 20 Min. garen. Aus dem Wasserbad nehmen und ruhen lassen.

Gemüsebukett:
1 Navet, 2 Karotten, 1 Zucchini, nach Bedarf können auch Pfifferlinge oder Austernsaitlinge verwendet werden.

Gemüse putzen, waschen und länglich (olivenförmig) zuschneiden, in Salzwasser knapp garen, dann ein paar Minuten in Butter weitergaren, mit Salz, Pfeffer und evtl. Zucker würzen.

Portweinsauce:
1 dl Geflügelfond, 1 dl Portwein, 0,5 dl Sahne, 20 g Butter.

Alles bis auf 1 dl Sauce einkochen und mit eiskalter Butter binden. Mit Salz und Pfeffer abschmekken. Entenleberpudding mit einem kleinen Messer vom Förmchenrand lösen und auf einen großen, flachen Teller stürzen. Im Halbmond die Gemüse arrangieren und den Pudding mit der Sauce überglänzen. Mit Kräutersträußchen garnieren.

Blunz in Blätterteig

Bild Seite 21

Rudolf Katzenberger
Rastatt

4 Brötchen (entrindet, eingeweicht und ausgedrückt), 1/2 l Schweineblut, 1/2 l Milch, Salz, gemahlener schwarzer Pfeffer, etwas gemahlene Nelken, 2 EL gerebelter Majoran, 1 Prise Zucker, 1 Prise Piment, Schweinsdärme (Kaliber 26); Blätterteig, Eigelb, Rahm, Salz, frischer Majoran.

Alle Zutaten vermengen, mittels einer Tülle in die Schweinsdärme einfüllen, in Abständen von 8 cm abbinden und in 90 Grad heißem Wasser garen. Nach dem Abkühlen die Wursthaut entfernen, in passende, mit verquirltem Ei bestrichene Blätterteigvierecke einrollen und mit der Schlußnaht nach unten auf das Backblech setzen. Die Blätterteigrollen sollten die Form einer Wurst haben und jeweils an den Enden mit einem Streifen Blätterteig wie eine Wurst abgebunden werden. Die Blätterteigwürste mit Eigelb bestreichen und schön hellbraun herausbakken. Dazu aufgeschlagenen süßen Rahm, mit etwas Salz und frischem, gehacktem Majoran abgeschmeckt, reichen.

Salat von gebratenen Meeresfrüchten

Hartmut Clement
Landgasthof Adler, Wangen

8 Blätter Eichblattsalat, 8 Blätter Radicchio, 4 Blätter Frisée, 1 kleiner Chicorée, 1 Tomate, Dill, Kerbel, Himbeeressig, Olivenöl, 1 Seezunge, filiert (4 Filets), 4 Eglifilets, 200 g Lachs (4 Tranchen), 4 Hummerkrabben (Scampi), 100 g Shrimps, Salz, Pfeffer, Zitrone.

Salate putzen und waschen. Tomate abziehen und in Würfel schneiden. Salate mit Himbeeressig und Olivenöl anmachen. Auf Teller dekorativ anrichten, mit Tomatenwürfeln, Dill und Kerbel bestreuen. Fische würzen und mit den Krustentieren in Butter anbraten und an die Blattsalate legen. Andere Fischsorten sind nach Belieben möglich.

Salat von Safrannudeln und Krebsschwänzen

Jochen Moosmann
Dicker Turm, Esslingen

250 g Mehl, 2 Eier, 1 TL Öl, 0,2 g gemahlener Safran, 1 Prise Salz. 2 Tomaten, 1 rote Zwiebel, 4 EL Öl, 1 EL Balsamessig, Salz, Pfeffer, etwas Zucker, 24 Flußkrebse, je 20 g Karotte, Lauch und Sellerie, etwas Butter, 4 Schalotten, 1 Knoblauchzehe, 1 kleines Bund Basilikum, 5 cl Weißwein, trocken.

Die Zutaten für die Nudeln zu einem glatten Teig verarbeiten, in Folie einwickeln und einige Stunden ruhen lassen. Mit der Nudelmaschine oder mit dem Nudelholz dünn auswellen und in feine Streifen schneiden. In reichlich Salzwasser kernig kochen und kalt abschrecken. Die Tomaten schälen, entkernen und in Würfel schneiden.
Die rote Zwiebel fein schneiden und mit den übrigen Zutaten eine Sauce vinaigrette herstellen. Die Nudeln mit den Tomatenwürfeln in der Vinaigrette marinieren. Die Flußkrebse in Salzwasser mit etwas Karotte, Lauch und Sellerie pochieren und nach dem Abkühlen die Schwänze ausbrechen und den Darm entfernen. Die Krebs-

schwänze in etwas Butter mit den Schalotten und etwas Knoblauch anschwitzen und das kurz zuvor geschnittene Basilikum unterheben.

Mit dem Weißwein ablöschen. Nudeln auf dem Teller gefällig anrichten und die Krebse darauf legen. Mit etwas frischem Basilikum und einer Krebsnase garnieren.

Hinweis: Krebsschwänze gibt es auch bereits ausgebrochen, in frischem oder gefrostetem Zustand in ausgezeichneter Qualität zu kaufen. Beim Durchlassen von Nudeln durch die Nudelmaschine sollte man darauf achten, daß der Teig nicht feucht ist, da er sonst an den Walzen kleben bleibt. Durch Einstäuben mit Mehl kann man das verhindern. Nudeln werden kerniger, wenn man etwas Weizendunst unter das handelsübliche Mehl mischt.

Salat von St.-Peters-Fisch in Knoblauchsauce

Wolf-Dieter Anhorn
Hotel-Restaurant Beurener Hof
Beuren

1 kleine Karotte, 1 kleine Fenchelknolle, 1 runde weiße Rübe (Navet), 2 Tomaten, einige Safranfäden, 50 g Butter, 1 Friséesalat, ½ Bund Schnittlauch, wenig Petersilie, 1 Knoblauchzehe, 1 kleine Kartoffel, 1 Eigelb, 1 dl Olivenöl, etwas Zitronensaft, 1 Msp. Dijonsenf, 3 EL Sahne, Salz, Pfeffer aus der Mühle, 500 g Filet vom St.-Peters-Fisch.

Die Karotte, Rübe und Fenchel waschen, schälen und in Streifen schneiden. Die Tomate abziehen, entkernen und in Streifen schnei-

den. Die Karotten-, Fenchel-, Rübenstreifen und Safranfäden in 30 g Butter andämpfen und mit wenig Wasser bedeckt knackig kochen. Die Gemüse auskühlen lassen.
Den Friséesalat putzen, waschen und abtropfen. Den Schnittlauch und Petersilie hacken.
Die Kartoffel in der Schale kochen, schälen und durch die Kartoffelpresse drücken, den feingehackten Knoblauch, den Senf und das Eigelb untermischen, nach und nach das Olivenöl unterrühren, mit Zitronensaft, Salz und Pfeffer abschmecken.
Zum Schluß die Sahne und die Kräuter unterheben. Das Filet vom St.-Peters-Fisch in Würfel schneiden und mit 20 g Butter in der Pfanne anbraten. Anschließend auf einem Tuch abtropfen lassen.
Den Friséesalat auf den Tellern anrichten, die Gemüse- und Tomatenstreifen und den lauwarmen Fisch daraufgeben und mit der Knoblauchsauce überziehen.

Salat von Jakobsmuscheln

Roland Blessing
Landgasthof Rössle
Berglen-Lehnenberg

8 Jakobsmuscheln, 200 g junge, zarte Bohnen (Keniabohnen), 1 geschälte, in Größe der Bohnen in Streifen geschnittene Birne.

Marinade:
3 EL Olivenöl, 1 EL Sherryessig, 1 gehackte Schalotte, ⅛ l Weißwein, Salz, Pfeffer, Saft von ¼ Zitrone.

Die Muscheln öffnen, säubern, in Weißwein und Zitronensaft kurz angehen lassen. Die Bohnen putzen, knackig kochen und mit den

Birnenstreifen auf Teller anrichten. Die Jakobsmuscheln daraufsetzen und mit der Marinade überziehen.

Kartoffel-Waller-Törtchen

Dietmar Haerer
Altbach

Kartoffelteig:
250 g Kartoffeln vom Vortag, 80 g Mehl, 30 g Weizengrieß, 1 Eigelb.

Tortenfüllung:
250 g Gemüsestreifen (Lauch, Karotten, Kohlrabi, Zucchini), 20 g Butter, 600 g Wallerfilet, 2 EL Olivenöl, 0,2 l Fischsamtsauce (reduzierter Fischfond, siehe S. 196 mit Crème double) gebunden.

Kartoffeln durch die Presse drücken und mit den anderen Zutaten gut vermengen, mit Salz und Muskat die Masse würzen. Auf einer bemehlten Tischplatte den Teig etwa 3 mm stark ausrollen und 12 Platten mit 10 cm Ø ausstechen. Die Platten in kochendem Salzwasser garen, sofort in kaltem Wasser abschrecken und zwischen Tüchern trocknen.
Gemüsestreifen einzeln in gesalzenem Wasser knackig garen und in Eiswasser abschrecken.
In einer Pfanne die Teigplatten mit Butter auf beiden Seiten goldgelb anbraten und bis zum Anrichten heiß halten. Für die Gemüsestreifen in einem Topf etwas Butter mit Wasser erhitzen. Darin die Gemüsestreifen andünsten, bis die Flüssigkeit eingekocht ist, würzen mit Salz, Muskat und weißem Pfeffer aus der Mühle. Das Wallerfilet in 8 kleine Schnitzel schneiden, etwas flach drücken, würzen mit etwas Zitronensaft, Salz und Pfeffer und in der Pfanne mit Olivenöl und Butter eine Minute von rechts und links anbraten.

Zum Aufbau des Törtchens eine Teigplatte auf den Teller geben, darauf ein Fischfilet legen, Gemüse aufstreuen und mit ein wenig Sauce überziehen. Das Ganze nochmals wiederholen, so daß mit der dritten Teigplatte das Törtchen vollendet ist. Restliche Gemüsestreifen locker um das Gericht streuen.

Lachs-Zander-Roulade mit Wildkräutersalat

Bild nebenstehend

Ernst-Ulrich Schassberger
Landhotel Hirsch, Ebnisee

200 g Zanderfilet, 200 g Wildlachsfilet, grobes Salz, schwarzer Pfeffer aus der Mühle und Senfsaat, Wildkräuter wie Löwenzahn, Sauerampfer, Dreifuß, Bärlauch, Giersch, Tripmadam, Bitterkresse u. ä. Blüten wie Gänseblümchen, Klee, Kornblumen.

Marinade:
4 EL Haselnußöl, 2 EL Rotweinessig, eine Messerspitze dt. Senfmehl, Prise Salz, Pfeffer, 1/4 TL Tannenhonig.

Das Zander- und Lachsfilet enthäuten und entgräten. Fisch plattieren (zwischen Klarsichtfolie legen und vorsichtig platt klopfen). Den Lachs auf den Zander legen und zu einer Roulade rollen. Diese Roulade nun stramm in die Klarsichtfolie packen und etwa 8 Std. in den Froster legen.
Vor dem Servieren herausnehmen, auspacken und mit Hilfe der Aufschnittmaschine in Scheibchen schneiden und im Kreis auf den Teller legen.
Die Wildkräuter kurz durch die Marinade ziehen, vermengen und in der Mitte des Tellers zu einem

Bouquet zusammenfügen. Mit den Blüten dekorieren. Auf die Fischrouladenscheibchen grobgemahlenes Salz, schwarzen Pfeffer aus der Mühle und gemörserte Senfsaat zum Würzen geben.
Dazu frisches Körnerbrot reichen.

Lauwarmer Salat von Wurzelgemüsen mit Kalbskopf und wildem Schnittlauch

Walter Hofmann
Gasthaus zum Lamm
Strümpfelbach

Kalbsbäckchen, gekocht, 150 g Briesle, 1/2 Kalbszüngle, 100 g Kalbshirn, 1 Karotte, 1 Lauch, 1 Zwiebel, 1 kleine Sellerie, 1 Kohlrabi, 2 Stangen Schwarzwurzel oder Petersilienwurzel, 1 Zitrone, 1/2 Eichblatt oder Lollorosso, 1/2 Kopfsalat, kleiner Bund Kapuzinerkresse oder Bachkresse, Lorbeerblatt, Nelken, 30 g Butter, 4 EL Sonnenblumenöl, 2 EL Olivenöl, kaltgepreßt, 2 EL Himbeeressig oder Apfelessig, 1 TL Balsamicoessig, 1 TL engl. Senfpulver, Salz, Pfeffer aus der Mühle.

Kalbszüngle waschen und mit 1/2 gespickten Zwiebel in kochendes Salzwasser geben, nach 5 Min. herausnehmen, kalt abschrecken, die Haut abziehen und in etwa 40 Min. weich kochen (im Dampfkochtopf 15 Min.), Briesle wässern (3 Std.), Häutchen entfernen und 10 Min. im Kalbsfond mitkochen, in kaltem Wasser abschrecken.
Kalbshirn in lauwarmem Wasser putzen, abziehen, in Salzwasser mit einem Schuß Essig 3 Min. kochen, in kaltem Wasser abschrecken, auf Küchenkrepp abtrocknen.

Schwarzwurzeln gut abbürsten, schälen und sofort in einen dünnen Milch-Mehl-Teig legen, um ein Verfärben zu verhindern.
Die Gemüse putzen, waschen, in Blättchen schneiden und in Salzwasser mit Zitronensaft knackig weich kochen.
Kurz in kaltem Wasser abschrecken und noch lauwarm mit dem Dressing anmachen. Kopf- und Eichblattsalat als Unterlage auf Tellermitte anrichten (je 4 bis 5 Blatt), die marinierten Wurzelgemüse darauf anrichten.
Hirn in 4 Teile schneiden, panieren und ausbacken. Briesle in Tranchen schneiden, würzen, mehlieren und in Butter anbraten. Bäckchen und Züngle in Tranchen im Kalbsfond nochmals aufwärmen und mit dem Hirn und Briesle im Wechsel um den Gemüsesalat anrichten. Mit den Kresserispen und wildem Schnittlauch servieren. Tellerrand mit frisch gemahlenem Pfeffer bestreuen.
Wilden Schnittlauch gibt es im März und April auf Wiesen und an Böschungen.

Lauwarmer Spargelsalat auf Tomatenmousse

Eugen Heubach
Landgasthof Heubach – Krone
Winnenden-Birkmannsweiler

1 kg Spargel, 6 reife Fleischtomaten, 1/8 l Sahne, 2 Blatt Gelatine, 1 cl Gin, Salz, Pfeffer aus der Mühle, Zitronensaft, Zucker.

Den Spargel schälen, waschen und in kochendem Salzwasser mit einem Schuß Zitronensaft und etwas Zucker 8 Min. garen. Den Spargel im Wasser abkühlen lassen.
Die vollreifen Tomaten abziehen und entkernen. Im Mixer mit

Rezept siehe oben: Lachs-Zander-Roulade mit Wildkräutersalat, E.-U. Schassberger

Salz, Pfeffer und Crème fraîche pürieren. Die eingeweichte Gelatine mit dem Gin im Wasserbad auflösen und unter die pürierten Tomaten rühren. Die Sahne gut steif schlagen und unter die fest werdende Tomatenmasse heben. Die Tomatenmousse auf Teller geben und den abgetropften, lauwarmen Spargel fächerartig anrichten. Als Garnitur eignet sich frischer Kerbel.

Salat von Kalbsinnereien

Bild Seite 32

Rolf Schlegel
Restaurant Zum Ochsen
Kernen i. R.

Vinaigrette:
3 EL Balsamicoessig, 1 TL Himbeeressig, 1 TL Weinbrand, 6 EL Walnußöl, 2 TL Zucker, Salz, Pfeffer.

Salat:
Je 1 Kopf Eichblatt-, Radicchio- und Lollorosso-Salat sowie 4 Sträußchen Ackersalat.

Garnitur:
1 Tomate, 1 großer Champignonkopf, 50 g feine Böhnchen.

Innereien:
200 g gehäutete Kalbsleber, 200 g pariertes Kalbsherz, 120 g gekochtes Kalbsbries, 120 g gehäutetes Kalbshirn, 1 kleine, sorgfältig parierte Kalbsniere, Mehl, Weißbrotbrösel, 1 Ei, Salz und Pfeffer zum Würzen sowie neutrales Pflanzenöl und Butter zum Braten.

Aus den angegebenen Zutaten eine Vinaigrette rühren. Die Salate sorgfältig putzen und waschen und zu 4 gefälligen Bouquets legen. Herz, Leber, Niere und Bries in Scheiben schneiden. Das Kalbshirn mit Salz, Pfeffer, Worcestersauce würzen und mit Mehl, Ei und Bröseln panieren.

Salate marinieren und auf 4 Tellern anrichten, die Garnitur darüberstreuen. Die Leber, das Herz, die Niere und das panierte Kalbshirn nun beidseitig in etwas Öl anbraten. Die Innereien aus der Pfanne nehmen und mit Salz und Pfeffer würzen. Das Öl aus der Pfanne abgießen und etwas Butter in die Pfanne geben. Das Herz, die Niere, die Leber, das Hirn und das Bries in der Butter fertigbraten. Abschließend die Innereien um den Salat anrichten und etwas von der aufgeschäumten Butter über den Salat gießen.

Kalbskopfsalat

Franz Feckl
Restaurant Schloß Höfingen
Leonberg-Höfingen

500 g Kalbskopfmaske, 200 g Kalbszunge, 100 g Kalbsbries, 1 l Wasser, 1 l Kalbsfond, 1 EL Essig, 1/8 l Weißwein, 5 zerdrückte Pfefferkörner, 2 zerdrückte Pimentkörner, 1 Bouquet garni, 1 EL Butter.

Salate:
50 g geputzter Feldsalat, 1/4 Kopf Eichenblatt, 1/4 Kopf Frisée, 50 g dünne grüne Bohnen, 8 kleine Karotten mit Grün, 1/2 Bund Schnittlauch, 1/2 Bund Kerbel, 1/2 Bund Petersilie.

Salatmarinade:
1 TL Dijon-Senf, 0,1 l Kraftbrühe, 2 EL Balsamessig, 4 EL Haselnußöl, 4 EL Sonnenblumenöl, Salz.

Fleischmarinade:
1 EL rosa Pfeffer, 1 EL Balsamessig, 4 EL kaltgepreßtes Olivenöl, Salz.

Die Kalbskopfmaske in etwa 2 cm große Würfel schneiden. Das Kalbsbries häuten und wässern, die Zunge abspülen. Wasser, Kalbsfond und Weißwein vermischen, mit den Gewürzen und dem Bouquet garni sowie den Fleischteilen aufkochen und ziehen lassen. Nach etwa 8 Min. Bries entnehmen, kalt abschrecken. Die Maske und die Zunge benötigen etwa 1 Std. Die Zunge in heißem Zustand abziehen.

Die Salate putzen, waschen und schleudern, die Karotten schälen, die Bohnen zupfen und beides getrennt in Salzwasser bißfest kochen und in Eiswasser abkühlen. Die Kräuter waschen, schleudern und zerkleinern. Alle Zutaten der Salatmarinade der Reihe nach verrühren.

Das Kalbsbries in Scheiben schneiden und in der Butter kurz braten, warm halten. Die Zunge in Scheiben schneiden, mit den Kalbskopfwürfeln und den Gewürzen in der Rosa-Pfeffer-Vinaigrette leicht erwärmen.

Die marinierten Salate gefällig auf die Teller verteilen. Die Kalbskopfteile mit den Gemüsen um den Salat plazieren. Mit den Kräutern vollenden.

Kaninchencrépinettes auf winterlichem Salat

Eberhard Aspacher
Schloßwirtschaft Landhotel
Illereichen

2 Kaninchenrücken, 1 Kaninchenkeule, 100 g Schweinenetz, 100 g Sahne, 1 TL gehackte Kräuter (Petersilie, Salbei, Kerbel, Basilikum), 1 Eiweiß, 10 g Pinienkerne, Salz und Pfeffer aus der Mühle. Butter zum Braten. Etwas Kaninchenjus zum Nappieren. Verschiedene winterliche Salate – z. B. Ackersalat, Escariol, Radicchio und weißer Löwenzahnsalat usw. Schwarzwurzeln und rote Bete als Garnitur.

Den Kaninchenrücken auslösen und die Filets sauber parieren. Die Keule auslösen und aus dem Keulenfleisch, den Bauchlappen, Sahne, Eiweiß und Gewürzen im Mixer eine glatte Farce mixen. Die Kaninchenrückenfilets in kleine Würfel schneiden (0,5 cm), würzen, mit der Farce, Kräutern und Pinienkernen mischen. Das gewässerte Schweinenetz gut ausdrücken und auf den Tisch ausbreiten. Auf das Netz kleine Häufchen von der Kaninchenmasse verteilen und zu daumenstarken Netzwürstchen einwickeln. 3 bis 4 St. pro Person. In Butter gleichmäßig braten und an den angemachten Wintersalat setzen, leicht mit Jus überglänzen, warm servieren.

Linsensalat mit gebratener Milchferkelleber

Karl Schempf
Gasthof Birkenhof, Maulbronn

160 g rote Linsen, 280 g Milchferkelleber (Spanferkelleber), Brunnenkresseblätter, Mehl, 5 EL Traubenkernöl, 1 EL Sherry-Essig, 1 EL Rotweinessig, Salz, Pfeffer, Schnittlauch.

Das Öl mit dem Essig verrühren. Mit Salz und Pfeffer würzen. Die Kresse putzen und waschen. Die Linsen blanchieren und in Salzwasser etwa 5 Min. nicht zu weich kochen. Die Leber in dünne Scheiben schneiden, in Mehl wenden und abklopfen.
Die Brunnenkresse und die Linsen mit der Vinaigrette anmachen. Die Leber kurz braten, anschließend würzen, auf dem Linsensalat anrichten und mit der Kresse garnieren.

Löwenzahnsalat mit Ziegenkitzleber (Gitzileber) an Balsamicojus

Richard Dutter
Adler, Glottertal

4 mittlere Pellkartoffeln, 8 EL Olivenöl, 80 g magerer Speck, 1 EL Rotweinessig, 280 g Löwenzahnblätter, 4 Wachteleier, 4 Kirschtomaten, 1 EL gezupfte Kerbelblätter, 320 g Gitzileber, 1/4 l Fleischglace (siehe S. 196), 4 cl Balsamicoessig, 20 g Butter.

Die Löwenzahnblätter, je gelber, desto besser, in lauwarmem Wasser (etwa 30 Grad) waschen, abtropfen lassen. Die geschälten Pellkartoffeln in Würfel schneiden, in heißem Olivenöl anbraten, den Speck in Streifen schneiden, zugeben. Ebenfalls anbraten. Mit etwas Rotweinessig ablöschen. Durchschwenken – wenn die Kartoffeln etwas abgekühlt sind, den Löwenzahn unterheben, abschmecken, anrichten und mit gezupften Kerbelblättern, wachsweichen Wachteleiern und kleinen Kirschtomaten garnieren. Die Gitzileber in Scheiben schneiden, mehlieren und in Butter braten. Gefällig an den Salat legen und mit 1 EL Balsamicojus angießen (Fleischglace mit Balsamicoessig).

Salat mit dem Feinsten vom Ziegenkitz

Rainer Osterberger
Linde, Oberboihingen

Herz, Leber, Lunge, Bries und Nierle von einem Ziegenkitz, etwa 400 g verschiedene Blattsalate der Jahres-

zeit, 2 mittelgroße Kartoffeln, 50 g Pflanzenöl, 50 g Butter, 1 Bund frische Gartenkräuter, 1/8 l Rotwein, 1/8 l Portwein, Salz, Pfeffer aus der Mühle, Rotweinessig und Nußöl.

Herz und Lunge blanchieren, dann in Salzwasser und mit Spickzwiebel und einem Schuß Essig etwa 20 Min. weich kochen. Das Bries separat auf die gleiche Art, aber nur 8 bis 10 Min. garen.
Die Leber häuten und in Scheiben schneiden, die Niere halbieren und sauber parieren. Die Kartoffeln schälen, in feine Blättchen schneiden und in Öl knusprig braten, auf ein Sieb schütten, leicht salzen und warm halten. Die Blattsalate mit dem Nußöl und dem Rotweinessig marinieren, auf flachen Tellern auslegen, darauf das aus dem Sud tranchierte Herz, die feinen, in Butter angerösteten Lungenstreifen, das leicht in Butter angebratene Bries, die rosa gebratene Leber und Nierle anrichten.
Den Bratsatz der Pfanne mit Rotwein und Portwein ablöschen, auf 1/4 reduzieren, mit wenig kalten Butterflocken binden und an den Salat geben.
Die knusprigen Kartoffelblättchen und die Gartenkräuter zur Garnitur verwenden.

Ackersalat mit Kartoffeldressing und Entengrieben

Dieter Wägerle
Restaurant Stumpenhof
Plochingen

400 g Ackersalat, 300 g frische, gekochte Salzkartoffeln, etwas Brühe, 2 EL Weißweinessig, 1 Prise Muskat, Salz, Pfeffer, 1 Msp. Majoran, 1/4 l Sahne, Fettabschnitte von Enten, 1 Schalotte, 1 EL Olivenöl.

Den Ackersalat putzen und gründlich waschen. Für das Kartoffeldressing die frisch gekochten Salzkartoffeln mit etwas Brühe, Weißweinessig, Muskat und dem Majoran mixen. Die Sahne unterrühren und mit Salz und Pfeffer würzig abschmecken. Dieses Dressing spiegelförmig auf den Teller geben und auch den Ackersalat damit marinieren. Die Schalotten in das heiße Olivenöl geben und glasig dünsten. Das Entenfett in Würfel zerkleinert zugeben und zergehen lassen.

Die Grieben im eigenen Fett nun goldbraun backen, gut abschmecken, dann durch ein Sieb abschütten. Die Grieben über den angerichteten Ackersalat streuen.

Spargelsalat mit Entenherzen und Artischocke

Albert Bouley
Waldhorn, Ravensburg

800 g weißer Spargel (20 g Butter, Zitronensaft, 1 TL Zucker, 1 TL Salz auf 1,5 l Wasser), 200 g Entenherzen, geputzt, 2 Artischockenböden, 2 EL Essig (für 1 l Essigwasser), 1 Bund Schnittlauch, 1 Bund Kerbel, 1 Schalotte, Salz, Pfeffer, 2 EL Olivenöl extra vergine, 1 EL Weißweinessig.

Entenglace:
20 g Entenglace (dicker Entenfond), 1 EL Butter, 1 Schalotte, Salz, Pfeffer.

Spargel schälen und abkochen. Vinaigrette aus den Zutaten mit den gehackten Kräutern zubereiten. Entenherzen halbieren und in der Butter mit gehackter Schalotte rosa braten. Glace hinzufügen und kurz reduzieren lassen. Würzen.

Anrichten: Spargel (warm) mit der Vinaigrette anmachen, geviertelte Artischockenböden und Herzen dazugeben und mit der Glace nappieren, mit Kerbelsträußchen garnieren.

Salat von gepökelter Entenbrust mit rosa Pfeffer

Günter Koppert
Restaurant Adlon – Hotel Berlin
Sindelfingen

2 Entenbrüste, gepökelt (in Pökelsalz in Steinguttopf mehrere Tage eingelegt), 8 Blätter Lollorosso, 4 Blätter Eichblattsalat, etwas Feldsalat, 2 rosa Grapefruit, 100 g Erbsenschoten, 8 Stangen grüner Spargel.

Sauce:
Walnußöl, Balsamicoessig, Salz, rosa Pfeffer, 10 g Trüffeln, etwas Zucker.

Entenbrüste in Öl anbraten (knusprig) und warm stellen. Essig, Öl, Salz, Zucker zu einer Vinaigrette verrühren. Auf einen Teller den Salat garnieren, Grapefruit filetieren und einsetzen, gekochten Spargel dazugeben und die in Scheiben geschnittene Entenbrust darauflegen. Die Vinaigrette darübergießen, mit rosa Pfeffer und Trüffeln garnieren. Als Beilage warmes Pariser Brot, Brioche oder geröstetes Nußbrot.

Kuttel-Lauch-Quiche

Siegfried Keck
Hotel am Schloßgarten
Stuttgart

200 g Lauchjulienne, möglichst nur das Weiße, 200 g Kutteln, gekocht, in kleine Würfel geschnitten, 40 g

gekochter Schinken, 80 g Butter zum Dünsten, 40 g Emmentaler, gerieben, 1/8 l Crème fraîche, 1/8 l süße Sahne, 3 Eier, 200 g Hefeteig, gesalzen, oder Blätterteig, Salz, Pfeffer, Muskat.

Springform mit dem Teig dünn auslegen. Den gedünsteten Lauch, Kutteln und Schinken einfüllen. Mit der gewürzten Mischung aus Eiern, Crème fraîche, Sahne und Emmentaler übergießen. Bei 200 Grad etwa 40 Min. knusprig backen.

Kalbshirn-Petersilien-Maultaschen mit Krebsen

Bild nebenstehend

Helmut Hilse
Restaurant Sonnenhof
Waldstetten

12 große Krebse

Nudelteig: 250 g Mehl, 2 Eier, 2 Eigelb, 1/2 EL Olivenöl, 1/2 TL Salz

Krebssud: 3 l Wasser, 1/2 l trockener Weißwein, 6 Dillstengel, 4 Petersilienstengel, 1 kleine Zwiebel in Scheiben, 4 EL Salz

Füllung: 50 g Butter, 50 g Schalottenwürfel, 100 g Petersilienwurzel, 100 g Blattpetersilie, 150 g Sahne, 100 g Kalbshirn, 3 Eigelb, Salz, Pfeffer aus der Mühle

Sauce: 20 g Butter, 40 g Blattpetersilie, 1/8 l trockener Weißwein, 1/16 l Noilly Prat, 1/8 l Sahne, 1/8 l kräftiger Fischfond, 4 zerdrückte weiße Pfefferkörner, 1 Msp. Cayennepfeffer, 10 g kalte Butterwürfelchen.

Aus den Nudelteigzutaten einen festen Teig herstellen, gut durchkneten, zu einer Kugel formen, in ein feuchtes Tuch einschlagen und 2 Std. ruhen lassen. Krebssud aufkochen, 5 Min. ziehen lassen,

---

Rezept siehe oben: Kalbshirn-Petersilien-Maultaschen mit Krebsen, Helmut Hilse

dann sprudelnd nochmals aufkochen, die Krebse auf einmal hineingeben und 3 Min. ziehen lassen. Krebse herausnehmen, in kaltem Wasser auskühlen. Krebsschwänze durch Drehen vom Körper lösen, ebenfalls durch Drehen den Schwanzfächer lösen und vorsichtig den Darm herauslösen. Die Scheren mit der Küchenschere seitlich aufschneiden, aufklappen, das Fleisch herauslösen. Petersilienwurzel schälen, kleinwürfeln, Petersilienblätter grob hacken, ebenso das gewässerte, gehäutete Hirn. Schalotten und Petersilienwurzel in Butter anschwitzen, Blattpetersilie dazugeben, wenn diese zusammengefallen ist, mit Sahne löschen, zurückkochen bis zur dicklichen Konsistenz, das Hirn hinzugeben und schwitzen lassen, bis die Masse so gut wie keine Flüssigkeit mehr aufweist. Mit Salz und Pfeffer abschmecken und in einer Schüssel mit den Eigelben vermengen.

Den Teig mit der Nudelmaschine 1 mm dünn auswellen und mit rundem, gezacktem Ausstecher von 6 cm ∅ 24 Teigplättchen ausstechen. Auf 12 Teigplättchen die Füllung so verteilen, daß etwas Rand bleibt – diesen mit Eigelb bestreichen, die restlichen Teigplättchen darüberlegen und die Ränder fest andrücken.

Blattpetersilie in Butter anschwitzen, mit Wein und den übrigen Zutaten ablöschen, Pfeffer dazugeben und auf 1/3 der Menge zurückkochen, mit dem Mixstab die kalten Butterstückchen einarbeiten und mit Cayenne und einer Prise Salz abschmecken. Im passierten Krebssud die Maultaschen 5 Min. ziehen lassen, das Krebsfleisch in der Sauce warm werden lassen – nicht mehr aufkochen! Je 3 Maultaschen auf der Sauce anrichten, mit Krebsfleisch und Petersilienblättchen garnieren.

Kalbskopf und -zunge, lauwarm mariniert

Max Benzing
Alte Sonne, Ludwigsburg

1/2 ausgelöster, gepökelter Kalbskopf, 1 gepökelte Kalbszunge, 5 Wacholderbeeren, 3 Nelken, 1/2 EL weiße Pfefferkörner, 2 Lorbeerblätter, 1 Bund Suppengrün, 5 EL Öl, 2 EL Essig, 1 Schalotte, je 2 EL Estragon, Kerbel, Petersilie und Schnittlauch, 1/2 TL Salz, 1/4 TL Pfeffer.

Den Kalbskopf und die Zunge mit den Gewürzen in kochendes, ungesalzenes Wasser geben und 1½ bis 2 Std. kochen. Ist beides gar, unter kaltem Wasser abspülen und die Zunge enthäuten. Kalbskopf und Zunge würfelig schneiden und auf Tellern anrichten. Öl und Essig mit dem Schneebesen gut verquirlen. Die feingehackten Kräuter zugeben und mit Salz, Pfeffer und nach Belieben mit einer Prise Zucker abschmecken. Die Vinaigrette leicht erwärmen und über den Kalbskopf und die Zunge geben.

Beilage: frisches Bauernbrot.

Wildkräuter in Morchel-Vinaigrette mit sautierten Lammnieren

Walter Atzinger
Romantik Hotel Ritter
Heidelberg

Verschiedene Wildkräuter, z. B. Löwenzahn, Bachkresse, Bärlauch, Sauerampfer, Gänseblümchen, Brennessel. 100 g frische Morcheln, 4 EL Olivenöl, 2 EL Weinessig,

1/2 TL mittelscharfer Senf, Salz, Pfeffer aus der Mühle, 1 Schalotte oder kleine Zwiebel, 1 TL Zucker, 1 Prise Rosmarin, 40 g geräucherter Bauchspeck, 8 gewässerte, gesäuberte Lammnieren, 20 g Butter, 2 cl Weinbrand.

Wildkräuter mehrmals gut mit kaltem Wasser waschen und gut abtropfen lassen. Aus Weinessig, Salz, Pfeffer, Senf und Zucker eine Vinaigrette herstellen. Zum Schluß das Olivenöl zugeben. Morcheln gut in kaltem Wasser wässern, damit sich alle Schmutzteilchen aus den Waben lösen. Für etwa 1 Min. in kochendem, leicht gesalzenem Wasser blanchieren. Herausnehmen und, wenn sie etwas abgekühlt sind, kleinschneiden und sie der Salatsauce beifügen. Butter in einer Pfanne zerlaufen lassen, kleingeschnittene Schalotte und Bauchspeck zugeben und andünsten. Die Lammnieren halbieren und dazugeben, ebenso den Rosmarin. Durchschwenken, bis sie leicht rosa sind. Mit Weinbrand flambieren. Wildkräuter durch das Dressing ziehen, auf Teller plazieren und die Nierchen daransetzen.

Marinierter Artischockenboden, gefüllt mit Lachstatar

Eugen Heubach
Landgasthof Heubach – Krone
Winnenden-Birkmannsweiler

4 Artischocken, 2 Zitronen, Salz, Zucker, Pfeffer, 1 EL Balsamessig, 2 EL Olivenöl, 1 Schalotte, Kerbel, Dill, 400 g Lachsfilets, Noilly Prat, 4 Wachteleier, etwas Butter.

Die Stiele der Artischocken über der Tischkante abbrechen. Mit dem Messer alle Blätter bis zum

Boden abschneiden. Die Schnittflächen gut mit Zitronensaft einreiben und eine Zitronenscheibe mittels Bindfaden am Artischockenboden festbinden. Artischocken in Salzwasser mit Zucker und Zitronensaft weich kochen. Nach dem Kochen die restlichen Blätter und das Heu der Artischocken entfernen.

Die Schalotte kleinhacken und mit dem Öl, Essig, Salz, Pfeffer und Kerbel eine Marinade anrühren. Die Artischockenböden hineinlegen. Die Lachsfilets sauber enthäuten und entgräten. Mit Pfeffer und Noilly Prat beträufeln und ganz fein hacken oder pürieren. Kleine Klöße formen und auf die angerichteten, marinierten Artischockenböden setzen.

Die Wachteleier in Butter zu Spiegeleiern braten und mit Dillsträußchen auf das Lachstatar setzen.

Grüner Spargel mit Kaninchenfilets und Blutorangensauce

Eugen Heubach
Landgasthof Heubach – Krone
Winnenden-Birkmannsweiler

1 kg grüner Spargel, 4 Kaninchenfilets, Salz, Pfeffer, Butter, 4 Eigelb, Zitronensaft, Weißwein, Saft von 3 Blutorangen, 200 g Butter, zerlassen.

Grüner Spargel braucht nicht geschält zu werden. Auf eine Länge von 10 cm abschneiden und in leicht gesalzenem Wasser etwa 8 Min. kochen. Die Kaninchenfilets von Fett und Sehnen befreien, mit Salz und Pfeffer würzen und in Butter rosa braten.

Die Blutorangen ausdrücken und den Saft auf dem Herd gut reduzieren. Die Eigelbe, etwas Zitro-

nensaft, Weißwein, Salz und Pfeffer in einem Schlagkessel im Wasserbad zur Bindung aufschlagen und tropfenweise die zerlassene Butter zugeben. Zum Schluß den Saft der Blutorangen dazugießen. Saucenspiegel auf vorgewärmten Tellern angießen, die schräg in Scheiben geschnittenen Filets einsetzen und den Spargel anlegen.

Mariniertes Rotbarbenfilet mit Koriander

Wolf-Dieter Anhorn
Hotel-Restaurant Beurener Hof
Beuren

8 Rotbarbenfilets, 1 Zwiebel, 1 kleiner Zucchino, 2 Tomaten, ½ Bund Schnittlauch, Salz, Pfeffer.

Marinade:
1 dl Rotweinessig, 1 dl Olivenöl, 1 dl Traubenkernöl, 1 Lorbeerblatt, 1 Nelke, 1 Zwiebel, 1 Karotte, 10 g Koriander.

Die Zwiebel und die Karotte in kleine Würfel schneiden, mit dem Essig und Öl in einen Topf geben, 10 Min. leicht kochen lassen.

Die entgräteten Rotbarbenfilets salzen, pfeffern und mit feingeschnittenen Zwiebelringen bestreuen. Die noch lauwarme Marinade über die Filets passieren und für einen Tag kalt stellen.

Die geschälten, entkernten Tomaten und blanchierten Zucchino in gleich große Würfel schneiden. Den Schnittlauch fein hacken. Die Rotbarbenfilets aus der Marinade nehmen und auf Tellern anrichten. Mit den Zucchini- und Tomatenwürfeln sowie dem Schnittlauch bestreuen und mit der Marinade leicht übergießen.

Karpfensülze mit Salat von roten Linsen

Helmut Schiffner
Hotel-Restaurant Haghof
Alfdorf

½ Spiegelkarpfen, etwa 500 g ohne Kopf, 1 Zwiebel/Schalotte, 1 Lauch, 1 Karotte, 1 kleiner Sellerie, 3 Zweige Dill, 1 Lorbeerblatt, 1 Prise Pfeffer, gestoßen, 1 Nelke, 50 g Schweinebauch, geräuchert, ⅛ l Weißwein/Riesling, trocken, 6 cl Sherryessig, 2 Eiweiß, 3 Blatt weiße Gelatine, 100 g rote Linsen, 1 kleine Schale Gartenkresse, 6 Wachteleier, 2 cl Sonnenblumenöl, Salz, Pfeffer, Senf.

Karpfen mit kaltem Wasser gründlich waschen. In 4 Stücke schneiden. Je 2 Eßlöffel in Würfel geschnittene Zwiebel, Sellerie und das Weiße vom Lauch bei leichter Hitze mit etwas Öl in einem flachen Topf angehen lassen. Karpfenstücke zugeben und auf jeder Seite etwa 20 Sek. mit angehen lassen. 2 Prisen Salz, 1 Prise gestoßenen Pfeffer, 3 zerkleinerte Dillzweige, Lorbeerblatt, Nelke, ⅛ l Weißwein, ¼ l Wasser, 4 cl Sherryessig zugeben. 15 Min. sieden und den sich bildenden Schaum abheben. Karpfenstücke herausnehmen und abgedeckt auskühlen lassen. Sud durch ein feines Sieb gießen und erkalten lassen. Je 2 Eßlöffel feine Karotten-, Lauch-, Sellerie- und Bauchspeckwürfel in leicht gesalzenes, kochendes Wasser geben, aufkochen, in ein Sieb abschütten, mit kaltem Wasser abschrecken und gut abtropfen.

Den erkalteten Sud mit Essig, Salz und etwas Zitronensaft abschmecken. 2 angeschlagene Eiweiße zugeben und unter leichtem Rühren aufkochen lassen. (Eiweiß bindet Trübteile). Zellstofftuch in ein Sieb legen und geklärten Sud vor-

sichtig durchgießen. Die in kaltem Wasser eingeweichten Gelatineblätter zugeben. Karpfenstücke von Haut und Gräten befreien und in daumennagelgroße Würfel schneiden. Gemüse- und Karpfenwürfel locker in 4 Kaffeetassen einlegen. Sud darübergießen und 3 bis 4 Std. kalt stellen. Linsen in Salzwasser nicht ganz weich kochen. Noch in warmem Zustand mit 1 Eßlöffel Schalottenwürfel, Salz, Pfeffer, Messerspitze Senf, Essig und Öl anmachen. Kurz vor dem Anrichten Gartenkresse unterheben. Gestürzte Sülze auf Linsensalat anrichten, mit je ¾ gekochten Wachteleiern und etwas Dill ausgarnieren. Dazu ißt man Vollkornbrot mit Butter.

Sülze von Wildschwein an Gemüsevinaigrette mit Austernpilzen

Otto Assenheimer
Gasthof Lamm, Löwenstein

Wildschweinkopf (abgeschwartet), Pökelsalz, je 50 g in kleine Würfel geschnittene Karotten, Lauch, Zwiebeln, Sellerie, ¼ l Brühe, Salz, Pfeffer, Balsamessig, 3½ Blatt Gelatine, 200 g Austernpilze.

Vinaigrette:
Balsamessig, Olivenöl, Salz, Pfeffer.

Wildschweinkopf pökeln, kochen, das Fleisch ausbrechen, auskühlen und in Würfel schneiden. Gemüse in Brunoise schneiden und blanchieren. ⅓ davon mit den Fleischwürfeln vermengen, den Rest für Gemüsevinaigrette aufheben. Gelatine einweichen. Brühe aufkochen, mit Salz, Pfeffer aus der Mühle und Balsamessig abschmecken, eingeweichte Gelatine darin auflösen. Terrine ausgießen, Fleischwürfel einfüllen und

mit Sülze auffüllen und erkalten lassen. Sülze kurz in heißes Wasser tauchen und stürzen. Zum Servieren in Scheiben schneiden. Restliches Gemüse in Vinaigrette anmachen. Austernpilze putzen und in Butter anbraten, mit Salz und Pfeffer aus der Mühle würzen. Sülze mit gebratenen Austernpilzen auf Teller anrichten, mit Salatblättern garnieren und mit Gemüsevinaigrette marinieren.

Sülze vom Hauskaninchen mit kleinen Gemüsen

Günther Butz
Restaurant Remsstuben
Waiblingen

1 Kaninchen von etwa 1,5 kg, 4 mittlere Karotten, 1 Sellerieknolle, 8 Brokkoliröschen, 2 Petersilienwurzeln, 200 g grüne Bohnen, 4 Stangen Spargel, 160 g gemischte Pilze (Champignons, Morcheln, Pfifferlinge), 200 g Kohlrabi.

Fond: *Wurzelgemüse, Lorbeer, Basilikum, Petersilie, 100 ml Portwein, 16 Blatt Gelatine, 1½ l Wasser.*

Kaninchenkeule und Rücken auslösen, von den Knochen, Schulter und Bauchstück einen kräftigen klaren Fond herstellen (etwa 1 l). Darin die in Stücke zerteilte Keule, Rückenfilets und Leber kurz gar ziehen lassen.
Den Fond durch ein Tuch passieren, mit Salz und Pfeffer kräftig abschmecken, weißen Portwein und die eingeweichte Gelatine zugeben. Gemüse putzen und in gefällige Stücke (etwa 3 cm) schneiden – in Salzwasser weich garen und in Eiswasser abschrecken. Die Fleischstücke und das Gemüse gut vermischt in eine längliche

Form einsetzen, den Kaninchenfond angießen und im Kühlschrank gelieren lassen.

Basilikumsauce:
Crème fraîche mit dem Schneebesen leicht sämig schlagen, mit Salz, Pfeffer und Zitrone abschmecken und frisches Basilikum zugeben.

Anmerkung: Die Form vor dem Stürzen kurz in heißes Wasser tauchen.
Durch eine erhitzte Messerklinge läßt sich die Sülze leichter portionieren. Mit Basilikumsauce servieren.

Sülze von Lammfilet und Hasenleber

Claus Stahl
Landesberufsschule
Bad Überkingen

4 Lammfilets à 100 g, 400 g Hasenleber, 200 g Sellerie, 200 g Karotten, 200 g Champignons, 1 Bund Dill, 1 l Rinderbrühe, ¼ l Weißwein, 8 Blatt Gelatine, 40 g Butter, etwas Himbeeressig.

Lammfilets und die Hasenleber in Butter rosa anbraten und kalt stellen. 1 l Rinderbrühe langsam auf ½ l einkochen, die in kalten Wasser eingeweichte Gelatine ausdrücken und in die Brühe geben. Karotten und Sellerie in kleine Würfel schneiden und in Salzwasser weich kochen und kalt stellen. Champignons ebenfalls in Würfel schneiden. In einer Schüssel Rinderbrühe, Weißwein und Gemüse vermengen, etwas Himbeeressig hinzugeben und abschmecken. In einer Terrinenform Lammfilets in die Mitte legen, links und rechts die Hasenleber dazugeben, Rinderbrühe mit Gemüse darübergießen und 3 Std. im Kühlschrank kühlen lassen.

Rezept Seite 26: Salat von Kalbsinnereien, Rolf Schlegel

SUPPEN

Die Suppe hat ihre großen Vorteile:
Sie ersetzt das Getränk, besonders bei Gelehrten und Frauenzimmern –
und diese namentlich trinken fast immer zu wenig –,
wie bei all denen, welche außer Tisch wenig oder gar nichts trinken,
und die, wenn sie nun das Suppenessen unterlassen,
viel zu wenig Feuchtigkeit in das Blut bekommen.

Eugen Baron Vaerst:
„Die Gastrosophie oder die Lehre von den Freuden der Tafel"
(1851)

Wenn man Statistiken glauben darf, in diesem Fall der einer medizinischen Fachzeitschrift, dann gibt es in Frankreich mehr Magenkranke als in Deutschland. Experten, die sich mit dem Thema befaßt haben, meinen, dies läge daran, daß in Frankreich weniger Suppen gegessen werden als hierzulande.

Über den Wert solcher Erhebungen und der daraus resultierenden Schlüsse, oder besser Mutmaßungen, kann man streiten. Eine Tatsache ist es in jedem Falle, daß die Suppe ein Magenschmeichler ist und, an den Anfang eines Mahls gestellt, sicherlich den Magen nicht reizt, sondern eher beruhigt und für die nachfolgenden Genüsse besser vorbereitet als manches Horsd'œuvre.

Eine weitere Tatsache ist, daß abgesehen von der österreichischen oder der Schweizer Küche kaum eine Landesküche eine solche Vielzahl von Suppen aufweist wie die deutsche, insbesondere die süddeutsche.

Das oft zitierte Sprichwort von den Suppenschwaben braucht hier sicherlich nicht noch einmal bemüht werden.

Andererseits kann sich keine Landesküche mit der immensen Zahl von Suppen messen, die in der klassischen Küche aufgeführt sind. Allein bei den Consommés, den Kraftbrühen, sind es an die 350 bis 400, die Eingang gefunden haben im kulinarischen Register der Grande Cuisine. Wenngleich auch die meisten wie Museumsstücke im Keller lagern, weil sie in der Herstellung zu aufwendig oder zu kostspielig sind. Wann sieht man schon eine „Consommé Santa Maria" oder „Sarah Bernhardt" oder auch „Richelieu", ganz zu schweigen von „Rothschild" auf einer Speisekarte? Trotzdem ist das Standardrepertoire der meisten Köche immerhin so groß, daß sie für jeden Tag eines Monats eine andere Kraftbrühe auf die Karte setzen könnten, ohne sich zu wiederholen.

Wie bei der Schwäbischen Metzelsupp, die ja auch nicht nur aus Wurstbrühe, sondern noch aus einer Schlachtplatte besteht, war übrigens bis Anfang des 18. Jahrhunderts in Frankreich eine Suppe ein Gericht, das eher einem Pot-au-feu oder Eintopf glich als dem, was man heute darunter versteht.

Da die Köche nie zufrieden sind mit dem, was bereits vorhanden ist, hat die Nouvelle Cuisine und gerade auch die deutsche Küche nochmals eine Vielzahl interessanter Suppen hervorgebracht, die sich, bei allem Gehalt, durch besondere Leichtigkeit und eine einfachere Zubereitungsweise auszeichnen.

Wobei auch bei der neuen Küche, die sich ja nicht als Ablöser der Grande Cuisine, sondern als eine moderne Variante, als ein neuer Zweig im Geäst der Kochkunst sieht, allerbeste Zutaten und sorgfältige Zubereitung die unerläßlichen Voraussetzungen für die Herstellung einer guten Suppe sind.

In der professionellen Küche, in der in weit größeren Mengen gekocht wird, als dies die Hausfrau oder auch der Hobbykoch vermag, sind die Fonds, also Brühen aus verschiedenen Produkten, die Basis, nicht nur für Saucen, sondern oft auch noch für Suppen. Diese Fonds werden jeden Tag frisch hergestellt – oder sollten wenigstens jeden Tag frisch hergestellt werden. Ihr kräftiges Aroma verrät jedem Kundigen, daß er sich in einem gastlichen Haus befindet und gut aufgehoben ist.

Nichts umfächelt aber die Nase eines Hungrigen lieblicher als der Geruch einer leise vor sich hinköchelnden Rindsbrühe, der durchs ganze Haus zieht und ihm zeigt, daß er sich nicht nur in der Obhut eines guten Kochs, sondern auch eines guten Menschen befindet. Denn – wer gut Suppe kocht, kann nichts Böses tun.

Rezept Seite 36: Biberacher Milzle in der Nudelsuppe, Robert Baur

Biberacher Milzle in der Nudelsuppe

Bild Seite 34

Robert Baur
Posthalterei, Gammertingen

1 Kalbsmilz (beim Metzger vorbestellen) mit einem dünnen Messer der Länge nach sorgfältig ausgehöhlt und mit der blutigen Seite nach außen gedreht.

Füllung:
100 g Kalbsbries, gewässert, blanchiert, gereinigt und in Würfel geschnitten, 100 g von der ausgeschabten Milz, 150 g Kalbfleisch, 2 × durch die feine Scheibe des Wolfs gedreht, 50 g Weißbrotwürfel, 1 TL Petersilie, 1 TL Schnittlauch, 2 Eier, etwas abgeriebene Zitronenschale von 1 ungespritzten Zitrone.

Suppe:
1 l kräftige Rinderbrühe, 80 g Suppennudeln, 50 g Zucchini, 50 g Karotten, beides blanchiert und in dünne Scheiben geschnitten, etwas Schnittlauch zum Bestreuen.

Für die Füllung das gewolfte Kalbfleisch mit Salz und Pfeffer würzen und mit den Eiern und der geriebenen Zitronenschale vermengen. Die Bries- und Milzwürfel sowie die Brotwürfel und kleingehackten bzw. kleingeschnittenen Kräuter unterheben und die Masse in die vorbereitete Milz einfüllen. Die Milz an der Öffnung zubinden und in Alufolie einwickeln. Bei 80 Grad etwa 30 Min. pochieren.
Die „al dente" gekochten Suppennudeln mit den in Salzwasser kurz blanchierten Gemüserauten in tiefe Teller geben, eine Scheibe Biberacher Milzle daraufsetzen und mit heißer Rindsbrühe übergießen. Mit etwas frisch geschnittenem Schnittlauch bestreut servieren. Das Biberacher Milzle kann auch, wie eine Terrine, ohne Suppe gegessen werden.

Pot-au-feu von Tafelspitz mit Ochsenmark und Meerrettichnocken

Walter Hofmann
Gasthaus zum Lamm
Strümpfelbach

400 g Markknochen, 2 l Wasser, 600 g Tafelspitz, Bouquet garni, ½ Zwiebel, gebräunt, 2 Karotten, 1 Lauch, 1 Staudensellerie, 1 kleiner Wirsing, 1 Kohlrabi, 400 g Kartoffeln, 1 kleines Bund Schnittlauch, ½ Zwiebel, gewürfelt, 50 g Butter, Salz, Pfeffer aus der Mühle, Muskat. 125 g Quark (20 Prozent) oder Schichtkäse, 2 Eigelb, 20 g Maisstärke, 50 g Meerrettich, frisch gerieben, Salz, Pfeffer aus der Mühle, Kerbel.

Markknochen aushöhlen und Mark wässern, Knochen blanchieren und kalt aufsetzen, aufkochen, abschäumen, Tafelspitz dazugeben und nach 10 Min. nochmals abschäumen. Brühe salzen, Bouquet garni und halbe, gebräunte Zwiebel etwa 1 Std. mitköcheln lassen, Garzeit insgesamt etwa 1½ Std. Die Gemüse und Kartoffeln putzen, waschen, in 1½ cm große Rauten oder Blättchen schneiden. Zwiebelbrunoise (Würfel) in Butter anschwitzen. Gemüse und Kartoffeln dazugeben, mit 1 l Fleischbrühe auffüllen und dann 15 Min. kochen lassen. Mit Salz, Pfeffer aus der Mühle und Muskat abschmecken.

Quark am Abend vorher auf einem Tuch gut abtropfen lassen. Mit den restlichen Zutaten vermengen und in leicht gesalzenem Wasser mit dem Eßlöffel Nocken abstechen, 8 Min. ziehen lassen und in kaltem Wasser abschrecken.

Pot-au-feu in tiefem Teller anrichten, 2 Tranchen vom Tafelspitz auflegen, Scheiben vom Ochsen-

mark würzen, vorsichtig unter dem Salamander erhitzen und zusammen mit den heißen Meerrettichnocken dazugeben und mit Kerbelsträußchen oder Schnittlauch ausgarnieren.

Pot-au-feu vom Ochsenschwanz

Bild Seite 38

Max Benzing
Alte Sonne, Ludwigsburg

2 kg Ochsenschwanz, 150 g Butterschmalz, 2 Zwiebeln, 4 Karotten, 1 Knoblauchzehe, ¼ Sellerieknolle, 3 Tomaten, 10 weiße Pfefferkörner, 2 Thymianzweige, Salz, 150 g Rindfleisch (Wade), 2 Eiweiß, Sherry, Portwein, Burgunder.
Einlage: *Karotten, Sellerie, Zucchini, Kohlräble oder Gurken in Olivenform zugeschnitten und in Salzwasser gegart.*

Den Ochsenschwanz in Stücke schneiden, würzen und in der Pfanne scharf anbraten. Herausnehmen und kalt werden lassen. Das Gemüse ebenfalls anbraten und zusammen mit dem Ochsenschwanz und den Gewürzen in einen Topf geben. Mit kaltem Wasser auffüllen und so lange auf kleiner Flamme simmern, bis das Fleisch weich ist. Das kann 2 bis 3 Std. dauern. Die Fleischstücke herausnehmen und bis zur weiteren Verwendung zur Seite stellen. Die Brühe durch ein Sieb passieren und kalt werden lassen. Am Tag darauf läßt sich die Brühe gut entfetten, da das oben schwimmende Fett erstarrt ist und sich leicht abheben läßt. Das Wadenfleisch durch den Wolf lassen, mit dem Eiweiß vermischen und in die kalte Brühe geben. Unter ständigem Rühren erwärmen. Dabei darauf achten, daß am Topfboden nichts ansetzt. Hat sich oben auf der Brühe aus dem Klärfleisch ein sogenannter Kuchen gebildet, wird dieser abgehoben und die Brühe durch ein Leinentuch passiert. Nun mit dem Sherry, Portwein und Burgunder verfeinern. Das tournierte Gemüse und den ausgelösten, in mundgerechte Stücke geschnittenen Ochsenschwanz gesondert erwärmen, in Teller geben und mit dem Fond auffüllen.

Anmerkung: Diese Suppe eignet sich sehr gut zum Einmachen in Gläser. Da die Zubereitung doch etwas zeitraubend ist, kann man somit größere Mengen zubereiten, um einen kleinen Vorrat zu haben.

Mit dem vom Ochsenschwanz abgelösten Fleisch läßt sich dann noch ein kleines Ragout oder eine Sülze zubereiten.

Klare Kalbskopf-suppe mit Kerbel-flädle

Eugen Heubach
Landgasthof Heubach – Krone
Winnenden-Birkmannsweiler

1 kg ausgelöster Kalbskopf, 1 l Kalbsfond (siehe S. 196), 1 Karotte, 1/4 Sellerie, 1/2 Lauchstange, 1 Petersiliensträußchen, 1 Lorbeerblatt, Salz, Pfeffer.
Für die Flädle: 150 g Mehl, 3 Eier, 1/4 l Milch, Salz, 1 Bund Kerbel, etwas Butter.

Den Kalbskopf in Würfel schneiden und mit kaltem Wasser in einem Topf zum Kochen bringen. Abschütten und die Kalbskopfwürfel mit kaltem Wasser abspülen. Erneut in einen Topf geben und mit Kalbsfond und etwas kaltem Wasser auffüllen. Langsam

zum Kochen bringen, abschäumen und das geputzte Gemüse und die Gewürze beigeben. 90 Min. ganz leicht köcheln lassen und abpassieren.

Aus Mehl, Eiern, Milch, Gewürzen und feingehacktem Kerbel einen dünnen, glatten Teig anrühren und in einer Butterpfanne hauchdünne, goldbraune Flädle ausbacken. Nach dem Erkalten die Flädle in feine Streifen schneiden und in die Suppenteller verteilen. Mit der heißen Kalbskopfbrühe aufgießen und servieren.

Klare Lammsuppe mit Grünkern und Gemüserauten

Alfred Schweizer
Restaurant Hahnen, Filderstadt

400 g Lammschulter, entbeint, 500 g Lammknochen, 200 g Karotten, 200 g Lauch, 200 g Knollensellerie, 2 Knoblauchzehen, 4 EL Grünkern (im Wasser einweichen), 2 l Wasser, 20 g Butter, Gewürze (1 Lorbeerblatt, 3 Pimentkörner, Thymian, Pfefferkörner, Salz).

Gemüse waschen und putzen, je 1/3 zur Herstellung der Gemüserauten beiseite legen. Knochen blanchieren, kurz abwaschen und mit dem Fleisch kalt ansetzen. Nach 30 Min. Siedezeit Gewürze und Gemüseabschnitte zugeben. Das Ganze noch etwa 40 Min. ziehen lassen. Nun das feinblättrig in Rauten geschnittene Gemüse in einem Topf in Butter farblos anschwitzen, den eingeweichten Grünkern zugeben und mit der klaren Lammbrühe auffüllen. Alles noch 10 Min. köcheln lassen. Fleisch in Würfel schneiden und dazugeben, abschmecken.

Kraftbrühe vom Reh mit grünen Steinpilz-ravioli

Friedrich Schick
Gasthof – Hotel Zum Ochsen
Oberstenfeld

Für die Rehkraftbrühe:
500 g Rehrückenknochen, 100 g Zwiebeln, je 30 g Karotten, Sellerie und Lauch, 1/4 l trockener Rotwein, 1 l Fleischbrühe (siehe S. 203), 1 Lorbeerblatt, 10 zerdrückte Wacholderbeeren, 1 kleiner Zweig Rosmarin, 2 Nelken, etwas Öl zum Braten, Pfeffermühle, Salz, 250 g Rehfleischabschnitte aus der Wade, 2 Eiweiß, 4 cl Rotwein, 2 cl Sherry, trocken, 1 cl Gin.

Für die Steinpilzravioli:
Nudelteig: 1 Ei, 1 Eigelb, 50 g Blattspinat, ca. 250 g Mehl, 1 TL Öl, Salz.
Füllung: 50 g Steinpilze, je 1 EL gehackte Zwiebeln und Weißbrotwürfel, 30 g Blattspinat, 1 EL Kalbsbrät, 1 Ei, 10 g Butter, 1 EL gehackte Kräuter (Schnittlauch und Petersilie).

Für die Rehkraftbrühe die Rehknochen fein hacken, in heißem Öl anbraten, dann Zwiebeln dazugeben und gut anbräunen lassen, nun das restliche Gemüse hinzufügen.

Das Gemüse mit angehen lassen, danach mit Rotwein mehrmals ablöschen und mit kalter Fleischbrühe auffüllen.

Die Brühe aufkochen, Gewürze und Salz zugeben und bei geringer Hitze etwa 2½ Std. ziehen lassen. Danach durch ein Haarsieb passieren und kühl stellen. Inzwischen das Rehfleisch durch die grobe Scheibe des Fleischwolfes drehen, das Eiweiß sowie Rotwein und Sherry zugeben und alles gut durchrühren. Jetzt das Klärfleisch in die abgekühlte Rehbrühe ein-

rühren und bei mittlerer Hitze unter ständigem Rühren zum Kochen bringen. Beginnt die Rehbrühe zu kochen, nicht mehr weiterrühren, sondern an den Rand der Herdplatte stellen und etwa 1 Std. ziehen lassen. Nun vorsichtig durch ein Tuch passieren und, falls nötig, nochmals mit Salz und Sherry abschmecken.

Für die Steinpilzravioli das Ei, das Eigelb sowie 50 g blanchierten Blattspinat im Mixer fein pürieren.

Zusammen mit dem Öl und einer Prise Salz in eine Schüssel geben und etwa 250 g Mehl darauf sieben, mit der Hand so lange kneten, bis sich der Teig leicht von der Hand löst. Nun den Teig in Klarsichtfolie einpacken und etwa 20 Min. ruhen lassen.

Inzwischen die Steinpilze hacken und zusammen mit den kleingeschnittenen Zwiebeln in 10 g Butter braun angehen lassen, danach den kleingeschnittenen Blattspinat zugeben, mit Salz und Pfeffer aus der Mühle würzen, kurz durchschwenken, aus der Pfanne nehmen und erkalten lassen. Nun die Weißbrotwürfel, das Ei sowie die gehackten Kräuter und das Kalbsbrät zu der Masse geben und alles gut durcharbeiten, nochmals abschmecken.

Für die Ravioli den Nudelteig aus der Folie nehmen, auf einer gemehlten Unterlage dünn ausrollen und mit verquirltem Ei einpinseln. Nun die Füllung mit einem Spritzsack mit Lochtülle auf den Teig spritzen, mit Teig abdekken und gut andrücken. Mit dem Zackenrad die Ravioli abradeln und etwa 15 Min. abtrocknen lassen. In reichlich Salzwasser, dem etwas Öl zugesetzt wurde, etwa 4 Min. sachte kochen, herausnehmen und auf einem Tuch abtropfen lassen. Die Ravioli in tiefe Teller verteilen und die heiße Rehkraftbrühe dazugeben, mit ge-

zupften Kerbelblättchen garnieren.

Anmerkung: Beim Klären der Kraftbrühe ist darauf zu achten, daß diese nach dem Aufkochen nur noch auf kleiner Flamme sieden darf, da sie sonst leicht trübe wird.
Als zusätzliche Einlage eignen sich besonders, optisch wie auch geschmacklich, dünne Scheiben von englisch gebratenem Rehfilet.

Wildkraftbrühe mit Rehhirnklößchen

Otto Assenheimer
Gasthof Lamm, Löwenstein

1 kg kleingehackte Wildknochen, Parüren, Abschnitte, Fett zum Anbraten, Röstgemüse (je 40 g Karotten, Sellerie, Lauch und 60 g Zwiebeln in Würfel), 1 EL Tomatenmark, ¼ l Rotwein (Lemberger oder Burgunder), 2 l Brühe, Salz, 6 Pfefferkörner, 4 Wacholderbeeren, 1 Zweig Rosmarin, 1 Zweig Thymian, 4 Nelken, 1 Lorbeerblatt, 200 g Rinderwade (Klärfleisch), 100 g Eiweiß, 2 EL Sherry, Rehhirn, ¼ l Weißwein, ¼ l Wasser, Zwiebel mit Nelke und Lorbeer gespickt, 30 g Butter, 1 Ei, 40 g getrocknetes, geriebenes Weißbrot, gehackte Petersilie, Salz, Pfeffer aus der Mühle, Muskat.

Wildknochen anbraten, Parüren und Abschnitte zugeben, Röstgemüse mit anbraten, 1 EL Tomatenmark mit anrösten, mit Rotwein mehrmals ablöschen, Gewürze zugeben und mit 2 l Brühe auffüllen. Etwa 1½ Std. leicht kochen lassen, dabei abschäumen. Passieren und auskühlen lassen.
Rinderwade durch die grobe Scheibe vom Fleischwolf drehen und mit kaltem Wasser bedecken.

Eiweiß leicht anschlagen, Klärfleisch zugeben und kalte Wildbrühe aufgießen.
Langsam zum Kochen bringen, darauf achten, daß das Eiweiß nicht absinkt und am Topfboden anbrennt. 1½ Std. auf dem Siedepunkt ziehen lassen.
Durch ein Tuch passieren und mit Sherry abschmecken.
Rehhirn wässern, abziehen und in einem Sud aus Weißwein und Wasser, mit Spickzwiebel, Salz und Pfeffer gewürzt, gar ziehen lassen. Auskühlen und in Würfel schneiden.
Butter schaumig rühren, Ei und geriebenes Weißbrot zugeben und mit Salz und Muskat abschmekken. Hirnwürfel und gehackte Petersilie untermengen, kleine Klößchen formen oder mit Teelöffel abstechen und in gesalzenem Wasser garen. Brühe mit den Klößchen in kleinen Tassen servieren und mit Kerbelblättern garnieren.

Wachtelsuppe mit Wirsingravioli

Eberhard Aspacher
Landhotel Schloßwirtschaft
Illereichen

*4 Wachteln (küchenfertig), 1 l Geflügelbrühe, je ein Zweig Thymian, Rosmarin, Salbei und Estragon, Wacholderbeeren, Pimentkörner, 2 cl roter Portwein, Salz, Pfeffer.
Als Gemüseeinlage einige Rauten von Lauch, Sellerie und Möhren.*

Für die Ravioli:
Nudelteig (siehe S. 68), blanchierte und ausgedrückte, feingewürfelte Wirsingblätter, etwas Wachtelfarce oder Kalbsbrät.

Den Nudelteig dünn ausrollen, leicht mit Eiweiß einpinseln, Wirsing und Farce mischen und kleine Häufchen auf den Teig setzen. Den übrigen Nudelteig darüberlegen, andrücken und mit dem Teigrad rechteckige Ravioli ausradeln. Die Wachteln auslösen. Die Karkassen in Öl anbraten, mit Portwein ablöschen und mit Geflügelbrühe aufgießen. 1 Std. zusammen mit den Kräutern und Gewürzen sanft köcheln lassen. Passieren und abschmecken. Wachtelbrust und Keulen extra braten und zusammen mit den Ravioli und den Gemüserauten in der Suppe anrichten.

Fasanensuppe mit roten Linsen

Walter Atzinger
Romantik Hotel Ritter
Heidelberg

Die Karkassen (Gerippe) von 2 Fasanen, 2 EL Öl zum Anbraten, 40 g Speck, 40 g Karotten, 40 g Sellerie, 40 g Lauch, 60 g Zwiebeln (jeweils gewürfelt), 2 EL Tomatenmark oder frische Tomaten, 4 cl Cognac, 80 g Mehl, 1/8 l Trollinger (Rotwein), 1 l Hühnerbrühe (entfettet), 1 EL Quittengelee, 5 Nelken, 1/2 TL Wacholderbeeren, 1/2 Lorbeerblatt, 1 Thymianzweig, 80 g eingeweichte rote Linsen, 1 Fasanenbrust, Salz, Pfeffer und etwas saure Sahne zum Abschmecken.

Die Fasanenkarkassen kleinhakken und zusammen mit dem Speck in heißem Öl scharf anbraten.
Röstgemüse zugeben und zusammen braun rösten. Nun Tomatenmark zugeben und mit angehen lassen, damit es entsäuert wird. Mit dem Cognac flambieren, mit Mehl bestäuben und mit Trollinger und Hühnerbrühe auffüllen. Nachdem es einmal aufgekocht hat, den auf der Oberfläche sich

bildenden Schaum abschöpfen. Nun das Quittengelee, Nelken, Wacholderbeeren und Lorbeerblatt zugeben. Unter öfterem Umrühren etwa 1 Std. leicht köcheln lassen. Danach passieren und abschmecken mit Salz, Pfeffer und saurer Sahne.
Eingeweichte rote Linsen mit dem Einweichwasser zum Kochen aufsetzen, leicht salzen und die Linsen weich kochen.
Fasanenbrüstchen leicht salzen und pfeffern, scharf in Öl anbraten und in den auf 180 Grad vorgeheizten Backofen schieben und rosa braten.
Fasanensuppe in vorgewärmte Teller geben, etwas von den roten Linsen zugeben und die in dünne Tranchen geschnittene Fasanenbrust darauf gleichmäßig verteilen.

Gänsebrühe mit Gänselebermaultaschen und Rotkohlnocken

Reinwalt Renz
Landgasthof Riedsee,
Stuttgart-Möhringen

1 kg Gänseklein (Flügel, Hals, Füße usw.), 300 g Wurzelgemüse (Zwiebel, Karotten, Sellerie, Lauch, Petersilienstengel), 1,2 l Wasser, 2 bis 3 Zweige Beifuß, 5 Pfefferkörner, 1 kleines Lorbeerblatt, 2 Nelken, Salz, 100 g Maultaschenteig (siehe S. 40), 50 g frische Gänseleber (keine Stopfleber), 2 cl Madeirawein, 1 cl Armagnac, 50 g weiche Butter, 20 g geriebenes Weißbrot ohne Rinde, 1 Prise Salz, Pfeffer aus der Mühle, Prise Zucker, 50 g roher Rotkohl (keine Strünke oder weiße Blätter), 40 g Mehl, 20 g Butter, 50 g Wasser, 1 Ei und 1 Eigelb, je eine Prise Salz, Zucker, Muskat.

Für die Gänsekraftbrühe das Gänseklein waschen und mit kaltem Wasser aufsetzen. Nach dem Aufkochen immer wieder abschäumen und entfetten. Auf kleiner Flamme etwa 1 Std. ziehen lassen (nicht kochen), dann das geputzte Wurzelgemüse und die Gewürze zugeben, eine weitere 3/4 Std. ziehen lassen und dabei immer wieder abschäumen. Die Suppe soll ganz klar und möglichst fettfrei sein. Danach durch ein Tuch passieren und abschmecken.
Die frische Gänseleber enthäuten, von allen Adern befreien, kleinschneiden, mit Madeira, Armagnac, Salz, Zucker und Pfeffer in das Mixgerät geben und fein pürieren. 50 g auf 60 bis 70 Grad erwärmte Butter nach und nach einlaufen lassen, die Masse aus dem Mixgerät nehmen und in eine Schüssel geben, mit einem Schneebesen das geriebene Weißbrot unterziehen, kalt stellen.
Den Maultaschenteig auf ein Rechteck von etwa 30 × 15 cm dünn ausrollen, die Lebermasse in kleinen Häufchen auf einer Hälfte verteilen. Die Ränder frei lassen und mit Eiweiß bestreichen, den Teig einschlagen und mit einem festen Stab in Quadrate teilen, andrücken, dann mit einem Teigrädchen trennen. Die Maultäschchen in kochendes Salzwasser geben, kurz ziehen lassen, abtropfen und in die Suppenteller geben.
Für die Rotkohlnocken den Rotkohl mit wenigen Tropfen Essig, 1 Prise Zucker, Salz und Muskat in dem Mixgerät fein pürieren. 50 g Wasser mit 20 g Butter aufkochen lassen, den Rotkohl dazugeben, nochmals aufkochen lassen und 40 g Mehl einrühren und wie für einen Brandteig abbrennen, bis sich der Teig vom Holzlöffel löst und glatt ist. Dann nach und nach das Ei und das Eigelb unterrühren. Mit dem Kaffeelöffel kleine Klößchen abstechen und in ko-

chendem Salzwasser 3 bis 4 Min. pochieren, herausnehmen, abtropfen lassen und in die Suppenteller geben. Die heiße Kraftbrühe daraufgeben und sofort servieren. Man kann diese Suppe statt mit Maultaschen auch mit Leberschöberl servieren. Hierbei wird die Lebermasse auf Weißbrot oder Semmelscheiben gestrichen, die man im Ofen herausbäckt und dann in Rauten schneidet.

Essenz von Stubenküken

Helmut Kübler
Parkhotel Stuttgart

2 Stubenküken (pro Person ½ Küken), sehr wenig Sellerie, Lorbeerblatt, Nelke, Pfefferkörner, etwas Salbei, Tomaten, Hühnerbrühe, Sherry.
Kläransatz:
durch den Fleischwolf gedrehte ausgelöste Stubenkükenkeulen, 3 Eiweiß, wenig Wurzelgemüse.

Die Stubenküken auslösen, die Brust gesondert lassen, wobei man das Fleisch von den Keulen zum Klären nimmt.
Die Knochen mit Karotten, Zwiebeln, Sellerie scharf in Öl anbraten, Tomaten zugeben, einkochen und Farbe annehmen lassen. Mit etwas Wasser ablöschen und einkochen. Diesen Vorgang dreimal wiederholen. Beim letzten Ablöschen die Hühnerbrühe sowie die Kräuter zugeben.
Etwa 1 Std. köcheln lassen und durch ein Sieb passieren. Erkalten lassen.
Mit dem Kläransatz kalt aufstellen und unter ständigem Rühren mit einem Spatel zum Kochen bringen und nochmals etwa 1 Std. köcheln lassen.
Durch ein Tuch passieren und mit etwas Sherry parfümieren.

Klare Tomatensuppe mit Quark-Grießklößchen
(für 8 Personen)

Hans Steinhart
Restaurant Dornweiler Hof
Illertissen

1½ l Rinderbrühe (S. 203).

Zutaten für Klärsatz: 500 g Rinderhesse (vom Metzger durch die grobe Fleischscheibe drehen lassen), 1 kg Tomatenmark, 4 Eiweiß, 500 g frische Tomaten, 80 g Sellerie, 80 g Lauch, 60 g Zwiebeln, 80 g Karotten, 80 g Fenchel, Dillstengel.

Gewürze: 10 g Senfkörner oder 1 TL Senf, 10 g Kümmel, 6 bis 8 zerdrückte Wacholderbeeren, 5 zerdrückte Korianderkörner, ½ TL zerdrückte Pfefferkörner, 2 Lorbeerblätter, 3 bis 4 Nelken, ½ TL gerebelter Anis, ½ TL gerebelter Majoran.

Quark-Grießklößchen: 250 g Quark (40 %), 100 g Grieß, 1 Ei, Salz, Muskat, Pfeffer, frisch gehackte Kräuter.

Alle Gemüse in kleine Würfel schneiden, das Eiweiß und das Tomatenmark daruntermengen, das durchgedrehte Rindfleisch und alle Gewürze dazugeben.
Die vorbereitete Rindfleischbrühe in einen genügend großen Topf geben, den gesamten Klärsatz unterrühren und unter schwacher Hitze aufkochen lassen. (Während des Aufkochens darauf achten, daß ein Ansetzen des Klärsatzes am Topfboden durch Bewegen vermieden wird.)
Nachdem die Brühe mit dem Klärsatz zum Kochen gebracht wurde, diese am Herdrand etwa 20 Min. köcheln lassen, durch ein Tuch passieren und nun nach eigenem Geschmack mit Zucker, Salz, etwas Cayennepfeffer, Pernod und 1 Prise Glutamat abschmekken.

Für die Quark-Grießklößchen alle Zutaten zu einer glatten Masse verrühren und im siedenden Wasser zu Klößchen abstechen.

Klare Egerlingsuppe mit Morchelkonfetti

Heinrich und Jürgen Koch
Laurentius, Weikersheim

300 g Egerlinge (Champignons), 0,8 l Rinderbrühe, 200 g Rinderhack, 2 Eiweiß, Pfeffer, Muskat, Wacholderbeeren, Lorbeer, 100 g Kalbsbrät, 1 EL Spinatpüree, 1 EL Rote-Bete-Püree, ½ TL Curry, 12 eingeweichte Spitzmorcheln.

Gewaschene Champignons grob hacken und mit der Rinderbrühe, Rinderhack, Eiweiß und den Gewürzen vermengen. Unter ständigem Rühren aufkochen und ½ Std. köcheln. Durch ein feines Tuch passieren. Kalbsbrät zu je ⅓ mit Spinat, Rote Bete und Curry färben. Die Morcheln damit prall füllen. Morcheln in Salzwasser bei 90 Grad etwa 5 Min. garen.
Morcheln in dünne Scheiben schneiden und bunt gemischt in den Suppenteller legen und mit der heißen klaren Egerlingsuppe übergießen.

Klare Weißkrautsuppe mit Kalbshirn-Flädle

Albert Bouley
Waldhorn, Ravensburg

200 g Kalbshirn, Salz, Pfeffer.
Flädleteig: 2 Eier, 100 g gesiebtes Mehl, 8 cl Milch, Salz, Muskat, Fett zum Ausbacken.
1 kleiner Weißkrautkopf, 60 g Butter, 1 dl trockener Weißwein, 0,8 l weißer Geflügelfond (siehe S. 196).

Klärfleisch: *100 g weißes Mirepoix, 100 g Weißkraut, 100 g Geflügelfleisch.*
2 Eiweiß, 1 TL Portwein, Schnittlauch zum Garnieren.

Hirn putzen und wässern, bis es weiß ist. Im Dampfkochtopf 2 Min. mit 1 Tasse Wasser und 1 Spritzer Weißwein leicht garen. Im Mixer pürieren. Flädle ausbakken und mit der gewürzten (Salz, weißer Pfeffer) Hirnmasse bestreichen. Flädle gut zusammenrollen und auskühlen lassen. Bereitstellen.
Weißkraut mit Mirepoix im Dampfkochtopf mit 60 g Butter anschwenken, mit Weißwein ablöschen, mit Fond aufgießen und 20 Min. auf Stufe II pochieren. Passieren. Ein Klärfleisch herstellen (100 g weißes Mirepoix, 100 g Weißkraut, 100 g Geflügelfleisch, 2 Eiweiß), damit den Weißkrautfond klären. Durch ein Tuch passieren. Abschmecken. Gegebenenfalls 1 TL weißen Portwein hinzufügen.
Consommé in warme Tassen füllen und die Flädlerollen in Scheiben geschnitten als Einlage hinzugeben. Etwas geschnittenen Schnittlauch darüberstreuen.

Klare Rotkohlsuppe mit Seezungenroulade

Bild nebenstehend

August Kottmann
Gasthof-Restaurant Hirsch
Bad Ditzenbach-Gosbach

1½ l leichte Geflügel- oder Fischbrühe (oder Gemüse-Geflügel-Brühe), 300 g kleingeschnittener, frischer Rotkohl, 2 Eiweiß, Saft von 1 Zitrone, ⅛ l trockener Weißwein, 1 Seezunge, ⅛ l Sahne, 1 EL bunte feine Gemüsewürfel (Paprikawürfel).

Die Rotkohlstreifen in der Brühe 30 Min. gar ziehen, danach Brühe abseihen und einige der Rotkohlstreifen als Einlage bereithalten. Die Brühe mit Eiweiß klären und mit Weißwein verfeinern. Mit dem Zitronensaft die Blaufärbung in eine Rotfärbung umwandeln.

Seezungenrouladen:
Haut der Seezunge abziehen und Filets aus der Karkasse schneiden. Die vier ausgelösten Filets in etwa 10 cm Länge und alle in gleiche Breite schneiden. Von den Abschnitten der Filets eine Farce bereiten und diese mit vorblanchierten und abgetrockneten Gemüsewürfeln anreichern. Die Filets an der Breitseite aneinandergereiht auf eine geölte Alufolie legen (Fleischseite auf die Alufolie, die Hautseite oben), mit der Fisch-Gemüse-Farce bestreichen und vorsichtig mit der Alufolie einrollen. Die Folienenden der Roulade bonbonartig eindrehen und das Ganze in 80 Grad heißem Wasser 10 Min. garen (pochieren).
Die Rotkohlsuppe in einem tiefen Teller mit 3 Scheiben der Roulade und einigen Rotkohlstreifen servieren. Als Garnierung könnten Kerbelblättchen oder auch Zitronenmelisse Verwendung finden.

Anmerkung: Um den arttypischen Rotkohlgeschmack zu steigern, kann auch leichter Kalbsfond oder nur eine gewürzte Gemüsebrühe Verwendung finden. Die Suppe sollte säuerlich und rötlich wirken. Das kann durch eine erhöhte Zugabe von Zitronensaft oder auch Essig erfolgen.
Die Farce der Seezungenroulade kann auch aus preisgünstigeren Fischen, z. B. Forelle oder Hecht, hergestellt und auch nach Belieben mit anderen Einlagen versehen werden. Eine Kresse- oder andere Kräuterfarce ist hierfür hervorragend geeignet.

Klare Karottenkraftbrühe mit Basilikum-Lachsmaultaschen

Rudolf Schmidt
Kurhotel Brugger am See, Titisee

Brühe:
1½ l kräftige Fleischbrühe, 50 g Sellerie, 50 g Lauch, 300 g Karotten, Sellerie, Lauch und Karotten gut waschen und in walnußgroße Würfel schneiden. 200 g Rinderwade vom Metzger durch die grobe Scheibe des Fleischwolfs drehen lassen. 2 Eiweiß, 1 Lorbeerblatt, Gewürznelke, Salz, Pfeffer, Glutamat.

Alle Zutaten gut vermischen, die Fleischbrühe dazugießen und unter ständigem Rühren zum Kochen bringen.
Eiweiß ist schwerer als Wasser und würde so, wenn man nicht rührt, anbrennen.
Nach etwa 1½ Std. – während dieser Zeit die Brühe öfter abschäumen – die Brühe vorsichtig durch ein Passiertuch gießen und abschmecken.

Lachsfarce:
250 g Lachsfilet, 2 Eier, ⅛ l Sahne, etwas trockener Wermut, Salz, Pfeffer, Glutamat.

Den Lachs durch die feine Scheibe des Fleischwolfs drehen, kalt stellen.
Das gut gekühlte Lachsfleisch in einen Mixer geben, Eier dazugeben und mixen. Nach und nach die Sahne hinzufügen und gut durcharbeiten, so daß eine glatte, glänzende Farce entsteht. Mit den Gewürzen und dem Wermut abschmecken.
Die Farce herausnehmen, kurz kalt stellen und durch Haarsieb passieren.
Nochmals nachschmecken und kalt stellen.

Rezept siehe oben: Klare Rotkohlsuppe mit Seezungenroulade, August Kottmann

Maultaschen:
200 g Mehl, 7 Eigelb, Salz, 2 Bund gezupftes, gewaschenes und feingehacktes Basilikum.

Den Teig kräftig zusammenkneten, bis er sich von der Arbeitsplatte löst.
Mit dem Nudelholz hauchdünn ausrollen und 5 cm große Quadrate ausrädeln. Mit der gut abgeschmeckten Lachsfarce und dem feingehackten Basilikum füllen, zusammenklappen, in siedendem Salzwasser so lange ziehen lassen, bis sie an die Oberfläche kommen. Die Maultaschen in vorgewärmte Teller oder Tassen geben, die klare Karottenkraftbrühe darübergießen und mit Basilikumstreifen garnieren.

Klare Lauchsuppe mit Zanderravioli

Karlheinz Haase
Hotel-Restaurant Rommel, Korb

Suppe:
100 g Butter, 1 mittelgroße Zwiebel, 3½ Lauchstangen, ⅛ l trockener Weißwein, 1 l Fischbrühe, 2 Tomaten.

Ravioli:
100 g Zanderfilet, 4 Eiweiß, ⅛ l süße Sahne, angefroren, 1 EL Crème fraîche, Salz, weißer, frisch gemahlener Pfeffer.

Ravioliteig:
425 g Mehl, ¼ dl Öl, ½ bis ¾ dl Wasser, 2 Eier, 7,5 g Salz.

In Butter die feingehackte Zwiebel und die Lauchstreifen angehen lassen, mit trockenem Weißwein ablöschen und mit der Fischbrühe auffüllen, 10 Min. köcheln lassen. In der Zwischenzeit das Zanderfilet gut kühlen. Zusammen mit dem Eiweiß, der Sahne und Crème fraîche im Mixer zu einer feinen Farce verarbeiten. Mit Salz und weißem Pfeffer, Cognac, Noilly Prat würzen. Ravioliteig ausrollen, Farce in Kügelchen im Abstand auf dem Teig verteilen, zweiten Teig darüberlegen und mit dem Teigrädchen Vierecke abtrennen. Die Ravioli in der klaren Suppe gar ziehen lassen, die abgezogenen, entkernten, in Würfel geschnittenen Tomaten dazugeben.
Die Ravioli in Suppenteller verteilen und die Lauchsuppe darübergeben, mit frisch gehackter Petersilie bestreuen.

Klare Linsensuppe mit Krebsknöpfle

Karl-Heinz Pfitzer
Gasthof zum Löwen
Sonnenbühl

2 l Bouillon oder Fleischbrühe (siehe S. 203), 200 g eingeweichte Linsen, 100 g Lauch, 30 g Staudensellerie, 50 g Karotten, 1 gewaschene kleine Zwiebel mit Schale.

Kläransatz: *200 g Rinderhesse, gehackt, 3 Eiweiß, 1 geviertelte Tomate, Salz, Pfeffer, Muskat.*

Krebsknöpfle: *200 g Krebse (40 g Krebsfleisch), 50 g Forellenfilet, 50 g Sahne.*

Gewürze: *Salz, Pfeffer, Zitrone, Noilly Prat.*

Krebssud: *1 l Wasser, Salz, Kümmel.*

Linsen mit dem geschnittenen Gemüse in der Bouillon etwa 1 Std. köcheln lassen, durch ein Tuch gießen und auskühlen lassen.
Gut gekühlte Suppe mit dem Kläransatz kräftig durchrühren und langsam bis zum Siedepunkt erhitzen und 30 Min. am Herdrand ziehen lassen.
Brühe durch ein Tuch, das mit gehacktem Kerbel, Salz und Muskat ausgelegt ist, passieren und abschmecken.
Krebse in kochenden Krebssud geben und abtöten, Schwanz ausbrechen, Darm entfernen und das Krebsfleisch in Würfel schneiden. Forellenfilet in Würfel schneiden und mit dem Krebsfleisch und Salz vermengen und leicht anfrieren, die Sahne ebenfalls leicht anfrieren.
Nun die Fischmasse und die Sahne in kleinen Mengen in einem Mixer fein kuttern und mit Salz, Pfeffer, Zitrone und Noilly Prat abschmecken und wieder gut auskühlen.
Sollte die Masse etwas zu fest sein, geschlagene Sahne unterziehen.
Zum Schluß durch ein Haarsieb streichen und kleine Klößchen in siedendes Salzwasser abstechen.
Garzeit: 1 Min. Knöpfle in vorgewärmte Suppentassen oder Teller geben, klare Linsensuppe angießen und mit Tomatenstreifen und einigen Linsen garnieren.

Klare Kartoffelsuppe mit Pfifferlingen

Rolf Schlegel
Restaurant Zum Ochsen
Kernen i. R.

Fond:
50 g Speck, 100 g Mirepoix (Zwiebel, Lauch, Karotten in 1 cm großen Würfeln), 1 Zehe Knoblauch, 400 g Kartoffeln, 1½ l Fleischbrühe.

Kläransatz: *150 g Klärfleisch, am besten Rinderhesse, etwas Karotten und Lauch, 2 Eiweiß.*

Knoblauch, Petersilie, Salz, Aromat, 200 g Pfifferlinge.

Topf heiß werden lassen und 50 g Speck auslassen. Kartoffeln hinzugeben und gut anrösten. Nach etwa 5 Min. Mirepoix und Knoblauch hinzugeben und mitrösten.

Wenn es dunkel angeröstet ist, mit der Fleischbrühe ablösen und etwa 15 Min. kochen lassen. Anschließend passieren und abkühlen.

Das Klärfleisch und Gemüse durch den Fleischwolf lassen und mit dem Eiweiß vermengen. Den kalten Fond hinzugeben und auf den Ofen stellen. Immer wieder rühren, damit es nicht anbrennt. Gut durchkochen lassen und etwas Knoblauch und Petersilie mitkochen. Anschließend durch ein Tuch passieren. Mit Salz, Pfeffer und Aromat abschmecken.

Die Pfifferlinge als Einlage in eine Tasse geben und mit der Brühe auffüllen.

Murrtäler Fischsuppe

Rudi Pfitzer
Landgasthof Krone
Murrhardt-Fornsbach

Je 150 g Filet von Schlei, Aal, Weller, Karpfen, 1 kleine Zwiebel, 2 EL Öl, 100 g geschälte, rohe Kartoffeln.

Fond:
400 g Fischkarkassen, 1 l Wasser, je 30 g Lauch, Sellerie, Karotten, 1/10 l trockener Weißwein, 1 kleiner Bund Dill, 2 Knoblauchzehen, 1/2 Zwiebel, 1 Lorbeerblatt, 2 Nelken, 0,1 g Safran, 2 cl Ricard.

Beim Einkauf die Fische filetieren lassen, die Karkassen mitnehmen, waschen, blanchieren und davon 1 l Fischfond mit den übrigen Zutaten kochen. Nicht länger als 15 Min.! Die Fischfilets enthäuten, in 1 cm große Würfel schneiden. Zwiebel in Öl andünsten, die in kleine Blättchen geschnittenen Kartoffeln dazugeben, mit dem passierten Fischfond und dem Weißwein auffüllen, aufkochen, die Fischstückchen dazugeben, nochmals aufkochen und mit

Salz, Pfeffer aus der Mühle, Safran und Ricard abschmecken. Kurze Zeit ziehen lassen. In tiefen Tellern anrichten, mit frischen Dillspitzen garnieren. Als Beilage eignet sich geröstetes Brot mit Bärlauchpaste.
(Bärlauch mit Salz und Sonnenblumenöl im Mörser zur Paste verreiben.)

Gaisburger Marsch vom Saibling

Robert Baur
Alte Posthalterei
Gammertingen

400 g Saiblingsfilet, 1 dl Sahne, 4 dl Fischfond, 1 EL Balsamicoessig, Salz, Pfeffer, Zitrone, 16 Kerbelblätter, 100 g Sellerie, 100 g Karotten, 100 g Lauch, 150 g Kartoffeln, 100 g Spätzle.

Aus dem Saiblingsfilet 8 schöne Stücke à 25 bis 30 g schneiden. Den Rest mit der Sahne zu einer Farce verarbeiten. Mit Zitronensaft, Salz und Pfeffer abschmecken.
Saiblingsfarce zu Klößchen formen und in Salzwasser pochieren. Gemüse waschen, putzen und in Rauten schneiden. In Salzwasser knackig kochen und mit kaltem Wasser abschrecken.
Kartoffeln in kleine Würfel schneiden und ebenfalls kochen. Den Fischfond erhitzen. Essig zufügen, Gemüse und Kartoffeln dazugeben und einige Minuten köcheln lassen. Nun die rohen Saiblingsfilets mit den Klößchen beifügen und etwa 4 Min. ziehen lassen. Spätzle dazugeben und mit den gezupften Kerbelblättern servieren.

Ebnisee-Fischsuppe

Ernst-Ulrich Schassberger
Landhotel Hirsch, Ebnisee
Kaiserbach-Ebnisee

120 g Zanderfilet, 120 g Forelle, filiert, ohne Haut und ohne Gräten, 120 g Karpfen, ohne Haut und ohne Gräten, 50 g Olivenöl, 70 g weißer Lauch, 50 g Fenchel, 50 g Karotten, 100 g Zwiebeln, 3 dl trockener Weißwein, 3 dl Fischfond (siehe S. 196), 2 Tomaten, 1 Knoblauchzehe, einige Safranfäden, Gewürze (Nelke, Lorbeerblatt, Thymian), Salz, Pernod oder Pastis.

Den Fisch in jeweils 4 gleiche Stücke schneiden. In feine Würfelchen geschnittene Zwiebeln, Lauch, Karotten in Olivenöl anschwitzen. Mit Weißwein ablöschen und mit dem Fischfond auffüllen. Tomaten schälen, Kerne entfernen, und in feine Würfelchen schneiden. Knoblauch durch die Knoblauchpresse drücken. Nun mit allen anderen Zutaten, jedoch ohne die Fische, 3 Min. sieden. Lorbeerblatt, Nelke und Thymian herausnehmen. Fischstücke im Sud etwa 3 bis 5 Min. garen. Dann herausnehmen, anrichten und mit der Brühe übergießen und mit gehackter Petersilie bestreuen.

Felchen-Kaviarsuppe

Siegfried Keck
Hotel am Schloßgarten, Stuttgart

1/2 l kräftige Geflügelbrühe (siehe S. 196), 1/2 l kräftige Fischbrühe (siehe S. 196), 1/8 l Seewein, weiß und trocken, oder anderer trockener Weißwein, 8 Eigelb, 2 rohe Felchenfilets, in feine Streifen geschnitten und leicht angesalzen, 2 EL Felchenkaviar.

Geflügel- und Fischbrühe mit dem Seewein 5 Min. kochen und

abschmecken, Eigelb beigeben und mit dem Stabmixer schäumen. Felchenjulienne und Kaviar beigeben und vorsichtig mischen, mit Kerbelblättchen bestreuen und in Tassen abfüllen.
(Die gesalzenen Fischfleischstreifen ziehen sofort gar.)

Geeiste Sauerampfersuppe mit mariniertem Saibling

Dieter Wägerle
Restaurant Stumpenhof
Plochingen

¾ l Sahne, 10 EL Crème fraîche, ⅛ l herber Weißwein, 100 g Sauerampfer, 3 EL Weißweinessig, 3 EL kalte Brühe, Salz, Pfeffer, 160 g marinierter Saibling (Saiblingfilets mit etwas Salz, Zucker, Dill und gestoßenen Pfefferkörnern 2 Tage mit Folie bedeckt im Kühlschrank ziehen lassen).

Alle Zutaten mit streifig geschnittenem Sauerampfer vermengen, abschmecken und kalt stellen. Zum Servieren Sauerampfersuppe in Tassen oder Teller füllen und als Einlage die in feine Streifen geschnittenen Saiblingfilets dazugeben.

Anmerkung: Wenn man den marinierten Saibling vakuumiert, zieht er schnell durch.

Aufgeschlagene Endiviensuppe mit Austern

Bild nebenstehend

Volker Krehl
Restaurant Krehl's Linde
Stuttgart-Bad Cannstatt

1 Kopf Endiviensalat, 12 Austern Fines de claires, Sylter Royal, 0,75 l

Geflügel- oder helle Kalbsbrühe, 100 g frische Butter, Salz, Pfeffer, Cayennepfeffer, Glutamat.

Endiviensalat vom Strunk entfernen und einzelne Blätter gut waschen. In leichtem Salzwasser blanchieren und gleich darauf in Eiswasser abschrecken. Aus dem Wasser herausnehmen und etwas ausdrücken. Blanchierte Endivienblätter fein hacken. Austern mit Austernöffner oder mit stabilem, kurzem Messer öffnen und vorsichtig aus der Schale lösen. Die Austern können gleich roh in Tassen oder Teller verteilt werden. Das Austernwasser aufheben, in eine Kasserole absieben, mit dem Geflügelfond aufkochen und kalte Butter langsam in Flocken unter die nicht mehr kochende Brühe geben (bindet die Brühe etwas ab). Endivienpüree dazugeben, mit Mixstab oder im Mixbecher kurz kräftig schaumig aufschlagen, mit wenig Salz (Vorsicht: Austernwasser schmeckt auch salzig), Pfeffer und Cayennepfeffer, etwas Glutamat abschmecken und über die rohen Austern anrichten.
Die Austern liegen dann etwa 1 bis 2 Min. bis zum Servieren in der Suppe und ziehen somit gar, ohne gleich zäh zu werden.

Blumenkohlsuppe mit Krebsbutter

Hans Steinhart
Restaurant Dornweiler Hof
Illertissen

1 Kopf Blumenkohl, 1 EL Tomatenmark, 120 g Krebsbutter, 0,4 l Sahne, 80 g Mehl, 2 cl Weinbrand, Saft von 1 Zitrone, Cayennepfeffer, Salz, Zucker, 2 l Blumenkohlfond.

Den Blumenkohl in kleine Röschen teilen und in mit etwas Salz und Zucker gewürztem Wasser

möglichst nicht zu weich kochen. Die Blumenkohlstrünke kleinschneiden und mit der Krebsbutter glasig anschwitzen, das Tomatenmark beigeben und mit dem Mehl bestäuben und ebenfalls etwas anschwitzen lassen.
Mit dem Blumenkohlfond auffüllen und unter Rühren aufkochen lassen. Die Suppe nun im Mixer pürieren und danach passieren, mit der Sahne verfeinern und mit Zitrone, Salz und Pfeffer abschmecken. Die Blumenkohlröschen als Einlage beigeben.

Aufgeschlagene Suppe von der Wildente mit Steinpilzstrudel

Bild Seite 49

Günther Butz
Restaurant Remsstuben
Waiblingen

1 Wildente von etwa 800 bis 1000 g, 1,5 l Geflügelbrühe, 100 g Röstgemüse, 4 Eigelb, 200 ml Sahne, 60 ml weißer Portwein, 80 g Butter, Salz, Pfeffer, Wacholderbeeren, Lorbeerblatt.

Für den Strudel:
40 g Strudelteig (siehe S. 99), 120 g Steinpilze, 1 Schalotte, 120 g Fleischfarce (aus der Entenkeule), 1 Bund Petersilie, Salz, Pfeffer.

Wildentenbrust und Keule auslösen, Knochen und Fleischreste mit Öl anbraten, Röstgemüse zugeben und mit Geflügelbrühe auffüllen, Wacholderbeeren und Lorbeerblatt zugeben und etwa 1 Std. leicht kochen lassen.
Fond passieren – ergibt etwa 800 bis 1000 ml Entenfond.
Inzwischen die geputzten Steinpilze in dünne Scheiben schneiden, würzen und mit den gewürfelten

Rezept siehe oben: Aufgeschlagene Endiviensuppe mit Austern, Volker Krehl

Schalotten in Butter angehen lassen und abkühlen.
Fleischfarce, Steinpilze und gehackte Petersilie vermischen und mit dem Strudelteig einschlagen, mit Butter bestreichen.
Bei etwa 160 Grad im Ofen garen. Dünne Scheiben von der rohen Entenbrust würzen und mit dem Strudel (etwa 2 cm breite Stücke) in die vorgewärmten Teller geben. Entenfond aufkochen und mit Salz, Pfeffer und weißem Portwein abschmecken. Eigelbe mit der Sahne verquirlen.
In die Eigelb-Sahne-Legierung die Butterflocken mit dem Schneebesen einrühren und vom Herd nehmen. Mit dem Stabmixer zu einer schaumigen Suppe aufschlagen und in die Teller füllen.

Welschkornpüree-Suppe mit Kesselfleischwürfeln

Rudolf Katzenberger
Rastatt

500 g Schweinebrust, 1½ l Wasser, 2 Lorbeerblätter, 1 EL zerdrückter Koriander, 1 halbierte Zwiebel, Salz, Maiskörner von 2 Kolben.

Die Schweinebrust mit den Gewürzen kalt aufsetzen, zum Kochen bringen und unter öfterem Abschäumen fertiggaren. Das Fleisch herausnehmen und beiseite stellen. Die Brühe durch ein Sieb passieren und die Maiskörner darin etwa ½ Std. lang weich kochen und anschließend mit dem Mixstab pürieren.
Das Kesselfleisch in ½ cm große Würfel schneiden und als Einlage in die Suppe geben.
Die Suppe ist leicht süßlich und verträgt daher als Geschmackskorrektur einen Spritzer Tabascosauce.

Kürbiscremesuppe mit gepökelter Wildente und Walnüssen

Heinrich und Jürgen Koch
Laurentius, Weikersheim

1 Wildente (600 g), Pökelsalzmischung für 2 l Wasser, Gewürze: Salz, Pfeffer, Muskat, Macis, Lorbeer, Wacholderbeeren und Nelken; 500 g gelbes Kürbisfleisch, ½ l Geflügelbrühe, 0,3 l Sahne; 100 g Walnüsse, 1 EL Öl zum Rösten.

Gerupfte, ausgenommene Wildente in Pökellake einlegen und 1 Woche im Kühlschrank pökeln. Lake abschütten, Ente gut abwaschen und in Wasser mit Lorbeer, Wacholderbeeren und Nelken weich kochen. Anschließend Haut entfernen, Fleisch auslösen und in Würfel schneiden. Kürbisfleisch mit Geflügelbrühe und Sahne verkochen. Mit dem Mixstab pürieren und abschmecken. Wildentenwürfel beigeben. Suppe vor dem Servieren mit gerösteten Walnußkernen bestreuen. Dazu Walnußbrot oder auch Pumpernickel reichen.

Anmerkung: Wenn der Fleischanteil erhöht wird, kann diese Suppe auch im Stil eines Eintopfs serviert werden. Anstatt Wildente kann man auch Gänsebrust verwenden.

Gebundene Linsensuppe mit frischen Himbeeren

Dieter Wägerle
Restaurant Stumpenhof
Plochingen

2 Schalotten, 1 EL Olivenöl, 250 g Linsen, 0,8 l Brühe, 0,4 l Sahne,

Salz, Pfeffer aus der Mühle, Zucker, etwas Muskat, 1 EL Himbeeressig, Himbeergeist, 30 frische Himbeeren.

Die Schalotten in feine Würfel schneiden und in dem heißen Olivenöl glasig dünsten. Dann die zuvor eingeweichten Linsen zugeben, kurz anschwitzen und mit der Brühe auffüllen. Die Linsen darin gut weich kochen.
Das Ganze im Mixer gut pürieren und anschließend durch ein Sieb passieren.
Die flüssige Sahne zugeben und bis zur richtigen Konsistenz einkochen.
Mit Essig, Salz, Pfeffer, Zucker und Muskat abschmecken und mit Himbeergeist parfümieren.
Die erwärmten Himbeeren in die angerichtete Suppe legen.

Spitzkrautsuppe mit Schinkenschwemmklößchen

Dieter Baur
Hotel Hirsch, Leonberg-Eltingen

300 g Spitzkraut, 20 g Butter, 100 g Gemüsewürfelchen von Karotten und Lauch, Salz, Muskat, Pfeffer aus der Mühle, Kümmel, 1 l Fleischbrühe.
Für die Schwemmklößchen: ⅛ l Milch, 20 g Butter, 60 g Mehl, gesiebt, 2 Eier, Salz, Muskat.
30 g gekochter Schinken, fein gewürfelt.

Die Spitzkrautwürfel in 20 g Butter mit den Gemüsewürfelchen anschwitzen, mit der Fleischbrühe aufgießen und mit etwas Kümmel, Salz und Muskat würzen. Schwach etwa 10 Min. weich kochen lassen. Die Milch, Butter und Gewürze aufkochen. Abseits

---

Rezept Seite 47: Aufgeschlagene Suppe von der Wildente mit Steinpilzstrudel, Günther Butz

des Herdes Mehl dazurühren und auf dem Herd abbrennen, bis sich die Masse vom Topfboden löst. Vom Herd nehmen und die Eier nacheinander einrühren, Schinkenwürfelchen zugeben, unterheben und Klößchen mit dem Kaffeelöffel in kochendes Salzwasser abstechen. 8 bis 10 Min. ziehen lassen. Die Suppe in vorgewärmten Suppentellern servieren, Klößchen zugeben, mit gehackter Petersilie bestreuen. Die Suppe sollte sehr heiß serviert werden.

Schaumsuppe von Zuckerschoten mit Alfalfa

Manfred Schwarz-Bosch
Sontheimer Wirtshäusle
Steinheim

200 g frische Zuckerschoten, 30 g Butter, 0,75 l Gemüsefond (z. B. Spargel), 2 EL Alfalfa-Sprossen (Luzerne), 2 EL Schlagsahne, Salz, weißer Pfeffer aus der Mühle.

Bei den Zuckerschoten die Fäden ziehen, 8 Schoten beiseite legen, die restlichen waschen und 2 Min. in kochendem Salzwasser garen, in kaltem Wasser abkühlen.
Butter zergehen lassen, die in Stücke geschnittenen Zuckerschoten einlegen und kurz durchschwenken. Mit Gemüsefond aufgießen und 5 Min. durchkochen lassen.
Im Mixer pürieren, durch ein Sieb absieben, abschmecken mit Salz und Pfeffer aus der Mühle.
Die 8 übriggelassenen Schoten in dünne Streifen schneiden, in die vorgewärmten Suppenteller verteilen.
Die Suppe aufkochen lassen und die geschlagene Sahne unterheben. Mit Alfalfa-Keimlingen (aus dem Reformhaus) garnieren.

Anmerkung: Die Alfalfa- oder Luzernensprossen 3 bis 4 Tage keimen lassen. Sie haben einen nußartigen Geschmack und eignen sich in den Wintermonaten als Vitaminersatz.

Schaumsuppe von Wurzelgemüsen mit Hummer

Walter Kurzmann
Hotel Ottilienhof, Heidenheim

2 kleine Hummer zu etwa 400 bis 600 g, 100 g geschälte Petersilienwurzeln, 80 g geschälter Sellerie (Brunoise – kleine Würfel), 50 g Zwiebeln, in Würfel geschnitten, Butter zum Anschwitzen, 3 Tassen Bouillon oder Kalbsbrühe, 2 Tassen flüssige Sahne.

Hummer abkochen, ausbrechen, Fleisch in Scheiben schneiden, warm stellen.
Zwiebel-, Sellerie- sowie die Würfel der Petersilienwurzeln anschwitzen, mit Brühe aufgießen, 5 Min. kochen lassen.
Die flüssige Sahne dazugeben, aufkochen, mit dem Mixstab aufschäumen.
Die Suppe in vorgewärmte Suppenteller mit den Hummerscheiben anrichten.
Als dekorative Einlage kann man noch Lauchstreifen dazugeben.
Mit einem Dillsträußchen garnieren.

Grüne Suppe mit Rettichsprossen

Karl J. Haaf
Olgahospital, Stuttgart

240 g junge Kohlrabi-/Radieschenblätter, gemischt, 40 g Zwiebeln, ge-

würfelt, 40 g Bratfett, 40 g Roggenvollkornmehl, 1/4 l Gemüsebrühe, 40 g Rettichsprossen, 160 g süße Sahne, 40 g saure Sahne, Muskat, gemahlener Pfeffer, Glutamat.

Die Blätter waschen, trockentupfen und im Mixer zerkleinern. Zwiebeln schälen und kleinwürfeln, Öl in einem Topf erhitzen, Zwiebeln darin bei schwacher Hitze glasig dünsten. Gehackte Blätter dazugeben, unter Rühren einige Sekunden schmoren. Mehl darüberstäuben, Gemüsebrühe unter Rühren hinzugeben, einmal aufkochen und zugedeckt bei schwacher Hitze 15 Min. garen. Die Sprossen kalt abspülen, mit der süßen Sahne in die Suppe rühren und heiß werden lassen. Mit Pfeffer, Glutamat und Muskat abschmecken, auf Teller verteilen und die saure Sahne daraufgeben.

Radieschenblättersuppe mit Tapioka

Wolf-Dieter Anhorn
Hotel-Restaurant Beurener Hof
Beuren

1 großer Bund Radieschen mit Blättern, 1 kleine Lauchstange, gewaschen und in kleine Ringe geschnitten, 0,8 l Geflügel- oder Kalbsbrühe, 3 EL Tapiokapulver, 2 EL Butter, 1 dl Sahne, 1 Eigelb, Salz, Pfeffer aus der Mühle.

Die Wurzeln und die verwelkten Blätter der Radieschen abschneiden, die grünen Blätter und die Knollen sehr gründlich waschen. Die Blätter kleinhacken, die Knollen in 3 mm dicke Scheiben schneiden. Die Radieschenscheiben in einem Topf in Salzwasser 2 bis 3 Min. kochen, bis sie gar, aber noch knackig sind.
Abgießen, kalt abschrecken und abtropfen lassen.

32 ausgesuchte Scheiben zum Garnieren beiseite legen.

In einem ½ EL Butter den Lauch andünsten und mit der Geflügelbrühe auffüllen, aufkochen und 5 Min. garen.

Die kleingeschnittenen Radieschenblätter und -scheiben hinzugeben, nicht länger als 8 Min. bei hoher Temperatur kochen lassen. Die Blätter verlieren sonst ihre frische grüne Farbe. Mit einem Mixgerät pürieren und durch ein Sieb in einen Topf passieren. Die Suppe bei hoher Temperatur aufkochen, unter ständigem Rühren den Tapioka einstreuen und bei niedriger Temperatur 6 Min. weiterkochen lassen. Mit der restlichen Butter verfeinern, mit Salz und Pfeffer abschmecken. Zuletzt die Sahne mit dem Eigelb verrühren, langsam in die Suppe einrühren und nicht mehr kochen lassen!

4 vorgewärmte Teller mit Radieschenscheiben auslegen und mit der Suppe auffüllen.

Kalbsbriessuppe mit Gemüsestreifen

Hartmut Clement
Landgasthof Adler, Wangen

150 g Kalbsbries, 150 g Julienne von Lauch, Sellerie, Karotte, Zwiebel, ½ l kräftiger Kalbsfond, ¼ l Crème double, 1 Bund Schnittlauch.

Bries wässern, parieren, blanchieren und in kleine Röschen zupfen. Das Bries in Butter mit den Gemüsestreifen angehen lassen, mit Kalbsfond auffüllen, etwa 10 Min. leicht köcheln lassen (dabei ständig abschäumen) und zum Schluß mit der Crème double binden. Mit den Schnittlauchröllchen bestreut servieren.

Suppe von jungen Lauchzwiebeln mit Kerbelblättern und Röstbrot

Rainer Steng
Ratstüble, Markgröningen

200 g Lauchzwiebeln, 30 g Butter, 80 ml halbtrockener Weißwein, 500 ml Fleischbrühe, 30 g Kerbel, 2 Eigelb, 50 ml Sahne, Salz, Pfeffer, Muskat, 2 Scheiben Toastbrot in Würfel.

Die Lauchzwiebeln in Ringe schneiden, in der Butter 5 Min. dünsten, mit dem Weißwein ablöschen, weitere 3 Min. dünsten und mit der Brühe auffüllen. 5 Min. kochen lassen, die Hälfte vom Kerbel fein hacken und zugeben, würzen, mit dem Eigelb und der Sahne legieren und abschmecken. In Tassen anrichten, den Rest des Kerbels zupfen und mit den in Butter gerösteten Brotwürfeln auf die Suppe streuen.

Kürbiscremesuppe mit Sauerampferklößchen

Wolf-Dieter Anhorn
Hotel-Restaurant Beurener Hof
Beuren

500 g Kürbisfleisch, 1 kl. Schalotte, 2 EL Rundkornreis, 2 EL Butter, 6 dl Geflügelbrühe, 2 dl Sahne, Salz, Pfeffer, Muskat.

Die kleingehackte Schalotte in ½ Eßlöffel Butter andünsten. Das Kürbisfleisch und den Rundkornreis beigeben und mit der Geflügelbrühe auffüllen. Etwa 20 Min. bei niedriger Temperatur kochen lassen. Im Mixer pürieren und in einen Topf passieren, mit Salz,

Pfeffer und Muskat abschmecken, dann die Butter und die Sahne unterrühren.

Sauerampferklößchen:
60 g Butter, 2 Eigelb, ½ TL Mehl, ½ TL Grieß, 40 g Mie de pain (weiße Semmelbrösel), 2 Sauerampferblätter, Gewürze.

Butter schaumig rühren. Die Eigelbe mit den Sauerampferblättern mixen und unter die Butter rühren. Mehl, Grieß und Mie de pain untermengen, mit Salz, Pfeffer und Muskat abschmecken. Diese Masse mit einem Teelöffel abstechen, in kochendes Wasser geben und 5 Min. ziehen lassen. Die Klößchen in 4 Suppentassen verteilen und mit der Kürbissuppe auffüllen.

Cremesuppe von Waldpilzen mit Wachtelmaultaschen

Lothar Eiermann
Wald- & Schloßhotel
Friedrichsruhe

Cremesuppe von Waldpilzen:
300 g Pilze nach Marktlage (Steinpilze, Pfifferlinge, Austernpilze), 0,5 l Brühe, 0,5 l Sahne, 50 g Schalotten, 50 g Butter.

Wachtelmaultaschen:
Nudelteig:
60 g Mehl, ½ TL Öl, 1½ Eier, Salz.

Füllung:
Fleisch von einer Wachtel, 1 Tropfen Weinbrand, Salz, Pfeffer, 50 g Sahne.

Schalotten fein würfeln und mit etwas Butter anschwitzen. Gewaschene Pilze zugeben und kurz mitschwitzen. Diesen Ansatz mit kalter Brühe auffüllen und etwa 30 Min. köcheln lassen.

Anschließend den Pilzfond passieren und mit der frischen Sahne auf ½ l reduzieren.

Cremesuppe abschmecken und mit kalten Butterflocken aufmontieren.

Fleisch mit Weinbrand in einer Küchenmaschine pürieren, durch ein feines Haarsieb streichen und kalt stellen. In einer Schüssel auf Eis vorsichtig die Sahne mit einem Spatel unterarbeiten.

Einen Nudelteig herstellen und zu millimeterdünnen Rechtecken aufrollen. Die eine Hälfte mit verquirltem Ei bepinseln und die Füllung auftragen. Nun den Teig zuklappen und mit dem Stiel eines Kochlöffels andrücken, dann die Maultaschen portionsweise ausrädeln. Die Maultaschen in Salzwasser pochieren und mit der Cremesuppe in tiefen Tellern servieren.

Lauch-Karotten-Cremesuppe mit Walnüssen

Dieter Wägerle
Restaurant Stumpenhof
Plochingen

400 g Karotten, 50 g Butter, ½ Zwiebel, ⅛ l trockener Weißwein, 1 l Brühe, 3 EL Crème fraîche, etwas Weißwein zum Abschmecken, 80 g Lauch, 50 g geschlagene Sahne, 50 g Walnüsse, Salz, Pfeffer aus der Mühle.

Die in Würfel geschnittenen Zwiebeln in Butter anschwitzen. Karotten schälen, in Scheiben schneiden und zu den Zwiebelwürfeln geben.

Das Ganze mit Weißwein ablöschen, mit 1 l Brühe auffüllen und aufkochen lassen. Auf ⅓ reduzieren, danach zusammen mit Crème fraîche pürieren und mit Salz,

Pfeffer und Weißwein abschmecken.

Den Lauch halbieren, auswaschen, in feine Streifen schneiden und anschwitzen.

Lauchstreifen in die Suppe geben, Sahne unterheben, in kleine Tassen füllen und die geschälten, feingehackten Walnüsse darüberstreuen.

Brennsuppe mit Steinpilzen

Dietmar Gulewitsch
Gestütsgasthof Offenhausen
Gomadingen

60 g Schmalz, 40 g Mehl, 1 Karotte, 1 Petersilienwurzel, ½ Zwiebel, 2 Nelken, 1 Lorbeerblatt, 1 l Brühe, 100 g frische Steinpilze, ²/₁₀ l Most oder herber Weißwein, 2 EL Butter, 1 EL Weißweinessig, ¹/₁₀ l Sahne.

Mehl in Schmalz braun anrösten, dann die in feine Würfel geschnittene Karotte, Zwiebel und Petersilienwurzel in das gebräunte Mehl geben, mit dem Weißwein ablöschen und der Fleischbrühe auffüllen. Leicht köcheln lassen, bis das Gemüse weich ist. Die in Streifen geschnittenen Steinpilze in Butter anschwitzen, die Suppe auf die Steinpilze geben, passieren, aufkochen, mit Sahne verfeinern.

Badische Sauerteigsuppe

Friedrich Zemanek
Singen, Hohentwiel

20 g Steinpilze (getrocknet), 1 Tasse geschnittene Champignons, 3 Knoblauchzehen, ½ TL Kümmel, 1 Prise Salz, 150 g Sauerteig (von der Bäckerei), 1 Zwiebel, 1 EL Butter, 1 Ei (verquirlt), 150 g geschälte, gekochte Kartoffelwürfel, 50 g süße Sahne,

1 kleine Karotte (fein gerieben) und gehackte Petersilie zum Garnieren.

Getrocknete Steinpilze im Wasser gut einweichen und mit Kümmel, Salz und gehacktem Knoblauch zum Kochen bringen. Den im lauwarmen Wasser verquirlten Sauerteig zu den schon kochenden Pilzen zugießen und unter ständigem Rühren etwa 15 bis 20 Min. köcheln lassen. Danach die feingehackte und in Butter angeröstete Zwiebel sowie die gekochten Kartoffelwürfel zufügen. Mit Sahne und Eigelb verfeinern, nicht mehr aufkochen und mit gehackter Petersilie garnieren.

Kartoffelsuppe mit Lammleber

Bild nebenstehend

Rainer Mohr
Gasthof Bergheim, Stuttgart

50 g Lauch, 1 Schalotte, 250 g Kartoffeln, 1 l Brühe, 120 g Lammleber, 2 EL geschlagene Sahne.

Den Lauch (nur das Weiße verwenden) waschen und in kleine Würfel schneiden. Die Schalotten ebenfalls würfeln und zusammen mit dem Lauch in Butter anschwitzen, mit ½ l Brühe auffüllen.

Nun die frisch geschälten, gewürfelten Kartoffeln zugeben und zugedeckt köcheln lassen, bis die Kartoffeln gar sind.

Die Suppe im Mixer pürieren, mit der restlichen Brühe bis zur gewünschten Konsistenz verlängern. Die enthäutete Leber mit Salz und Pfeffer würzen und am Stück in der Pfanne anbraten.

Die Suppe würzen, die geschlagene Sahne unterziehen und in vorgewärmte Teller gießen, die in Scheiben geschnittene Leber darauflegen und mit Kerbel ausgarnieren.

Rezept siehe oben: Kartoffelsuppe mit Lammleber, Rainer Mohr

FISCHE, KRUSTEN- UND SCHALENTIERE

Ein geistreicher Esser muß stets mit drei Austern zugleich beschäftigt sein,
die eine muß er in der Hand, die andere im Mund und die dritte im Auge haben.

Talma (Schauspieler und Connaisseur des 19. Jahrhunderts)

Als den bedeutenden Tonkünstler und ebenso gro-ßen Feinschmecker Rossini einst eine Dame fragte, ob der Phosphorgehalt der Fische wirklich dem Verstand so förderlich wäre, bejahte es dieser. Und als die Dame ihn dann bat, ihr einen besonders geeigneten Fisch zu nennen, antwortete der Meister: „Madame, ich rate ihnen zu einem Walfisch."

Noch reicher an Phosphor sind Fischmilch und Rogen. Rossini hätte der Dame also auch raten können, täglich ein Pfund Kaviar zu sich zu nehmen, aber dann wäre diese hübsche Anekdote nicht entstanden.

Daß Fisch, vor allem Seefisch, weil besonders reich an Eiweiß, Vitaminen und Mineralstoffen, eines der wertvollsten, wenn nicht das wertvollste Nahrungsmittel schlechthin ist, braucht an dieser Stelle nicht besonders betont zu werden. Da mit Ausnahme der Forelle und des Lachses sowie noch einiger weniger anderer Arten – wie etwa der des Karpfens – der Fisch im großen und ganzen gesehen kein Zuchtobjekt ist, wächst er immer noch in seiner natürlichen Umgebung heran, und es ist daher anzunehmen, daß ein Steinbutt, in unserer Zeit gefangen, nicht anders schmeckt als zu Zeiten Rossinis. Obwohl sich auch hier Änderungen ankünden, denn dem Vernehmen nach haben die Erfolge in der Lachs- und Forellenproduktion die Züchter ermutigt, sich auch der Aufzucht von Kabeljau, Seewolf, Heilbutt und – manche Feinschmecker werden es nicht gerade enthusiastisch aufnehmen – Steinbutt zu widmen. Soweit es den eben erwähnten Lachs angeht, hat sich die Produktion in den letzten zehn Jahren geradezu explosionsartig gesteigert. In Norwegen, einem der Hauptausfuhrländer für Lachs, wurden 1979 4140 Tonnen produziert. 1988 waren es bereits 80 370 Tonnen, und für 1989 werden 120 000 Tonnen erwartet.

Sieht man im Vergleich dazu die 6000 bis 10 000 Tonnen, die alljährlich im Atlantik gefangen werden, dann ist das eine Menge, die gerade den Jahresbedarf von zwei, drei bundesdeutschen Großstädten decken dürfte.

Die meisten Edelfische kommen heute von der französischen Atlantikküste und werden auf kleinen Kuttern, Tagesfängern, die am frühen Morgen hinausfahren und gegen fünf Uhr nachmittags wieder zurückkehren, angelandet.

Diese Fänge sind bereits zwölf bis vierzehn Stunden später bei den Händlern im Binnenland. Austern kommen zehn Stunden nachdem sie die Bänke der Bretagne verlassen haben, hierzulande an, und die Hummer – vorwiegend kanadische – sind auf dem Luftweg nicht viel langsamer. Achtzig Prozent eines immer größer und variabler werdenden Angebots an Fischen, Schalen- und Krustentieren – neuerdings kommen auch seltene asiatische Fischarten auf unseren Markt – landen in den Küchen der Restaurants.

Bei den Süßwasserfischen, die es einmal in heimischen Gewässern gab, ist es nicht recht viel anders. Welse kommen heute – und es sind große, schwere Exemplare darunter – vorwiegend aus dem ungarischen Teil der Donau und ihren dortigen Nebenflüssen zu uns. Krebse, die im letzten Jahrhundert noch zu Tausenden in unseren Bächen zu finden waren – es gab kein Rezept, das sich mit weniger als einem Schock (= 60 Stück) zufriedengab – kommen heute aus der Türkei und aus dem amerikanischen Bundesstaat Louisiana. Nur noch Felchen und Egli und in sehr kleinen Mengen Hecht und Zander kommen aus dem Bodensee und aus anderen heimischen Gewässern. Im badischen wie auch in manchen Gegenden des schwäbischen Frankenlandes und im benachbarten Bayern gibt es noch kleine Flüsse mit relativ sauberem Wasser. Die Fische, die dort heranwachsen, wie die Aale und Schleien, die sich im träge dahinfließenden Altrhein besonders wohl fühlen, sind fast schon eine Rarität geworden. Eine Rarität zwar, aber immerhin noch vorhanden. Endgültig zur Vergangenheit gehört dagegen der Rheinsalm und der Helgoländer Hummer.

Trösten wir uns damit, daß es den Menschen in der Bretagne nicht sehr viel anders geht als uns. Der Hummer, der dort in den Küchen der meisten Restaurants zubereitet wird, ist keineswegs der so berühmte bretonische, sondern ein trotz seiner langen Reise preisgünstigerer, weil in größeren Mengen vorhandener, amerikanischer.

Rezept Seite 67: Lachs im Blätterteig mit zwei Champagnersaucen, Lothar Eiermann

Forellenquartett

Karl Schempf
Gasthof Birkenhof, Maulbronn

4 Forellenfilets zu 25 g, 20 g Butter zum Braten.

Farce:
150 g Forellenfilet, 1 Ei, 1 Eiweiß, 150 g Crème double, Salz, Pfeffer, 30 g Gemüsewürfel (Lauch, Karotte, Sellerie), 100 g Schlagsahne, 30 g Butter, Dill.
18/20er Saitendärme.

Sauce:
0,1 l Riesling, 2 cl Noilly Prat, 1 Schalotte, ¼ l Fischfond, ¼ l Crème double, 25 g Butter, 40 g Forellenkaviar.

Grüner Nudelteig (siehe S. 157), Dillspitzen und Kirschtomaten zum Garnieren.

Das gut gekühlte Forellenfleisch in Stücke schneiden, salzen und im Mixer fein pürieren. Das Ei zugeben und nach und nach die Crème double einmixen.
Gemüsewürfel mit etwas Butter und wenig Wasser dünsten. Erkalten lassen, mit der Fischfarce gut vermischen und die geschlagene Sahne unterheben.
Weißwein, Noilly Prat und die kleingeschnittene Schalotte ankochen, mit Fischfond auffüllen und auf ¼ reduzieren. Crème double zugeben und weiter einkochen und passieren.
Mit Hilfe eines Spritzsackes und Lochtülle die Fischfarce in die Därme spritzen und 4 Würstchen abdrehen.
Nudelteig dünn ausrollen, Rest der Farce aufstreichen, einschlagen und 4 Maultäschchen ausrädeln. Mit einem Eßlöffel von der Farce 4 Klößchen formen und mit den Würstchen und Maultäschchen im Fischfond ca. 5 Min. gar ziehen. Forellenfilets in Butter kurz anbraten.

Fischsauce mit Butter aufmixen. Kaviar einrühren und einen Saucenspiegel auf die Teller gießen. Klößchen, Maultäschchen, Würstchen und gegarte Forellenfilets auf die Saucenspiegel setzen und mit Dillspitzen und abgezogenen Kirschtomaten garnieren.
Beilage: wilder Reis.

Forellenfilet mit Brunnenkressesauce und Rahmkartoffeln

Walter Steeb
Forellenhof Rössle
Lichtenstein-Honau

4 frische Forellen à 400 g, ½ l Fischfond (Karotte, Lauch, Sellerie, ½ Zwiebel, Lorbeerblatt, etwas gestoßener Pfeffer), ¼ l Sahne, 100 g Crème fraîche, 100 g Brunnenkresse, Salz, Pfeffer, Muskat, Zitronensaft, Lorbeerblatt, Noilly Prat.

Rahmkartoffeln:
350 g gekochte Kartoffeln, 100 g Butter, 0,2 l Sahne, geschlagen, Salz, Muskat, 50 g geriebener Emmentaler.

Die frischen Forellen filetieren. Von den Gräten (ohne Kopf) einen Fischfond herstellen. Die Gräten werden in kaltem Wasser mit etwas Wurzelgemüse, bestehend aus Lauch, Sellerie, Karotte, ½ Zwiebel, Lorbeerblatt und etwas gestoßenem Pfeffer angesetzt. Das Ganze läßt man gut aufkochen und anschl. etwa 20 Min. bei leichter Hitze ziehen. Sud durch ein feines Sieb gießen (etwa ½ l) und auf ¼ l einkochen. Danach ¼ l Sahne dazugießen, einkochen, bis die Soße eine sämige Konsistenz erhält. Abschmecken mit Salz, Zitronensaft, Muskat, Noilly Prat (trockener Wermut). Gewaschene Brunnenkresse abzupfen, fein schneiden und mit Crème fraîche mittels Pürierstab unter die Sauce ziehen.
350 g Kartoffeln waschen und weich kochen. Schälen und in etwa ½ cm dicke Scheiben schneiden. In einer feuerfesten Form Butter zergehen lassen und die Kartoffeln leicht angehen lassen, mit Salz, Muskat und etwas Knoblauch würzen. Das Ganze einige Male wenden. Anschließend nach Bedarf mit Sahne aufgießen und wenden, bis eine leichte Bindung entsteht.
In gebutterte Auflaufförmchen einfüllen, mit geriebenem Emmentaler bestreuen, Butterflocken auflegen und im Salamander vorsichtig gratinieren.
Die Forellenfilets mit Salz, Pfeffer aus der Mühle würzen und mit etwas Zitronensaft beträufeln. In Mehl wenden und in nicht zu heißem Fett auf beiden Seiten leicht anbraten.
Die fertige Sauce mit einem Löffel auf einen Teller nappieren, die Forellenfilets dazugeben, die gratinierten Rahmkartoffeln mit auf den Tellern anrichten und mit Brunnenkressesträußchen ausgarnieren.

Lachsforellen-Kraut-Pastete an Kümmelrahm

August Kottmann
Gasthof-Restaurant Hirsch
Bad Ditzenbach-Gosbach

1 kg frisches, junges Weißkraut, ½ l Kalbsfond (siehe S. 196), 4 Eigelb, 1 kleiner Strauß Dill, Petersilie, 1 Lachsforelle von etwa 600 g.

Frisches, junges Weißkraut in fingergroße Rauten schneiden und in wenig Kalbsfond weich dünsten.

Die Krautmasse vom Fond nehmen und gut auspressen. Mit 4 Eigelb über leichter Hitze zur Bindung bringen.

Wenig salzen und eine Spur Knoblauch und gehackten Dill und Petersilie untermengen, dann die Masse gut auskühlen.

Lachsforelle filieren und enthäuten, die Seitengräten ziehen und kühl stellen.

Pastetenteig (Grundrezept 1 kg Mehl, 250 g Schweineschmalz oder Butter, 4 dl Wasser, 1 großes Ei, 1 Pr. Salz, 1 Pr. Zucker – Mehl und Fett gut verreiben, mit Wasser und Ei kurz vermengen) in ein Rechteck 35 × 30 cm etwa 0,5 cm dick ausrollen. Einen Teil der gekühlten Krautmasse in der Mitte der Teigplatte auflegen und schichtweise Fischfilet und Kraut auflegen. Das Ganze mit dem Teig so einschlagen, daß die übereinanderschlagenden Teigschichten den Boden der Krautpastete bilden. Die Teigüberlappungsteile (mind. 5 cm) müssen vorher mit einer Eigelbmasse bestrichen werden, dies zur besseren Haftung, um ein späteres Auseinanderreißen der Pastete zu vermeiden. Um ein starkes Auftreiben der Pastete zu vermeiden, muß oben an der Pastete ein Dampfabzug ausgestochen werden von 1 cm ∅. In die Öffnung ein aus Alufolie gedrehtes Röllchen stecken. Die Dampföffnung mit einem ausgestochenen Pastetenring verstärken.

Die küchenfertige Pastete wird außen mit einer Eigelb-Milch-Honig-Masse leicht eingepinselt. Backzeit im Ofen bei 200 Grad 40 Min.

Kümmelrahm:
1 kleine Zwiebel, 1 TL Kümmel, ganz, ¼ l Sahne, ⅛ l Krautdünstfond, Prise Salz.

Kleingeschnittene Zwiebelwürfel in wenig Fett kurz angehen lassen, die übrigen Zutaten zugeben und zur Hälfte einreduzieren lassen. Durch ein Sieb passieren und mit trockenem Weißwein verfeinern.

Bodenseelachsforelle auf Bärlauch-Tomatenragout

Walter Atzinger
Romantik Hotel Ritter
Heidelberg

600 g Lachsforellenfilet ohne Haut, 2 Schalotten, 80 g Butter, 0,1 l Noilly Prat, 0,1 l Sahne, etwas Crème fraîche, Salz, Pfeffer, Saft von ½ Zitrone, Dill zum Garnieren, 6 mittelgroße, reife Tomaten (abgezogen, entkernt und gewürfelt), 200 g Bärlauch, 2 Eigelb.

Lachsforelle ohne Haut und Gräten in 4 gleichmäßige Portionen teilen, Schalotten schälen und fein schneiden. 40 g Butter mit der Hälfte der Schalotten farblos andünsten, Noilly Prat zugeben. Forellenfilets mit Salz und Pfeffer leicht würzen, etwas Zitronensaft darübertäufeln und in den Dünstfond setzen.

Abdecken und vorsichtig am Herdrand ziehen lassen. In der Zwischenzeit die restlichen Schalotten in der verbliebenen Butter anschwitzen, gewaschenen Bärlauch, von dem man die groben Stiele entfernt hat, beifügen. Tomate concassé zum Bärlauch geben. Mit Salz und Pfeffer würzen. Crème fraîche zufügen, kurz erhitzen und öfters umrühren.

Die in der Zwischenzeit fast gar gedünstete Lachsforelle aus dem Fond nehmen und kurz warm stellen. Dem Fond die Sahne zugeben und auf die Hälfte einkochen. Anschließend durchpassieren. Eigelbe mit etwas zurückgelassener Sahne gut verrühren und zugeben.

Vorsicht! Die Sauce jetzt nicht mehr kochen, da sie sonst gerinnt. Abschmecken.

Das Bärlauch-Tomatenragout auf vorgewärmten Tellern anrichten. Die Forellenfilets daransetzen und leicht mit der Soße überziehen. Mit Dill ausgarnieren.

Als Beilage eignen sich u. a. frische Salzkartoffeln oder hausgemachte Nudeln.

Mit Kalbsbries gefüllte Saiblingsfilets auf lauwarmem Lauch-Pfifferling-Salat

Helmut Biesinger
Casino WMF, Geislingen (Steige)

2 Saiblinge à 250 g, küchenfertig geputzt, 100 g Kalbsbries, gekocht und gezupft, 150 g Putenfleisch, 100 g Sahne, 1 Eiweiß, 10 g gehackte Gartenkräuter (Kerbel, Brunnenkresse), 200 g Lauch, geputzt, 150 g Pfifferlinge, Salz, Pfeffer, Zitronensaft.

Die Saiblinge filieren, entgräten und mit Salz und Pfeffer sowie Zitronensaft würzen. Von dem Putenfleisch, Sahne und Eiweiß eine Farce herstellen und mit den gehackten Gartenkräutern vermengen. Unter die Farce das sauber gezupfte Kalbsbries geben. Saiblingfilets auf eine geölte Alufolie auslegen, mit der Briesfarce bestreichen und einrollen. An den Enden gut binden und bei 78 Grad 25 Min. pochieren.

Den geputzten Lauch in sehr dünne Scheiben schneiden, leicht erwärmen und mit kurz in Butter und Schalotten angeschwitzten Pfifferlingen vermengen. Mit Kräuteressig, Salz, frisch gemahle-

nem Pfeffer und einer Spur Knoblauch würzen.

Anmerkung: Lauch und frische Pfifferlinge brauchen für Salat fast nicht erhitzt werden, dadurch wird ihr rohes und frisches Aroma voll erhalten. Durch ein leichtes Erwärmen werden die Würz- und Duftstoffe sogar noch erhöht und durch Zugabe von Gewürzessig, Salz und einer Spur Knoblauch optimal abgerundet.

Bodenseesaibling in Limonenbutter mit gegrillten Seppioline

Bild nebenstehend

Bertold Siber
Seehotel Siber, Konstanz

4 Bodenseesaiblinge à 300 bis 400 g, 100 g Butter, 2 EL Weißwein, trocken, Saft von 1 Limone, 1 Bund Schnittlauch, 1 Schalotte, Salz, 1 TL Fleischglace (siehe S. 196), 200 g Seppioline (kleine Tintenfische), Dill.

Fische filieren und die Gräten ziehen. In Butter anschwenken, würzen, auf Kreppapier abtrocknen. Das Bratfett abgießen und mit Weißwein ablöschen, die kleingehackte Schalotte und den gehackten Schnittlauch dazugeben. Limonensaft und die Fleischglace beifügen und mit etwas kalter Butter schaumig rühren. Leicht salzen.
Seppioline putzen, weich kochen und in Butter sautieren. Die Sauce über die Seppioline gießen.
Die Fischfilets auf Teller verteilen, mit der Sauce und den Seppioline nappieren und mit einem Zweig Dill garnieren. Man kann die Fischfilets auch auf Gemüse-Julienne setzen.

Gebratene Zanderwurstscheiben mit Krebsragout

Gerd Harry Hinderer
Gasthaus zum Lamm
Backnang-Waldrems

Zanderwurst:
300 g schieres Zanderfleisch, 2 Eier, Salz, Pfeffer, Muskat, 0,25 l Sahne, 50 g geriebenes Weißbrot ohne Rinde, 150 g Butter (zimmerwarm), etwas Mehl, etwas zerlassene Butter, geriebenes Weißbrot, Butter zum Anbraten.

Krebsragout:
24 Krebse (vorbereitet), 50 g Butter, 30 g Schalottenbrunoise (kleine Würfel), etwas Cognac, 0,3 l Sahne, 20 g Krebsbutter, Salz, weißer Pfeffer, etwas tourniertes Gurkengemüse zum Garnieren.

Das gut gekühlte Zanderfleisch durch die feine Scheibe des Fleischwolfs geben. Dann mit den Eiern im Mixer pürieren. Salzen, pfeffern, etwas frisch geriebenen Muskat zufügen und nach und nach die Sahne in kleinen Mengen zugießen und untermischen. Zum Schluß die zimmerwarme Butter und das geriebene Weißbrot einarbeiten. Nochmals abschmecken. Aus dieser Masse eine Wurst formen. Zuerst in Klarsichtfolie einrollen, dann in Alufolie wickeln. An den Enden bonbonartig verschließen und etwa 40 Min. bei 70 Grad pochieren. Abkühlen lassen. Für die Zubereitung des Krebsragouts die Schwänze der blanchierten Krebse auslösen. In einer Schwenkpfanne 50 g Butter aufschäumen lassen und die Schalottenbrunoise darin anschwitzen. Die Krebsschwänze zufügen und unter öfterem Schwenken gar dünsten. Dann die Schwänze herausnehmen und auf vorgewärmte Teller legen, zudecken und warm

halten. Den Fond mit dem Cognac ablöschen, die Sahne zufügen und kurz einkochen lassen. Vom Feuer nehmen und die kalte Krebsbutter unterziehen. Mit Salz und weißem Pfeffer abschmecken. Die Zanderwurst auspacken und in Scheiben schneiden. Diese zunächst in zerlassene Butter tauchen, dann in frisch geriebenen Weißbrotbröseln wenden. In der Zwischenzeit in einer großen Pfanne Butter zerlassen. Sowie sie aufschäumt, die Zanderwurstscheiben einlegen und bei mittlerer Hitze auf beiden Seiten goldgelb anbraten. Herausnehmen, kurz auf Küchenpapier abtupfen und mit den Krebsschwänzen auf vorgewärmten Tellern anrichten. Die Krebssauce nun über die Krebse geben und mit Krebsnasen und tournierten Gurkenstücken garnieren.

Zanderfilet an Gurken-Senfsauce mit Spitzkrautauflauf und überbackenem Sahnepüree

Dieter Wägerle
Restaurant Stumpenhof
Plochingen

600 g Zanderfilet, 1/4 Zwiebel, gewürfelt, etwas Bratbutter, 1/8 l trockener Weißwein, etwas Noilly Prat, 1/4 l Fischfond (siehe S. 196), 3 EL Crème fraîche, 50 g Butter, 2 TL mittelscharfer Senf, Salz, Pfeffer, Saft von 1/2 Zitrone, 100 g Salatgurkenstreifchen.

Zwiebelwürfel in Butter glasig dünsten, Zanderfilet säubern, säuern, salzen und dazugeben.
Mit Weißwein und Noilly Prat ablöschen, mit Fischfond auffüllen und leicht köcheln lassen.

Rezept siehe oben: Bodenseesaibling in Limonenbutter mit gegrillten Seppioline, Bertold Siber

Die gegarten Filets herausnehmen und warm stellen. Zum Fond Crème fraîche beigeben und auf ¼ reduzieren. Die Sauce passieren. Nun erst die kalte Butter, dann den Senf mit dem Mixstab unterziehen und etwas Sauce angießen, mit Salz, Pfeffer und Zitronensaft abschmecken, die Filets darauflegen und mit den in Butter geschwenkten Gurkenstreifen bestreuen. Mit dem Spitzkrautauflauf (siehe S. 152) und überbackenem Sahnepüree anrichten.

Zanderfilet mit Bachkrebsen und Kartoffel-Lauch-Knöpfle

Walter Hofmann
Gasthaus zum Lamm
Strümpfelbach

2 Zander à 800 g oder 4 Filets à 160 g, 8 Krebse à 80 bis 120 g, 1 Karotte, 1 Zwiebel, 1 kleine Stange Lauch, jeweils kleingewürfelt (Mirepoix), 1 Fleischtomate, 1 Bund Dill, ¼ l Riesling, 125 g Crème fraîche, 100 g Butter, 2 EL Sonnenblumenöl, 2 cl Cognac, 1 Zitrone, Lorbeerblatt, Nelken, Pfeffer aus der Mühle, Salz, 400 g gekochte Kartoffeln, durchpassiert, 120 g Mehl, 2 Eigelb, 1 Stange Lauch, 50 g Butter, Salz, Muskat, kleines Bund Schnittlauch.

2 l Wasser mit ½ Spickzwiebel, Dillstengel, Schuß Weißwein, etwas Zitronensaft und Salz aufkochen, die Krebse waschen und lebend hineingeben, 5 Min. ziehen lassen, abschrecken. Den Schwanz ausbrechen.
Restliche Karkassen mit Öl anrösten, Mirepoix und kleingeschnittene Tomate dazugeben, mit 2 cl Cognac und ⅛ l Riesling ablö-

schen, 1 EL Crème fraîche dazugeben, mit Salz und Pfeffer würzen und mit ¼ l Krebsfond auffüllen. Das Ganze auf ¼ l Flüssigkeit reduzieren und durch ein Haarsieb passieren.
Feuerfeste Platte oder Cromarganpfanne ausbuttern, mit Zwiebelbrunoise (Würfel) bestreuen, portionierte Fischfilets auflegen, mit Salz, Pfeffer aus der Mühle und etwas Zitronensaft würzen, ⅛ l Riesling angießen, aufkochen und abgedeckt im vorgeheizten Backofen bei 200 Grad 5 Min. pochieren. Filets auf Platte oder Teller anrichten, Fischfond ganz einkochen, mit der Krebssauce auffüllen, Butterflocken mit dem Schneebesen unterrühren. Sauce über die Filets nappieren, mit den gewärmten Krebsschwänzen und Dill garnieren.
Lauch halbieren, waschen, in Julienne schneiden, mit Butter weich dünsten, unter die Kartoffelmasse heben, würzen und Schnittlauch dazugeben. Mit dem Eßlöffel kleine Knöpfle ins kochende Salzwasser abstechen und 3 Min. ziehen lassen, abtropfen. In schäumender Butter anschwitzen.

Garnitur: Abgezogene Tomatenfilets, gedämpfte Zucchinifleur oder grüner Spargel.

Zanderfilet mit Kräuterkruste auf Spinatsauce und Rotweinschalotten

Dieter Müller
Schweizer Stuben, Wertheim

1 Zander von etwa 1,5 kg, 100 g entstielter Spinat, 0,2 l Rahm, 0,1 l trockener Weißwein, 2 EL Crème fraîche, 80 g kalte Butterwürfel-

chen, 1 TL Mehlbutter, je 1 Zweigchen Thymian, Basilikum, Petersilie, 3 Scheiben Toastbrot ohne Rinde, Saft ½ Zitrone, Salz und Pfeffer.

Rotweinschalotten:
2 EL gewürfelte Schalotten, 0,2 l trockener, kräftiger Rotwein, 4 cl roter Portwein, 1 Msp. Stärkemehl, 1 Spritzer Balsamicoessig, Salz und Pfeffer.

Den Zander filetieren, enthäuten und portionieren. Die Gräten gut wässern und mit hellem Gemüse und dem Weißwein in 20 Min. einen Fond herstellen, diesen fein passieren und mit der Mehlbutter auf etwa 0,15 l einkochen. Die Sahne und Crème fraîche zugeben und nochmals zur gewünschten Konsistenz einkochen, mit Salz und Zitronensaft abschmecken und wieder passieren.
Den gewaschenen Spinat kurz blanchieren, kalt abschrecken, gut ausdrücken und sehr fein hacken. Die Toastscheiben mit den Kräutern im Mixer mahlen. Eine Platte buttern, darauf die gewürzten Zanderstücke legen, mit der Butterseite in die Panade legen und diese nach oben auf die Platte zurücklegen. Mit dickflüssiger Butter die Kräuterpanierung beträufeln, etwas Wein angießen und nun im Salamander mit Oberhitze etwa 3 Min. garen.
Die Schalotten in Butter glacieren, den Rot- und Portwein angießen und auf etwa 8 cl reduzieren. Mit Stärke leicht binden und zum Schluß mit Balsamicoessig, Salz und Pfeffer abrunden.
In die köchelnde Fischsauce kalte Butterwürfelchen einrühren, den Spinat dazugeben, einmal aufkochen und auf 4 Teller verteilen. Diese Sauce rundum mit Rotweinschalotten garnieren und je 2 Zanderstücke auf die Mitte geben und mit Salzkartoffeln oder wildem Reis servieren.

Souffliertes Zanderfilet und grüner Spargel auf Weißburgundersauce

Siegbert Kugler
Restaurant Remsstuben
Waiblingen

1 Zander von etwa 2000 g.

Sauce:
400 ml Fischfond, 200 ml Weißburgunder, 150 ml Crème fraîche, 50 g kalte Butter, 30 ml Noilly Prat, Zitronensaft, Wurzelgemüse.

Farce:
200 g Zanderabschnitte (Fleisch), 150 g flüssige Sahne, Salz, Pfeffer, Zitrone, 1 Eiweiß.

20 Stangen grüner Spargel.

Zander filieren und in 4 etwa 140 g schwere Tranchen portionieren. Das restliche Fleisch in feine Würfel schneiden, mit Salz und Pfeffer würzen und 1 Std. in den Gefrierschrank stellen. In leicht angefrorenem Zustand kurz im Mixer pürieren und die ebenfalls gekühlte Sahne langsam beigeben – eine kompakte Farce herstellen. Anschließend mit einem Löffel durch ein Sieb streichen und nochmals aufrühren.
Die gewürzten Zanderfilets mit der Farce etwa 1 cm dick bestreichen.
Für die Sauce den Fischfond, Weißburgunder und Noilly Prat auf ⅓ einkochen, Crème fraîche beigeben und verkochen – kalte Butterflocken in die Sauce einrühren und mit dem Stabmixer aufmontieren. Mit Salz, Pfeffer und Zitronensaft abschmecken. Inzwischen die Zanderfilets in eine Pfanne einsetzen und im vorgeheizten Ofen bei 180 Grad 10 Min. garen, anschließend mit etwas Butter bestreichen und mit Oberhitze gratinieren.

Grünen Spargel schälen und in Salzwasser etwa 7 bis 8 Min. leicht kochen.
Beilagen: feine Nudeln oder neue Kartoffeln.

Kocheraal im Weinblatt

Norbert Vögele
„Sonne – Post", Murrhardt

1,5 kg Aal (Lebendgewicht), 2 trockene Brötchen, 8 Salbeiblätter, 0,1 l Sahne, 1 Eigelb, 20 Weinblätter (eingelegt), Salz, Pfeffer, Limone, 20 g Butter zum Einfetten des Backgitters, 1 kg geschälte, tournierte Kartoffeln, 1 Bund Petersilie, Gurke, Dill, 0,1 l Sahne.

Den Aal zuerst häuten und danach filieren (Vorsicht, die Galle nicht verletzen). Die beiden Filets in 2 bis 3 cm breite Stücke schneiden und mit Salz, Pfeffer und Limone 20 Min. marinieren und kurz anbraten.
Die Brötchen in kleine Würfel schneiden und mit dem gehackten Salbei und der Sahne vermischen und ziehen lassen.
Danach die eingelegten Weinblätter wässern, damit sie etwas milder sind, und trocknen.
Die Weinblätter ausbreiten, mit einem Stück Aal belegen, die Brötchenwürfel mit dem Salbei darauf verteilen und nochmals ein Stück Aal darauflegen, das Weinblatt einschlagen, so daß der Falz unten ist.
Auf ein gefettetes Gitter legen und bei 200 Grad etwa 8 bis 10 Min. backen, bis das Weinblatt schön knusprig ist.
Mit einer Kräuter-Joghurtsauce und etwas Gemüse-Julienne servieren.

Hechtroulade mit Räucherlachs im Mangoldblatt mit Gurkenjoghurt und Buchweizentalern
Rezept für 8 Personen

Wolfgang Sensz
Feinkost-Käfer, München

Hechtroulade:
300 g Mangold, 250 g Hechtfilet, 200 g Räucherlachs, 2 Eiweiß, Salz, 0,2 l Sahne, 4 cl Noilly Prat.

Die Mangoldblätter blanchieren und die Strünke entfernen. Anschließend die Blätter zum Trocknen auf ein Tuch legen. Das Hechtfilet feinwürfelig schneiden, Eiweiß, Salz, Sahne und Noilly Prat zugeben und anfrieren.
Nun im Mixer zur Farce kuttern. Die Masse durchs Sieb streichen. Dann die getrockneten Mangoldblätter auf einer Frischhaltefolie ausbreiten und mit der Hälfte der Hechtfarce bestreichen, den dünn geschnittenen Räucherlachs auflegen und mit der restlichen Hechtfarce bestreichen.
Das Ganze in die Frischhaltefolie einrollen und zur Verstärkung in Alufolie einschlagen. Die Enden fest zudrehen, damit beim Pochieren keine Flüssigkeit eindringen kann. Pochierzeit 15 Min. Nach dem Pochieren in der Folie auskühlen lassen.

Gurkenjoghurt:
½ Salatgurke, 0,2 l Joghurt, 0,1 l Crème fraîche, Zitronensaft, Dill, Salz, Pfeffer aus der Mühle.

Den Joghurt mit Crème fraîche glattrühren, Perlen aus der Salatgurke ausstechen und mit dem feingeschnittenen Dill dem Joghurt beigeben.
Mit etwas Zitronensaft, Salz und wenig Pfeffer abschmecken.

Buchweizentaler:
50 g Buchweizenmehl, 8 cl Milch, 1 Ei, Salz.

Buchweizenmehl mit Milch, Eigelb und einer Prise Salz glattrühren. Das Eiweiß steif schlagen und unter die Masse heben. Die Buchweizentaler in einer Pfanne, die mit Öl ausgerieben wurde, in kleinen runden Ausstechformen ausbacken. Die Buchweizentaler zur Hechtroulade warm servieren.

Roulade von Hecht und Hummer

Dieter Wetzel
Hotel-Restaurant Schwanen
Metzingen

400 g Hechtfilet, 100 g Weißbrot ohne Rinde, 2 Eiweiß, etwas englischer Senf, Pfeffer, Zitronensaft, Glutamat und Muskat, 60 g Schalotten, ¼ l flüssige Sahne, ¼ l geschlagene Sahne, 8 bis 10 schöne, große Mangoldblätter, blanchiert, 200 g Hummerfleisch.

Den filierten Hecht und das Weißbrot in gefällige Stücke schneiden. Die Weißbrotstücke in Sahne und Eiweiß einweichen. Gewürze und die leicht angedämpften Schalotten zugeben. Die Masse kühlen, alles mischen und zweimal durch die feine Scheibe des Fleischwolfs lassen. (Immer kühlen, nicht mehr als 3 Grad.) Danach die Masse durch ein Metallsieb streichen, um evtl. Gräten oder Rückstände zu entfernen. Das Ganze in eine Schüssel geben, die von Eiswürfeln gekühlt wird.
Farce auf Eis rühren, bis sie seidigen Glanz erhält, danach die Sahne nach und nach unterheben, bis die Farce locker und luftig wird.
Mangoldblätter kurz abkochen. Klarsichtfolie ausbreiten, ein großes Mangoldblatt darauflegen, leicht würzen, die Farce aufstreifen und die Hummerstücke einlegen. Zur Roulade rollen und im Sud etwa 20 Min. unterm Siedepunkt garen.
Roulade entnehmen, Klarsichtfolie entfernen und auf vorgewärmtem Teller servieren.
Beilagen: Weißweinsauce und gemischter wilder Reis, dazu Blattsalate.

Hechtfilet auf Zwiebelsauce mit dreierlei Kohl

Karl Knipp
Kasino der Allgemeinen
Rentenanstalt (ARA), Stuttgart

1 Hecht (Lebendgewicht 1,2 bis 1,4 kg), 2 mittelgroße Zwiebeln, 50 g Butter, 5 cl trockener Riesling, 2 cl Noilly Prat, 2 dl Crème fraîche, 120 g Blaukraut, 120 g Weißkraut, 120 g Wirsing, 1 dl Olivenöl, Salz, Pfeffer aus der Mühle, Zitronensaft, etwas Mehl.

Den Hecht ausnehmen und vom Rücken her filieren. Das Schuppen entfällt, da die Filets enthäutet werden. Aus den Filets mit einer Pinzette vorsichtig die feinen Mittelgräten herausziehen. Der Hecht hat sehr viele Gräten, deshalb muß dieser Arbeit besondere Aufmerksamkeit geschenkt werden.
Aus den Filets 8 gleich große Stücke schneiden, kalt stellen.
Zwiebel würflig schneiden, mit dem Riesling und Noilly Prat um die Hälfte einkochen lassen.
Crème fraîche zugeben und aufkochen. Mit dem Pürierstab oder Mixer pürieren. Die Sauce muß eine sämige Beschaffenheit aufweisen.
Kohlsorten feinstreifig schneiden und jede für sich mit etwas Olivenöl, Salz und Wasser dämpfen und würzen. Die Hechtfilets mit Salz, Pfeffer und Zitronensaft marinieren, leicht mehlieren und in Butter braten, ohne sie jedoch stark zu bräunen.
Die Zwiebelsauce auf einen vorgewärmten Teller gießen und das gebratene Hechtfilet darauflegen. Je 1 Eßlöffel Rot- und Weißkraut sowie 1 Eßlöffel Wirsing im Wechsel neben dem Filet anrichten.

Anmerkung: Hecht ist der einzige Fisch, der unausgenommen verkauft wird. Bei der angegebenen Größe handelt es sich um einen sogenannten Grashecht, also um einen relativ kleinen Hecht. Ist dieser nicht zu bekommen, können genausogut die Filets eines größeren Hechts verwendet werden. Bei Filets sollte etwa 200 g pro Person gerechnet werden.
Bei der Kohlzubereitung wird bewußt nur ein kurzes Dämpfen und außer etwas Salz keine anderen Gewürze empfohlen, um den Eigengeschmack der jeweiligen Kohlsorte zu unterstreichen.

Gefüllter Jagsthecht im Salzteig

Heinrich und Jürgen Koch
Laurentius, Weikersheim

1000 g Hecht, 300 g schieres Hechtfleisch, 50 g frisch gewiegte Kräuter, 150 g Sahne, 1500 g Salz, 6 Eiweiß, 50 g Kümmel.

Aus dem schieren Hechtfleisch mit den Kräutern und der Sahne im Mixgerät eine geschmeidige Füllung herstellen und mit Salz abschmecken. Den ganzen Hecht ausnehmen und von der Bauchhöhle aus mit spitzem Messer und Pinzette das Rückgrat und die

Rezept Seite 66: Schleie aus dem Koriandersud mit geeistem Sahnemeerrettich, Eugen Heubach

Gräten entfernen. Mit der Farce füllen und vorsichtig zunähen. Salz mit Kümmel und Eiweiß vermengen; falls der Teig zu trocken ist, noch etwas Eiweiß hinzufügen. Der Teig sollte formbar sein, ohne zu fließen. Backblech mit Backpapier belegen und Bodenplatte aus Salzteig von der Größe und Form des Hechtes formen. Hecht aufrecht daraufsetzen und mit dem Salzteig einpacken. Mit den Händen gut andrücken. Bei 200 Grad 40 Min. im Ofen backken. Mit Spachtel und Palette auf eine passende Platte oder Holzbrett setzen. Entweder am Tisch aufklopfen oder in der Küche mit einem Sägemesser am unteren Rand einen Deckel aufschneiden. Die Haut entfernen und auf dem Salzsockel tranchieren. Dazu gibt es holländische Sauce, Dampfkartoffeln und frische Salate.

Gefüllter Hecht mit Krebsfarce auf Gemüsenudeln

Hanspeter Trachsel
Hotel-Restaurant Schiff
Buriet-Thal/Schweiz

1 Hecht von etwa 1000 g, 8 Krebse, 1 Eiweiß, 2 EL Crème fraîche, 40 g Sahne, 2 cl Cognac, 20 g gehackte Pistazien, 200 g al dente gekochte Nudeln, 200 g Julienne von Karotten, Zucchini, Lauch, Sellerie, 1/8 l Weißwein, 4 Blätterteigfleurons in Fischform.

Vom Hecht Kopf und Schwanz entfernen, putzen und entgräten. Krebse im Gemüse-Weißwein-Sud gar ziehen lassen. 4 der Krebse vollständig auslösen und das Fleisch kleinwürflig schneiden, 50 g Hechtfleisch und 1 Eiweiß mit 1 Prise Salz im Mixer gut ge-

kühlt pürieren und mit 40 g Sahne zu einer geschmeidigen Farce verarbeiten. Diese mit dem gewürfelten Krebsfleisch und Pistazien vermengen und in den vorbereiteten Hecht einfüllen. Den Hecht in eine Bratfolie hüllen und beidendig eindrehen und binden. 45 Min. bei 75 Grad pochieren! Etwas ruhen lassen. Von dem Krebssud und 2 cl Crème fraîche eine sämige Sauce ziehen und mit Cognac und Krebsbutter verfeinern.
Gemüsejulienne in wenig Flüssigkeit pochieren und mit den Nudeln vermengen. Hecht in gefällige Tranchen schneiden, auf Gemüsenudeln anrichten, mit Krebssauce nappieren und das Ganze mit Fleurons und den restlichen Krebsen garnieren.

Hechtfilet auf Rahmsauerkraut

Jörg Ebermann
Linde, Oberboihingen

600 g Hechtfilet, 500 g frisch gekochtes Sauerkraut, 150 g feine Streifen von Lauch, Karotten und Sellerie, 0,5 l saure Sahne, 1/4 l Weißwein, 100 g geriebenes Weißbrot, ohne Rinde, 50 g Butter.

Das Kraut mit der Hälfte des Sauerrahms und dem Wein verkochen, die Gemüsestreifen kurz in Salzwasser blanchieren und kalt abschrecken und ebenfalls unter das Kraut heben. Eine genügend große, feuerfeste, tiefe Platte ausbuttern, mit dem Kraut auslegen, die gewürzten Hechtstücke draufsetzen, mit dem restlichen Sauerrahm nappieren, dem geriebenen Weißbrot und den Butterflocken bestreuen und in mäßig heißem Ofen etwa 25 bis 30 Min. garen.

Hechtwürstchen mit Sauerampfersauce

Ekkehard Neubert
Panorama-Restaurant
Freudenstadt

1 TL Butter, 1 Schalotte in Scheiben, 400 g Hechtfilet, gut gekühlt, 40 g frisches Weißbrot, 2 Eiweiß, 200 ml süße Sahne, 1/2 TL Salz, Msp. weißer Pfeffer aus der Mühle, Msp. geriebene Zitronenschale, Msp. Knoblauch, 8 Sauerampferblätter, in Streifen geschnitten, 80 cm Schweinsdarm (beim Metzger bestellen, Kaliber 26–28) oder Schafsaitlinge.
200 ml Fischfond, 1 TL Butter, 1 TL Mehl, 1 TL feingewürfelte Schalotten, 20 ml Rieslingsekt, 20 ml Wermut, 100 ml Crème double, 8 Sauerampferblätter, Msp. Salz, weißer Pfeffer aus der Mühle.

Die in Scheiben geschnittene Schalotte in Butter, ohne daß sie Farbe annimmt, anschwitzen und kalt stellen.
Das Hechtfilet in kleine Streifen schneiden, mit den Schalotten, eingeweichtem Weißbrot, Eiweiß und Gewürzen in einem Mixer oder Kutter pürieren. Die Hechtfarce durch ein feines Sieb streichen und auf Eis die flüssige Sahne langsam darunterrühren. Zum Schluß die in Streifen geschnittenen Sauerampferblätter zufügen.
Die Hechtfarce in einen Spritzbeutel geben und in den Schweinsdarm füllen. Danach 50 g schwere Würstchen abbinden und im Salzwasser bei 80 Grad 15 Min. ziehen lassen.
Den Fischfond zur Hälfte einkochen. Danach die Schalottenwürfel in der Butter anschwenken und das Mehl einstreuen. Ein bis zwei Minuten anschwitzen. Den Topf vom Herd nehmen, und langsam den eingekochten Fischfond zugeben. Die Sauce auf den

Herd stellen und unter Rühren aufkochen.

Nach dem Aufwallen der Sauce Rieslingsekt und Wermut dazugeben. Anschließend mit dem Handmixer die Crème double und die Sauerampferblätter unterziehen. Mit Salz und weißem Pfeffer abschmecken.

Mit der Sauerampfersauce einen Spiegel gießen, die Hechtwürstchen einsetzen, über das Ganze Gemüseperlen streuen. Ein Sauerampferblatt und einen Blätterteigfisch als Garnitur beifügen.

Anmerkung: Sauerampfer verträgt keine große Hitze. Er verliert dabei seine Farbe und wird braun.

Gebratenes Wallerfilet auf Kartoffelsauce mit jungem Majoran

Dieter Wägerle
Restaurant Stumpenhof
Plochingen

½ Zwiebel, gewürfelt, 30 g Butter, ⅛ l Brühe, ⅖ l Fischfond, 300 g frisch gekochte Salzkartoffeln, 2 EL Crème fraîche, Majoranblätter, Muskat, Salz, Pfeffer aus der Mühle, 1 kg Waller, Bratbutter, 40 g Zwiebelröllchen oder wilder Schnittlauch.

Zwiebelwürfel in Butter anschwitzen, mit Brühe und Fischfond auffüllen, dann auf ¼ reduzieren lassen.
Salzkartoffeln dazupressen, köcheln lassen. Das Ganze passieren, frisch gehackten Majoran dazugeben, mit Crème fraîche und Muskat aufmontieren, mit Salz und Pfeffer abschmecken. Sauce warm halten.
Waller filieren, abhäuten, unter fließendem Wasser abwaschen. Kleine Filetstücke schneiden.

Nun den Fisch säuern, salzen und mehlieren, in Butter anbraten und kurz vor dem Garen Zwiebelröllchen zugeben.
Auf vorgewärmten Tellern Kartoffelsauce angießen, die Filets daraufgeben und mit den Zwiebelröllchen oder wildem Schnittlauch bestreuen.

Wallerfilet in Wurzelgemüsebutter mit Meerrettich

Hermann Bulling
Haghof-Hotel, Alfdorf

700 g Wallerfilet ohne Haut, 4 Schalotten, 2 Karotten, 1 Sellerie, klein, 1 Lauch, 1 TL Meerrettich, frisch gerieben, 2 EL Weißwein, ¼ l Fischfond, 150 g Salzbutter, Salz, Pfeffer aus der Mühle, 1 Limone.

Wallerfilet in 4 gleich große Stücke schneiden, mit Salz, Pfeffer und Limonensaft marinieren. Feine Schalottenwürfel in einem flachen Geschirr mit Salzbutter (1 Eßlöffel) glasig dünsten. Wallerstücke einsetzen und auf beiden Seiten farblos angehen lassen. 2 Eßlöffel Weißwein, 1 dl Fischfond zugeben und das in feine Stücke geschnittene Gemüse darüberstreuen. Abgedeckt bei leichter Hitze 6 bis 8 Min. garen. Wallerstücke mit Gemüsestreifen ausheben und abgedeckt warm stellen. Restlichen Fischfond zugeben und auf die Hälfte einkochen. Dann die kalten Salzbutterwürfel nach und nach mit dem Schneebesen unter die Sauce rühren. Nicht mehr kochen. Meerrettich zugeben und eventuell mit Limonensaft und Pfeffer nachschmecken. Gemüsestreifen in die Sauce geben. Wallerfilets auf vorgewärmte Teller anrichten und mit der Wurzelgemüsebutter übergießen.

Wallerklößchen auf Creme von roter Bete

Karl Knipp
Kasino der Allgemeinen Rentenanstalt (ARA), Stuttgart

400 g Wallerfilet, ¼ l Sahne, 100 g entrindetes Weißbrot, 2 Eier, 4 Schalotten, 50 g Butter, 1 Bund Dill, Salz, Pfeffer aus der Mühle, Zitronensaft, 500 g Fischgräten (von Steinbutt oder Seezunge), 1 Kräuterbündel (Lauch, Sellerie, Petersilienwurzel).

Creme von roter Bete:
200 g rote Bete, 2 EL Crème fraîche, 50 g Butter, ½ l Fischfond, ½ TL Meerrettich.

Waller von Haut und Gräten befreien, mit den anderen Gräten und etwa 1 l Wasser sowie dem Kräuterbündel einen Fischfond herstellen.
Das Wallerfilet in Stücke schneiden, mit Salz, Pfeffer und Zitronensaft würzen. Das Weißbrot mit der Hälfte der Sahne einweichen. Die Schalotten würflig schneiden, in Butter glasig werden lassen und abkühlen. Wallerfilets, eingeweichtes Brot und Schalotten vermischen und durch die feine Scheibe des Fleischwolfs drehen. Die Eier und die restliche Sahne hinzugeben, gut vermischen, durch ein feines Sieb streichen und gegebenenfalls nachwürzen. Die Masse muß eine lockere, weiche Beschaffenheit haben. Mit einem Eßlöffel gleichmäßige Klößchen formen und diese im gewürzten Fischfond etwa 5 Min. garen. Der Fond darf nicht kochen.
Rote Bete schälen. Mit einer Gemüseraspel feinstreifig raspeln, zusammen mit dem Fischfond etwa 20 Min. köcheln lassen. Mit einem Pürierstab oder im Mixer pürie-

ren. Meerrettich, Crème fraîche und Butter dazupürieren, nachwürzen.

Creme von roter Bete auf einen vorgewärmten Teller gießen. Die gegarten und gut abgetropften Klößchen auf die Sauce geben und mit einem Dillsträußchen ausgarnieren.

Die Creme von roter Bete paßt auch sehr gut zu gekochtem Rindfleisch wie Tafelspitz oder Ochsenbrust. Dann muß allerdings statt Fischfond mit Rinder- oder Gemüsebrühe aufgefüllt werden. Beim Fischfond ist es wichtig, die Gräten von Edelfischen, also Steinbutt, Seezunge, Merlan usw., zu nehmen, weil sie ein schönes Aroma abgeben. Nicht nehmen sollte man die Gräten von sogenannten Fettfischen, wie z. B. Lachs, Aal. Dieser Fond schmeckt tranig.

Federseewels mit Thymianblütenkruste auf Senfsprossen-Sabayon

Manfred Schwarz-Bosch
Sontheimer Wirtshäusle
Steinheim

640 g Welsfilet (8 Scheiben à 80 g), 50 g Schalotten, 10 cl Fischfond, 1 cl Noilly Prat, 3 cl trockener Weißwein, Zitronensaft, Salz, Thymianblüten, 50 g Butter, 5 cl Sahne, 2 Eigelb, 4 Scheiben Toast (trockene), 1 cl Olivenöl, 1 EL Senfsprossen (3 Tage vorher keimen lassen).

Kleingeschnittene Schalotten in eine feuerfeste, gebutterte Form geben. Die Welsfilets einsetzen und mit Fischfond, Noilly Prat und Weißwein etwas angießen. Die Welsfilets leicht salzen und mit Zitronensaft beträufeln.

Die Toastscheiben reiben und mit kleingeschnittenen Thymianblüten und Olivenöl vermischen. Auf den Welsfilets verteilen und in den vorgeheizten Backofen stellen. 8 bis 10 Min. bei 180 Grad garen.

Die Fischfilets warm stellen. Den Fond abseihen, mit Sahne einkochen, auf die Eigelbe gießen und mit dem Schneebesen am Herdrand schaumig schlagen. Zum Schluß die steifgeschlagene Sahne vorsichtig unterheben und die Senfsprossen einstreuen.

Einen Saucenspiegel auf einen vorgewärmten Teller gießen. Die Welsfilets mit der Thymianblütenkruste daraufsetzen und mit frisch gekochten Salzkartoffeln servieren.

Anmerkung: Wels ist besonders im Mai/Juni schmackhaft. Senfsprossen 2 bis 3 Tage vor Gebrauch keimen lassen. Senfsprossen sparsam verwenden, sie sind sehr würzig.

Schleie aus dem Koriandersud mit geeistem Sahnemeerrettich

Bild Seite 63

Eugen Heubach
Landgasthof Heubach – Krone
Winnenden-Birkmannsweiler

1 Schleie von etwa 1,5 kg, frischer Koriander, 2 EL Weißweinessig, 1/8 l Weißwein, trocken, 1 Zwiebel, 1 Lorbeerblatt, 1 Nelke, Salz, Pfeffer, 1/8 l Sahne, 100 g Meerrettich, Saft von 1 Zitrone, Salz, Pfeffer, Gemüserauten zum Garnieren.

Einen Sud aus Wasser, Essig, Wein und den Gewürzen aufkochen.

Die Schleie gut auswaschen und in den kochenden Sud legen. Langsam gar ziehen lassen. Zeit etwa 20 Min. In der Zwischenzeit die Sahne steif schlagen und mit dem geriebenen Meerrettich vermischen. Mit Zitronensaft, Salz und Pfeffer abschmecken. Mit einem Löffel Nocken auf eine Alufolie setzen und einfrieren.

Die Schleie aus dem Sud nehmen und auf einer Platte anrichten. Mit einem Korianderzweig und Gewürzrauten oder Julienne garnieren. Meerrettich separat dazu geben.

Karpfen in Weißbier

Heinz Bernardis
Hotel Adler, Asperg

2 Karpfen zu je 1 kg, 1/4 l Weißbier, 1/4 l dicke Crème fraîche, 1 Tasse frisch geriebenes Weißbrot, 1 EL gehackte Petersilie, je 1/2 Tasse gleichmäßige Streifen von Karotten, Sellerie, Lauch, Zwiebel und Fenchel, 50 g Butter, 1 Zitrone, Salz, Pfeffer aus der Mühle.

Die ausgenommenen Karpfen der Länge nach spalten, Kiemen entfernen, gut waschen und mit Zitronensaft, Salz und Pfeffer würzen. Gemüsestreifen in Butter anschwitzen, in eine flache Kasserolle eines Gänsebräters (oder ähnliches Geschirr) geben, Karpfen mit der Schnittfläche nach unten darauflegen, mit dem Bier untergießen und zugedeckt (Alufolie) in den nicht zu heißen Ofen geben. Nach etwa 15 bis 20 Min. Folie abnehmen, die mit dem geriebenen Weißbrot und der gehackten Petersilie vermengte Crème fraîche auf die Karpfen verteilen und das Ganze nun ohne Folie vollends im Ofen garen und zugleich überbacken.

Gebackenes Karpfen-
filet im Brotmantel

Eugen Heubach
Landgasthof Heubach – Krone
Winnenden-Birkmannsweiler

600 g Karpfenfilet, Saft von 1 Zitrone, Salz, Pfeffer aus der Mühle, 2 Eier, 150 g Weißbrot ohne Rinde, 150 g Pumpernickel, 200 g geklärte Butter.

Die Karpfenfilets unter fließendem Wasser kurz abspülen, trockentupfen und mit Zitronensaft beträufeln. Mit Salz und Pfeffer würzen und kühl stellen.
Weißbrot und Pumpernickel im Mixer fein pürieren.
Die Eier gut verquirlen.
Die gewürzten Karpfenfilets erst in Ei, dann in den Brotkrumen wälzen und leicht andrücken.
In der geklärten Butter langsam auf beiden Seiten goldbraun braten und anrichten.
Als Beilage paßt eine Honigsauce.
Dazu den Honig in Butter schmelzen, mit Weißwein ablöschen und gut einkochen lassen. Mit Sahne abbinden.

Eglifilet
(Barsch, Kretzer)
mit Zwiebellauch

Hans Hartmann
Restaurant Bahnhof, Leinfelden

650 g Barschfilet (vom Bodensee), Salz, Zitronensaft, 80 g Butter, 200 g Zwiebellauch, 2 Tomaten (abgezogen und in Würfel), ⅛ l süßer Rahm, 2 EL Crème fraîche, Salz, Pfeffer aus der Mühle, 1 Eigelb.

Egli-(Barsch-)Filets säubern, salzen, mit Zitrone säuern und etwa 10 Min. ziehen lassen, mehlen und

in einer Pfanne bei mittlerer Hitze in Butter anbraten, dabei einmal wenden, Fisch auf vorgewärmte Platte geben, warm stellen.
Die in Streifen geschnittenen Lauchzwiebeln in Butter anschwitzen, würzen und in Sahne weich dünsten. Crème fraîche und Tomatenwürfel unterziehen, nachwürzen und als Spiegel auf Teller geben.
Eglifilets einsetzen und mit Salzkartoffeln servieren.

Lachsragout
auf Bärlauchsauce

Wolf-Dieter Anhorn
Hotel-Restaurant Beurener Hof
Beuren

600 g Lachsfilet ohne Gräten, 3 EL gehackter Bärlauch, 1 dl Fischfond, 1 dl Sahne, 1 dl Weißwein, 20 g Butter, Zitronensaft, 1 Eigelb, Salz, Pfeffer aus der Mühle.

Den Lachs in gleich große Würfel schneiden, im Fischfond und Weißwein bei niedriger Temperatur etwa 2 bis 3 Min. garen. Die Lachswürfel herausnehmen und warm stellen.
Den Weißwein und den Fischfond um ⅓ einkochen, dann ½ dl Sahne zufügen und aufkochen. Das Eigelb mit der restlichen Sahne vermengen und unter die Sauce ziehen. Die Sauce, 2 Eßlöffel Bärlauch und die Butter in den Mixer geben, alles gut aufschlagen und in einen Topf passieren, mit dem Zitronensaft, Salz und Pfeffer abschmecken.
Die Lachswürfel auf die Teller verteilen, mit der Sauce überziehen und dem restlichen Bärlauch bestreuen.
Dazu kann man Safrannudeln servieren.

Lachs im Blätterteig
mit zwei
Champagnersaucen
Bild Seite 54

Lothar Eiermann
Wald- & Schloßhotel
Friedrichsruhe

300 g Lachs, filiert, 400 g Blätterteig, 100 g Mangoldblätter, 250 g Zander, filiert, 125 g Sahne, 1 Eiweiß, 1 cl Weißwein, 1 cl Noilly Prat, 50 g geschlagene Sahne, 50 g Spinat, 0,2 l Fischfond (siehe S. 196), 0,3 l Sahne, 0,1 l Champagner, 0,1 l rosa Champagner, 1 Eigelb.

Zander in kleine Stücke schneiden, mit Eiweiß, Salz und Pfeffer marinieren und im Eisfach durchkühlen lassen. Den Fisch mit Sahne im Mixglas zu einer leichten Masse verarbeiten und eine halbe Stunde kalt stellen. Spinat putzen, waschen und ebenfalls im Mixer pürieren, auf einem Sieb abtropfen lassen.
Die Fischmasse durch ein feines Sieb streichen.
Mangold in Salzwasser blanchieren und in Eiswasser abschrecken.
Die Blätter auf einem Tuch zum Rechteck (in doppelter Größe des Lachsfilets) auslegen. Lachs filieren, mit Salz und Pfeffer würzen.
Die geschlagene Sahne unter die Fischfarce heben und die Hälfte davon mit Spinatmasse vermengen und abschmecken.
Die grüne Masse in einen Spritzbeutel füllen und auf den Mangold in Größe des Lachsfilets auftragen, das Lachsfilet darauf plazieren und mit der hellen Farce mit Hilfe eines zweiten Spritzbeutels bedecken. Durch Aufrollen des Tuches das Filet in den Mangold einpacken.
Blätterteig in doppelter Größe des Lachsfilets ausrollen und das Wildlachsfilet einpacken, mit Eigelb bestreichen. Backofen auf

220 Grad vorheizen und den Lachs im Blätterteig in etwa 20 Min. garen.

Fischfond und Sahne zu einer dicken Sauce verkochen, abschmecken und teilen.

Wildlachs aus dem Ofen nehmen, 5 Min. ruhen lassen.

Sauce heiß erhalten. Eine Hälfte mit weißem Champagner montieren, die andere mit rosa Champagner; je einen Teil auf dem Teller verteilen, darauf eine Tranche des Lachses anlegen.

Lachs im Kohlblatt aus dem Rauch mit Kartoffelsauce

Martin Öxle
Öxle's Löwen
Stuttgart-Mühlhausen

400 g Lachsfilet (ohne Haut und Gräten), 120 g Zander- oder Seezungenfarce, 150 g gedämpfte Pilze, fein gehackt (Pilzduxelle), 1 TL gehackter Kerbel, 8 Blätter blanchiertes, junges Weißkraut, Schweinenetz, Salz, Pfeffer, Limonensaft.

Sauce:
1/4 l weiße Buttersauce (beurre blanc siehe S. 197), 75 g gekochte, passierte Kartoffeln (mehlige), Balsamicoessig, Salz, Pfeffer, Muskat, 40 blanchierte Kartoffelperlen, 50 g kleinste Gemüserauten von Karotte, Lauch und Sellerie.

Lachsfilets mit Salz, Pfeffer, Limonensaft marinieren. Fischfarce mit der Pilzduxelles und dem Kerbel vermischen. Schweinenetz auf feuchtem Tisch auslegen, darauf nebeneinander 4 Kohlblätter legen, leicht salzen, 1/3 der Farce und das Lachsfilet daraufgeben und mit dem Rest der Farce bestreichen und den restlichen Kohlblättern belegen. Das Ganze ins

Netz einwickeln. Bei etwa 170 Grad Räucherofentemperatur etwa 12 Min. garen bzw. räuchern. In der Zwischenzeit Buttersauce aufkochen, mit der Kartoffelmasse binden, mit Salz und Pfeffer, ein paar Tropfen Balsamicoessig abschmecken und mit dem Mixstab aufmixen. Mit dem Löffel warm rühren und die Gemüserauten und Gemüseperlen zugeben.

Sauce auf 4 warme Teller verteilen, das Lachsfilet in gleichmäßige Stücke schneiden und auf die Sauce legen. Ausgarnieren mit kleinen Pilzen, Kerbel- oder Majoranblättern und sofort servieren.

Lachs in Nudelteig auf Kressesauce

Hans Könnecke
Stadtschänke Großbottwar

1 kg Lachs, entgrätet und enthäutet (Lachshälfte möglichst Mittelstück), Salz, Pfeffer aus der Mühle, Zitronensaft, Worcestersauce, 200 g Blattspinat.

Nudelteig:
200 g gesiebtes Mehl, 2 Eigelb (zum Einpinseln), 2 Eier, 2 EL Öl, etwas Muskat.

Sauce:
Edelfischgräten vom Fischhändler (Seezunge, Steinbutt), 1 Zwiebel, 1/2 Stange Lauch, 1 kleiner Bund Petersilie, 10 Pfefferkörner, 2 Nelken, wenig Senfkörner, 1 Lorbeerblatt, 1/4 l trockener Riesling, 1/4 l Sahne, 100 g Butter, 2 Zitronen, 1 cl Pernod, 100 g Kresse, 200 g Butter.

Aus den Zutaten für den Nudelteig einen geschmeidigen Teig kneten und 1 Std. ruhen lassen.

Butter angehen lassen, Fischgräten, Lauch, Petersilie, Pfefferkörner, Nelken, Lorbeer, Senfkörner

dazugeben, anschwitzen und mit 1 l Wasser auffüllen. 30 Min. kochen, passieren und bis zur Hälfte einkochen lassen.

Danach 1/8 l Weißwein dazugeben und nochmals einkochen. 1/4 l Sahne dazugeben und so lange einkochen, bis eine leicht sämige Sauce entsteht. Warm halten.

Spinat entstielen, waschen und kurz mit kochendem Wasser übergießen, sofort in Eiswasser geben und dann trocknen.

Mit der Pinzette kleine Gräten von der Lachsseite ausziehen.

Den Lachs rundum so zuschneiden, daß eine gerade Platte entsteht (Abschnitte aufbewahren). 8 gleich große Stücke schneiden, mit wenig Zitronensaft und Worcestersauce beträufeln und kalt stellen.

Die Lachsabschnitte fein würfeln und im Mixer pürieren. Mit Zitronensaft, Worcester, Salz, Pfeffer aus der Mühle und ein wenig Pernod würzen, 1 Eiweiß dazugeben, nochmals kurz pürieren und 20 bis 30 g flüssige Sahne darunterheben. Alle Zutaten gut gekühlt verarbeiten!

Die Lachsstücke wenig salzen und pfeffern. Auf jede Scheibe ein wenig Lachsfarce geben, ein trockenes Spinatblatt auflegen, nochmals Lachsfarce auftragen.

Den Nudelteig mittels einer Nudelmaschine hauchdünn auswellen und die einzelnen Lachsstücke damit einwickeln.

Lachsstücke auf ein gebuttertes hohes Backblech setzen, mit Weißwein und möglichst ein wenig Fischbrühe (oder leicht gesalzenem Wasser) angießen. Nun den Lachs im Nudelteig mit Eigelb und zerlassener Butter bestreichen, alles mit Alufolie bedecken und in der Backröhre bei 160 Grad etwa 15 Min. garen.

Die Sauce nochmals erhitzen und die kalte Butter flöckchenweise einschwenken.

Rezept Seite 72: Seezungenfilets in Bärlauchcoulis, Vincent Klink

Zuletzt die gewaschene Kresse mit dem Pürierstab dazugeben. Nicht mehr kochen lassen!

Auf einen Teller einen Kressesaucenspiegel geben und den Lachs daraufsetzen, mit etwas flüssiger Butter bepinseln und servieren.

Lachsfilet im Spitzkrautblatt auf Champagnersauce

Volker Krehl
Restaurant Krehl's Linde
Stuttgart-Bad Cannstatt

600 g Lachsfilet, 1 kleiner frischer Spitzkrautkopf.
Für das Fischmousse: 100 g Lachsfilet, 2 cl Sherry medium, 100 g frische Sahne, Salz, Pfeffer, Cayennepfeffer.
Für die Fischsauce: 0,2 l Fischbrühe, 1/8 l trockener Weißwein, 0,2 l frische Sahne, 2 gehäufte EL Crème fraîche, 1 kräftiger Schuß Champagner, Salz, Pfeffer, Cayennepfeffer, Glutamat.

Die welken Blätter des Spitzkrautes entfernen. Den Strunk des Krautes entfernen und Blätter einzeln, je größer, desto besser, vorsichtig vom Kopf schälen. Waschen, in leichtem Salzwasser garen und in Eiswasser abschrecken. 4 große, gleichmäßige Spitzkrautblätter auf einem trockenen Tuch auslegen.

100 g Lachsfilet kleinschneiden, mit einer Prise Salz, Pfeffer und Cayennepfeffer würzen und in einem Küchenmixer pürieren. Den Sherry und die Sahne nach und nach zugeben und zu einer glatten Masse verarbeiten. Die Zutaten sollten alle sehr kalt sein, um ein Gerinnen des Mousses zu vermeiden. Nun die ausgelegten Spitzkrautblätter leicht würzen und auf die Mitte der Blätter ungefähr

1/2 cm hoch etwas Fischmousse streichen. Das Lachsfilet in 4 gleich große Stücke à 150 g schneiden und darauflegen, würzen. Den Rest des Lachsmousses auf dem Lachs verstreichen und die Lachsfilets einzeln zu kleinen Päckchen einpacken. Eine gebutterte, feuerfeste Form mit Zwiebelwürfeln bestreuen, etwas Weißwein angießen und die Spitzkrauttaschen mit der Nahtstelle nach unten (verhindert das Aufgehen beim Garen) darauflegen. Mit Alufolie abdecken und im vorgeheizten Backofen bei 170 Grad etwa 10–12 Min. gar ziehen lassen. Die Fischbrühe und Weißwein etwa um 1/3 einkochen lassen. Ebenso die frische Sahne etwa um die Hälfte einkochen. Danach unter ständigem Rühren die eingekochte Fischbrühe vorsichtig unter die Sahne heben, aufkochen, die Crème fraîche untermontieren, mit Salz, Pfeffer, Cayenne abschmekken und zum Schluß den Champagner dazugeben.

Gleichmäßig auf die Teller verteilen, die Lachs-Spitzkraut-Tasche durchschneiden und etwas versetzt anrichten, mit kleinem Dill- oder Kerbelsträußchen garnieren.

Anmerkung: Spitzkraut eignet sich wegen des zarten Geschmacks besonders gut für ein solches Gericht, um die Eigenart des Lachses nicht zu übertönen.

Lachs-Kohlrabi-Lasagne

Martin Öxle
Öxle's Löwen
Stuttgart-Mühlhausen

2 faustgroße Kohlrabi, 360 g Lachsfilet, entgrätet, 1 kleines Bund Kerbel, 2 EL feinstes Olivenöl, Saft von 1/2 Limone, Meersalz, Pfeffer, 10 g Butter.

Kohlrabi schälen, in Scheiben schneiden und mit Ausstecher (6,5 cm ∅) rund ausstechen. Kohlrabischeiben dämpfen, mit Salz, Pfeffer würzen. Lachsfilet in kleine, gleichmäßige Schnitzel schneiden und ebenfalls mit Salz und Pfeffer würzen. Olivenöl mit gehacktem Kerbel und Limonensaft verrühren und mit Pinsel auf Lachsfilets verteilen. Eine passende Stielpfanne ausbuttern, darauf abwechselnd eine Scheibe Kohlrabi und Lachs aufschichten.

Das Ganze abgedeckt im Ofen bei 220 Grad 5 Min. erwärmen, auf warmen Tellern anrichten und ausgarnieren. Dazu paßt eine Morchel-Sherry-Sauce, Kresse- oder Kräutersauce oder eine kalte Tomatenvinaigrette mit Kräutern.

Saltimbocca von Lachs auf Steinpilznudeln

Martin Öxle
Öxle's Löwen
Stuttgart-Mühlhausen

4 Lachsschnitten à 120 g, enthäutet und entgrätet, 4 Scheiben Räucherlachs à 20 g, 80 g Seezungenfarce aus 30 g Seezungenfilet, 30 g Sahne, 1 Eigelb, Salz, Pfeffer, 8 mittelgroße Salbeiblätter, 4 St. Schweinenetz, etwa 15 × 15 cm, gut gewässert (muß schneeweiß und fest sein), Salz, Pfeffer, Limonensaft, Olivenöl.

Steinpilznudeln:
250 g frische Steinpilze, 150 g selbstgemachte Nudeln, ungekocht, 200 g Sahne, 1 Schalotte, 20 g Butter, 1 Eigelb, 20 g Karottenstreifen, 20 g Lauchstreifen, Salz, Muskat, Pfeffer.

Seezungenfarce:
Seezungenfilets mit Sahne, Eigelb, Salz, Pfeffer, Muskat im Mixer fein pürieren, durch feines Sieb streichen und kalt stellen.

Steinpilze sauber putzen, kurz waschen, abtrocknen und in gleichmäßig schöne Scheiben schneiden. Schalotte würfeln. Nudeln in Salzwasser mit einem Spritzer Olivenöl al dente kochen und kalt abspülen. Karotten und Lauchstreifen in Salzwasser knackig blanchieren, in Eiswasser kurz abspülen. Die Lachsschnitten mit der Seezungenfarce bestreichen, darauf je eine Scheibe Räucherlachs setzen. Auf die Räucherlachsscheibe 2 Salatblätter nebeneinander legen. Nun die Schnitte vorsichtig in je ein Schweinenetz einwickeln. Lachsschnitte in Teflonpfanne mit etwas heißem Olivenöl legen und 3 Min. in den Ofen bei 220 Grad geben. Nach dieser Zeit die Lachsschnitten umdrehen und nochmals 3 Min. braten.

In der Zwischenzeit Schalotten in einen Topf geben und mit der Butter glasig andünsten. Steinpilzscheiben zugeben, mit Salz, Pfeffer würzen und ebenfalls andünsten. Mit Sahne ablöschen. Das Ganze 2 Min. kochen lassen, auf ein Sieb schütten. Die Sahne mit Eigelb legieren, mit Salz, Pfeffer, Muskat abschmecken. Die Nudeln, die Pilze und Gemüsestreifen zugeben, schnell erhitzen und in tiefen Tellern anrichten. Mit Salbeistreifen bestreuen. Auf die Nudeln den Lachs setzen, evtl. in Scheiben schneiden und servieren.

Steinbuttfilet im Kräuterflädle

Adolf Niefer,
Steigenberger Hotel
Graf Zeppelin, Stuttgart

600 g Steinbuttfilet, 50 g Räucherlachs, 100 ml Fleischbrühe, 100 ml Crème fraîche, 5 cl trockener Weißwein, 75 g Mehl, 2 Eier, 150 ml Milch, gehackte Kräuter, 70 g But-ter, 1 St. dünner Lauch mit Grün, 2 Schalotten, 100 ml Sahne.

Das Fischfilet in 4 gleich große Stücke zu 120 g schneiden.
Aus dem restlichen Fisch und Räucherlachs, der Crème fraîche, Salz und Pfeffer im Mixer eine Farce bereiten.
Aus Mehl, 1 Vollei und 1 Eigelb, Milch, 20 g zerlassener Butter, frisch gehackten Kräutern, Salz, Pfeffer und Muskat einen Teig bereiten und 4 dünne Flädle backen und erkalten lassen.
Für die Sauce den Lauch waschen und in Stücke schneiden. Die Schalotten in 20 g Butter andünsten und mit dem Weißwein ablöschen. Den Lauch, Fleischbrühe und Sahne zugeben und alles auf die Hälfe einkochen lassen. Durch ein feines Sieb passieren und 30 g kalte Butter in kleinen Stückchen unterrühren. Mit Salz und Pfeffer abschmecken. Die Steinbuttportionen mit der Farce bestreichen, in ein Flädle einwickeln und in gebutterter Alufolie verpacken. Im Ofen bei 180 Grad 6 Min. garen, vorsichtig aus der Folie nehmen und noch mal für 1 Min. in den Ofen schieben.
Mit einem scharfen Messen 3mal schräg durchschneiden und leicht versetzt anrichten, Sauce ringsum angießen.

Seezungenfilets, mit Lachsfarce und Hummer gefüllt, auf Rieslingsauce und Gemüsestreifen

Wolfgang Walter
Energie-Versorgung Schwaben
Stuttgart

8 Seezungenfilets à 70 g sowie Gräten und Köpfe, 2 Schalotten, 50 g Butter, Salz, Pfeffer, Saft von 1 Zitrone; 1/4 l trockener Riesling, 1/8 l süße Sahne.

Lachsfarce:
120 g Lachsfleisch, 1 Eiweiß, 1/4 l süße Sahne, Salz, Pfeffer, 80 g Hummerfleisch oder Garnelenfleisch.

Gemüsestreifen und Fischfond:
3 Karotten, 120 g Sellerie, 2 kleine Lauchstangen (nur das Weiße).

Aus den Gräten und Köpfen sowie dem in Würfel geschnittenen Gemüse (Lauch, Karotten, Zwiebeln) und Weißwein einen Fischfond bereiten. Dazu die Gräten, Köpfe und das Gemüse kurz in Öl andünsten, mit Weißwein und Wasser auffüllen, eine Prise Salz, 3 zerdrückte Pfefferkörner, Kräutersträußchen beigeben und leicht köcheln lassen.
Kochzeit etwa 20 Min.
Zwischendurch abschäumen – auf gut 1/4 l einkochen lassen, dann absieben.
Das Gemüse putzen und in feine Streifen schneiden. Die Gemüse dann in Butter kurz andünsten (sollen noch kernig sein) und würzen.
Lachsfleisch (absolut grätenfrei) in kleine Würfel schneiden, salzen, etwas Pfeffer aus der Mühle sowie das Eiweiß beigeben und im Kühlfach gut durchkühlen lassen. Im Mixer pürieren und mit der ebenfalls gut gekühlten Sahne zu einer feinen Farce verarbeiten. Alles sehr kalt und sehr schnell verarbeiten, da die Farce sonst gerinnen kann.
Abschmecken und kalt stellen.
Das in kleine Würfel geschnittene Hummerfleisch vorsichtig untermischen.
Die gewaschenen und mit Küchenkrepp abgetrockneten Seezungenfilets leicht plattieren, damit sich die Filets beim Garen nicht verziehen. Die Filets auf ein Brett legen, mit einer Spritztülle

oder einem Löffel die Hälfte der Filets mit der Lachs-Hummer-Farce bestreichen. Dann die frei-gebliebene Hälfte der Seezungenfilets über die farcierte Hälfte schlagen.

Eine gut gebutterte, feuerfeste Form mit feingehackten Schalotten bestreuen. Die gefüllten Seezungenschleifchen vorsichtig darauf verteilen, mit Salz, Pfeffer sowie etwas Zitronensaft würzen und mit dem Fischfond und etwas trockenem Weißwein angießen. Mit Alufolie abdecken und im vorgeheizten Backofen bei 200 Grad etwa 10 Min. pochieren.

Die fertigen Filets vorsichtig herausnehmen – auf einer vorgewärmten Platte anrichten – mit Folie abdecken und warm stellen. Den gesiebten Pochiersud mit der Sahne zusammen auf die gewünschte Saucemenge einkochen, die fertig abgeschmeckte Sauce über die Seezungenfilets geben und die erwärmten Gemüsestreifen darüberstreuen.

Seezungenfilets in Bärlauchcoulis

Bild Seite 69

Vincent Klink
Restaurant Postillion
Schwäbisch Gmünd

8 Seezungenfilets (die Karkassen der Seezungen in kleine Stücke hacken und davon einen kurzen Fond ziehen), 150 g Butter, 1 Büschel Bärlauch oder noch besser Bärlauchblüten, 1/8 l trockener Riesling, 1 Blumenkohl, 1/8 l Sahne, 1 feingehackte Schalotte, Muskat, Salz, Pfeffer aus der Mühle, 1 Eigelb.

Die Seezungenfilets pfeffern, salzen und mit Butter von beiden Seiten leicht braun braten. Es ist wichtig, die Filets mit der Hautseite nach oben in die heiße Butter

zu legen. Verfährt man umgekehrt, so rollen sich die Stücke schlauchartig. Die Filets aus der Pfanne nehmen und auf eine Platte geben, am Herdrand ruhen lassen. Den Fischfond mit dem Wein in die Pfanne geben und auf 1/8 l Flüssigkeit reduzieren, den klein-gehackten Bärlauch beifügen und auf heißem Feuer unter fortgesetztem Rühren Butterflocken unterarbeiten, bis die Sauce eine dicke Konsistenz hat. Vom Herd nehmen und weiterrühren, bis alles abgekühlt ist. Wenn sich die Sauce trennt und gerinnen will, gibt man einige Tropfen kaltes Wasser hinzu und rührt dann die Sauce glatt. Mit dem Blumenkohl wie gewohnt verfahren, aber nicht zu weich kochen. Für die Sauce die feingehackte Schalotte mit Butter anschmelzen und mit Sahne ablöschen, mit Muskat, Pfeffer und Salz abschmecken und leicht köcheln lassen. Die Seezungenfilets auf vorgewärmten Tellern anrichten, mit Bärlauchcoulis nappieren, Blumenkohlröschen einsetzen und mit der mit einem Eigelb legierten Sahnesauce überziehen.

Filet von Goldbrasse mit Jakobsmuschel-Tatar, überbacken

Bild nebenstehend

Martin Öxle
Öxle's Löwen
Stuttgart-Mühlhausen

4 Goldbrassenfilets à 100 g, 150 g frische Jakobsmuscheln mit Rogen, 1 Eigelb, 1/2 Sardellenfilet, 1 Cornichon (ohne Schale), 4 Kapern, 4 Blatt Estragon, Meersalz, Pfeffer, Olivenöl, Limonensaft, etwas Eigelb zum Bestreichen.

Weiße Burgundersauce:
100 g Fischsud, 50 g Sahne, 50 g

Crème double, 100 g weißer Burgunder, 30 g Butter, Salz, Pfeffer, Limonensaft.

Goldbrassenfilet mit Meersalz, Pfeffer und Limonensaft marinieren. Jakobsmuschelnüßchen in feine Würfel schneiden. Jakobsmuschelrogen ebenfalls in feine Würfel schneiden. Sardellenfilet, Cornichon, Kapern und Estragonblätter fein hacken und beiseite stellen. Würfel von Jakobsmuschelnüßchen mit Sardellen-Kapern-Cornichon-Paste und Eigelb verrühren, mit Meersalz, Pfeffer und Limonensaft abschmecken, den Estragon und zuletzt den Rogen unterheben, da sich sonst die Masse rosa färbt. Goldbrassenfilet mit der Jakobsmuschelmasse bestreichen und in gebutterte Kokotte setzen. Den Fischsud angießen. Das Ganze im Ofen bei 240 Grad Oberhitze 8 Min. garen. Herausnehmen, ganz fein mit Eigelb bestreichen und unter dem Grill goldbraun überbacken. In der Zwischenzeit Sahne, Crème double und Burgunder cremig einkochen. Den Fischsud dazugeben und mit der Butter binden. Mit Salz, Pfeffer, Limonensaft abschmecken und mit dem Mixstab schaumig aufschlagen. Die Sauce auf 4 heiße Teller verteilen, darauf je 1 Filet setzen und servieren. Als Beilagen Blütenzucchini, Tintenfischnudeln bzw. kleine Gemüse nach Saison.

Meerwolf mit Fenchel-Gurken-Gemüse

Martin Steiner
Restaurant Rotisserie
im Hotel am Schinderbuckel
Filderstadt

700 g Meerwolf, filiert und enthäutet, 1 Knolle frischer Fenchel, 1 klei-

---

Rezept siehe oben: Filet von Goldbrasse mit Jakobsmuschel-Tatar, überbacken, Martin Öxle

ne Salatgurke, 150 g kleine Zwiebeln, geschält, 4 EL Pernod, ¼ l trockener Weißwein, Butter, Salz, Pfeffer (weiß, gemahlen), frischer Dill, Zitrone.

Die Fenchelknolle längs halbieren und den Strunk entfernen. Das Fenchelkraut separat lassen. Den Fenchel in dünne Scheiben schneiden. Die Salatgurke schälen und der Länge nach halbieren, das Gurkenmark mit einem Kaffeelöffel entfernen. Die Gurke quer in dünne Scheiben schneiden. Die einzelnen Schichten der Zwiebeln lösen und in etwa 1,5 cm große Blättchen schneiden. Die Zwiebeln kurz mit Butter in einem Topf anschwitzen. Dann die Gurkenscheiben und den Fenchel dazugeben, kurz anschwitzen. Das Gemüse muß einen festen Biß haben. Mit dem Weißwein ablöschen, etwa 4 Eßlöffel Pernod dazugeben, mit Salz und Pfeffer abschmecken. Das Fenchelkraut und den Dill grob hacken und dazugeben. Den Topf vom Herd nehmen. Ein großes Stück Alufolie mit frischer Butter bestreichen, darauf das Gemüse mit etwas Flüssigkeit geben. Den Meerwolf mit wenig Zitronensaft einreiben und mit Salz und Pfeffer würzen. Das Meerwolffilet in 4 gleich große Teile schneiden und auf das Gemüse legen. Etwas frische Butter in kleine Stückchen auf den Fisch geben. Die Silberfolie fest zu einer Tasche verschließen. Das Ganze im Backofen auf einem Backblech bei 200 Grad etwa 15 bis 20 Min. garen. Aus dem Ofen nehmen und die Folie oben aufschneiden. Mit der Folie auf einer Platte servieren, mit frischen Dillzweigen ausgarnieren. Als Beilage Butterkartoffeln oder Reis servieren.
Statt des Fenchel-Gurken-Gemüses können auch andere Gemüsesorten, z. B. Lauch-Paprika o. ä. Verwendung finden.

Medaillons vom Seeteufel in warmer Estragon-Essig-Sauce, Trüffelnudeln

Richard Scheile
Hotel Wörtz zur Weinsteige
Stuttgart

800 g Seeteufelfilet, enthäutet, 100 g Butter, Saft von ½ Zitrone, Salz, Pfeffer, 10 g frische Estragonblätter.

Sauce:
⅛ l Kalbsbrühe, ⅛ l Fischbrühe (siehe S. 196), 20 g Butter, 20 g Mehl, 50 g geschlagene Sahne, 2 EL Estragon.

Beilage:
200 g Nudeln, 100 g Sahne, 20 g schwarze Trüffel, Salz, Pfeffer.

Garnitur:
1 Zitrone, 4 Estragonzweige.

Filet vom Seeteufel in etwa 50 g schwere Scheiben schneiden und plattieren, mit Pfeffer, Salz und Zitronensaft würzen, in eine Pfanne mit heißer Butter einlegen und in etwa 4 Min. bei mittlerer Hitze auf beiden Seiten goldgelb braten. Während des Garens mit der heißen Bratbutter übergießen.
Für die Sauce Kalbs- und Fischbrühe erhitzen, Butter mit Mehl verkneten und damit die Brühe binden. Estragonessig und geschlagene Sahne beigeben, nochmals kurz erhitzen und abschmecken.
Die Nudeln im Salzwasser al dente kochen, mit kaltem Wasser abschrecken und im Seiher abtropfen lassen.
Sahne in einer Pfanne erhitzen, Nudeln und die in feine Streifen geschnittenen schwarzen Trüffeln beifügen und die Sahne bis zur Sämigkeit reduzieren.
Die Seeteufelmedaillons auf vorgewärmten Tellern anrichten, mit den frischen Estragonblättchen bestreuen und mit der warmen Essigsauce nappieren. Trüffelnudeln anlegen und mit Zitronenscheibe am Estragonsträußchen garnieren. Restliche Estragonblättchen in die Sauce geben und separat servieren.

Seeteufelmedaillons in Pimentorahm

Heinz Bernardis
Hotel Adler, Asperg

800 g Seeteufelmedaillons, 2 kleine rote Paprikaschoten, 1 kleine Zwiebel, 0,30 l Sahne, 2 Äpfel, 200 g Butter, 1 feingehackte Schalotte, ¼ l Riesling, ¼ l Fischfond (siehe S. 196), Saft von 1 Zitronensaft, 4 Zucchini, 2 EL Schlagsahne, wenig gezupfter Kerbel, Salz, Parmesan.

Eine geputzte Paprikaschote zusammen mit der Zwiebel in Würfel schneiden und in Butter weich dünsten. Nun die Hälfte der Sahne zugeben, durchkochen lassen, im Mixer pürieren und anschließend passieren. Die zweite Schote ebenfalls putzen und im Backofen bei etwa 200 Grad 5 Min. erhitzen, so daß sich die Haut der Schote abziehen läßt. Die abgezogene Paprikaschote in Würfel schneiden und mit dem Pimentopüree vermischen. Nun mit einem Erbsenausstecher aus den geschälten Äpfeln etwa 80 kleine Perlen ausstechen. Die Apfelperlen in Butter unter Zugabe von etwas Weißwein kurz ansautieren, daß sie ihre schöne weiße Farbe behalten. Die gehackte Schalotte in Butter anschwitzen und mit Weißwein und dem Fischfond ablöschen. Danach die mit Salz und Zitronensaft gewürzten Seeteufelmedaillons in den Fond geben und bei schwacher Hitze auf den Punkt garen. Mit einem Kanneliermesser von den Zucchini dünne, spaghettiähnliche Streifen abziehen. Die Zucchini-Spaghetti in Butter erhitzen, mit Salz, Pfeffer und wenig frisch geriebenem Parmesan fertigstellen und auf den Tellern neben den Seeteufelmedaillons anrichten.

Für die Sauce den Dünstfond des Fisches zusammen mit der Sahne auf ein Viertel reduzieren, das Pimentopüree zugeben, aufkochen, 100 g gut gekühlte, gewürfelte Butter mit einem Schneebesen unterschlagen und mit der geschlagenen Sahne vollenden. Die fertige Sauce über den Fisch nappieren und mit den Apfelperlen und den Kerbelblättern ausgarnieren.

Beim Dünsten von Fisch ist darauf zu achten, daß die Temperatur immer unter 100 Grad gehalten wird und der Fisch langsam gart. Kochen und starkes Erhitzen macht den Fisch trocken.

Piccata vom Seeteufel auf geschmolzenen Tomaten

Volker Krehl
Restaurant Krehl's Linde
Stuttgart-Bad Cannstatt

600 g Filet vom Seeteufel, etwas Zitronensaft, Salz, 2 EL Parmesan, 2 EL geriebenes Weißbrot, 100 g geklärte Butter, 2 Eier.

Geschmolzene Tomaten:
8 Tomaten (geschält, entkernt, in Viertel geschnitten), 0,7 l Tomatensaft, 1 mittlere Zwiebel, 50 g Butter, 1 Prise Knoblauchsalz, Zucker, Cayennepfeffer, Salz.

Vom Filet pro Person 5 Medaillons à etwa 30 g schneiden, mit Zitronensaft marinieren und anschließend salzen. Die Eier aufschlagen, Medaillons darin wenden, dann in Parmesan und Weiß-

brotbröseln wälzen und in der geklärten Butter bei schwacher Hitze goldbraun backen. In einer Stielkasserolle Butter zergehen lassen, die feingehackte Zwiebel glasig anschwitzen, mit Tomatensaft ablöschen und die Hälfte der geviertelten, geschälten und entkernten Tomaten mit dem Saft auf ¼ l einkochen lassen. Die restlichen Tomaten erst zum Schluß in die Coulis geben, da sie nicht zerfallen dürfen. Die eingedickte Tomatencoulis abschmecken, eventuell 1 Prise Zucker und ein paar Butterflocken dazugeben, auf die Teller verteilen und die gebackenen Seeteufelmedaillons daraufsetzen. Mit Dillzweigen und Kerbel garnieren.

Anmerkung: Die einzelnen Medaillons sollen nicht zu dick sein, da sie sonst schlecht durchgaren und die Eihülle verbrennt.

Ragout von der Rotbarbe im Flädle

Hermann Häring
Altenheim St. Josef, Spaichingen

Flädleteig:
75 g Mehl, 175 ml Milch, 2 Eigelb, 1 Ei, 1 Prise Salz, 30 g Butter

Ragout von der Rotbarbe:
400 g Rotbarbenfilets, Salz, Pfeffer, 1 TL Zitronensaft, 1 EL Schalotten, gehackt, 20 g Butter, 1 EL Sherry, 125 g trockener Weißwein, 100 g frische, geputzte Morcheln, 2 EL Sahne, frische Kräuter (Kerbel, Petersilie, je nach Geschmack).

Für die Flädle die Milch mit dem Mehl gut vermengen, Salz und Eier unterrühren.
In einer Pfanne etwas Butter zergehen lassen und dünne Flädle backen, die Flädle auf einen Teller

legen, mit Alufolie abdecken und warm stellen.
Die Rotbarbenfilets in 1 cm dicke Streifen schneiden, mit dem Zitronensaft, Salz und Pfeffer marinieren.
Die gehackten Schalotten in Butter kurz anschwitzen, mit Sherry und Weißwein ablöschen und leicht einkochen lassen. Die Morcheln fein hacken und mit den Rotbarbenstreifen im Fond kurz durchschwenken.
Die Sahne zugießen, leicht anziehen lassen und mit den Kräutern abschmecken.
Das Rotbarbenragout in die warmen Flädle füllen und einrollen.
Auf warmen Tellern anrichten und mit einem Kerbelsträußchen ausgarnieren.

Rotbarbe auf Sardellensauce mit gebackenen Kartoffelstreifen

Karlheinz Haase
Hotel-Restaurant Rommel
Waiblingen-Korb

4 Barben à 300 bis 350 g, Salz, Pfeffer aus der Mühle, 1 Bund Petersilie, 1 Bund Thymian, 1 Bund Rosmarin, 80 g weiche Butter, Zitronensaft, 4 kleine rohe Kartoffeln, ⅛ l Pflanzenöl zum Fritieren, etwas Öl zum Bestreichen.

Sauce:
2 EL feingeschnittene Zwiebeln, 20 g Butter, ¼ l trockener Weißwein, ¼ l Fischfond, ¼ l Sahne, 1 Eigelb, 8 Sardellen, fein gehackt.

Die Barben schuppen, ausnehmen, gründlich ausspülen und sorgfältig trockentupfen.
Auf beiden Seiten, jeweils an der dicksten Stelle, mit einem scharfen Messer einschneiden.

Innen und außen kräftig mit Salz und Pfeffer würzen, die abgespülten und trockengeschwenkten Kräuter grob hacken, mit der weichen Butter mischen und mit etwas Zitronensaft würzen. In die Bauchhöhlen der Fische verteilen. Eine ausreichend große Gratinform mit Öl einfetten.

Die Fische einlegen und mit Öl bestreichen.

Unterm vorgeheizten Grill im Backofen 8 bis 12 Min. grillen und dabei wenden.

Für die Sauce die feinen Zwiebelwürfel in Butter anschwenken, mit dem Weißwein ablöschen. Den Fischfond mit etwas Sahne dazugeben und einkochen lassen. Die feingehackten Sardellen dazugeben und mit Eigelb und Sahne legieren. Die feingeschnittenen Kartoffelstreifen abtupfen und in Pflanzenöl fritieren.

Die fertiggegarten Barben auf einer vorgewärmten Platte oder auf Tellern anrichten und die fritierten Kartoffelstreifen daraufgeben. Die Sardellensauce in einer Sauciere oder als Saucenspiegel servieren.

Küstenkabeljau-Filet mit Schnittlauch-Beurre-Blanc

Manfred Schwarz-Bosch
Sontheimer Wirtshäusle
Steinheim

700 g frisches Kabeljaufilet, 80 g Süßrahmbutter, 50 g Schalotten, 1/4 l trockener Weißwein, 1/4 l Fischfond (siehe S. 196), 1/8 l Sahne oder Crème double, 1 Zitrone oder Limone, Cayennepfeffer, Salz, 1 Bund Schnittlauch oder dünner Waldschnittlauch.

Frisches Küstenkabeljaufilet in 8 Scheiben zu 80 bis 90 g schneiden und in eine gebutterte, feuerfeste, flache Form auf kleingeschnittene Schalotten auflegen, mit Salz und Pfeffer aus der Mühle würzen, 1/8 l Weißwein angießen. Im vorgeheizten Backrohr bei 180 Grad 8 bis 10 Min. mit Folie abgedeckt garen. In der Zwischenzeit den restlichen Weißwein einkochen, bis nur noch ein dünner Film übrigbleibt, und mit Fischfond und Sahne auffüllen, nochmals um die Hälfte einkochen lassen, abkühlen und kalte Butterstückchen einschwenken. Mit Zitronensaft und einer Prise Cayennepfeffer abschmecken. Zum Schluß kleingeschnittenen Schnittlauch unterschwenken. Die Sauce darf jetzt nicht mehr kochen.

Die Kabeljaufilets auf einem warmen Teller anrichten und mit der Schnittlauch-Buttersauce überziehen.

Als Beilage eignet sich besonders Camargue- oder anderer Naturreis und ein knackig frischer Salat.

„Geplatzte" Flußkrebse auf Koriandersud, Rogennudeln

Heinrich und Jürgen Koch
Laurentius, Weikersheim

8 Flußkrebse à 80–100 g, 200 g Jakobsmuscheln, ausgelöst, mit Rogen (für die Nudeln), 100 g schieres Zanderfleisch, 2 EL Crème fraîche, 200 g Weizenmehl Typ 405, 1 Ei, 100 g Lauch, 2 EL frisch gewiegter Koriander, 1 EL Olivenöl, 1/2 TL Perlsago, 2 cl Noilly Prat, Gewürze: Salz, Pfeffer, Lorbeerblatt, Nelke.

Gebürstete Krebse in kochendem Lorbeer-Nelken-Sud töten und einige Minuten ziehen lassen. Abschrecken und von oben den Rumpf längs auftrennen, so daß man die Krebse der Länge nach „aufklappen" kann. Krebsschwänze entnehmen und die Krebsschalen gut auswaschen. Die Jakobsmuscheln und den Zander fein würfeln und mit Crème fraîche im Mixgerät eine feine Farce herstellen. Krebsschwänze würfeln und mit der Füllung vermengen. Mit dem Spritzsack in die Krebse einfüllen. Den orangeroten Rogen der Jakobsmuscheln durch ein Sieb streichen und mit dem Ei und dem Mehl daraus einen Nudelteig erstellen. Nach 1/2 Std. Ruhezeit feine Nudeln davon abrollen. Krebse auf ein Blech legen, etwas von dem Fond untergießen und 12 Min. bei 150 Grad im Ofen garen. Lauchwürfel und Perlsago in Olivenöl andünsten, mit Noilly Prat und etwas Krebsfond aufgießen. Köcheln, bis der Sago weich ist, und mit reichlich Koriander abschmecken.

Koriandersud in tiefen Teller geben und pro Person zwei „geplatzte" Krebse darauf anrichten. Ein kleines Häufchen „al dente" gekochte Rogennudeln dazu geben.

Krebse mit Melissensabayon und Püree von grünen Erbsen

Reinwalt Renz
Landgasthof Riedsee
Stuttgart-Möhringen

24 Flußkrebse, zusammen etwa 1,5 kg, 100 g Butter, 200 g Wurzelgemüse in Würfeln (Karotten, Lauch, Sellerie, Zwiebeln), 1/4 l Weißwein, trocken, 3 Eigelb, Kümmel, Salz, Pfeffer, 1/2 Bund Melisse, 200 g gepellte kleine Zuckererbsen, 50 g Butter, 100 g Crème double, 1 kleine Zwiebel.

Die Krebse einzeln mit dem Kopf in kochendes Wasser stecken und

töten und kurz wieder herausnehmen. Durch Drehen des letzten Schwanzgliedes den Darm herausziehen. Dann 100 g Butter in einem großen Topf zergehen lassen, das Wurzelgemüse dazugeben und bei starker Hitze andünsten, den Weißwein und die Krebse hinzufügen, einen Deckel auflegen und etwa 5 Min. gut dämpfen, dabei immer wieder schütteln. Die Krebse herausnehmen, abtropfen lassen, den entstandenen Fond durch ein Sieb passieren, zur Seite stellen. Die angesammelte Krebsbutter abschöpfen und in ein kleines Gefäß geben. Die Krebsschwänze und Scheren ausbrechen und ebenfalls abgedeckt zur Seite stellen.

Die restlichen Karkassen können mit dem Wurzelgemüse zu einer Krebssuppe weiterverwendet werden.

Die Zwiebel fein hacken und in der Butter anschwitzen, die Erbsen dazugeben, 1 bis 2 Zweige Minze abzupfen und ebenfalls dazugeben. Alles im Mixer noch heiß pürieren. Die Crème double aufkochen, einkochen lassen und ebenfalls in den Mixer geben. Mit Salz, Zucker und Pfeffer abschmecken. Beiseite stellen und warm halten.

Für das Melissensabayon den entfetteten Krebsfond (ca. 0,1 l) und etwas Weißwein mit den Eigelben vermischen. Die Krebsbutter auf ca. 35 Grad erwärmen. Die restliche Melisse fein hacken, Eigelbe und Krebsfond im Wasserbad aufschlagen, die lauwarme Krebsbutter und die Melisse unterziehen und abschmecken.

Das Sabayon auf vorgewärmte Teller verteilen, vom Erbsenpüree Nocken abstechen und daraufsetzen, die Krebsschwänze und Scheren dazugeben und vor dem Servieren eventuell nochmals kurz gratinieren.

Hummer mit grünen Spargeln und Spargelsauce
Bild Seite 77

Manfred Kurz
Gasthof Hirsch, Blaufelden

2 Hummer à etwa 800 g, Salz, 1 TL Kümmel, grob zerkleinertes Wurzelgemüse (2 Möhren, 1 Lauchstange 1/4 Sellerieknolle), je 1/4 l Fisch- und Kalbsfond sowie 1 kg grüner Spargel, 1 Schalotte, 6 cl trockener Weißwein, 4 cl Noilly Prat, 1/8 l Fischfond, knapp 1/4 l Sahne, 75 g Butter, Salz, weißer Pfeffer aus der Mühle.

Hummer in leicht gesalzenem Wasser mit dem Kümmel 8 bis 10 Min. kochen. Ausbrechen, das Fleisch beiseite legen, die Karkassen zerstoßen und zusammen mit dem Wurzelgemüse, Fisch- und Kalbsfond bei milder Hitze eine Glace kochen, sollte etwa 1/8 l ergeben. Inzwischen den Spargel putzen, schälen, die Enden großzügig abschneiden und die Stangen in leicht gesalzenem Wasser knackig garen. Unter kaltem Wasser abschrecken und zur Seite legen. Im Spargelwasser die Enden zusammen mit den Schalen ganz weich kochen. Mit einem Schaumlöffel herausnehmen und im Mixer oder mit dem Pürierstab pürieren. Dann das Spargelmus durch ein feines Sieb streichen. Aus der feingehackten Schalotte, Weißwein und Noilly Prat eine Reduktion herstellen (etwa 3 Eßlöffel), mit Fischfond aufgießen und wiederum reduzieren. Mit Sahne angießen und nochmals bis zur Hälfte einkochen. Das Spargelmus einrühren und die Sauce mit 50 g nach und nach eingerührten kalten Butterstückchen binden. Mit Salz und Pfeffer aus der Mühle abschmecken.
Die Spargelstangen zusammen mit dem Hummerfleisch in der restlichen Butter erwärmen, auf vorgewärmten Tellern anrichten und mit der Spargelsauce umgießen. Die Hummerstücke mit der erwärmten Glace nappieren.

Hummer auf Tomatenbutter mit Basilikumnudeln

Wilhelm Oppermann
Kasino der Fa. Birkel
Weinstadt-Endersbach

2 St. Hummer à 600 g, 200 g Pasta Farfalloni, 1/2 EL Olivenöl, 1 Schalotte, 1 Knoblauchzehe, 250 g Tomaten, 1 Kräutersträußchen (Lauch, Thymian, Lorbeerblatt), Zucker, Salz, weißer, gemahlener Pfeffer, 50 g Butter, 1 Bund frischer Basilikum, 200 g flüssige Sahne.

Die Hummer in kochendes Salzwasser geben. Die Kochzeit beträgt bei einem 600 g schweren Hummer etwa 20 Min. von Beginn des Wiederaufkochens. Die Hummer in der Brühe warm halten. Einen halben Eßlöffel Olivenöl in der Pfanne erwärmen und die feingeschnittene Zwiebel und die zerdrückte Knoblauchzehe darin andünsten. Die abgezogenen und vom Kernhaus befreiten Tomaten in Stücke schneiden, mit dem Kräutersträußchen in die Pfanne geben und auf die gewünschte Konsistenz reduzieren lassen. Mit dem Mixer die Tomatenmasse fein pürieren. Die Butter einarbeiten und warm halten. Den Hummer ausbrechen – Schwanz und Scheren – das Hummerfleisch in etwas Hummerfond warm halten. Etwas Hummerfond in einen kleinen Topf geben, mit flüssiger Sahne aufgießen und reduzieren lassen. Die vorgegarten Farfalloni einschwenken, zuletzt die kleingezupften Basilikumblätter einstreuen und mit frisch gemahlenem Pfeffer abschmecken. Mit dem Tomatenpüree auf den Tellern Spiegel anrichten, die Hummerschwänze in Medaillons schneiden, auf dem Tomatenspiegel anrichten und die Nudeln seitlich der Hummermedaillons dressieren. Mit zurückbehaltenen Basilikumblättern und Hummerscheren garnieren.

Hummerkrabben auf Rahmlinsen

Hartmut Clement
Landgasthof Adler, Wangen

8 Hummerkrabben (Scampi), 200 g Linsen, 1 Karotte, 1 kleines St. Sellerie, 1 Stange Lauch, 1 Zwiebel, 50 g geräucherter Bauch, Butter zum Braten, 1/4 l Sahne, 1/8 l Bratensauce (siehe S. 196), Salz, Pfeffer, Aromat, Knoblauch, 1 TL Hummerbutter.

Linsen mit viel Wasser nicht zu weich kochen. Karotte, Sellerie, Lauch, Zwiebel und Speck in feine Würfel schneiden, im Topf mit etwas Butter angehen lassen. Linsen zugeben und Sahne hinzufügen. Mit Pfeffer, Salz und Aromat leicht würzen. Nach Geschmack etwas Knoblauch und 1 TL Hummerbutter zugeben. Scampi ausbrechen, würzen und in Mehl wenden. In Butter leicht anbraten und je 2 St. auf Tellern anrichten. Mit dem Linsengemüse garnieren.

Austern im Spinatmantel mit Tomatenparfüm

Lothar Eiermann
Wald- & Schloßhotel
Friedrichsruhe

12 Imperialaustern (wenn möglich Nr. 5/0), etwa 200 g Spinat (ausgesuchte große Blätter), 8 Tomaten, 1 Schalotte. Gewürze: Knoblauch, Lorbeerblatt, Majoran, Thymian, Basilikum, Pfeffer. 0,1 l Fischfond, 0,05 l Weißwein, 0,1 l Tomatensaft, 125 g Butter, 1 EL Tomatenmark, Tomatenconcassé (Würfel) von 2 Tomaten.

Tomaten waschen, Strunk entfernen und vierteln. Schalotte schneiden und in Butter dünsten, Tomaten zugeben und mit Fischfond und Weißwein auffüllen. Tomatenmark und Gewürze zugeben und das Ganze 10 Min. ziehen lassen, passieren.
Spinat im kochenden Salzwasser blanchieren und in Eiswasser abschrecken. Auf ein Tuch (etwa 50 × 50 cm) legen, abtupfen und plattieren.
Austern öffnen, säubern, lösen, abtupfen und in Spinat einschlagen. 2 Tomaten abziehen, entkernen und würfeln.
Tomatenfond und Tomatensaft auf 1/3 reduzieren, nach und nach die Butterstückchen zugeben und köcheln lassen, bis eine Bindung entsteht.
Austern in frischer Butter auf beiden Seiten sautieren, Tomatenwürfel anschwenken und würzen. Tomatenparfüm mit dem Mixstab nochmals aufschlagen, damit es lockerer wird. Auf Suppenteller verteilen, 3 Austern sternförmig daraufsetzen und mit Tomatenwürfeln und Basilikum garnieren.

Bouchot-Muscheln mit Safrannudeln und Tomate

Wilhelm Oppermann
Kasino der Fa. Birkel
Weinstadt-Endersbach

1 kg Bouchot-Muscheln, 1/2 l Weißwein und Wasser, 1 Schalotte, 1 Bouquet garni, 1 Kräutersträußchen (Dill, Petersilie), 1/2 Knoblauchzehe, 1 EL Olivenöl, 250 g Bandnudeln (4 mm breit), 0,10 g Safranfäden (Haushaltspäckchen), 1/2 Knoblauchzehe, 1 Schalotte, 250 g Tomaten, 1 Kräutersträußchen (Lauch, Thymian, Lorbeerblatt), Zucker, Salz, weißer, gemahlener Pfeffer, 1 Bund Petersilie.

Die Muscheln waschen und säubern. Die fein in Würfel geschnittene Zwiebel in Olivenöl andünsten, die zerdrückte Knoblauchzehe mit den gesäuberten und geschlossenen Muscheln zugeben und mit Weißwein/Wasser angießen. Boquet garni, Kräutersträußchen, Salz und Pfeffer zugeben und etwa 8 bis 10 Min. köcheln, den Fond abseihen und reduzieren lassen. Zwischenzeitlich die Muscheln ausbrechen und warm stellen, einen halben Eßlöffel Olivenöl in einer Pfanne erwärmen, die feingeschnittene Zwiebel und die zerdrückte Knoblauchzehe darin andünsten. Die abgezogenen und vom Kernhaus befreiten Tomaten in Stücke schneiden (1 × 1 cm) und mit dem Kräutersträußchen in die Pfanne geben, bei kleiner Hitze auf die gewünschte Konsistenz reduzieren lassen. Mit Zucker, Salz und 1 Prise Pfeffer abschmecken. Die Bandnudeln garen, kurz abschrecken und in einer Pfanne in Butter schwenken, die Safranfäden unterziehen, das vorgewärmte Muschelfleisch und das Tomatenfondue unterheben und mit den Gewürzen nochmals abschmecken. Auf vorgewärmten Tellern anrichten und mit gezupfter Petersilie bestreuen.

FLEISCH UND INNEREIEN

„Die Fähigkeit, das Gute oder Schlechte zu wählen,
kann von uns allen erworben werden."
Origenes

„Die Kunst des Kochs beginnt beim Einkauf."
Fernand Point

Am 21. Oktober des Jahres 1765 schrieb der junge Goethe aus Leipzig an seinen Freund Riese: „Ich habe kostbaren Tisch. Merkt einmal unseren Küchenzettel: Hühner, Gänße, Endten, Rebhühner, Forellen, Haßen, Wildpret, Hechte, Fasanen, Austern etc. Das erscheint täglich. Nichts von anderem groben Fleisch ut sunt Rind, Kälber, Hamel etc."

Was Goethe hier als grobes Fleisch bezeichnet, Rind, Kalb, Hammel usw., war damals sicherlich noch von bester Qualität, kräftig im Geschmack, kernig im Fleisch und erscheint manchem heute als ein verlorenes Paradies der einfachen Genüsse.

Zumindest soweit es den zu Goethes Zeiten noch wichtigsten Fleischlieferanten angeht, den Ochsen, der vor allem in der süddeutschen Küche schon seit jeher eine besondere Rolle spielt. Dabei lassen sich nicht einmal die frömmsten Lämmer und schon gar nicht die hypersensiblen Schweine so willig zur Schlachtbank führen wie der Ochse. Oder besser, ließen, denn dieses Kapitel könnte auch heißen: „Rindfleisch – oder der entschwundene Ochse".

Die Kastration scheint dieses Tier so zu verstören, daß er sich hinfort, egal ob als Zugtier oder Schlachtvieh, willenlos in alles fügt, was mit ihm geschieht, und nicht selten seinem Schlächter sogar liebevoll ins Auge blickt, ehe er von der Axt, oder wie später, vom todbringenden Bolzen getroffen, zu Boden sinkt.

Ein Freund, der sich von Berufs wegen mit dem Thema beschäftigt, meint, dies sei, weil der Ochse den Tod als Befreiung von seinem unwürdigen Schicksal empfindet, das ihn einst so jäh von einem temperamentvollen Farren in einen schicksalsergebenen Eunuchen verwandelte, und daß nur diese stille, sanftmütige Ergebenheit dem Ochsenfleisch seine Zartheit und den vortrefflichen Geschmack gibt. Vorausgesetzt das Tier war bei seinem Tode nicht zu alt, wurde gut gefüttert und hatte wenigstens drei Jahre Zeit zu einem würdigen Vertreter seiner Rasse heranzuwachsen.

Denn so lange hat es früher gedauert, bis ein Ochse ein optimales Schlachtgewicht von 15 bis 16 Zentnern hatte.

Wichtig war das richtige Futter. In Bayern hat man die Treber, die Rückstände der vergorenen Braugerste, an die Ochsen verfüttert, was besonders kraft- und saftstrotzende Exemplare hervorbrachte, und die jungen Ochsen, die für das berühmte Wiener Restaurant Meissl & Schadn, einem wahren Rindfleischtempel, ihr Leben lassen mußten, wurden von eigenen Zuckerrübenfeldern des Marchfeldes gefüttert.

Was heute als Kraftfutter an die bedauernswerten Mastbullen, die die Nachfolge der Ochsen angetreten haben, verfüttert wird, hat nicht selten eine gewisse Ähnlichkeit mit den Anabolika, die von ambitionierten Feierabend-Athleten in den Bodybuilding-Studios zur Bizepsvergrößerung eingenommen werden.

Gott sei Dank gibt es wieder Alternativen. Das schottische Hochlandrind, welches das berühmte Angusbeef liefert, die französischen Charolais-Rinder, Rassen, die mittlerweile auch bei uns gezüchtet werden, mit kräftig rotem, gut marmoriertem, also mit Fettadern durchzogenem Fleisch, geeignet für einen Rostbraten wie für ein Chateaubriand oder einen zarten Lendenbraten und von Kennern hochgeschätzt.

Zugegeben, so ein Fleisch ist teurer als die zähfasrigen Stücke, die man in den Supermärkten findet. Was nicht nur für Rindfleisch, sondern auch für alles übrige Schlachtfleisch gilt. Egal, ob es sich um Lämmer aus dem französischen Sisteron, aus Schottland oder Irland handelt, die besser im Fleisch stehen als unsere heimische Merino-Rasse, oder um die neuerdings wieder von kleinen Züchtern mit besonderer Liebe herangezogenen Milchmastkälber.

Das Küchengeheimnis, mit billigen Mitteln Hervorragendes zu leisten, ist, trotz vielseitiger Bemühungen, immer noch nicht gelüftet.

Qualität hat ihren Preis – nicht nur bei Autos, auch in der Küche.

Rezept Seite 82: Ragout vom Schurwälder Angusrind mit Kräuterschupfnudeln, Walter Hofmann

Ragout vom Schurwälder Angusrind mit Kräuterschupfnudeln

Bild Seite 80

Walter Hofmann
Gasthaus zum Lamm
Strümpfelbach

400 g Tafelspitz vom Angusrind, 400 g Scheiben von der Hinterwade, 1 Karotte, 1 kleiner Lauch, 1 Petersilienwurzel, 2 Fleischtomaten, 1 EL Tomatenmark, ½ l Trollinger oder Lemberger, ½ l Fleischbrühe, Salz, Pfeffer aus der Mühle, Knoblauchzehe, Öl, 400 g Kartoffeln vom Vortag, 2 Eier, 150 g Mehl, 1 kleines Bund Blattpetersilie, 1 kleines Bund Schnittlauch, 1 kleines Bund Kerbel, Salz, Muskat, 40 g Butter.

Fleisch in 60 bis 80 g große Stücke schneiden, würzen, im Bräter mit Öl anbraten, Gemüse putzen und waschen, in 1 cm große Würfel schneiden und dazugeben. Tomatenviertel und Tomatenmark mit anrösten, zweimal deglacieren (ablöschen und reduzieren), mit Rotwein ablöschen, Brühe auffüllen und zugedeckt im Ofen 1½ Std. bei 180 Grad schmoren lassen.

Das Fleisch mit dem Gemüse in einer vorgewärmten Schüssel anrichten. Die Sauce auf ½ l reduzieren, abschmecken und über das Fleisch geben.

Die Kartoffeln durchdrücken, Eier, Mehl, Gewürze und feingehackte Kräuter dazugeben, zu einem festen Teig verarbeiten.

Schupfnudeln formen und in Salzwasser abkochen, abkühlen lassen und in schäumender Butter leicht anbraten.

Als Beilage eignen sich grüne Schnittbohnen.

Anmerkung: Das Fleisch vom Angusrind ist durch den Fettrand und die Marmorierung saftiger und geschmackvoller als das sonst handelsübliche Rindfleisch.

Das Schurwälder Angusrind ist eine Strümpfelbacher Zucht.

Roulade vom schottischen Hochlandrind

Dieter Wetzel
Hotel-Restaurant Schwanen
Metzingen

Farce:
80 g Champignons, 30 g Schalotten, 15 g Butter, 1 EL gehackte Petersilie, 2 EL frische Weißbrotbrösel, 80 g Rindermark, 1 TL Dijon-Senf, 1 Eigelb. 4 Scheiben Rindfleisch à 200 g, aus der Oberschale geschnitten, Salz, Pfeffer, 4 cl Öl, 20 g Butter.

Das gut gewässerte Mark und die Champignons in etwa 3 mm kleine Würfel schneiden. Die geschnittenen Schalotten in Butter glasig werden lassen, die Champignons und die gehackte Petersilie dazugeben und vom Herd nehmen. Die Masse mit den Markwürfeln und den Weißbrotbröseln mischen, den Senf dazugeben und mit dem Eidotter binden. Mit Salz und Pfeffer abschmecken und kalt stellen.

Danach das magere Fleisch in handgroße, sehr dünne Scheiben schneiden, flach klopfen. Auf dem Tisch ausbreiten, mit Pfeffer und Salz würzen. Die fertige Farce auf das Fleisch streichen und dieses zur Roulade rollen. Nachdem sie gerollt und mit einem Zahnstocher (Holz) zusammengesteckt ist, in der Pfanne von allen Seiten anbraten. Daraufhin in Bratensauce zugedeckt im Ofen weich schmoren.

Beilagen: Hausmacher-Eiernudeln und frische Salate.

Rindsfilet, sauer, mit Pfifferlingen

Dieter Fembacher
Traunstein

600 g Rinderfilet am Stück, 1 TL Salz, 2 EL Mehl zum Bestäuben, 2 EL Öl zum Braten, 3 EL Madeira, Pfeffer aus der Mühle.

Beize:
7 dl Württemberger Lemberger, 2 dl Rotweinessig, 1 Lorbeerblatt, einige Nelken, Pfefferkörner, schwarz und weiß, zerdrückt, Senfkörner sowie 1 Lauchstange und 2 Karotten in etwa 3-cm-Stücke, 1 Zwiebel, in grobe Stücke geschnitten.

Sauce:
1 Schalotte, sehr fein gehackt, 50 g Speck, gewürfelt, 200 g Pfifferlinge, geputzt, 100 g Silberzwiebeln aus dem Glas, 1 EL Mehl, trocken geröstet, 3 dl Beize, aufgekocht und abgesiebt, 1 dl Rinderbrühe, 2 EL gehackte Petersilie.

Für die Beize alle Zutaten aufkochen, dann erkalten lassen. Das Fleisch in eine Tonschüssel oder anderes Gefäß geben. Die Beize darübergießen, so daß das Filet vollständig damit bedeckt ist. An einem kühlen Ort oder im Kühlschrank 4 bis 6 Tage aufbewahren. Nach dieser Zeit das Fleisch aus der Beize nehmen und mit Haushaltspapier trockentupfen. Einen Eßlöffel Mehl ohne Fett hellbraun rösten und beiseite stellen. Das Fleisch mit Salz und Pfeffer würzen und im heißen Ofen gut rundherum kurz anbraten. Den Bratsatz mit Madeira ablöschen und beiseite stellen. Das abgetropfte Röstgemüse in einem Topf in Öl anschwitzen, mit etwas Beize ablöschen und mit dem mit Madeira abgelöschten Bratsatz auffüllen, einkochen und passieren. Das Filet darin rosa fertiggaren.

Die feingehackte Schalotte in dem feingeschnittenen Speck angehen lassen, die Pfifferlinge hinzufügen, mit Salz und Pfeffer würzen und der reduzierten Sauce beigeben. Filet in Scheiben schneiden, anrichten und mit der Sauce überziehen. Als Beilage: frisches Gemüse, in Butter geschwenkt.

Rumpsteak mit rotem Zwiebelkonfit und Schupfnudeln

Horst Wendt
Restaurant Mildenberger
Backnang

Schupfnudeln:
1 kg Pellkartoffeln, am Tag zuvor gekocht, 125 g Mehl, 2 Eier, Salz, Pfeffer, Muskat, 100 g Butterschmalz.

Die geschälten Kartoffeln durch die Kartoffelpresse drücken und die Masse mit Eiern und Mehl zu einem glatten Teig verarbeiten, mit Salz, Muskat und Pfeffer aus der Mühle abschmecken. Die Masse in 30 cm lange und 5 cm breiten Walzen teilen und mit einem gemehlten Messer in 3 cm breite Scheiben schneiden. Diese Scheiben in Mehl auf einem Brett fingerdick wälzen. In kochendem Salzwasser abkochen, kalt abschrecken und in der Pfanne mit Butterschmalz goldbraun anbraten.

Rumpsteaks und Zwiebelkonfit:
4 Steaks à 180 g, gut abgehangen und zugeschnitten. 375 g rote Zwiebeln, 30 g Butter, 2 EL Öl, 1 EL Zitronensaft, ¼ l Bordeaux, 1 EL Honig, 1 EL Balsamessig, Salz, Pfeffer aus der Mühle.

Rote Zwiebeln würfeln, im Sieb unter heißem Wasser abspülen, gut abtropfen lassen. Butter und Öl erhitzen, Zwiebeln andünsten, ohne daß sie Farbe nehmen, Zitronensaft und Rotwein angießen und zugedeckt weich schmoren. Deckel abnehmen und reduzieren lassen. Mit Honig, Salz, Pfeffer und Essig abschmecken. Steaks auf beiden Seiten braten, in Alufolie einpacken und ruhen lassen. Auf einem warmen Teller mit dem Konfit und den Schupfnudeln anrichten.

Rinderbrust mit Meerrettichsauce

Max Benzing
Alte Sonne
Ludwigsburg

250 g Rinderknochen, 750 g Rinderbrust, Salz, 2 l Wasser, 1 Zwiebel, 3 Nelken, 1 Lorbeerblatt.
Meerrettichsauce: 30 g Butter, 30 g Mehl, ¼ l heiße Fleischbrühe, ¼ l Milch, Salz, weißer Pfeffer, geriebene Muskatnuß, Zucker, 1 TL Zitronensaft, 60 g frisch geriebener Meerrettich.

Knochen und Fleisch kurz unter kaltem Wasser abspülen und abtropfen lassen. Ins kochende Wasser geben, nach dem Wiederaufkochen salzen und etwa 1½ bis 2 Std. ziehen lassen. Dabei gelegentlich den Schaum abschöpfen. Zwiebel schälen, mit den Nelken und dem Lorbeerblatt spicken, zugeben und 30 Min. mitkochen. In der Zwischenzeit die Meerrettichsauce zubereiten. Dazu die Butter im Topf erhitzen, Mehl einrühren und hellgelb anschwitzen. Unter Rühren die heiße Fleischbrühe zugeben. Mit Milch auffüllen und 5 Min. leicht kochen lassen. Mit Salz, Pfeffer, Muskat, Zucker und Zitronensaft abschmecken und den Meerrettich dazugeben. Das Fleisch aus dem Topf nehmen, aufschneiden und auf einer vorgewärmten Platte anrichten. Die Meerrettichsauce getrennt reichen. Als Beilage paßt jegliche Art von Kartoffeln.

Anmerkung: Stets eine Rinderbrust kaufen, die leicht mit Fett überzogen ist, da man dann immer ein saftiges Stück Fleisch hat. Den Meerrettich nicht allzu früh reiben, da er sehr schnell grau wird.

Rinderfilet, mit Ochsenmark überbacken

Roland Blessing
Landgasthof Rössle
Berglen-Lehenberg

4 Scheiben Rinderfilet à 180 g, Salz, Pfeffer, 4 EL Traubenkernöl, 1 EL Sherryessig, 0,2 l Weißwein, 5 kleine Schalotten, 125 g Butter, 2 Eigelb, 1 EL gehackte Petersilie, 1 EL Schnittlauch, 2 EL frische Weißbrotbrösel, 120 g Ochsenmark, gewässert, in Scheiben geschnitten und pochiert.

Die Filets würzen und in heißem Öl 5 bis 6 Min. rosa braten, herausnehmen und warm halten. Danach das Öl abschütten, Bratansatz mit Sherryessig und Weißwein ablöschen. In diesem Fond die kleingehackten Schalotten weich dünsten und abkühlen lassen. Inzwischen die pochierten Ochsenmarkscheiben mit den Eigelben schaumig rühren, Schnittlauch, Petersilie, die abgekühlten Schalotten sowie die Weißbrotbrösel hinzufügen. Filets mit der Masse bestreichen. Unter dem Grill gratinieren.

Eminçé vom Rinderfilet mit Meerrettichkartoffeln

Richard Stöckli
Hotel Alpenblick
Wilderswil bei Interlaken/
Schweiz

600 g Rinderfilet, 400 g Kartoffeln (schöne, kleine, festkochend), 1 mittelgroße Karotte, 1 kleine Lauchstange, ½ Sellerieknolle, ½ Meerrettichstange, 2,5 dl kräftige Rinderbrühe, Salz, Pfeffer, Schnittlauch.

Kartoffeln und Gemüse in gefällige Blättchen bzw. Scheiben schneiden, blanchieren, abschrekken und mit der kräftigen, gut gewürzten Rinderbrühe aufsetzen und zum Kochen bringen. Den geriebenen Meerrettich zugeben und 10 Min. ziehen lassen.

Das Rinderfilet in 5 mm starke Scheiben schneiden, auf gebuttertes Teflonblech setzen, auch oben mit etwas Butter einpinseln, salzen, pfeffern, kurz in sehr heißem Salamander rosa garen (etwa 1 bis 2 Min. auf jeder Seite).

Das leicht suppige Kartoffelgemüse in tiefem Teller anrichten, obenauf in die Mitte die Rindfleischscheiben setzen.

Vor dem Servieren mit Schnittlauch, geriebenem Meerrettich und frisch gemahlenem Pfeffer bestreuen.

Gefüllter Ochsenschwanz in Lemberger mit Gemüse

Jörg Ebermann
Linde, Oberboihingen

4 schöne Ochsenschwanzstücke (zusammen 1,2 bis 1,5 kg), 400 g Röstgemüse (Sellerie, Karotten und Zwiebeln), ¾ l Lemberger, 50 g Öl,
60 g Mehl, 30 g Tomatenmark, Salz und Pfeffer aus der Mühle.

Farce:
80 g Weißbrotwürfel, ohne Rinde, 50 g Sahne, 2 Eigelb, 1 Schalotte, 1 Knoblauchzehe, 60 g gezupftes Kalbsbries (siehe Seite 99), 50 g getrocknete Pilze, verschiedene Gartenkräuter, 1 Schweinenetz.

Die Ochsenschwanzstücke salzen, pfeffern und mit dem Öl im Ofen allseitig gut anbraten.

Das Röstgemüse zufügen, weiterrösten, das Fett gut abschütten, tomatisieren und mit der Hälfte des Weines mehrmals glacieren, mit dem Mehl bestäuben, mit kaltem Wasser bis zur Höhe auffüllen und etwa 2 Std. weich schmoren. Währenddessen die Briesröschen mit den Schalotten- und Knoblauchwürfeln goldgelb anbraten, mit dem in Sahne eingeweichten Weißbrot, den Eigelben, den Pilzen und den gehackten Gartenkräutern vermengen. Würzen mit Salz, Pfeffer und Muskat. Die weichen Ochsenschwanzstükke herausnehmen, auslösen und in ihrer ursprünglichen Form – ohne den Knochen – auf ein Stück Schweinenetz setzen. Die Fülle mittels eines Spritzsackes in die Mitte geben. Mit dem Schweinetz einschlagen, in eine gebutterte Rôtissoire setzen, mit dem restlichen Wein und dem reduzierten Schmorfond angießen und weitere 30 Min. bei schwacher Hitze im Ofen garen.

Die fertigen Stücke herausnehmen und warm halten. Die Sauce reduzieren, entfetten und mit den Ochsenschwanzstücken anrichten. Als Beilage eignen sich Gemüse der Jahreszeit und Rahmschupfnudeln.

Tip: Das Schweinenetz, sollte etwa 24 Std. – bei mehrmaligem Wechseln des Wassers – gewässert werden.

Entbeinter Ochsenschwanz mit handgeschabten Spätzle

Wolfgang Pfeiffer
Restaurant Alte Post, Stuttgart

2500 g Ochsenschwanz, in etwa 5 cm große Stücke geschnitten, Traubenkernöl zum Anbraten, 100 g Zwiebeln, 100 g Karotten, 50 g Sellerie, 50 g Lauch, alles in etwa 2 cm große Stücke geschnitten, 0,16 l Portwein, 0,5 l Rotwein, 1,5 l brauner Fleischfond, 50 g Tomatenmark, 80 g Preiselbeerkonfitüre, 5 Nelken, 2 Lorbeerblätter, 10 Wacholderbeeren, zerdrückt, ½ TL zerdrückte weiße Pfefferkörner, 1 Zweig Thymian, 1 Zweig Rosmarin.

Die Ochsenschwanzstücke in wenig Traubenkernöl von allen Seiten kräftig anbraten. Zwiebeln, Karotten und Sellerie dazugeben und mit anrösten. Den Bratensatz mit Portwein ablöschen, Tomatenmark dazugeben und leicht angehen lassen. Danach Preiselbeerkonfitüre dazugeben und mit Rotwein und Fleischfond auffüllen. Nun Lauch und die Gewürze dazugeben. Das Ganze etwa 1½ bis 2 Std. zugedeckt auf kleiner Flamme garen. Danach den Ochsenschwanz aus der Sauce nehmen und in mundgerechten Stücken von den Knochen lösen. Die Sauce sorgfältig entfetten und durch ein feines Sieb passieren. Die Fleischstücke in die Sauce geben, aufkochen und mit wenig Salz abschmecken.

Für die Spätzle 300 g Mehl und 6 Eier mit einem Holzlöffel zu einem zähen Teig verrühren und so lange schlagen, bis der Teig Blasen wirft. Nun den Teig auf ein Spätzlebrett (Cromargan oder Holz) geben und mittels einer Palette dünne Teigstreifen in einen mit kochendem Wasser gefüllten, breiten

Topf schaben. Kurz aufkochen lassen und die Spätzle mit einer Schaumkelle in einen mit kaltem Wasser bereitgestellten Topf geben. Nochmals mit frischem kaltem Wasser durchspülen und abtropfen lassen. Vor dem Anrichten die Spätzle in Butter anschwenken und leicht salzen.

Gefülltes Ochsenkotelett

Siegfried Auer
Klinikum Günzburg

2 Ochsenkoteletts à 400 g, Kräutermischung (Estragon, Zitronenmelisse, Salbei, Kerbel) und 1 Knoblauchzehe, Schnittlauch, 100 g roher Schinken, fein gewürfelt, 100 g geriebener Emmentaler, 3 Eigelb, 1/4 l Jus, 1/8 l Weißwein, Salz, weißer Pfeffer, Fett zum Braten.

In die Koteletts vom Metzger eine Tasche einschneiden lassen. Die Kotelett-Tasche mit der Kräutermischung ausreiben. Den rohen Schinken, geriebenen Emmentaler und die Eigelbe miteinander mischen und die Ochsenkoteletts damit füllen; mit Holzspießen verschließen. Dann von beiden Seiten mit Salz und Pfeffer würzen. In einer Pfanne das Fett erhitzen, die Koteletts hineinlegen und von beiden Seiten kurz anbraten. 4 Min. im Backofen weiterbraten, dabei mit etwas Fett übergießen. Dann herausnehmen und warm stellen. Das Fett abschütten, den Bratensatz mit Weißwein und Jus ablöschen und noch 4 Min. einkochen lassen. Die Koteletts in einer großen Pfanne anrichten. Mit der abgeschmeckten Sauce übergießen und mit jungen, frischen Gemüsen und gebratenen Kartoffeln servieren.

Kalbstäschchen, mit Lauch gefüllt, in Salbeisauce

Bild Seite 87

Karl Knipp
Kasino der Allgemeinen Rentenanstalt (ARA)
Stuttgart

500 g pariertes Kalbsfilet, etwas Mehl, 200 g Lauch (nur das Weiße), 60 g Butter, 0,2 l brauner Kalbsfond (siehe S. 196), 0,2 l Sahne, 1 Bund Salbeiblätter, Salz, Pfeffer aus der Mühle.

Kalbsfilet in 12 gleiche Scheiben à 40 g schneiden. Die einzelnen Scheiben in einer Klarsichtfolie oder in einem aufgeschnittenen Plastikbeutel dünn klopfen. Den Lauch in feine Streifen schneiden und in etwas Butter fast gar dämpfen. Mit etwas Salz und Pfeffer abschmecken. Mit dem Lauch die geklopften Kalbsscheiben füllen und so zusammenklappen, daß ein Halbmond entsteht. Die Kalbstäschchen mit Salz und Pfeffer würzen und leicht bemehlen. In Butter beidseitig goldgelb braten, herausnehmen und warm stellen. Das Fett abgießen. Den Bratensatz mit braunem Kalbsfond und Sahne ablöschen und leicht einkochen lassen. Durch ein feines Sieb passieren, mit der Butter binden und abschmecken. Den gewaschenen Salbei fein schneiden und unter die Sauce ziehen. Die Sauce soll nun nicht mehr kochen. Jeweils drei Kalbstäschchen auf einen vorgewärmten Teller legen und mit der Salbeisauce nappieren. Als Beilage passen Gemüsenudeln oder ein Zucchini-Kartoffel-Gratin.

Anmerkung: Beim Klopfen der Kalbsfiletscheiben in Folie oder Plastik ist darauf zu achten, daß sich das Filet nach allen Seiten

ausdehnen kann und nur mit leichten Schlägen plattiert wird, da sonst das Fleisch reißt. Bei Verwendung von frischen Kräutern, in diesem Fall Salbei, ist darauf zu achten, daß diese nicht mehr mitkochen, sondern erst kurz vor dem Anrichten dazukommen. Sie verlieren sonst ihr typisches Aroma.

Roulade von Milchmastkalb mit Bries und Nierle

Dietmar Gulewitsch
Gestütsgasthof Offenhausen
Gomadingen

8 Scheiben Kalbsoberschale à 70 g, 240 g Kalbsbrät, 100 g gehäutetes Bries, 1/2 Kalbsniere, 2 Karotten, 1 Stange Lauch, 100 g Champignons, 1/4 Sellerie, 1 Zwiebel, 1 Apfel, 0,1 l Rotwein, 0,1 l Sahne, 50 g Butter, 2 cl Calvados, Salz, Pfeffer, Muskat.

Kalbsschnitzel dünn plattieren, mit Salz und Pfeffer würzen. Zum Kalbsbrät 1/3 der feingewürfelten, blanchierten Gemüse sowie in etwas größeren Stücken das blanchierte, gehäutete Bries und die Niere geben, gut vermengen, auf die Schnitzel verteilen und zur Roulade rollen und binden. Anbraten, herausnehmen. Die restlichen Gemüse und Zwiebel anschwitzen, mit Rotwein ablöschen, einkochen, Rouladen wieder dazugeben, fertiggaren. Den Apfel schälen, entkernen, in Scheibchen schneiden, in Butter anschwitzen, mit Calvados ablöschen.
Die Rouladen anrichten, Fond passieren und noch etwas reduzieren, mit Sahne verfeinern und die kalte Butter unterschlagen, Apfelscheiben auf die Rouladen geben und mit Sauce überglänzen. Als

Beilagen Kräuterschupfnudeln, Lauchspätzle oder Gemüsenudeln.

Gesottenes Kalbsfilet mit Petersilienwurzel und Kartoffel-Lauch-Gratin

Eugen Heubach
Landgasthof Heubach-Krone
Winnenden-Birkmannsweiler

0,6 kg Kalbsfilet, 1 l kräftige Kalbsbrühe, 0,8 kg Petersilienwurzeln, 40 g Butter, 1 Bund Blattpetersilie, Zucker, Salz, Pfeffer, 0,8 kg Kartoffeln, 0,3 kg Lauch, 0,1 kg Greyerzer Käse, gerieben, 0,5 l Sahne, 50 g Butter, 1/2 Knoblauchzehe, Salz, Pfeffer, Muskatblüte.

Das Kalbsfilet von Fett und Sehnen völlig befreien und in die kochende Kalbsbrühe einlegen. 15 Min. in der Brühe leicht köchelnd garen. Die Petersilienwurzeln waschen, schälen und in Stifte schneiden. In der Butter kurz angehen lassen, würzen und mit wenig Brühe fertigdünsten. Zum Schluß etwas gehackte Blattpetersilie beigeben. Den Lauch putzen, längs halbieren und gut auswaschen. Das Weiße und den hellgrünen Teil in feine Streifen schneiden und kurz blanchieren. Die Sahne einkochen und mit der halben Menge Lauch im Mixer pürieren. Die Kartoffeln schälen, längs halbieren und in dünne Scheiben schneiden. Eine feuerfeste Form mit Knoblauch ausreiben, ausbuttern und etwas Lauchstreifen einstreuen. Die Kartoffelscheiben fächerartig, flach einsetzen und mit Salz, Pfeffer und Muskatblüte würzen. Die restlichen Lauchstreifen obendrüberstreuen und mit dem Sahne-Lauch-Gemisch begießen. Den Käse und die restlichen Butterflocken darüberstreuen und im Backofen bei 180 Grad 40 Min. garen. Zu diesem Gericht paßt eine Zweigelt-Schalotten-Sauce.

Saurer Kalbsbraten mit Wurzelgemüsen

Franz Erni
Restaurant Rosenberg
Zug/Schweiz

800 g dicker Kalbsbug.

Marinade:
100 g weißer Lauch, Sellerie, Zwiebeln und Karotten, 1/4 l Weißweinessig, 3/4 l trockener Weißwein, Lorbeerblatt, Nelke, Wacholderbeeren, Piment, Knoblauchzehe.
80 g Bratfett, 2 EL Mehl, 1 EL Tomatenmark, Salz, Pfeffer, 1/4 l süßer Rahm.
1/4 l Weißwein zum Deglacieren.

Den Bug parieren und mit dem geputzten und gewürfelten Wurzelgemüse, dem Weißweinessig und dem Weißwein vier Tage unter mehrmaligem Wenden einlegen. Anschließend das Ganze in ein großes Sieb geben. Die abgeseihte Marinade kurz aufkochen und beiseite stellen. Das Fleisch trockentupfen, würzen und in heißem Bratfett von allen Seiten kurz anbraten. Die abgetropften Wurzelgemüse und Gewürze zugeben, tomatisieren und ebenfalls anrösten. Das Fleisch herausnehmen und warm halten. Den Schmoransatz mit Weißwein mehrmals deglacieren (ablöschen und einkochen), bis er eine schöne Farbe bekommt. Mit Mehl bestäuben und mit der Marinade auffüllen. Den Bug wieder einlegen (das Fleisch sollte zur Hälfte bedeckt sein) und in etwa 1 1/2 Std. weich schmoren, herausnehmen und die Sauce mit Sahne vollenden.
Dazu passen gedünstete Petersilienwurzeln, Fingerkarotten und hausgemachte Nudeln.

Gefüllter Kalbsschwanz auf Kartoffel-Lauch-Gemüse mit Pfifferlingen

Dieter Müller
Schweizer Stuben, Wertheim

(4 Personen)

2 Kalbsschwänze, etwa 1,5 kg, Salz, Pfeffer aus der Mühle, 400 g Röstgemüse (Zwiebeln, Karotten, Sellerie), 2 El Tomatenmark, 1/2 Flasche Rotwein, trocken, 1,5 l Kalbsbrühe, 1/4 Lorbeerblatt, 6 Pimentkörner, 3 Wacholderbeeren, 1 Nelke, 1/2 TL weiße Pfefferkörner, zerdrückt, 1 kleiner Thymianzweig, 1 Knoblauchzehe, 2 cl Sherry, medium, 1 Spritzer Aceto balsamico, 200 g Schweinenetz.

Farce:
80 g Poulardenbrust, 40 g frische Gänsestopfleber, 80 g Sahne, 1 El geschlagene Sahne, 20 g Markwürfel, pochiert, 2 EL Brotcroûtons, in Butter gebräunt, 1/2 EL gehackte Petersilie, 20 g schwarze Trüffel, gewürfelt, 1 EL Trüffelfond, Salz, Pfeffer aus der Mühle.

Gemüse:
300 g kleine, festkochende Kartoffeln, 300 g Lauch, 1/4 l heller Geflügelfond, 0,1 l Rahm, 5 cl trockener Weißwein, 200 g kleine Pfifferlinge, 40 g kalte Butterwürfelchen, Salz, Pfeffer aus der Mühle, 2 EL geschlagene Sahne.

Die Kalbsschwänze in den Gliedern durchtrennen, mit Salz und

Rezept Seite 85: Kalbstäschchen, mit Lauch gefüllt, in Salbeisauce, Karl Knipp

Pfeffer würzen; die Stücke rundum anbraten, das geschnittene Röstgemüse dazugeben und mit anbraten. Das Tomatenmark unterrühren und abrösten. Mit dem Rotwein mehrmals ablöschen und immer wieder einkochen. Mit der Brühe auffüllen, Gewürze und Kräuter zugeben. Alles einmal aufkochen und dann bei kleiner Hitze köcheln lassen. Wenn die Schwanzstücke weich sind, herausnehmen und von den 8 schönsten Stücken in noch warmem Zustand die Knochen rundum auslösen. Den Kochfond passieren, die Hälfte des Fonds zum Pochieren der Schwanzstücke reservieren. Die andere Hälfte zur Sauce einkochen. Mit Sherry und Aceto balsamico abschmecken und notfalls mit wenig Stärke binden.

Für die Füllung die Poulardenbrust fein hacken und im Tiefkühler kurz anfrieren. Die Gänsestopfleber würfeln. Das Poulardenfleisch mit Salz und Pfeffer würzen, im Küchenkutter mit Sahne und Gänsestopfleber zu einer feinen Farce pürieren. Durch ein feines Sieb streichen, nochmals abschmecken und die geschlagene Sahne unter diese Farce heben. Sollte die Farce zu fest sein, noch etwas mehr Schlagsahne unterheben. Die Markwürfel, die Brotcroûtons, Petersilie, Trüffelwürfel und Trüffelfond unter die Farce mischen. Das Kalbsschwanzfleisch damit füllen und in Form bringen. Ins Schweinenetz einschlagen und in einen flachen Topf setzen. Heißen Kalbsschwanzfond angießen – die Stücke sollten bis zu ⅔ in der Flüssigkeit liegen – in den 180 Grad heißen Ofen stellen und 12 Min. gar ziehen lassen.

Die Kartoffeln waschen, schälen und in 1½ mm dicke Scheiben schneiden. In kochendem Salzwasser 3 Min. blanchieren, eiskalt

abschrecken. Den Lauch putzen, sehr gut waschen und in gleichmäßige, 3 mm dünne Ringe teilen. In kochendem Salzwasser 2 Min. blanchieren, eiskalt abschrecken. Die Gemüse gut abtropfen lassen. Den Geflügelfond und Rahm mit dem Wein dickflüssig einkochen. Kartoffeln und Lauch zufügen und darin bißfest garen. Die geputzten Pfifferlinge kurz anbraten und zu dem Gemüse geben. Köchelnd die eiskalte Butter unter das Gemüse montieren und mit Salz und Pfeffer abschmecken. Erst kurz vor dem Servieren die Schlagsahne unterziehen.

Das Sahnegemüse auf 4 vorgewärmte Teller geben, 2 Scheiben Kalbsschwanz auf das Gemüse legen und diese gut mit Sauce nappieren.

Gefüllte Spanferkelschulter in Hefeweizenbiersauce

Werner Frey
Lemberghalle, Affalterbach

1 Spanferkelschulter, 1 Flasche Hefeweizenbier, dunkel, 100 g Champignons, 1 Zwiebel, 1 Ei, 50 g Butter, 100 g Schinken, Petersilie, Schnittlauch, Salz, Pfeffer, Wacholderbeeren, Semmelbrösel, 3 Tomaten, 2 Knoblauchzehen, Thymian, Majoran, 2 EL Tomatenmark, Röstgemüse (Zwiebel, Karotte, Lauch, Sellerie, Petersilie).

Eine Spanferkelschulter auslösen, etwas zuschneiden und mit einem Teil der Kräuter und etwas Hefeweizenbier, Wacholderbeeren und Pfeffer in einer zugedeckten Schüssel mindestens 12 Std. einlegen. Für die Füllung Kräuter hacken, Zwiebel, Schinken, Champignons, Knoblauch in Würfel schneiden, salzen und pfeffern.

Tomaten die Haut abziehen und würfeln. Butter in einen Topf geben und Zwiebel darin glasig dünsten, die abgezogenen Tomaten, Champignons und Schinken dazugeben, alles dünsten, bis keine Flüssigkeit mehr vorhanden ist. Die gehackten Kräuter dazugeben und abkühlen lassen. Ei und etwas Semmelbrösel in die abgekühlte Masse geben.

Die Spanferkelschulter ausbreiten, Füllung in die Mitte der Schulter geben, zusammenschlagen, so daß die Füllung eingeschlossen ist, etwas formen und binden, in eine Kasserolle geben und in den heißen Ofen schieben. Mit den Knochen gut anbraten und das Röstgemüse dazugeben. Nach einiger Zeit 2 Eßlöffel Tomatenmark hinzugeben und mit dem Rest des Hefeweizens ablöschen. Eventuell noch etwas Wasser dazugießen.

Garzeit etwa 80 bis 90 Min.

Den Braten aus dem Ofen nehmen, die Sauce in einen Topf passieren, aufkochen, mit den Gewürzen abschmecken und kalte Butterwürfel einrühren. Das Fleisch in Scheiben schneiden und auf einer Platte anrichten und mit Sauce nappieren. Restliche Sauce anrichten und extra servieren. Als Beilage Lauchschupfnudeln.

Spanferkelkeule mit Kümmeljus, roten Berglinsen und Bäckerinkartoffeln

Bild Seite 90

Eberhard Aspacher
Schloßwirtschaft Landhotel
Illereichen

0,6 kg Spanferkelkeule, ohne Knochen, mit Schwarte, ¼ l dunkles Bier, 1 TL Kümmel, Mirepoix (in Würfel geschnittenes Röstgemüse:

Zwiebel, Sellerie, Karotten), 50 g rote Berglinsen, ½ l Brühe, Gemüsebrunoise (wie Mirepoix, nur kleiner gewürfelt), Tomatenconcassé (abgezogene, gewürfelte Tomate), Champagneressig, Orangenabgeriebenes, Salz und Pfeffer aus der Mühle, 160 g geschälte Kartoffeln, 50 g Zwiebel in Scheiben, ⅛ l Jus, ¼ l Brühe, 40 g Butter, Salz, Pfeffer und Muskat.

Die Schwarte der Spanferkelkeule kreuzförmig einritzen. Würzen und mit Kümmel bestreuen. Bei 180 Grad im Rohr 1 Std. weitergaren, nach der Hälfte der Garzeit das Röstgemüse beigeben und hin und wieder mit dunklem Bier übergießen. Aus dem Bratenansatz eine Sauce ziehen, passieren und eventuell leicht abbinden.
Die Linsen etwa 1 Std. mit in Butter angeschwitzten Zwiebel- und Gemüsewürfeln in der Brühe weich kochen, Tomatenconcassé hinzufügen und mit Salz, Pfeffer, Champagneressig und Orangenschale abschmecken.
Für die Bäckerinkartoffeln die Zwiebeln und Kartoffeln in dünne Scheiben schneiden. Würzen. Abwechselnd in Portionsförmchen einschichten und mit Brühe, Jus und Butter bedecken. Backzeit: 20 Min. bei 180 Grad.

Schweinefilet im Spinatflädle auf Austernpilzsauce

Hermann Engel
Restaurant Lamm
Stuttgart-Feuerbach

600 g pariertes Schweinefilet am Stück, 40 g Traubenkernöl, 20 g Dijoner Senf, 400 g Blattspinat, 1 kleine Knoblauchzehe, Salz, Pfeffer aus der Mühle, Prise Zucker,

180 g Crème double, 40 g geräucherter Schweinebauch in Würfel, 40 g Schalotten in Würfel, 40 g geriebenes Weißbrot ohne Rinde, 1 Ei, 100 g gekochter oder geräucherter Schinken, 1 großer oder 2 kleinere gebackene Eierpfannkuchen, 50 g geklärte Butter, 200 g geputzte, gewaschene Austernpilze, 20 g geräucherter Schweinebauch in Würfel, 20 g Schalotten in Würfel, 40 g Sherry, trocken, ½ Knoblauchzehe, 50 g reduzierter Kalbsfond (siehe S. 196), 150 g Crème double.

Schweinefilet würzen, in dem Traubenkernöl von allen Seiten scharf anbraten, auskühlen und mit dem Senf bestreichen.
Blattspinat ohne Stiele in kochendem Salzwasser ganz kurz blanchieren, in Eiswasser abschrecken, auf einen Durchschlag gießen, kräftig auspressen und fein hakken. Die Schweinebauchwürfel auf kleiner Flamme langsam sehr rösch anbraten, die Schalottenwürfel dazugeben und mit anglacieren. Die Crème double mit der gepreßten Knoblauchzehe auf gut die Hälfte einkochen und leicht auskühlen lassen. Den blanchierten, gehackten Blattspinat mit der Schweinebauch-Schalotten-Schmälze, dem Ei und der geriebenen Weißbrotkrume zu der reduzierten Crème double geben und alles gut miteinander vermengen. Mit den Gewürzen abschmecken. Den oder die Eierpfannkuchen auf einen Tisch nebeneinander auslegen, mit den Schinkenscheiben belegen, mit einem Teil der Spinatfarce abdecken, das Schweinefilet daraufsetzen, mit der restlichen Spinatfarce einhüllen und fest in die Eierpfannkuchen einrollen. Mit der Nahtstelle nach unten auf ein trockenes Backblech setzen und mit der geklärten Butter bepinseln. Das Backblech in den vorgeheizten Backofen bei 200 Grad auf die mittlere Schiebe-

leiste schieben und in etwa 20 Min., unter öfterem Bepinseln mit der geklärten Butter, backen.
Für die Sauce die Schalotten- und Schweinebauchwürfel mit etwas Butter in einer Kasserolle angehen lassen. Die Austernpilze dazugeben, kurz ansautieren, mit einer Prise Salz und Pfeffer aus der Mühle würzen und mit dem Sherry ablöschen. Die gepreßte Knoblauchzehe dazugeben, kurz reduzieren lassen und mit der Kalbsglace und Crème double auffüllen. Die Schweinefiletrolle aus dem Backofen nehmen, an einem warmen Platz etwa 10 Min. ruhen lassen und danach in 8 gleich große Tranchen teilen. Die Sauce auf Tellern verteilen und je 2 Schweinefilettranchen daraufsetzen.

Schweinefilet im Vollkornmantel mit Biersabayon

Eugen Heubach
Landgasthof Heubach-Krone
Winnenden-Birkmannsweiler

600 g Schweinefilet, Salz, Pfeffer, Öl zum Anbraten, 1 Schweinenetz, 50 g Buchweizenkörner, 50 g Sonnenblumenkerne, 50 g Kürbiskerne, gehackt, 150 g Weißbrot ohne Rinde, 2 Eigelb, 100 g Butter.

Biersabayon:
¼ l Altbier, etwas Bratenfond, 3 Eigelb, Salz, Pfeffer, Zucker.

Das Schweinefilet von Fett und Sehnen befreien, mit Salz und Pfeffer würzen und in Öl von allen Seiten kurz anbraten. Auf einen Teller legen und zum Abkühlen beiseite stellen.
Die Körner in Wasser quellen lassen. Das Weißbrot im Mixer pürieren und mit dem Eigelb und den ausgedrückten Körnern sowie

etwas Salz zu einer Masse verrühren. Das Schweinenetz gut wässern, ausdrücken und auf dem Tisch ausbreiten. Die Weißbrot-Körner-Masse auf das Schweinenetz verteilen, das Schweinefilet daraufsetzen und einrollen.

In Butter anbraten und im Ofen bei 180 Grad 15 Min. fertigbakken. Vor dem Anschneiden 10 Min. außerhalb des Ofens ruhen lassen. Die Zutaten zum Biersabayon in einer Schüssel im Wasserbad zur Bindung aufschlagen. Als Beilage paßt ein Zucchini-Kartoffel-Gratin ganz besonders gut.

Schweinefilet in Frischkäsesauce mit Gemüserauten

Erich Stradinger
IBM Deutschland GmbH
Böblingen

2 Schweinefilets, pariert, à 300 g, Salz und Pfeffer, 80 g geklärte Butter.

Frischkäsesauce:
50 g feingehackte Zwiebeln, 30 g Butter, 120 g Boursin, 150 g flüssige Sahne, 150 g Bratensauce, 100 g trockener Weißwein, 10 g frische Schnittlauchröllchen, 10 g frischer Kerbel, gezupft, 10 g frische Petersilie, gehackt, 50 g steife Sahne, Salz, Pfeffer, Muskat, eventuell Knoblauch.

Gemüserauten:
50 g feingehackte Zwiebeln, 60 g Butter, je 300 g Karotten-, Sellerie- und Lauchrauten, 20 g frische Kräuter, Salz, Pfeffer, Muskat.

Die Filets würzen, kurz einziehen lassen, dann in der Butter braun anbraten, im Backofen bei 180 bis 200 Grad fertiggaren, öfters mit der Bratflüssigkeit begießen. Dies

dauert 10 bis 12 Min. Wenn die Filets auf Fingerdruck elastisch nachgeben, aus dem Ofen nehmen und in Alufolie einschlagen, etwa 5 bis 10 Min. am Herdrand stehenlassen, damit der Fleischsaft drinbleibt.

Zum Servieren die Filets in dünne, schräge Streifen schneiden und gefällig auf dem Teller anrichten.

Für die Sauce die Zwiebeln in der Butter anschwitzen, bis sie glasig sind, dann mit dem Weißwein ablöschen und auf die Hälfte reduzieren. Jetzt den Boursin dazugeben, vorsichtig glattrühren. Dann die Sahne zugießen und mit der Bratensauce auffüllen.

Nun die Sauce abschmecken und die frischen Kräuter zugeben. Zum Schluß die steife Sahne leicht unterziehen und servieren.

Für das Gemüse schneidet man die Karotten, den Sellerie und den Lauch in gefällige Rauten und stellt sie beiseite. Nun schwitzt man die Zwiebeln in der Butter glasig an und gibt das geschnittene Gemüse (Lauch zuletzt) dazu, würzt es mit Salz und Pfeffer und läßt es bei kleiner Flamme zart dünsten. Zum Schluß die frischen Kräuter zugeben und servieren.

Zu diesem Gericht passen sehr gut handgeschabte Spätzle, selbstgemachte Nudeln oder Kroketten.

Lammfilets an Basilikumjus mit Ratatouille-Ravioli

Bild Seite 95

Franz Keller

8 Lammfilets, 3 Knoblauchzehen, 1 Thymianzweig, Bratbutter.

Basilikumjus:
500 g kleingehackte Lammknochen und Parüren, 150 g Röstgemüse

(Sellerie, Schalotten, Zwiebeln), 2 EL Olivenöl, 1 EL Tomatenmark, 4 Knoblauchzehen, 2 frische Lorbeerblätter, 10 Pfefferkörner, 1 Thymianzweig, 1 Rosmarinzweig, Basilikumstiele, Estragonstiele.

Nudelteig:
200 g Mehl, 1 Eigelb, 1 Ei, 1 EL Öl (Sonnenblumenöl), Salz.

Ratatouille:
75 g Zucchini, 75 g Auberginen, 50 g Zwiebeln, 75 g rote, gelbe, grüne Paprika, jeweils kleingewürfelt, 50 g Tomatenconcassé (kleingewürfelte, abgezogene Tomate), Salz, Pfeffer, 1 Knoblauchzehe, 1 Thymianzweig, Basilikum, Kümmelblüte, 1 EL Semmelbrösel, 1EL Öl.

Basilikumjus:
In einem Topf das Olivenöl erhitzen, die Lammknochen zugeben und braun rösten, die Gemüse beifügen und hellbraun anschwitzen. Tomatenmark dazugeben und ebenfalls kurz mitrösten. Ablöschen, reduzieren und den Vorgang zweimal wiederholen. Kräuter und Gewürze dazugeben, mit Wasser auffüllen, bis die Knochen bedeckt sind (wenig salzen). Etwa 3 Std. köcheln lassen, passieren und um die Hälfte reduzieren. Das Fett, das sich dabei absetzt, abschöpfen. Zum Schluß kalte Butter unterschwenken und in Streifen geschnittenes Basilikum beigeben. Warm halten.

Ravioli-Füllung:
Zwiebel und Knoblauch in einem Topf mit 1 EL Öl anschwitzen, Auberginen und Paprika dazugeben, mit Salz und Pfeffer würzen und auf kleiner Hitze dünsten. Nach etwa 15 Min. Zucchini, Tomaten und Kräuter und Gewürze dazugeben, dünsten, bis die Zucchini weich sind und sämtliche Flüssigkeit verdunstet ist. 1 EL Semmelbrösel hinzugeben, abschmecken und kalt stellen.

Aus den Zutaten für den Nudel-

Rezept Seite 88: Spanferkelkeule mit Kümmeljus und roten Berglinsen, Eberhard Aspacher teig Teig kneten und etwas ruhen lassen, dann hauchdünn ausrollen und ausstechen (Durchmesser etwa 11 cm). Die Ränder mit Eigelb einstreichen, etwas Ratatouille einfüllen und zusammenklappen. In Salzwasser etwa 30 Sekunden kochen und warm stellen.

Pro Person 2 bis 3 Lammfilets in Butter mit 3 Knoblauchzehen und Thymianzweig rosa braten, schräg halbieren, etwas Basilikumjus angießen und mit Ratatouille-Ravioli anrichten.

Lammrücken in Vollkornkruste mit Lembergersauce

Helmut Hilse
Restaurant Sonnenhof
Waldstetten

1 Lammrücken, längs halbiert, entbeint, nur die Stielknochen drangelassen. 2 dl Öl, 4 Scheiben Vollkornbrot, 2 Eiweiß, 1 Bund Blattpetersilie, 2 EL Pommerysenf, 4 Knoblauchzehen, 1 Zweig Rosmarin, 1 Zweig Zitronenthymian, je 100 g Wurzelgemüse, in Würfel geschnitten (von Zwiebeln, Karotten, Sellerie und Lauch), Salz, Pfeffer aus der Mühle, 1 Msp. Speisestärke, ½ l Lammfond, 1 TL Balsamicoessig, 20 g Butterflocken.

Fleisch mit 1 dl Öl, Knoblauch und Kräutern über Nacht im Kühlschrank zugedeckt marinieren. Herausnehmen, mit Krepp abtupfen, salzen, pfeffern und in heißem Öl ringsum kroß braten. Brot, Eiweiß, Petersilie und Senf mixen und das Fleisch mit der Krustenmasse einhüllen. Im auf 200 Grad (Gas Stufe 3) vorgeheizten Backofen 15 Min. backen, Ofen ausschalten und bei leicht geöffneter Ofentür 5 Min. nachziehen lassen. Zur Sauce die zer-

kleinerten Knochen, Häute, Wurzelgemüse, Kräuter und Knoblauch anbraten, mit Wein und Lammfond ablöschen, aufkochen, abschäumen und 30 Min. ziehen lassen. Durchseihen, auf 1 dl reduzieren, mit der mit wenig Rotwein angerührten Stärke binden, die Butter mit dem Mixstab einmontieren und mit Balsamicoessig und Lemberger abschmecken. Je zwei Koteletts und zwei Scheiben Fleisch mit der Vollkornkruste auf der Sauce anrichten und mit einem Rosmarinzweig garnieren. Als Beilage Spindele (siehe S. 159).

Lammrücken mit Pesto und Kartoffelrosette

Ernst-Ulrich Schassberger
Landhotel Hirsch
Kaisersbach-Ebnisee

Lammrückenfilet:
1 kg Lammrücken, Salz, Pfeffer, 10 g Butterflocken.

Pesto:
2 EL Haselnußöl, 1 EL Haselnüsse, gemahlen, 1 EL Bärlauch, gehackt (statt dessen auch Basilikum und etwas Knoblauch möglich), 1 Prise Salz, 1 TL Parmesan- oder Pecorinokäse.

Gemüse:
1 Bund junge Karotten, 1 Bund junger Zwiebellauch, Salz und Pfeffer, Butter.

Kartoffelrosette:
4 große Kartoffeln, 1 EL Öl, 20 g Butter zum Braten, Salz und Pfeffer.

Das Fleisch vom Lammrücken lösen, von Sehnen und Fett befreien, mit Salz und Pfeffer würzen. Nun von allen Seiten schön braun braten. Innen muß das Fleisch me-

dium sein. Die Zutaten für das Pesto gut vermengen, die gebratenen Stücke gleichmäßig bestreichen und kurz beiseite stellen. Das Gemüse in wenig Wasser mit einer Prise Salz garen. Die Kartoffeln in gleichmäßige Scheiben schneiden und in heißer Butter-Öl-Mischung, rund in Gratin-Form eingeschichtet, goldbraun braten. 10 Min. bevor das Gemüse und die Kartoffelrosette fertig sind, das Lammrückenfilet etwa 5 Min. in den 200 bis 220 Grad heißen Backofen geben, damit das Pesto überbacken wird. Das Fleisch anschließend in Tranchen schneiden und mit dem Gemüse und der Kartoffelrosette anrichten. Den Bratensatz durch ein Sieb passieren und mit dem Mixstab schnell einige Butterflöckchen unterschlagen, kurz erhitzen und an das Fleisch gießen und servieren.

Lammrücken in der Kräuterkruste mit Rosmarinsauce

Rolf Schlegel
Restaurant Zum Ochsen
Kernen i. R.

Lammrücken, ausgelöst, 1 EL Knoblauchöl, Salz, Pfeffer.

Kräuterpanade: 200 g Butter, 6 Scheiben Weißbrot ohne Rinde, 1 Knoblauchzehe, fein gehackt, ½ TL frischer Rosmarin, 2 EL frisch gehackte Petersilie, Salz, Pfeffer, Aromat.

Butter in eine Schüssel geben und bei Zimmertemperatur weich werden lassen, dann verrühren und etwas aufschlagen. Geviertelte Weißbrotscheiben, gehackte Knoblauchzehe, Petersilie und Rosmarin im Mixer gut vermengen. Die Mischung unter die Butter heben und mit Salz und Pfeffer abschmecken. Den ausgelösten Lammrücken würzen und mit Knoblauchöl einreiben. Danach in einer Pfanne bei geringer Hitze rundherum kurz anbraten. Den Lammrücken fest in Alufolie einpacken und etwa 10 Min. ruhen lassen. Anschließend den Lammrücken im Ofen fast fertig garen, mit der Kräuterkruste dünn bestreichen und im Salamander gratinieren.

Lamm mit Linsen im Netz

Hans Könneke
Stadtschänke Großbottwar

1 ganzer Lammrücken, 1 Schweinenetz, 50 g Bratfett, Salz, Pfeffer, Knoblauch, Salbei, Basilikum, 1/2 Stange Lauch, 2 Karotten, 1 Zwiebel, 50 g Speck, 1 EL Tomatenmark, Glutamat, Brühwürfel, 200 g Linsen, 2 EL Essig.

Linsen waschen und auf ein Sieb schütten.
1 geschälte Karotte, 1/4 Sellerie, 1/2 Zwiebel und 1/4 Stange Lauch in etwa linsengroße Würfel schneiden. Fett erhitzen, Speck anbraten, Linsen dazugeben, Tomatenmark ebenfalls und Einweichwasser auffüllen, mit Salz, Pfeffer und Glutamat würzen. Halbgar kochen. Gewürfeltes Gemüse dazugeben und alles miteinander gar kochen. Zum Schluß den Essig dazugeben und auskühlen lassen. Das Linsengemüse darf nicht flüssig sein.
Lammrücken häuten, d.h. vorsichtig am Rückgrat einschneiden und zuerst das dünne Häutchen abziehen. Sodann tiefer schneiden und Fett und Sehnenstrang entfernen. Nun der Länge nach bis zum Rückenknochen schneiden und

das Rückenfilet so weit lösen, daß es noch an der Außenseite hängenbleibt. Es entsteht eine Art Tasche. Die kleinen Filets an der Unterseite lösen. Das Fleisch salzen, pfeffern, mit Basilikum, Salbei und Knoblauch würzen und die Rückenfilets sowie die kleinen Filets kurz anbraten.
Das Schweinenetz kurz in lauwarmem Wasser waschen, dann mit einem Tuch trocknen. Die schon etwas erkalteten Linsen in die Tasche des angebratenen Lammrükkens so einfüllen, daß wieder die ursprüngliche Form entsteht – natürlich nun etwas dicker. Die kleinen Lammfilets obenauf legen. Das Schweinenetz darüberbreiten und unter dem Rückenknochen einschlagen. Die Bratröhre auf 200 Grad erhitzen, den Lammrükken einschieben, nach etwa 10 Min. auf 160 Grad schalten und nochmals 10 Min. braten.
Die Rückenfilets ablösen, in schräge Scheiben schneiden, auf Teller anrichten und die Linsen dazugeben.

Anmerkung: Bei Lamm unbedingt das feine Häutchen über dem Fett entfernen. Wenn frische Kräuter unter eine Sauce gemischt werden – nicht mehr kochen lassen, da sie sonst bitter werden und die Farbe verlieren.

Lammnüßchen in Kräuterrahm

Rainer Steng
Ratsstüble
Markgröningen

1 kg Lammrücken, 120 ml Sahne, 80 ml Crème fraîche, 100 ml Lemberger (Rotwein), 100 g Röstgemüse, 1 TL Kräutermischung, bestehend aus Estragon, Kerbel, Dill und Basilikum, 800 g am Vortag in der Schale gekochte Kartoffeln, Bratfett.

Den Lammrücken auslösen, von den Knochen und Sehnen mit dem Röstgemüse (Zwiebel, Karotten, Sellerie in 1 cm großen Würfeln) einen braunen Fond kochen. Das ausgelöste Fleisch in Medaillons von etwa 4 cm schneiden, leicht klopfen, in einer Sauteuse halb durchbraten, warm stellen. In der Zwischenzeit die geschälten Kartoffeln in dünne Scheiben schneiden und in einer Eisenpfanne in Butterschmalz rösten.
Den in der Sauteuse entstandenen Bratsatz mit dem Rotwein ablöschen, fast gänzlich reduzieren, mit dem braunen Fond ablöschen, nochmals reduzieren, Sahne und Crème fraîche zugeben, so weit reduzieren, daß eine sämige Sauce entsteht. Kurz vor Fertigwerden die Kräuter und den beim Warmstellen entstandenen Fleischsaft zugeben, aufkochen, mit einer Prise Cayennepfeffer und Salz abschmecken. In einer Kupferpfanne die Lammnüßchen neben die Kartoffeln anrichten und die Sauce über das Fleisch gießen. Dazu paßt ein knackiger grüner Salat.

Gefächerter Lammrücken mit Buchtelkartoffeln, Schmorgurken

Heinrich und Jürgen Koch
Laurentius, Weikersheim

500 g pariertes Lammrückenfilet, 200 g Hackfleisch vom Lamm, etwas Eiweiß, 1 TL grüner Pfeffer, 50 g glatte Petersilie, 0,1 l Sahne, 50 g Semmelbrösel, 500 g Schmorgurken, 300 g Paprikaschoten, rot, grün, gelb, 50 g Butterschmalz, 500 g Lammknochen, 0,2 l Rotwein, Tomatenmark, Knoblauch nach Wunsch, Gewürze: Salz, Pfeffer, Lorbeerblatt.

Lammrückenfilets in 1 cm dicke Scheiben schneiden, jedoch nicht ganz durchschneiden, sondern nur so weit, daß die Scheiben am Boden noch zusammenhängen. Die so entstandenen Taschen mit Fülle einstreichen. Für die Fülle gekühltes Lammhackfleisch mit etwas Eiweiß, dem grünen Pfeffer, Petersilie und etwas Salz unter fortwährender Zugabe von der flüssigen Sahne ein geschmeidiges Lammbrät erstellen. Gefüllten Rückenstrang mit der verbleibenden Fülle dünn bestreichen und in Semmelbröseln vorsichtig rollen. Auf ein gebuttertes Blech setzen und bei 200 Grad 15 Min. rosa braten. Vor dem Aufschneiden 5 Min. ruhen lassen. Reife, kleine Gemüsegurken längs halbieren und blanchieren. Paprikaschoten in kleine Würfel schneiden und kurz in Butterschmalz andünsten. Die Gurkenhälften damit füllen und im Ofen fertigschmoren. Knochen anrösten und mit Rotwein, Tomatenmark und Gewürzen eine kräftige Lammjus ziehen. Das rosa gebratene Rückenfilet im 45-Grad-Winkel tranchieren, dabei entsteht ein fächerartiges Muster der Fleischfüllung. Mit den Schmorgurken, der Lammjus und den Buchtelkartoffeln gefällig anrichten.

Lammschulter, mit Schafskäse gefüllt, Schnippelbohnen und Kartoffelauflauf

Klaus Dieter Kalinasch
Weilbach/Ufr.

1 kg Lammschulter mit Knochen (ausgelöst), 180 g Weißbrot, 200 g Schafskäse, 40 g Schinkenwürfel, 100 g Steinchampignons, 3 Eier, 20 g Rosmarin, 40 g Knoblauch, 200 g Wurzelgemüse, 0,5 l Spätburgunder, 300 g geschälte Kartoffeln, 120 g Butter, 2 Eigelb, Salz, Pfeffer, Muskat, 400 g Bohnen.

Die Lammschulter am besten vom Metzger entbeinen lassen, Knochen zerschlagen und mitnehmen. Für die Füllung das Weißbrot, den Schafskäse, den Schinken und die Steinchampignons in kleine Würfel schneiden, in einer Schüssel mit den Eiern vermischen und mit Salz, Pfeffer, Knoblauch, Rosmarin abschmecken. Diese Füllmasse auf der ausgebreiteten, gesalzenen Lammschulter verteilen, zusammenrollen und mit einer Schnur binden. In einem Bräter die gefüllte Lammschulter von allen Seiten anbraten, die gehackten Knochen und etwas Wurzelgemüse zufügen und in der Backröhre etwa 1 Std. bei 180 bis 200 Grad schmoren, den Braten öfter mit dem eigenen Fleischsaft und dem Rotwein ablöschen. Für den Kartoffelauflauf die geschälten Kartoffeln durch eine Presse drücken, mit Butter und den Eigelben vermischen, etwas Muskat, Salz und das zu Schnee geschlagene Eiweiß dazugeben und in einer gebutterten Form etwa 15 bis 20 Min. bei 180 Grad in der Backröhre herausbacken. Die Bohnen putzen, fein schnippeln, in Salzwasser blanchieren und in Butter anschwenken, mit Bohnenkraut würzen.

In der Zwischenzeit die in dem Bräter entstandene Sauce durch ein feines Sieb geben, eventuell nochmals abschmecken.

2 dünne Scheiben der gefüllten Lammschulter auf etwas Sauce setzen, daneben die Schnippelbohnen und den ausgestochenen Kartoffelauflauf legen.

Lammhaxe in Lembergersauce mit Erdartischocken

Armin Wiedmann
Restaurant zum Stern
Rudersberg-Schlechtbach

4 Lammhaxen, Mirepoix von 1 Möhre, 2 Stangen Staudensellerie, 16 Schalotten, 2 TL Tomatenmark, 2 Knoblauchzehen, 1 Thymianzweig, 1 Rosmarinzweig, 3/4 l Lemberger, 1 Lorbeerblatt, 1 Nelke, 10 gestoßene weiße Pfefferkörner, 2 EL Öl, 150 g Butter, 1 EL Maisstärke, 1 l Lammfond, 1/2 l Milch.

Garnitur:
1 Zucchini, 1 Paprika, rot, 1 Paprika, grün, etwas Basilikum und Petersilie, gehackt, 12 Cherrytomaten, 10 Erdartischocken.

Lammhaxen von Fett und Sehnen befreien, salzen, pfeffern und von allen Seiten gut anbräunen. Kleingeschnittenes Mirepoix dazugeben und unter stetigem Rühren anrösten. Tomatenmark, Thymian und Rosmarin dazugeben und mit etwas Wein ablöschen. Danach 3- bis 4mal mit etwas Wein aufgießen, bis die Sauce einen schönen Glanz hat. Das Ganze mit dem Lammfond, Wein und den restlichen Zutaten bei kleiner Flamme bzw. im Ofen abgedeckt 1½ Std. schmoren lassen. In der Zwischenzeit Zucchini und Paprika in kleine Würfel schneiden, Cherrytomaten enthäuten, Kräuter hacken (Stiele in die Sauce geben). Lammhaxen aus der Sauce nehmen. Sauce abseihen und etwas einkochen lassen. Das Ganze mit der angerührten Maisstärke abbinden und die Butter mit einem Schneebesen langsam einrühren.
Erdartischocken schälen und sofort in kalte Milch legen, da sie sonst braun werden. Auf einem

Rezept Seite 91: Lammfilet mit Ratatouille-Ravioli, Franz Keller

Gemüsehobel in sehr feine Scheiben schneiden und in einem heißen Fettbad bei 175 Grad herausfritieren, leicht salzen und als Beilage reichen. Die Garnitur kurz anschwitzen und mit der Haxe auf vorgewärmten Tellern anrichten.

Anmerkung: Die Zweigeltrebe ist eine Kreuzung aus den Sorten Lemberger und St. Laurent, die sich besonders für den Holzfaßausbau eignet.
Jerusalem-Artischocke oder Topinambur ist eine Knollenfrucht, oft warzig, in der Größe einer Kartoffel mit viel Wassergehalt. Ihre Geruch ist erdig, verbunden mit schwachem Weißrübengeschmack.
Saison: Oktober bis Mai.

Lammbrust in Kräuterpanade mit Zitronensauce

Rudolf Katzenberger
Rastatt

1 ganze Lammbrust, entbeint, 1 Zwiebel, mit Lorbeerblatt und Nelke gespickt, einige Knoblauchzehen, 2 Handvoll frische Küchenkräuter (z. B. Petersilie), Salz, Pfeffer aus der Mühle, Mehl, Eigelb, Weckmehl oder geriebenes Weißbrot für die Panade, Butterschmalz zum Backen.

Zitronensauce:
2 Eier, 2 TL süßer Senf, 1/4 l gutes (extra vergine) Olivenöl, 1 Zitrone.

Die Lammbrust mit der Spickzwiebel und den Knoblauchzehen in kochendes Salzwasser geben und gar ziehen lassen. Inzwischen die Küchenkräuter hacken. Nach dem Garen die Lammbrust längs halbieren (bitte nicht abschwenken), so daß man die beiden Hälften aufeinanderlegen kann. Die Hälfte der gehackten, mit etwas

Salz und Pfeffer aus der Mühle gewürzten Küchenkräuter zwischen die Lammbrusthälften geben. Die Lammbrust zusammenklappen, mit einem Brett beschweren und auskühlen lassen. Die restlichen Kräuter mit etwas Weckmehl oder geriebenem Weißbrot zu einer Panade vermengen. Die erkaltete, steif gewordene Lammbrust schräg in Tranchen schneiden, wie üblich panieren und in Butterschmalz herausbacken.
Für die Zitronensauce die Eier mit einer Prise Salz, dem Senf und dem Öl in den Mixer geben und aufschlagen. Am Schluß etwas kleingeschnittene Zitronenschale und 1 EL Zitronensaft untermengen.

Geschmortes Lammhäxle mit Wurzelgemüsen

Roland Hagmann
Betriebscasino Mann & Hummel
Ludwigsburg

4 Lammhäxle à etwa 400 g (beim Metzger vorbestellen), 4 EL Olivenöl, Mirepoix von Lauch, Karotten, Zwiebeln, 1 EL Tomatenmark, 1/4 l Lemberger (Rotwein), 1/2 l Kalbsfond (siehe S. 196), Aromaten (Thymiansträußchen, Knoblauchzehen, 6 Pfefferkörner), 200 g Fingerkarotten mit Grün, 200 g Frühlingszwiebeln, 200 g Petersilienwurzel, 100 g Butter, 200 g Steinchampignons.

Lammhäxle von Haut und Sehnen befreien, mit Salz und Pfeffer würzen und in einer Pfanne mit Olivenöl anbraten. Mirepoix beigeben, mit anrösten, tomatisieren und mit Rotwein ablöschen. Mit Kalbsfond unter zweimaligem Einkochen auffüllen. Thymiansträußchen, Knoblauchzehe und

Pfefferkörner beifügen. Die Lammhäxle etwa 1½ Std. weich schmoren. Ausstechen und warm stellen. Die Sauce passieren und reduzieren. Inzwischen die Fingerkarotten und Frühlingszwiebeln in Butter glacieren und auf vorgewärmten Tellern anrichten. Die Lammhäxle dazulegen und mit der mit kalter Butter aufgeschlagenen Sauce überziehen.

Gefüllte Milchlammbrust mit seinen Innereien

Jochen Moosmann
Dicker Turm
Esslingen

1 Lammbrust, 1 Lammniere, Bries und Zunge, 4 Scheiben Weißbrot, 1 Ei, 1 Eigelb, Petersilie, 2 Knoblauchzehen, Salz, Pfeffer, Muskat, etwas Lauch, Karotte, Sellerie (etwa 50 g in 0,5 cm großen Würfeln), 50 g Butter.

Die Lammbrust auslösen, Niere, Briese und Zunge in leicht gesalzenem Wasser pochieren und nach dem Abkühlen in Würfel schneiden. Mit den Gemüsewürfeln und Knoblauchzehen die Innereien anschwitzen und mit dem Weißbrot und den Eiern eine Füllmasse herstellen.
Die Masse auf die Brust aufstreichen und einrollen. Mit einem Bindfaden binden und im Backofen unter ständigem Übergießen glacieren. Aus den Knochen eine dunkle Sauce kochen und die fertige Brust darauf anrichten.

Anmerkung: Die Lamminnereien lassen sich ohne weiteres auch durch Kalbsinnereien ersetzen. Die fertige Lammbrust nach dem Braten noch etwas ruhen lassen, weil dann beim Schneiden die Füllung nicht so stark unter Druck steht und schönere Scheiben geschnitten werden können.

Glacierte Ziegenkitzkeule an Mostjus

August Kottmann
Gasthof-Restaurant Hirsch
Bad Ditzenbach-Gosbach

1 Ziegenkitzkeule von etwa 1 kg, Salz und Pfeffer aus der Mühle, 1 Knoblauchzehe, einige Thymianzweigchen.

Röstgemüse:
1 Zwiebel, 2 Karotten, ¼ Sellerie in Würfel, ½ l guter Apfelmost.

Ziegenkitzkeule hohl ausbeinen, mit Salz und Pfeffer würzen, Thymianzweigchen in die Knochenhöhle geben, die Keule mit der Knoblauchzehe einreiben. Bei mittlerer Hitze von 200 Grad im Ofen anbraten. Knochen beigeben und nach einiger Zeit das Röstgemüse. Während des Bratens die Keule immer wieder mit Most übergießen. Nach dem Garen die Keule in Alufolie schlagen und den Bratenfond mit dem restlichen Most einkochen, so daß ein kräftiger Fond entsteht. Die Garzeit beträgt etwa 35 Min.

Anmerkung: Die hohl ausgebeinte Keule läßt sich sehr gut auch mit würziger Kräuterfarce (etwa von frisch gehacktem Thymian, Majoran und Petersilie) füllen. Die Keule muß dabei jedoch sorgfältig an beiden Öffnungen zugenäht werden. Durch das Einschlagen in Alufolie und eine viertelstündige Ruhezeit zieht sich der Fleischsaft in die Muskulatur zurück und läuft beim Aufschneiden des Bratens nicht aus.

Ziegenkitzkeule, in Mostessig geschmort, mit Dörrpflaumen-Sauerkirschen-Sauce

Karl Brunnengräber
Ruhpolding

1 Ziegenkitzkeule, Salz, Pfeffer, 1 Thymianzweig, 1 Lorbeerblatt, etwas Majoran und Salbei, einige zerdrückte Gewürzkörner, 50 g Zucker, Butterschmalz zum Braten, 300 g Röstgemüse (Schalotten, Karotte, Sellerie) in groben Würfeln, 0,1 l Mostessig, 1 l Kalbsjus (siehe Seite 196), ¼ l trockener Weißwein, 1 Südweinglas Portwein, 60 g dunkle Kuvertüre, 8 Dörrpflaumen (ohne Stein), eine Handvoll entsteinte Sauerkirschen.

Von der Ziegenkitzkeule Schlußknochen und Haxe entfernen, hohl auslösen, mit einer Mischung aus Thymian, zerdrückten Gewürzkörnern, Lorbeerblatt und Salbei einreiben und beiseite stellen. Butterschmalz in einem verschließbaren Bräter erhitzen, die Ziegenkitzkeule darin von allen Seiten kurz anbraten und bei geschlossenem Deckel, unter gelegentlichem Angießen von Weißwein und öfterem Übergießen mit Bratfond, weich schmoren. Den Weißwein vorher mit etwas Mostessig versetzen. Garzeit bei mäßiger Hitze etwa 1½ Std. Nach der Hälfte der Garzeit das Röstgemüse beigeben und kurz vor Ende des Bratvorgangs den Deckel entfernen und bei starker Oberhitze, unter nochmaligem Begießen mit Bratfond, die Keule schön braun glacieren. Aus dem Bratfond nehmen und mit gebutterter Folie bedeckt warm stellen.
Nun den Zucker hellbraun karamelisieren, mit dem restlichen Mostessig-Weißwein-Gemisch ablöschen, mit Kalbsfond auffüllen, das Ganze zum Bratfond geben und zur gewünschten Konsistenz einkochen. Am Schluß die Sauce sorgfältig entfetten und durch ein Tuch passieren. Kurz vor dem Servieren die in Portwein eingeweichten Dörrpflaumen sowie die entsteinten Sauerkirschen dazugeben und mit der aufgelösten dunklen Kuvertüre vollenden.

Gerollte Ziegenkitzbrust mit Bohnen-Kräuter-Füllung und Most-Sauce

Rudolf Glaser, Casino
der Maschinenfabrik Gehring
Ostfildern 2

1 Ziegenkitzbrust von 600 g, 150 g Ziegenkitzkeulenfleisch, 100 g Sahne, 50 g Eiweiß, 1 Bund frische Gartenkräuter (Petersilie, Thymian, Bohnenkraut), 100 g frische, blanchierte Bohnen, ½ l Apfelmost, 300 g Röstgemüse (Zwiebeln, Karotten, Sellerie), 100 g Scheiben dunkles Sauerteigbrot.

Ziegenkitzbrusthälfte sauber von allen Rippenknochen lösen, von schierem Fleisch aus der Keule mit Eiweiß und Sahne eine Farce herstellen und mit reichlich frisch gehackten Gartenkräutern (Petersilie, Bohnenkraut, Thymian) vermengen. Die Brust flach ausbreiten, mit der Kräuterfarce ½ cm dick bestreichen und darauf die blanchierten, ausgekühlten Bohnen quer zur Rollrichtung auflegen. Vorsichtig einrollen und die Brust mit einem Bindfaden binden. Unter Röstgemüsezugabe und öfterem Übergießen mit Most bei 220 Grad etwa 1½ Std. im Ofen garen. Den entstandenen Bratenfond mit Most ablösen, etwas einkochen und mit feingeriebenem Sauerteigbrot binden.

Gebratenes Kalbsbries mit frischen Morcheln und Blattspinat

Hanspeter Trachsel
Hotel-Restaurant Schiff
Buriet-Thal/Schweiz

600 g frisches Kalbsbries, 60 g frische Morcheln, 50 g Sahne, 50 g gehackte Schalotten, Concassé von 2 Tomaten in Würfeln 400 g Blattspinat, 4 Wachteleier, wachsweich pochiert.

Das frisch geputzte Kalbsbries in Scheiben schneiden, mehlieren und in Butter langsam braten. Inzwischen von Schalotten, Morcheln und Sahne eine sämige Sauce zubereiten. Blattspinat entstielen und in Butter mit Schalottenwürfeln und einer Spur Knoblauch, frisch gemahlenem Pfeffer und einer Prise Salz kurz dünsten. Blattspinat als Häufchen auf Tellern anrichten, halbiertes Wachtelei daraufsetzen, gebratene Kalbsbriesscheiben um den Blattspinat legen, mit der Morchelsauce nappieren und die warmen Tomatenwürfel darüberstreuen.

Kalbsbries in Kerbelbutter mit Bio-Salat

Kurt Clement
Hotel-Restaurant Linde
Wangen

500 g Kalbsbries, Salz, Pfeffer aus der Mühle, Mehl zum Wenden, 80 g Butter, 1 Bund Kerbel.
1 Kopf Lollo Rosso, 1 Kopf Friséesalat, je ein Bund Steinkresse, Sauerampfer, 1 Schale Mungosprossen, 12 Blatt Bärlauch zur Garnitur, 1 EL Obstessig, 4 EL Sonnenblumenöl, Salz, Pfeffer, Zucker, 1 Zehe

Knoblauch, 4 Blatt Borretsch, 1 Bund Schnittlauch, 1 EL Kräutersenf, 1 EL Crème fraîche.

Kalbsbries von Haut und Sehnen befreien, in leichtem Essigwasser mit kleiner Zwiebel, 2 Lorbeerblättern und Nelke 15 Min. weich garen. Abkühlen lassen, in gleichmäßige Scheiben schneiden, salzen und pfeffern, in Mehl wenden und in der Pfanne mit der Butter und den gezupften Kerbelblättchen langsam goldgelb anbraten.
Salate waschen, in mundgerechte Stücke zupfen und auf dem Teller schön anrichten, den Bärlauch zur Garnitur dazugeben.
Salatdressing aus Essig, Öl, Salz, Pfeffer, Zucker, Senf, Knoblauch und Crème fraîche im Mixer aufschlagen. Zum Schluß den feingeschnittenen Borretsch und Schnittlauch darunterheben und den angerichteten Salat damit marinieren. Dann das Kalbsbries anlegen. Dazu paßt warmes Stangenbrot.

Kalbsbriesstrudel an Champagnersenfsahne

(für 8 Personen als warmes Zwischengericht)

Wolfgang Sensz
Feinkost Käfer, München

Strudelteig:
200 g Mehl, 15 g Öl, 0,1 l Wasser, 1 Prise Salz.

Farce:
100 g Kalbfleisch, 1 Eiweiß, 0,1 l Sahne, 2 cl Noilly Prat, Salz, Pfeffer aus der Mühle, 500 g Kalbsbries, 50 g Pistazien.

Champagnersenfsahne:
50 g Schalotten, 50 g Moutarde de Meaux (Senf), 0,1 l Champagner,

150 g Butter, 0,1 l flüssige Sahne, 50 g geschlagene Sahne, 1/4 Bund Kerbel, Salz, Pfeffer aus der Mühle, 8 rosa Pfefferkörner.

Das gesiebte Mehl mit Salz und Öl in eine Schüssel geben, das warme Wasser hinzufügen und anschließend den Teig so lange rühren, bis er glatt ist. Dann den Teig mit Klarsichtfolie abdecken und ruhen lassen. Zum Gebrauch wie üblich auswellen und mit den Händen ausziehen.
Mageres, sehnenfreies Kalbfleisch in kleine Würfel schneiden. Dann Eiweiß, Sahne, Salz, Pfeffer und Noilly Prat zugeben und kurz anfrieren, anschließend die Masse im Mixer glattpürieren. Nun durch ein Sieb streichen und mit etwas flüssiger Sahne die Konsistenz der Farce bestimmen.
Das gewässerte Kalbsbries kurz abwällen, dann die einzelnen Briesnüßchen abzupfen und von den Häutchen befreien. Die Briesnüßchen in eine Schüssel geben, mit der Kalbfleischfarce abbinden und Pistazien unterheben.
Die Masse in den gezogenen Strudelteig einschlagen und mit warmer Butter einstreichen.
Der Strudel kann so im Kühlschrank 2 bis 3 Std. bereitgestellt werden.
Backzeit: Anbacken 5 Min. bei 220 Grad, Fertigbacken 15 Min. bei 170 Grad.
Feingeschnittene Schalotten in etwas Butter anschwitzen, Moutarde de Meaux hinzugeben und mit 2/3 Champagner ablöschen. Anschließend reduzieren, flüssige Sahne zugeben, aufkochen und die kalte Butter mit Schnellmixstab einrühren, mit Salz und Pfeffer aus der Mühle abschmecken. Kurz vor dem Servieren den restlichen Champagner zugeben und die geschlagene Sahne unterheben. Dann die gezupften Kerbelblätter einrühren.

Rezept Seite 101: Kalbsniere in Estragonsenf mit Bohnenkernen, Albert Bouley

Nun Sauce auf die Teller geben und eine etwa 2 cm starke fertiggebackene Scheibe pro Teller diagonal aufsetzen und mit rosa Pfefferkörnern und Kerbelsträußchen garnieren.

Kalbsbries auf Lauchragout und Steinchampignons

Martin Steiner
Rotisserie
Hotel am Schinderbuckel
Filderstadt

600 g Kalbsbries, 500 g Lauch, 300 g Steinchampignons, 50 g Zwiebeln, in feine Würfel geschnitten, Butter, 1/4 l Sahne, 1/8 l Weißwein, 1 EL Petersilie, gehackt, 1 EL Schnittlauchröllchen, 1 EL Kerbel, 1 TL Estragon, gehackt, Salz, Pfeffer, 1/2 Zwiebel, 1 Lorbeerblatt, 4 bis 5 Nelken.

Das Kalbsbries gut wässern. Die Fettstücke und Knorpel entfernen. Dann in Wasser mit wenig Salz, einer halben Zwiebel, gespickt mit einem Lorbeerblatt und 4 bis 5 Nelken, kochen. Den Lauch der Länge nach halbieren und gut waschen, in etwa 2 cm lange Stücke schneiden und kurz dünsten. Die Champignons waschen und in Scheiben schneiden. Die Zwiebelwürfel mit Butter in einen Topf hell anschwitzen, mit Weißwein ablöschen und die Sahne dazugeben.
Am Schluß die frischen Champignons und die Kräuter dazugeben, mit Salz, Pfeffer würzen. Das in Scheiben geschnittene Bries in einer Pfanne mit Olivenöl bei nicht zu großer Hitze goldbraun braten.
Das Lauchragout auf einen flachen Teller geben, darauf die gebratenen Briesscheiben anrichten.

Ausgarnieren mit Tomatenstückchen, Champignonscheiben und frischem Kerbel.

Kalbsbriesstrudel in Trüffelsauce

Franz Feckl
Restaurant Schloß Höfingen
Leonberg-Höfingen

600 g Kalbsbries, gewässert und abgezogen, 1/2 l Wasser, 1/2 l Kalbsfond, 1/8 l Weißwein, 1 Lorbeerblatt, 5 zerdrückte Pfefferkörner, 2 zerdrückte Pimentkörner, 1 Gewürznelke, 1 Bouquet garni (Karotte, Zwiebel, etwas Sellerie, 1 kleine Stange Lauch), 50 g geklärte Butter, Saft von 1 Zitrone, Salz und Pfeffer aus der Mühle, 50 g Mehl, 4 Scheiben Gänsestopfleber à 50 g, Pastetensalz, 4 Mangoldblätter, 100 g schiere Poulardenbrust, 100 g Sahne.

Strudelteig:
250 g Mehl, 125 g Wasser, 20 g Öl, 3 g Salz, 1 Eiweiß.

Trüffelsauce:
8 Scheiben Trüffel, Salz, 4 EL Madeira, 1/4 l Geflügelfond, 3 EL Trüffeljus, 1/8 l Crème double, 70 g Butter.

Das gewässerte Kalbsbries mit Wasser, Weißwein, den Gewürzen und Bouquet garni kalt aufsetzen, zum Kochen bringen, den Kalbsfond zufügen, etwa 10 Min. ziehen lassen, anschließend kalt abschrecken.
Das Bries in Scheiben schneiden, mit Salz, Pfeffer aus der Mühle und Zitronensaft marinieren, leicht mehlieren und in der geklärten Butter auf beiden Seiten kurz anbraten. Auf Küchenkrepp auskühlen. Die Scheiben der Gänsestopfleber würzen und kalt stellen. Die Mangoldblätter blanchie-

ren, in Eiswasser abschrecken und ebenfalls auf Küchenkrepp legen. Das Poulardenfleisch salzen und mit der Sahne anfrosten. Im Mixer zu einer homogenen Farce verarbeiten.
Für den Strudelteig alle Zutaten verarbeiten, kräftig kneten und 24 Std. ruhen lassen, vakuumieren oder in Öl legen. Den Strudelteig hauchdünn auf einem bemehlten Tuch ausziehen, 40 cm breit, 80 cm hoch.
Die Mangoldblätter unten, der Breite nach auflegen, etwas Farce aufstreichen, die Hälfte der Briesscheiben auflegen, wieder etwas Farce aufstreichen, mit Stopfleberscheiben, restlicher Farce und Bries und dem überlappenden Mangold umschließen und mit Hilfe des Tuchs einrollen. Die Enden mit Eiweiß bestreichen und nach unten einschlagen. Im vorgeheizten Ofen bei 250 Grad etwa 15 Min. backen.
In einer Sauteuse die Trüffeln mit 60 g Butter kurz anziehen, salzen, mit Madeira ablöschen, kurze Zeit kochen lassen und mit dem Geflügelfond auffüllen. Auf 1/3 reduzieren, Sahne und Butter einrühren. 3 bis 4 Min. leicht köcheln lassen, die Trüffeln herausnehmen, die Sauce mixen. Abschmecken, die Trüffeln beigeben und mit Trüffeljus verfeinern.

Gedämpfte Kalbsleber auf Burgundersauce

Wolf-Dieter Anhorn
Hotel-Restaurant Beurener Hof
Beuren

500 g Kalbsleber am Stück, 0,3 l Rotwein, 0,2 l Sahne, 1 TL Glace de viande, 8 Wacholderbeeren, Salz, Pfeffer aus der Mühle, Schnittlauch.

Den Rotwein mit den zerdrückten Wacholderbeeren in eine tiefe Pfanne mit einem Gitter geben. Den Wein zum Kochen bringen, die Leber auf das Gitter legen und die Pfanne zudecken. Die Leber 7 Min. über Dampf garen. Die Leber aus der Pfanne nehmen und warm stellen. Den Rotwein mit der Sahne auffüllen, die Glace de viande dazugeben, mit Salz und Pfeffer aus der Mühle abschmekken. Anschließend die Sauce passieren. Die Sauce auf die Teller verteilen, die Leber in Scheiben schneiden, auf der Sauce anrichten und mit Schnittlauch garnieren.

Kalbsleberscheiben mit Kirschsauce

Bild Seite 103

Dieter Wägerle
Restaurant Stumpenhof
Plochingen

100 g Kirschen, ¼ l Bratensaft, 2 cl Kirschwasser, 2 cl Kirschlikör, ½ EL Butter, ½ EL Preiselbeeren, ½ EL Crème fraîche, 1 EL geschlagene Sahne, 8 Scheiben Kalbsleber à 80 g, 40 g Butter, 60 g Mehl, Salz, Pfeffer.

Gewürzmischung für Leber:
100 g Salz, 1 Mokkalöffel Curry, 1 Mokkalöffel Paprika, 1 Blättchen Thymian (gehackt), Pfeffer aus der Mühle.

Kalbsleber mehlieren, in geklärter Butter von jeder Seite 1 bis 2 Min. anbraten, und die restlichen Zutaten mit Salz und Pfeffer würzen. Den Bratensatz mit 1 EL Butter versehen, anschwitzen, die Kirschen und Preiselbeeren zugeben und mit Kirschwasser ablöschen. Nun die Hälfte der Kirschen aus der Pfanne nehmen und warm stellen. Die restlichen Kirschen mit dem Bratensatz reduzieren

lassen, zusammen mit der Crème fraîche im Mixer pürieren und nun mit den warm gestellten Kirschen in eine Pfanne geben und nochmals aufkochen lassen und zum Schluß mit 2 cl Kirschlikör und der geschlagenen Sahne verfeinern.

Anmerkung: Die Sehnen, Adern und Haut der Leber müssen sauber entfernt werden, da diese beim Braten sonst zäh werden.
Die Frische ist oberstes Gebot, sie entscheidet über Geschmack und Konsistenz der Leber.

Kalbsleberwürfel in Meaux-Senfsauce mit braisiertem Wirsing

Lothar Eiermann
Wald- & Schloßhotel
Friedrichsruhe

500 g Kalbsleber, 1 kg Kalbsknochen und Parüren, 250 g Mirepoix (2 bis 3 Zwiebeln, 1 bis 2 Karotten, Lauch, wenig Sellerie in 1 cm großen Würfeln), 1 EL Tomatenmark, ¼ l trockener Rotwein, 1 bis 3 EL Meaux-Senf (kann nach Belieben abgeschmeckt werden), 1 l Kalbsfond (siehe S. 196).

Braisierter Wirsing:
160 g geputzter Wirsing, 15 g Butter, 0,2 l Brühe, Salz, Pfeffer, Muskat, Knoblauch, 30 g Schalotten.

Kalbsknochen anrösten, bis sie eine schöne, braune Farbe haben. Mirepoix dazugeben, mit anrösten, den Lauch später zugeben. Fett weitgehend abgießen, Tomatenmark zugeben, kurz weiter rösten lassen, mit Rotwein etwas ablöschen. Diesen Vorgang 3mal wiederholen, dann mit Kalbsfond auffüllen. Diesen Saucenansatz 3

bis 4 Std. ziehen lassen, dann passieren und auf ⅓ einkochen lassen. Eventuell mit etwas Stärke leicht abbinden und nochmals passieren. In die heiße Kalbssauce den Meaux-Senf einrühren.
Die äußeren Blätter des Wirsings entfernen und die hellgrünen Blätter küchenfertig vorbereiten. Feingewürfelte Schalotten in Butter glasig schwitzen. Wirsing und Brühe dazugeben und zugedeckt weich dünsten. Zum Schluß den Wirsing mit den Gewürzen abschmecken.
Die Leber in etwa 1,5 cm große Würfel schneiden, mehlieren und in Butter braten. Nun die Leber aus der Pfanne nehmen, würzen und auf dem braisierten Wirsing anrichten. Mit Meaux-Senfsauce nappieren und servieren.

Kalbsniere in Estragonsenf mit Bohnenkernen

Bild Seite 98

Albert Bouley
Waldhorn Ravensburg

600 g Kalbsniere, ungeputzt, oder 480 g, geputzt, 1 EL gehackte Schalotte, 2 EL Butter, 1 TL Estragonsenf, Salz, Pfeffer, 400 g Bohnenkerne, über Nacht eingeweicht, 2 EL Butter, 1 dl Geflügelfond, 1 EL gehackte Petersilie, Salz, 1 TL Zitronensaft.

Sauce:
1 dl Weißwein, 1 dl Kalbsfond (hell), 1 kleines weißes Mirepoix, Salz, etwas Zitronensaft.

Sauce aus den Zutaten herstellen. Die Bohnenkerne im Dampfkochtopf 8 Min. auf Stufe II garen. Die Nieren in Nüßchen schneiden und in Butter anschwenken, auf Alufolie setzen und im Ofen bei 220 Grad 4 Min. garen, auf ein

Sieb geben und ausbluten lassen. Würzen. Den Senf zu der Sauce geben, durchkochen und abpassieren.

Die Bohnenkerne in Butter anschwenken, gehackte Schalotte dazugeben, mit dem Geflügelfond angießen und durchschwenken. Petersilie hinzufügen, würzen. Bohnenkerne auf Teller anrichten, die Nieren darauf verteilen, Sauce gut durchmixen und knapp nappieren.

Kalbsniere mit Äpfeln und Kartoffeln auf Most-Senfsauce

Ruedy Brechbühl
Bad Ragaz/Schweiz

4 kleine oder 2 große Kalbsnierle (möglichst von Milchkälbern), zusammen 600 bis 700 g, 100 g Butter, 4 Äpfel, 2 cl Apfelschnaps, 8 kleine Kartoffeln, 100 g Wirsing, 30 g Blattpetersilie, 2 Eigelb, 1 EL Pommery-Senf, 1 dl Most, wenig Zimt, 1 EL Kalbsglace (siehe S. 196).

Die Nierle sauber parieren, aber ganz lassen, salzen, pfeffern, im ganzen etwa 8 bis 12 Min. in mittelheißem Ofen zugedeckt braten, herausnehmen, am Herdrand auf einem Gitter etwa 10 Min. ausbluten lassen.
Kartoffeln tournieren, kochen, Wirsing in feine Streifen schneiden, blanchieren, Blattpetersilie grob hacken. Äpfel tournieren, in Butter goldgelb ansautieren, mit Apfelschnaps ablöschen, abdekken und beiseite stellen.
Die Eigelb mit dem Senf, Most, Zimt und der flüssigen Kalbsglace schaumig aufschlagen, abschmekken mit Salz und Pfeffer aus der Mühle. Nierle nochmals warm stellen, währenddessen die Kartof-

feln mit der Butter, dem Wirsing und der Blattpetersilie schwenken.
Nierle tranchieren, auf der schaumigen Sauce mit den Beilagen anrichten.

Gegrilltes Kalbsherz mit Trauben-Meerrettich

Dieter Baur
Hotel Hirsch
Leonberg-Eltingen

1 Kalbsherz, etwa 600 g, 1/2 TL Rosmarin, 5 Pfefferkörner, 3 Wacholderbeeren, 1 Knoblauchzehe, Salz, 2 EL Olivenöl, 125 g blaue Weintrauben, 1/4 Stange Meerrettich, 1 EL Zitronensaft, 1/8 l Sahne, weißer Pfeffer.

Das Herz längs aufschneiden und die weißen Sehnenstränge entfernen, dann die Häute vorsichtig abschälen, das dunklere Muskelfleisch nicht verletzen. Die Nischen und Höhlungen gründlich putzen, die äußere Haut und Fettschicht entfernen. Für die Beize Rosmarin, Pfefferkörner, Wacholderbeeren, Knoblauchzehe mit Salz im Mörser zerstampfen und mit dem Olivenöl verrühren. Das Fleisch damit einpinseln und in Folie wickeln, 1 bis 2 Std. im Kühlschrank lassen. Die Trauben waschen, zupfen, der Länge nach halbieren und die Kerne herauskratzen. Meerrettich fein reiben und sofort mit Zitronensaft verrühren. Sahne steif schlagen und mit Salz und Pfeffer unterheben. Fleisch abtropfen, unter dem heißen Grill auf jeder Seite 5 bis 8 Min. braten. Quer zur Faserrichtung in dünne Scheiben schneiden und auf vorgewärmte Teller schön anrichten. Im letzten Augenblick die Trauben unter die Meerrettichsahne ziehen, servieren.

Kalbsherz in Senfsauce

Rolf Schlegel
Restaurant Zum Ochsen
Kernen i. R.

2 Kalbsherzen halbieren und nach dem Parieren mit Salz und Pfeffer würzen. Anschließend etwa 10 bis 15 Min. grillen, dann in feine Tranchen schneiden und mit Senfsauce überziehen. Böhnchen und Kresserösti dazu reichen.

Senfsauce:
2 EL geschnittene Zwiebel in etwas Butter angehen lassen, mit etwa 1/16 l Weißwein ablöschen, 2 EL Senf dazugeben. Mit etwa 1/4 l Kalbsfond (siehe S. 196) auffüllen und 1/16 l flüssige Sahne dazugeben und zur Hälfte einkochen lassen. Mit 2 EL frischer Butter binden, eventuell mit etwas Salz und Glutamat abschmecken.

Kalbskopfgratin mit Krebsen und Artischocken

Hans Grieder
Hotel-Landgasthof Bären
Langenbruck/Schweiz

500 g fleischige Kalbskopfmaske (roh ausgelöst vom Metzger) und 1 kleines Kalbszüngle, 12 Krebse à 60 g, 2 mittelgroße Artischocken, 2 Limonen, 100 g Butter, 80 g Lauchjulienne, 2 Schalotten, 1 dl Weißwein, 2 dl Krebssauce von Krebsbutter (im Handel erhältlich), 1 dl Sahne, 2 Eigelb.

Kalbskopf und -züngle blanchieren, parieren, in gefällige Stücke schneiden und in Salzwasser mit Spickzwiebel und einem Schuß Essig weich ziehen lassen; beiseite stellen.

Rezept Seite 101: Kalbsleber mit Kirschsauce, Dieter Wägerle

Die lebenden Krebse waschen, in kochendes Wasser geben und etwa 5 Min. ziehen lassen, die Schwänze ausbrechen und die restlichen Karkassen stoßen, mit wenig Butter und Schalotten leicht angehen lassen, mit dem Weißwein ablöschen und mit der Krebssauce auffüllen, 20 Min. ziehen lassen. Artischocken putzen, kochen, die Blätter und das Heu entfernen, die Böden etwas parieren und in feine Streifen schneiden. Die Lauchjulienne mit 50 g Butter ansautieren, Artischockenstreifen, Kalbskopfstücke und Krebsschwänze zufügen, mit der Krebssauce auffüllen und einmal leicht durchköcheln lassen. Mit etwas abgeriebener, blanchierter Limonenschale, dem Limonensaft, Salz und Pfeffer aus der Mühle abschmecken und mit dem Eigelb und der geschlagenen Sahne legieren und gratinieren.

Kalbskopf, sauer, mit Champignons

Karl Bader
Gasthof Schwanen
Lichtenstein

1 Kalbskopf (vom Metzger zugerichtet), ½ l Rotwein, 50 g Butter, etwas Mehl, 2 EL Essig, 2 Lorbeerblätter, 3 Nelken, Muskat, Salz, Pfeffer aus der Mühle, 500 g Champignons, 1 l kräftige Rinderbrühe, 1 Bund Petersilie.

Kalbskopf in Würfel schneiden und in einen Topf mit kaltem Wasser zum Kochen bringen, abschütten und kalt abschrecken. In einem anderen Topf Butter und Mehl braun anschwitzen, mit kalter Rinderbrühe ablöschen, Gemüse hinzugeben, dann die Kalbskopfwürfel in die Sauce geben und weich kochen. Zum Schluß den Rotwein und die in Würfel geschnittenen Champignons hin-

zugeben, mit Essig, Salz, Muskat und Pfeffer aus der Mühle würzen und mit Petersilie bestreuen. Als Beilage empfehlen sich Salzkartoffeln oder hausgemachte Nudeln.

Kalbskopf an Sauerampfersauce mit Krebsen

Albert Bouley
Romantik Hotel Waldhorn
Ravensburg

½ Kalbskopf (vom Metzger gerichtet, d. h. von der Maske befreit), 1 Spickzwiebel (Nelke und Lorbeerblatt), Salz, rosa und weiße Pfefferkörner, etwas Cayennepfeffer, Olivenöl.

Sauce:
¼ l trockener Weißwein, ¼ l Geflügelfond (siehe S. 196), 40 g Butter, 125 g Crème fraîche, Zitronensaft, 2 Schalotten, 4 große oder 20 kleine Sauerampferblätter, 24 Krebse.

Den Kalbskopf mit der Spickzwiebel in leicht gesalzenem Wasser weich kochen, in Eiswasser abschrecken und leicht beschwert auskühlen lassen. Die fleischigen Teile in Würfel schneiden, mit Weißwein, den Pfefferkörnern, Cayennepfeffer und etwas Olivenöl marinieren. Für die Sauce den Weißwein auf 6 cl einkochen, mit Geflügelfond auffüllen und nochmals auf ¾ der Menge einkochen. Mit der gut gekühlten, in kleinen Stücken zugegebenen Butter die Reduktion schaumig schlagen und mit der Crème fraîche abziehen. Mit Zitrone und, wenn vorhanden, 2 Tropfen Knoblauchöl würzen und den feingewiegten Sauerampfer unterheben. Krebse wie üblich kochen und ausbrechen. Die Kalbskopfwürfel separat in et-

was Geflügelbrühe erwärmen, ausheben, abtropfen lassen und mit den Krebsen zur Sauce geben. Das Ganze nochmals kurz erwärmen und mit Gemüsejulienne garniert servieren.

Kalbshirnroulade auf Estragon-Risotto

Rudolf Katzenberger
Rastatt

Kalbshirnroulade:
250 g feines Bratwurstbrät, 2 Eier, ⅛ l süßer Rahm, 2 hartgekochte, kleingehackte Eier, 1 rote Paprikaschote (blanchiert und in Würfel geschnitten), 2 dicke Scheiben gekochter Schinken (ebenfalls gewürfelt), 1 ganzes Kalbshirn (pochiert und in grobe Würfel geschnitten), Salz, Pfeffer, etwas geriebener Koriander.

Risotto:
25 g Butter, 25 g kleingehackte Zwiebel, 100 g Avario- oder Vialone-Reis, 0,1 l trockener Weißwein, 0,3 l Geflügelbrühe, 3 EL frischer oder ½ EL gerebelter, getrockneter Estragon.

Alle Zutaten für die Kalbshirnroulade sorgsam vermengen, zu einem Laib formen und zugedeckt kalt stellen.
Für den Risotto die Butter in einem Topf zergehen lassen, die Zwiebelwürfel darin glasig dünsten, den Reis dazugeben und, ohne Farbe annehmen zu lassen, anschwitzen. Mit Weißwein und der Hälfte der kochendheißen Geflügelbrühe ablöschen und unbedeckt etwa 15 Min. garen. Nach und nach mit der restlichen Geflügelbrühe auffüllen. Am Schluß den Estragon daruntermengen.
Die erkaltete Hirn-Brät-Masse in 1 cm dicke Tranchen schneiden und in Butter leicht anbraten. Auf

einem Risottosockel jeweils 3 bis 4 Tranchen anrichten und eine Sauce aus Krebsbutter und Sahne dazugeben.

Ragout von Kalbshirn mit Gemüse

Karl Handte
Gasthof zum Stern
Frickenhausen

1 kg Kalbshirn, ¼ l Geflügelbrühe, wenig Lorbeerblatt, Nelken, und Wacholder, 4 große Tomaten, 400 g Erbsen, ¼ l Sahne, ¼ l Weißwein, 400 g Champignons, 1 Bund Dill, 1 Bund Petersilie, Salz, Pfeffer aus der Mühle, etwas Muskat.

Das Kalbshirn 2 Std. in kaltes Wasser legen und dann von der Haut lösen. In einem Topf kalt aufsetzen, zum Kochen bringen, abschütten und kalt abbrausen. In einem anderen Topf Geflügelbrühe mit Lorbeerblättern und Wacholderbeeren und Nelken zum Kochen bringen, auf die Hälfte einkochen und absieben, dann das gewaschene Gemüse hinzugeben, mit Sahne auffüllen und 5 Min. kochen lassen. Das Kalbshirn in große Würfel schneiden und zum Gemüse geben, den Weißwein dazugeben und nochmals 5 Min. kochen lassen, zum Schluß die gehackten Champignons, Petersilie und Dill einstreuen und mit Salz, Pfeffer aus der Mühle und Muskat würzen.

Beuscherl vom Milchkalb

Jörg Ebermann
Linde, Oberboihingen

Etwa 800 g Herz, Leber, Lunge und Bries, gemischt, vom Kalb, 1 mittel-

große Zwiebel, 100 g Champignons, 2 Gewürzgurken, 0,5 l Rotwein, 1 l Kalbsfond, 200 g Butter, 40 g Mehl.

Die Innereien in Wasser mit Spickzwiebel und einem Schuß Essig kurz blanchieren, abkühlen und in feine Streifen schneiden. Mit der Hälfte der Butter und der in Streifen geschnittenen Zwiebel gut anbraten, mit dem Wein mehrmals ablöschen, gänzlich reduzieren. Mit Mehl bestäuben, mit Kalbsfond auffüllen und etwa 40 bis 45 Min. langsam weich köcheln lassen. Kurz vor Ende der Kochzeit die rohen, feingeschnittenen Champignonblättchen und die Gurkenscheiben zufügen, zur Vollendung mit der restlichen Butter montieren.

Für dieses warme Vorgericht sind kleine Kräuterknödel sehr gut geeignet.

Kutteln in Calvados

Hans Hartmann
Restaurant Bahnhof
Leinfelden

40 g Butter, 1 saurer Apfel, 1 Zwiebel, 500 g gekochte, geschnittene Kutteln, 4 cl Calvados, ¼ l herber Weißwein, Salz, Pfeffer aus der Mühle, 2 EL Crème fraîche, ½ l Kalbsfond (siehe S. 196).

Die kleingehackte Zwiebel und die in Streifen geschnittenen, vorher blanchierten und weichgekochten Kutteln in Öl anrösten, mit Weißwein ablöschen und den Kalbsfond beifügen. Leicht einkochen. Mit Crème fraîche verfeinern und die in Weißwein und Calvados angedämpften Apfelstreifen sowie den restlichen Calvados beifügen.

Auf vorgewärmtem Suppenteller anrichten und mit Apfelstreifen garnieren.

Ochsenzunge mit Lauchherzen auf Apfelrahm

Albert Bouley
Romantik Hotel Waldhorn
Ravensburg

1 ganze, ungepökelte Ochsenzunge, 1 Prise Pökelsalz (beim Metzger bestellen), Mirepoix von Sellerie, Karotten und Lauch, 1 Spickzwiebel (Nelke, ½ Lorbeerblatt), 250 g Lauchherzen oder Zwiebellauch, 2 leicht säuerliche Äpfel (keine Granny Smith), ⅛ l Weißwein, etwas Butter, 1 Prise Zucker.

Sauce:
¼ l Weißwein, 2 Schalotten, ¼ l Crème fraîche, 20 g Butter.

Die Ochsenzunge in mit Pökelsalz versehenem Wasser weich kochen. Kurz vor dem Garwerden das Mirepoix und die Spickzwiebel zugeben. Die Ochsenzunge in kaltem Wasser abschrecken. Lauchherzen bzw. Lauchzwiebeln putzen, waschen und in Stifte schneiden. Die Stifte in sprudelndem Salzwasser gerade weich blanchieren und abschrecken. Einen der beiden Äpfel zu Mus verarbeiten, den anderen zu großen Oliven tournieren. Für die Sauce aus dem Weißwein mit den Schalotten eine Reduktion herstellen, mit Crème fraîche abziehen und mit wenig Butter schaumig schlagen und das Apfelmus unterziehen. Kurz aufmixen und durch ein Sieb passieren. Anschließend mit etwas Apfelmost abschmekken. Den in Oliven tournierten Apfel in Weißwein mit etwas Butter und einer Prise Zucker glacieren. Die Ochsenzunge auf der Maschine in schöne Tranchen schneiden, nochmals kurz erwärmen, mit etwas Salz würzen und auf den Lauchstiften anrichten. Mit der Sauce nappieren und mit dem glacierten Apfel garnieren.

WILD

Als das Wort Becquerel noch unbekannt und Cäsium bestenfalls ein Begriff für Chemiker war, galt die Leber vom Reh, dünn in Scheiben geschnitten und über starkem Feuer sehr rasch gebraten, noch als Krankenkost. Allerdings mußte sie auch damals ganz frisch sein, so daß man annehmen kann, daß nur Jäger oder die kranken Ehefrauen der Hubertusjünger in den Genuß dieser Krankenspeise kamen. Die Innereien vom Reh gehören seit jeher dem Jäger und werden deshalb auch das „Jägerrecht" genannt. Im Wildhandel sind sie kaum zu finden.

Wenn sie dennoch auf der Karte eines Koches stehen, sollte man sie sich nicht entgehen lassen, denn man kann sicher sein, daß der Wirt oder der Koch ein Jäger ist. In diesem Falle kann man auch getrost und tapfer allen Becquerel-Einheiten trotzen, da sie sicherlich unterhalb der zulässigen Obergrenze liegen werden.

Ohnehin, und dies gilt natürlich nicht nur für Haarwild, ist der anfängliche Schock nach dem Tschernobyl-Desaster längst wieder einem Laissez-fair gegenüber dieser möglichen Bedrohung gewichen, und Jäger wie Wildliebhaber sind wieder zu ihren Rehkeulen und Hirschkalbsrücken, zu ihren Wildhasenfilets und Koteletts von Wildschwein zurückgekehrt. Wildschweine werden übrigens, wie ihre zahmen Verwandten auch, vom Fleischbeschauer auf Trichinen untersucht.

So begehrt Rehleber und Jägerrecht sein mögen, und wenn auch kaum eine festliche Tafel ohne einen Rehrücken auskommen mag, der König des Waldes ist nach wie vor der Hirsch, wenngleich er auch eher wegen seines stolzen Geweihs als wegen seines Fleisches erlegt wird.

Am besten schmeckt er, solange er noch ein Kalb ist, manche schätzen auch den einjährigen Spießer, dessen Fleisch noch aromatischer und etwas fester ist als das des Hirschkalbs.

Im besten Saft steht er kurz vor der Brunft, also im August, wenn auch die Rotwildjagd eröffnet wird. Wobei dies bei älteren Hirschen nicht mehr von sonderlicher Bedeutung ist, da deren Fleisch auch nach noch so langem Beizen und Braten nicht mehr weich wird.

Der vielgerühmte „Hautgout", der Hochgeschmack des Wildes, der früher so begehrt schien und nichts anderes als beginnende Verwesung war, ist heute ebenso passé wie die Beizen, die hauptsächlich der Konservierung dienten.

Dieser Hautgout war ganz besonders geschätzt bei einem weiteren König der Auen, dem Fasan, König des Federwilds.

Dieses stolze, wenngleich exorbitant dumme Tier, das seinen Ursprung in China hat und zum ersten Male in Deutschland zur Zeit Karls des Großen auftauchte – in den Klöstern am Bodensee war es im 11. Jahrhundert eine hochgeschätzte Klosterspeise – wurde früher kurz vor der Jagdsaison aus den Fasanerien in die Freiheit entlassen, worauf es dann eine leichte Beute auch des ungeschicktesten Jägers war, da es sich kaum von der Stelle rührte. Oft sogar, wie ein adeliger Weidmann aus dem 14. Jahrhundert bemerkte: „sein Haupt in ein Stauden verpürgt und wänt, er hab sich gar verborgen".

In unserer Zeit verbieten es die Jagdregeln, auf einen sitzenden Fasan zu schießen.

Das „Faisandieren", so nannte man das Abhängen des Fasans im Federkleid, trieben übrigens manche Liebhaber des Hautgout so weit, daß sie den Fasan so lange an den Schwanzfedern aufhängten, bis er von selbst herunterfiel. Davon ist man natürlich längst abgekommen, wenngleich er auch heute noch ein paar Tage in seinen Federn an einem kühlen Ort hängen soll, ehe man ihn zubereitet. Nach wie vor muß er, da sein Fleisch sehr trocken ist, gut bardiert, also mit Scheiben von grünem Speck umwickelt werden, ehe man ihn brät. Um schließlich vielleicht dem Rätsel auf die Spur zu kommen, „dessen Lösung nur den Eingeweihten gelingt", wie Brillat-Savarin einmal sagte, denn „sie allein können ihn in seiner ganzen Güte genießen".

Rezept Seite 108: Rehrücken Schloß Höfingen, Franz Feckl

Rehrücken Schloß Höfingen

Bild Seite 106

Franz Feckl
Restaurant Schloß Höfingen
Leonberg-Höfingen

600 g parierter Rehrückenstrang, 150 g Gänsestopfleber (in Balken 1 cm auf 1 cm geschnitten und 24 Std. mit Pastetengewürz, Salz, Pfeffer aus der Mühle, 1 EL Madeira, 1 EL weißer Portwein mariniert), etwa 10 große Spinatblätter, 1 Schweinenetz.

Portweinsauce:
Die vorhandenen Knochen und Parüren, Röstgemüse (½ Karotte, 1 Zwiebel, etwas Staudensellerie), 1 EL Öl, 4 Pfefferkörner, 4 Wacholderbeeren, ½ Lorbeerblatt, 1 TL Tomatenmark, 0,1 l Rotwein, 0,1 l Portwein, rot, 1½ l Rehfond.

Für die Reduktion:
1 Schalotte, 0,2 l Portwein, rot, 1 Orange, ungespritzt, 10 g Pfefferkörner, grün, 100 g Butter.

Das Rehrückenfilet mit einem runden Wetzstahl der Länge nach durchbohren. Die Spinatblätter blanchieren, die marinierte Leber einwickeln, leicht anfrosten und in das Rückenfilet drücken. Würzen mit Salz und Pfeffer aus der Mühle und in das Schweinenetz packen.
Das eingepackte Rehrückenfilet etwa 15 Min. bei 250 Grad im Ofen braten.

Portweinsauce:
Die kleingehackten Knochen und Parüren in Öl anbraten. Das Röstgemüse, etwas später das Tomatenmark beigeben und kurz mitrösten. Mit Rotwein und Portwein ablöschen und den Rehfond auffüllen. Die Gewürze dazugeben, etwa 1½ Std. kochen, dann passieren und auf die Hälfte reduzieren.

Den Portwein mit Orangenzeste und Saft, Pfefferkörnern und geschnittenen Schalotten reduzieren, mit dem Rehfond auffüllen, nochmals auf die gewünschte Menge reduzieren, abschmecken und mit der kalten Butter montieren.

Beilagen:
Glacierte Kirschen oder Feigen, junge Lauchzwiebeln, Pfifferlinge, Selleriepüree und handgeschabte Spätzle.

Anmerkung: Statt den Rehrücken mit einem Wetzstahl zu durchbohren, kann man ihn auch seitlich aufschneiden (dabei an den Enden leicht plattieren) und wie üblich füllen.
Durch den hohen Eiweißgehalt des Rehfleisches bindet die Faser beim Garen so gut, daß keine Schnittstelle zu sehen ist.

Rehmedaillon mit Quittenkruste

Heinrich und Jürgen Koch
Laurentius, Weikersheim

150 g Toastbrot ohne Rinde, 100 g Quittenmark, 1 Eigelb, 0,05 l Sahne, Salz, Pfeffer, Muskat, Nelkenpulver und Lebkuchengewürz, 700 g Rehrückenfilet, 50 g Butterschmalz, 50 g feingehackte Haselnüsse.

Toastbrot in ganz kleine Würfel schneiden und mit Quittenmark, Eigelb, Sahne und Gewürzen vermengen. ½ Std. ziehen lassen und nochmals durcharbeiten. ½ Tag im Kühlschrank ruhen lassen. Rückenfilet in Medaillons schneiden und blutig braten. Mit der Quittenmasse bedecken, mit den feingehackten Haselnüssen bestreuen und im Grill überkrusten. Dazu eine kräftige Rehrahmsauce und Haselnußspätzle servieren.

Medaillon vom jungen Rehbock an Waldpilznudeln

Wolfgang Scherr
Gasthof Lamm, Aalen-Ebnat

1,5 kg Rehrücken, Mirepoix (Zwiebel, Karotte, Sellerie in 1 cm großen Würfeln), 1 TL Tomatenmark, Wacholderbeeren, Lorbeerblatt, Pfefferkörner, Thymian, 3 EL Öl, ½ l Rotwein (Lemberger), 1 Birne, ¼ Zimtstange, 1 EL Zucker.

Nudelteig:
400 g Mehl, 1 Ei, 250 g gemischte Waldpilze.

Pilzsahne:
300 g Waldpilze (Pfifferlinge, Steinpilze), 1 Schalotte in feinen Würfeln, 0,2 l Rahm, Salz.

Zur Herstellung des Nudelteigs aus dem Mehl einen Kranz bilden, Ei, pürierte, gemischte Waldpilze und etwas Salz in die Mitte geben und gut verarbeiten. Den Teig auswellen und, wie üblich, in Nudeln schneiden. Die Schalottenwürfel in Butter glasig schwitzen, Waldpilze zugeben und mit Sahne auffüllen. In die kochende Sahne die Nudeln geben, kurz aufkochen lassen und abschmecken.

Rotwein, Zimtstange und Zucker kochen, die Birne schälen, vierteln und vom Kernhaus befreien. In den kochenden Rotwein einlegen und langsam ziehen lassen.

Den Rehrücken auslösen, von Sehnen befreien und in kleine Medaillons schneiden.

Für die Sauce den Rückenknochen nußgroß hacken und in Öl anbraten; das Röstgemüse mit anschwitzen und 1 TL Tomatenmark sowie Gewürze hinzufügen. Mit trockenem Rotwein 2 bis 3mal ablöschen, Wasser aufgießen und reduzieren lassen.

In die Reduktion der Sauce kalte Butterstückchen rühren, mit frischem Thymian verfeinern und warm halten. Die Rehmedaillons rosa braten und auf vorgewärmten Tellern anrichten. Die Sauce angießen, mit heißen Birnenvierteln und Thymianzweig garnieren und mit den erwärmten Nudeln servieren.

Rehnüßchen im Pilzmantel mit Petersilienravioli

Lothar Eiermann
Wald- & Schloßhotel
Friedrichsruhe

Ravioliteig:
150 g Mehl, 50 g Grieß, 2 Eier, 1 EL Öl, Prise Salz.

Füllung:
80 g Kalbfleisch, 80 g Sahne, 40 g geputzte Petersilie, 1 cl Cognac, Salz, Pfeffer.

Rehnüßchen im Pilzmantel:
400 g pariertes Rehnüßchen, 500 g Pilze der Jahreszeit, 120 g Reh- und Kalbfleisch, 2 bis 3 cl Weinbrand, 60 bis 80 g Sahne, Schweinenetz.

Mehl, Grieß, Salz in eine Schüssel geben, Eier und Öl verquirlen und zugeben. Den Teig kneten und in Folie eingewickelt im Kühlschrank ½ Std. ruhen lassen. Kalbfleisch fein würfeln und mit Salz, Pfeffer, Cognac marinieren. Danach mit der Sahne im Froster 10 Min. kalt stellen. Fleisch in einem Mixer unter langsamer Zugabe der gekühlten Sahne farcieren. Zum Schluß die Petersilie kurz mitmixen und die fertige Masse kalt stellen.
Ravioliteig möglichst dünn ausrollen und die Farce auf die Mitte der Teigbahn aufspritzen. Auf beiden Seiten der Farce den Teig mit Eistreiche bepinseln. Die zweite Teigbahn auf die Farce legen und festdrücken und mit dem Teigroller auseinanderrollen. Die Ravioli in Salzwasser 5 Min. garen.
Fleisch, Weinbrand, Sahne, etwas Salz und Pfeffer im Kutter zu einer Masse verarbeiten. In die Masse die kleingehackten und angebratenen Pilze geben und nochmals gut abschmecken. Das Rehnüßchen würzen und auf allen Seiten anbraten, dann auf allen Seiten mit der Pilzmasse bestreichen und mit Schweinenetz einwickeln.
Nun im Ofen bei 250 Grad etwa 12 Min. garen (je nach Dicke des Nüßchens), dann noch 5 Min. ruhen lassen.

Rehschulter in Lembergersülze

Fritz Heim
Hotel Gasthof Hirsch
Kernen-Stetten

1 kg Wildfleisch, 1 l Wasser, 100 g Karotten, 100 g Lauch, 100 g Sellerie, 1 Lorbeerblatt, 5 Wacholderbeeren, 2 Nelken, 6 Pfefferkörner, Kräutersträußchen aus je 1 Zweig Petersilie, Thymian, Basilikum, Rosmarin, Liebstöckel, Salz, Prise Zucker, ¼ l Lemberger (Rotwein), 12 Blatt Gelatine.

Schultern vom Rehkitz, ausgelöst und gehäutet, in kochendes Wasser, welches das Fleisch eben bedecken soll, einlegen. Kurz aufkochen, dann unter öfterem Abschäumen langsam köcheln lassen. Nach 20 Min. Gemüse und Wildkräutersträußchen zugeben, ebenso Gewürze. Nach weiteren 20 Min. sollte das Fleisch gut weich sein. Alles aus dem Sud nehmen, diesen fein passieren und auf die Hälfte einkochen, mit Salz und einer Prise Zucker abschmecken, eingeweichte Gelatine und Lemberger in heißen Sud einrühren, dann abkühlen lassen. Das Wildfleisch feinwürflig oder -blättrig schneiden. Den mit Gelatine und Lemberger versetzten Sud in Form eines Geleespiegels angießen. Wenn dieser fest ist, das Fleisch mit dem restlichen Gelee vermischt einfüllen und erkalten lassen.
Zur Garnitur gibt man am besten einen Pilzsalat oder süß-saure Gurken- und Kürbisstückchen.

Rehkeule mit Pfifferlingen

Otto Assenheimer
Gasthof Lamm, Löwenstein

Rehkeule, Röstgemüse (60 g Zwiebeln, 40 g Karotten, 40 g Sellerie, 40 g Lauch), 2 EL Tomatenmark, Salz, Pfefferkörner, Wacholderbeeren, Rosmarin, Thymian, Nelke, 1 l Brühe, ¼ l Rotwein, ⅛ l Sahne, Butter, 250 g Pfifferlinge, Pfeffer, Salz, Zitronensaft, 2 Äpfel, 1 EL Zucker, 1 Stange Zimt, ⅛ l Weißwein, Preiselbeeren.

Rehkeule auslösen, zerteilen und parieren – Oberschale, Unterschale, Hüfte, Rolle, Nuß (2 Teile). Knochen kleinhacken und zusammen mit den Parüren, Röstgemüse, Tomatenmark, Gewürzen und Brühe eine Wildsauce kochen.
Die Fleischstücke würzen und anbraten. Fleisch aus der Pfanne nehmen und zugedeckt warm halten. Bratfett abgießen, den Bratensatz wiederholt mit Rotwein ablöschen, mit Wildsauce auffüllen, einkochen, abschmecken, Sahne zugeben und mit kalter Butter binden.

Pfifferlinge mit gehackten Schalotten in Butter anschwitzen, mit Salz, Pfeffer und Zitrone würzen. Äpfel schälen, halbieren und Kernhaus ausstechen. In Weißwein mit Zucker und Zimtstange pochieren, mit Preiselbeeren füllen.

Die Fleischstücke in dünne Tranchen schneiden (gegen die Faser), auf Saucenspiegel anrichten, mit Pilzen und Preiselbeerapfel garnieren. Als Beilage Serviettenknödel und Feldsalat.

Rehhäxle mit Kirschsauce

Dieter Wägerle
Restaurant Stumpenhof
Plochingen

4 Rehhaxen, 150 g Zwiebeln, 60 g Karotten, 40 g Lauch, 40 g Sellerie, 30 g Fett, 40 g Tomatenmark, 1,5 l Wildfond, 1/4 l Lemberger (Rotwein), 1 Lorbeerblatt, 2 Nelken, 6 zerdrückte Wacholderbeeren, 9 Preiselbeeren, 200 g Herzkirschen, etwas Butter, 2 cl Armagnac, 2 cl Kirschwasser, Salz, Pfeffer, Zucker, Zitronensaft.

Rehhaxen parieren, mit Salz und Pfeffer würzen und scharf anbraten.
Die Parüren zugeben und mitbraten.
Rehhaxen aus dem Topf nehmen, Röstgemüse (Mirepoix) zu den Parüren geben und mit anrösten. Tomatenmark zugeben, 2- bis 3mal ablöschen und mit Wildfond und Rotwein auffüllen. Gewürze und Rehhaxen wieder dazugeben und bei leichtem Köcheln in der Flüssigkeit garen.
Die fertiggegarten Haxen herausnehmen, die Sauce auf mindestens die Hälfte einkochen lassen, Prei-

selbeeren zufügen und durch ein Sieb passieren.
Die passierte Flüssigkeit nochmals auf 1/4 l reduzieren.
Die Herzkirschen in Butter kurz anschwitzen, mit Armagnac und Kirschwasser ablöschen und mit Wildsauce auffüllen. Aufkochen, mit Salz, Pfeffer und Zitronensaft abschmecken. Als Beilage Brezelauflauf (S. 159).

Rehleber mit Cassisäpfeln und Serviettenknödeln

Wilhelm Bofinger
Murrhardt

500 g frische Rehleber, 100 g Butter, 2 feste, säuerliche Äpfel, 5 cl Rotwein, 2 cl Portwein, 5 cl Wildjus, 4 cl Cassis, 0,1 l schwarzer Johannisbeersaft, 250 g Toastbrot ohne Rinde, 4 Eier, 100 g Milch, Majoran, frischer Estragon, Salz, Muskat.

Rehleber häuten und in gleichmäßig etwa 1 cm dicke Scheiben schneiden.
Vom Toastbrot die Rinde entfernen, in Würfel schneiden, Eigelb mit 100 g Milch verrühren, mit Salz und Muskat würzen, mit dem Brot vermengen und einziehen lassen. Eiweiß steif schlagen und vorsichtig darunterheben. Eine sauber ausgekochte Serviette mit zerlassener Butter bestreichen, die Masse darauflegen und einrollen. Mit Bindfaden umwickeln und bei 85 Grad je nach Dicke 40 bis 60 Min. pochieren.
Äpfel schälen und in Achtel schneiden, Kernhaus entfernen, in schwarzem Johannisbeersaft und Cassis dünsten, kernig belassen.
Die Rehleber in goldgelber Butter vorsichtig rosa braten, erst nach dem Braten mit Salz und Pfeffer

aus der Mühle würzen und warm stellen.
Den Bratensaft mit Rotwein ablöschen, Wildjus dazugeben und einkochen lassen, Portwein dazugeben. Am Schluß etwas Majoran und frischen Estragon dazugeben und Rehleberscheiben mit der Sauce nappieren. Mit Serviettenknödel, brauner Bröselbutter und den Cassisäpfeln anrichten.

Gebratene Rehleber auf Lembergersauce mit Lauchstrudel

Karl Knipp
Kasino der Allgemeinen
Rentenanstalt (ARA), Stuttgart

Lembergersauce:
600 g Kalbsknochen und Kalbsparüren, 1 EL Tomatenmark, 1 kleine Zwiebel, 1 kleine Sellerieknolle, 1 Petersilienwurzel, 1/2 Karotte, 10 zerdrückte weiße Pfefferkörner, 1 Lorbeerblatt, 1/4 l Lemberger (Rotwein), 1 l Kalbs- oder Rinderbrühe.

Lauchstrudel:
400 g Lauch, 2 Eier, 1/8 l Crème fraîche, 50 g Butter, 150 g Mehl, 10 g Olivenöl, 5 cl Wasser, Salz, Muskat, Pfeffer aus der Mühle.

1 Rehleber, 50 g Butter, 1 Bund Brunnenkresse.

Knochen und Parüren bis zur Farbgebung in Fett rösten, Zwiebel, Sellerie, Karotten, Petersilienwurzel kleingewürfelt hinzugeben, weiter anrösten. Tomatenmark beifügen, anrösten, mit dem Lemberger und der Brühe mehrmals ablöschen und wieder einkochen. Nun restliche Brühe, Gewürze und Wein hinzugeben und auf etwa 0,5 l einkochen lassen, absieben.

Mehl sieben, eine Mulde bilden. Öl, eine Prise Salz und lauwarmes Wasser hinzugeben. Einen Teig herstellen und so lange kneten, bis er glatt ist. Etwa 1 Std. ruhen lassen.

Zwischenzeitlich den Lauch waschen, halbieren, in Streifen schneiden und in Butter andämpfen, auskühlen lassen. Eier, Crème fraîche, Salz Muskat und Pfeffer aus der Mühle hinzugeben und gut vermengen. Den Strudelteig auswellen und auf einem bemehlten Tuch ausziehen. Die Lauchmasse zugeben. Den Strudel einrollen und mit Öl bestreichen. Im Ofen bei 200 Grad etwa 20 Min. backen.

Leber enthäuten und parieren. In Scheiben schneiden und in Butter braten, dann mit etwas Salz würzen.

Die Lembergersauce auf den Teller geben. Die gebratene Leber darauf plazieren. Ein Stück Lauchstrudel sowie als Garnitur etwas Brunnenkresse anlegen.

Anmerkung: Rehleber ist unter Umständen schwierig zu bekommen. Hier muß beim Wildhändler rechtzeitig geordert werden. Der Lauchstrudel wird noch würziger, wenn ein Teil des Lauches durch Frühlingszwiebeln ersetzt wird.

Rehleber, gebraten, mit Pfifferlingen

Otto Assenheimer
Lamm, Löwenstein

1 Rehleber, Mehl zum Wenden, 30 g geklärte Butter, 20 g frische Butter, 2 Schalotten, 250 g Pfifferlinge, Salz, Pfeffer aus der Mühle, 1 EL Balsamicoessig, 1/8 l Rotwein.

Von der Rehleber die Haut abziehen, Blutgefäße entfernen, Leber

in dünne Tranchen schneiden. In Mehl wenden und kurz in Butter anbraten, würzen, warm stellen. Bratfett abgießen und frische Butter zugeben, kleingeschnittene Schalotten mit Pfifferlingen anschwitzen, mit Salz und Pfeffer aus der Mühle würzen, mit Balsamicoessig ablöschen und Rotwein angießen, zugedeckt garen. Rehleber mit kleinem Salat anrichten und Pfifferlinge über Leber verteilen.

Hirschragout mit Waldpilzen

Wolfgang Riegler
Landgasthof Krone, Krautheim

800 g gewürfeltes Hirschfleisch, 2 EL Öl, Salz Pfeffer, Mirepoix von Zwiebel, Karotten und Sellerie, 1 EL Tomatenmark, Marinade (1/4 l Rotwein, 1/4 l Wasser, 0,1 l Weinessig, Lorbeerblatt, 4 Wacholderbeeren, 2 Nelken), 5 g Rosmarin und Thymian, gemischt, 125 g Crème fraîche, 1 EL Preiselbeeren, 200 g Waldpilze, 20 g Butter, 1/2 l Wildfond.

Das Hirschfleisch in einer heißen Pfanne mit Öl anbraten, Mirepoix mit anrösten, Tomatenmark beifügen und mit etwas Marinade ablöschen. Einkochen und den Vorgang zweimal wiederholen. Mit Wildfond auffüllen und etwa 1½ Std. auf kleiner Flamme köcheln lassen. Das Fleisch herausnehmen, die Sauce passieren und mit Crème fraîche und Preiselbeeren verfeinern. Die Fleischstücke in die Sauce zurückgeben und erwärmen. Das Ragout auf vorgewärmte Teller verteilen und die in Butter angeschwenkten Waldpilze dazugeben. Mit Haselnußspätzle und Bratapfel servieren.

Hirschrouladen in Holunder-Preiselbeer-Rahm

Fritz Heim
Hotel Gasthof Hirsch
Kernen-Stetten

4 (à 150 g) Hirschschnitzel, 300 g Geflügelfarce aus Geflügelfleisch und Sahne, 50 g Pistazienkerne, 50 g Pinienkerne, 1/2 l Wildsauce (siehe S. 196), 1/8 l Rahm, 50 g Holunderbeeren, 50 g Preiselbeeren.

Aus der Hirschkeule Schnitzel schneiden, leicht plattieren und mit einer feinen Geflügelfarce, unter die Pistazien- und Pinienkerne gemischt sind, bestreichen. Rollen und binden, rundum gut anbraten und in der Wildsauce etwa 30 Min. langsam schmoren lassen. Die Sauce mit Rahm verfeinern und kurz vor dem Anrichten frische Holunder- und Preiselbeeren zugeben.
Als Beilage eignen sich alle Teigwaren oder Knödel.

Hirschkalbssteak in Apfelbrandsauce mit glacierten Steinpilzköpfen und Kartoffelrouladen

Wilhelm Bofinger
Murrhardt

600 g Hirschkalbsrücken, sauber gehäutet, 0,1 l trockener Lemberger, 0,05 l Apfelbrand vom Holzfaß, 0,1 l Crème fraîche, 800 g Steinpilzköpfe (oder Steinchampignonköpfe), 0,1 l Kalbsjus, 250 g Butter, 2 Knoblauchzehen, 2 Tomaten, 600 g geschälte Kartoffeln, Muskat, Salz, 2 Eier, 100 g Paniermehl, gehackte Petersilie, Schnittlauch, Majoran.

Die gekochten Kartoffeln durch die Presse drücken, mit Eigelb und etwas Stärkemehl vermengen und mit Muskat und Salz würzen und etwa 1 cm dick auswellen. Darauf das in brauner Butter geschwenkte Paniermehl mit gehackter Petersilie, Schnittlauch und Majoran verteilen und einrollen. In Alufolie einwickeln und etwa 40 Min. pochieren.

Die Steinpilzköpfe mit wenig Pfeffer aus der Mühle würzen, in brauner Butter anbraten und in flache Kasserolle geben. Die Jus mit feingeriebenem Knoblauch darübergeben und in der Bratröhre bei 200 Grad bei ständigem Übergießen mit dem Fond etwa 15 Min. glacieren.

Hirschkalbssteaks in Butter rosa braten und bereitstellen. Den Bratensaft mit Rotwein ablöschen, Crème fraîche darangeben, am Schluß den Apfelbrand dazugeben und abschmecken. Kartoffelroulade in 1,5 cm dicke Scheiben schneiden und in heißer Pfanne mit wenig Butter angehen lassen. Mit den glacierten Steinpilzköpfen und den mit der Apfelbrandsauce nappierten Hirschkalbssteaks auf vorgewärmten Tellern anrichten und sofort servieren.

Wildschweinkotelett mit Steinpilzsauce und Rosmarin

Wolf-Dietrich Wieck
Gasthof zum Lamm
Weinstadt-Schnait

8 Koteletts vom jungen Wildschwein (Überläufer) à 100 g, ¼ l Sonnenblumenöl, 1 Zweig frischer Rosmarin, 1 Knoblauchzehe, Salz, Pfeffer, 50 g Butter, 1 mittelgroße Zwiebel, 100 g Schinken, gekocht, 300 g Steinpilze, ¼ l trockener Rotwein, 100 g Crème fraîche,

50 g Petersilie, gehackt, ½ Birnen, 100 g Preiselbeeren.

Die Koteletts leicht plattieren, in das Öl mit frischem Rosmarin und Knoblauchzehen einlegen und darin 3 Tage marinieren.

Von der Ölmarinade 4 EL in die Pfanne geben und auf 200 Grad erhitzen. Koteletts abtupfen, salzen, pfeffern und gut anbraten. Hitze auf etwa 150 Grad zurückdrehen und die Wildschweinkoteletts unter mehrmaligem Wenden 5 Min. durchbraten!

Im letzten Drittel der Bratzeit das Öl abgießen, die Butterflocken dazugeben. Das Fleisch aus der Pfanne nehmen und im Backofen bei 100 Grad warm stellen.

Nun Zwiebel- und Schinkenwürfel in der Pfanne andünsten, mit dem Rotwein ablöschen und auf die Hälfte einkochen.

Die Steinpilze darin anschwenken und etwas von dem Rosmarin gehackt hinzugeben. Die Sauce mit Crème fraîche binden, glattrühren und zu den Koteletts mit Schupfnudeln oder Spätzle servieren.

Frischlingsrücken mit Gänseblümchenkruste und Mairitterlingen

Bild nebenstehend

Manfred Schwarz-Bosch
Sontheimer Wirtshäusle
Steinheim

600 g Frischlingsrücken ohne Knochen, 1 EL Olivenöl, 1 TL Pommerysenf, 2 EL Gänseblümchen, 1 EL Vollkornbrösel, 1 EL Walnußöl, Salz und Pfeffer aus der Mühle, 200 g Mairitterlinge, 20 g Butter, 1 EL Schlagsahne, Kerbel.

Den Frischlingsrücken salzen und in Olivenöl anbraten, mit Pom-

merysenf bestreichen und mit einer Mischung aus Vollkornbrösel, Gänseblümchen (kleingeschnitten) und Walnußöl bestreuen.

Im vorgeheizten Backofen 12 bis 15 Min. bei 180 Grad garen, dabei bildet sich die Gänseblümchenkruste. Die Mairitterlinge halbieren, kurz waschen und in schäumender Butter anschwitzen, gezupften Kerbel dazugeben, die geschlagene Sahne unterheben, aufkochen lassen und auf einem vorgewärmten Teller anrichten.

Den Frischlingsrücken in 1 cm dicke Scheiben schneiden und auf den Mairitterlingen anrichten.

Beilagenempfehlung: geschabte Spätzle oder Brezgenknödel.

Wildschweinschulter, gefüllt mit Pflaumen, auf Armagnacsauce

Wolf-Dieter Anhorn
Hotel-Restaurant Beurener Hof
Beuren

800 g dicke Schulter vom Wildschwein, 150 g trockene Pflaumen ohne Steine, 5 Wacholderbeeren, 1 Nelke, 1 Lorbeerblatt, 3 Tomaten, 2 Zwiebeln, 1 Karotte, ½ Sellerieknolle, ½ Lauchstange, 2 dl Rotwein, 6 cl Armagnac, 1 dl Sahne, 2 dl Wildfond, Salz, Pfeffer, Zucker.

In das Schulterstück mit einem Messer der Fleischfaser nach eine Tasche schneiden und mit den Pflaumen füllen. Das gefüllte Schulterstück in einer Schmorpfanne anbraten. Die Zwiebeln, Karotte und Sellerie in 1 cm große Würfel schneiden und mit dem geschnittenen Lauch in die Schmorpfanne geben und mitrösten.

Die kleingeschnittenen Tomaten sowie die Gewürze beigeben und mit dem Rotwein ablöschen. Die Schmorpfanne zugedeckt in den 180 Grad heißen Ofen stellen und

das Fleisch etwa 15 Min. schmoren. Den Wildfond beigeben und weitere 20 Min. schmoren. Das Fleisch herausnehmen und warm stellen. Dem Schmorfond die Sahne beigeben, mit dem Armagnac, Salz, Pfeffer aus der Mühle und wenig Zucker abschmecken. Die Sauce in einen Topf passieren. Das Fleisch in Tranchen schneiden, auf Tellern anrichten und mit etwas Sauce nappieren. Dazu kann man Brokkoli und Pilzknödel servieren.

Wildschweinkoteletts in süß-saurem Schlehenragout

Reinwalt Renz
Landgasthof Riedsee
Stuttgart-Möhringen

4 Wildschweinkoteletts, ohne Fett (etwa 80 bis 200 g), 50 g Fett, 20 g Butter, 3 Scheiben Pumpernickel, 1 Msp. Zimt, 500 g reife Schlehen, 100 g Honig, 1/8 l Rotwein, 1 cl Weinessig, 50 g Zucker, 5 g grober schwarzer Pfeffer, Prise Salz.

Wildschweinkoteletts:
Die Koteletts leicht salzen und pfeffern, den Pumpernickel fein mahlen, mit Zimt vermischen. Die Koteletts darin wenden und in Fett langsam rosa braten. Herausnehmen und in Butter nachbraten.

Schlehenragout:
Die Schlehen mit dem Kirschentkerner entsteinen. 50 g Zucker leicht karamelisieren, mit dem Rotwein und Essig ablöschen, verkochen lassen, den Honig dazugeben und reduzieren, bis die Masse eine deckende Substanz hat. Die Schlehen dazugeben, kurz durchkochen, mit Salz und schwarzem Pfeffer abschmecken.

Beim Anrichten 1 Eßlöffel des Schlehenragouts unter jedes Kotelett geben. Dazu passen: Kartoffelkrapfen, Knödel usw. sowie frische Waldpilze.

Wildschweinfilet mit Pfifferlingen und Kräuterrahmschupfnudeln

Frank Widmann
Landgasthof Löwen
Königsbronn-Zang

600 g Wildschweinfilet (2 St.), 200 g frische Pfifferlinge, 1 kleine Zwiebel, 1 Sträußchen Gartenkräuter (Petersilie, Thymian, Schnittlauch).

Wildschweinfilet von Sehnen und Fett befreien, mit Salz, frisch gemahlenem Pfeffer würzen und in wenig Fett scharf anbraten. Zwiebelwürfel und 1/3 der Pfifferlinge zugeben und in einem kleinen Bratgeschirr bei 220 Grad in der Röhre 7 Min. rosa garen. Wildschweinfilet bis zum Servieren in Alufolie wickeln und am Herdrand warm legen. Den entstandenen Bratenfond passieren und mit wenig Bratenjus verkochen. Restliche frische Pfifferlinge in wenig Butter, Speck und Zwiebelwürfel heiß ansautieren (anschwenken), mit Salz, frischem Pfeffer, einer Spur Knoblauch und frisch gehackten Gartenkräutern würzen und verfeinern.
(Kräuterrahmschupfnudeln siehe S. 157).
Beim Anrichten Wildschweinfilet in schräge Scheiben schneiden und sofort auf dem Teller halbrund auflegen. Ausgetretenen Fleischsaft vom Tranchieren der vorbereiteten Sauce beigeben. Die frisch angeschwenkten Kräuter-

pfifferlinge um die Fleischtranchen legen. Wenn möglich, den Teller mit kleiner Gemüsegarnitur belegen, Kräuterrahmschupfnudeln gesondert servieren.

Anmerkung: Allen rosa (medium) zu bratenden Fleischstücken (Filets, Rücken, Keulen, Geflügelbrüste) wird nach dem Braten bis zum Servieren eine Ruhezeit eingeräumt. In Alufolie eingeschlagen, bleiben sie warm und garen dabei noch etwas nach. Der Fleischsaft setzt sich wieder in die Muskulatur zurück und läuft beim Aufschneiden des Gargutes nicht in übermäßiger Form aus.
Die Pfifferlinge sollten nur heiß in etwas Butter angeschwenkt werden. Bei einem längeren Dünsten oder sogar Kochen verlieren die Pfifferlinge ihr überaus frisches Duftaroma und fallen in ihrem Volumen zusammen. Der ganze Pilzsaft tritt dabei aus.

Wildschweinbrust, gefüllt mit Waldpilzen

Alfred Schweizer, Küchenmeister
Restaurant Hahnen, Filderstadt

1 kg entbeinte Wildschweinbrust, 400 g Waldpilze, 50 g geräucherter Bauch, 4 Brötchen vom Vortag, 4 Eier, 1 Zwiebel, 1/2 Stange Lauch, 1 Bund Petersilie, etwas Sahne, Salz, Pfeffer, Muskat, Wildgewürz.

Wildschweinbrust an den Seiten gerade schneiden, zusammenklappen und zu einer Tasche zusammennähen.
Die gut gekühlten Seitenabschnitte wolfen und in dem Mixer mit etwas Sahne, Salz und Pfeffer eine Farce herstellen. Die geputzten, geschnittenen Pilze mit feinge-

würfeltem Speck und Zwiebel, Lauch und Petersilie anschwitzen, erkalten lassen. Eingeweichte, ausgepreßte Brötchen, Eier und die Farce zugeben und mit Salz, Pfeffer, Muskat und etwas Wildgewürz abschmecken und gut durchmengen. Mit dieser Masse die Brust füllen und am Einfüllende zunähen. Bei 200 Grad im Ofen 1½ Std. je nach Stärke garen.

Als Beilage eignen sich glasierte Eßkastanien, Rotkohl oder Rosenkohl.

Hasenkeule in Lembergersauce mit rosa Pfeffer, gefülltem Rotkrautapfel und Petersilien-Pfifferling-Flan

Bild Seite 117

Friedrich Nagel
Casino der Allianz, Stuttgart

4 Hasenkeulen, 1 Flasche trockener Rotwein (Lemberger), 1 kleines Glas rosa Pfefferkörner, 1 Karotte, 1 kleine Sellerieknolle, 2 mittelgroße Zwiebeln, ½ Lauchstange, 4 Äpfel, 1 kleiner Rotkrautkopf, 200 g Butter, 4 Eier, 1 Bund Petersilie, 200 g kleine Pfifferlinge, ¼ l Milch, Lorbeerblatt, Nelken, schwarze Pfefferkörner, Wacholderbeeren, Rosmarin, Zimtstange, Salz, Zucker, Muskat.

Hasenkeulen enthäuten, den Schlußknochen (falls noch vorhanden) auslösen und den Röhrenknochen hohl auslösen, die Keule mit einem Bindfaden dressieren, den Haxenknochen an der Keule lassen.
Die Hasenkeule mit Salz und Pfeffer aus der Mühle würzen, in geklärter Butter anbraten, die klein-

gehackten Knochen und Parüren mit anbraten, dann die Röstgemüse beigeben, Farbe nehmen lassen, mit Lemberger ablöschen und reduzieren, den kleingeschnittenen Lauch erst jetzt zugeben, ebenfalls Lorbeerblatt, Nelken, zerdrückte schwarze Pfefferkörner und Wacholderbeeren.
Nun mit Fond (Jus, Grand-Jus oder wenig Wasser) auffüllen und schmoren.
Garzeit: je nach Alter des Hasen 45 bis 90 Min.
Keule herausnehmen, warm stellen, Sauce passieren, mit Lemberger verfeinern und mit Butterflokken aufmontieren, abschmecken mit Salz, Pfeffer aus der Mühle.

Rotkraut:
Putzen, in feine Streifen schneiden, feingeschnittene Zwiebeln und Apfelstücke andämpfen, das geschnittene Rotkraut zugeben, mit Lemberger ablöschen und zugedeckt etwa 40 Min. dämpfen, Zimtstange und Nelken als Gewürze beigeben. Abschmecken mit Zucker und Salz.

Äpfel:
Schälen und entkernen, kleine Kappe abschneiden und aushöhlen (mit diesen Apfelstücken wird das Rotkraut angesetzt), in eine Kasserolle setzen, mit Zitronensaft marinieren (damit diese schön weiß bleiben), mit wenig Wasser und einer Prise Zucker zugedeckt kurz andämpfen, damit sie noch schön fest bleiben.

Petersilie-Pfifferling-Flan:
Petersilie waschen, abzupfen und im Mixer fein pürieren. 4 Eier aufschlagen, in Meßbecher geben, mit der halben Menge Milch und dem Petersilienpüree verquirlen, mit Salz und Muskat abschmecken und zusammen mit den geputzten, gewaschenen Pfifferlingen in mit Butter ausgestrichene Förmchen geben und im Wasserbad pochieren.

Wildhasenrücken im Mantel auf Wacholder

Ernst-Ulrich Schassberger
Landhotel Hirsch, Ebnisee
Kaisersbach-Ebnisee

2 Wildhasenrücken, Salz und Pfeffer, 1 TL Öl.

Farce:
30 g Schweinefleisch, 20 g Kalbfleisch, 2 Eiswürfel, 5 cl Sahne. 4 mittelgroße Wirsingblätter sowie 1 Schweinenetz.

Briocheteig:
10 g Hefe ½ dl Milch, 125 g Mehl, Prise Salz, 1 Eigelb, 30 g weiche Butter.

Sauce:
1 TL Butter, 1 TL Öl, 20 g Karotten, 20 g Sellerie, 30 g Zwiebeln, ¼ l trockener Weißwein, ¼ l Wasser, ½ Lorbeerblatt, Wacholderbeeren, 3 Pfefferkörner.

Hasenrückenfilets auslösen, von Sehnen und Haut befreien, Spitzen auf den Seiten abschneiden und mit den unteren, kleineren Filets für die Farce beiseite stellen. Rückenfilets mit Salz und Pfeffer würzen und in Öl kurz anbraten, damit sich die Poren schließen. Ebenfalls zur Seite stellen. Die bereitgestellten Spitzen und kleineren Filets sowie das Schweine- und Kalbfleisch durch die feine Scheibe des Fleischwolfs drehen. Im Mixer (oder Kutter) nach und nach die Eiswürfel und die Sahne unterarbeiten (alles muß sehr kalt verarbeitet werden), herausnehmen und mit Salz und Pfeffer würzen. In der Zwischenzeit die Wirsingblätter kernig blanchieren. Den Briocheteig wie üblich herstellen. Das Schweinenetz im Rechteck auslegen, darauf die Wirsingblätter und die Farce 0,5 bis 1 cm dick aufstreichen, das Hasenfilet einlegen und einrollen.

Kurz kalt stellen, den Briocheteig ebenfalls 1/2 cm dick ausrollen und die vorher hergestellten Rollen darin einschlagen. Etwa 10 Min. im vorgeheizten Ofen bei 200 bis 220 Grad goldfarben backen. Für die Wacholdersauce Hasenknochen, Haut und Sehnen in Stücke teilen und bei 220 Grad im Ofen braun angehen lassen. Die in 1-cm-Würfel geschnittenen Karotten, Sellerie und Zwiebeln zugeben und kurz mitbräunen. Mit Weißwein eßlöffelweise immer wieder ablöschen. Dann mit Wasser auffüllen, die fein zerstoßenen Gewürze dazugeben und etwa 40 bis 50 Min. auf dem Herd köcheln lassen. Durch ein feines Haarsieb passieren, nochmals einkochen, bis eine sämige Sauce entsteht. Eventuell mit etwas Salz nachwürzen. Die Filets in 1 1/2 cm dicke Scheiben schneiden und mit der Sauce servieren.

Hasenfilet mit Johannisbeersabayon

Paul Fleischmann
Gasthaus zum Hirsch
Tübingen-Derendingen

4 Wildhasenfilets, zusammen 750 g, 2 Eigelb, 1 EL reduzierter Kalbsfond (siehe S. 196), 6 cl Crème de Cassis, 4 cl Weißwein, 50 g Johannisbeeren (Träuble), Salz, Pfeffer.

Wildhasenfilets würzen, auf beiden Seiten 2 bis 3 Min. anbraten, dann 2 Min. in Alufolie im Herd bei 65 Grad nachziehen lassen. In der Zwischenzeit Eigelb und Weißwein auf Wasserbad anschlagen, Hälfte der pürierten Johannisbeeren dazugeben, schlagen, bis die Masse steht, reduzierten Kalbsfond mit Cassis und restlichen Beeren dazugeben und mit dem Mixstab nochmals aufschlagen. Filets in Scheiben schneiden,

Sauce auf Teller geben, Fleisch darauf anrichten und als Beilage Spätzle und Gemüse der Saison dazugeben.

Feldhasenrückenfilet im Dörrobstmantel mit Calvadossauce

Helmut Schiffner
Hotel-Restaurant Haghof
Alfdorf

2 Feldhasenrücken, 1 St. Schweinenetz, 200 g gemischtes Dörrobst, 2 Eier, 4 EL Semmelbrösel, 1/4 l Sahne, 50 g Butter, 1 Zwiebel, 1 Karotte, 50 g Sellerieknolle, 2 Lorbeerblätter, 5 Wacholderbeeren, 1 TL Tomatenmark, 1 dl Rotwein, 3 cl Calvados, 2 große Äpfel, 2 EL Butterschmalz, Salz, gemahlener Pfeffer.

Die Feldhasenrücken enthäuten und Fleisch vom Knochen lösen. Filets auf der Unterseite nicht vergessen. Spitze der Rückenstränge einschlagen und je 1 Filet beilegen, salzen, pfeffern und von allen Seiten kurz anbraten. Fleischteile auf Sieb auskühlen, Bratensatz in Pfanne mit 1/4 l Wasser ablöschen, für Sauce bereitstellen.
Knochen zerkleinern, in Butterschmalz anbraten, zerkleinerte Zwiebel, Karotte und Sellerie zugeben. Mit Tomatenmark anschwitzen. 3× mit Rotwein ablöschen, mit Bratensatzfond und Wasser bis zur Höhe auffüllen, Lorbeerblätter und Wacholderbeeren zugeben, 1 Std. köcheln.
Dörrobst in 5 mm große Würfel schneiden, mit 2 Eigelb, 4 EL Semmelbrösel, etwas Salz, Pfeffer und Muskat vermengen. Gut gewässertes Schweinenetz auf einem Tuch in 4 gleich großen Stücken ausbreiten.

Dörrobstmasse in Größe der Fleischteile auf Schweinenetzteile ausstreichen. Rückenstränge mit Filets draufleFilets daraufleFilets draufleFilets draufauflegen und unter Heben des Tuches einhüllen. Saucenansatz durch ein Sieb gießen. Auf 1/8 l einkochen. 1/4 l Sahne zugeben und auf die Hälfte einkochen, mit 50 g kalter Butter und 3 cl Calvados aufmixen, evtl. nachschmekken, warm stellen und 2 Eßlöffel Apfelstreifen dazugeben.
Eingehüllte Fleischteile auf allen Seiten anbraten und bei 180 Grad 12 bis 15 Min. im Backofen braten.
2 Min. auf Teller ruhen lassen. Längliche Scheiben schneiden und auf Sauce anrichten.

Beilage:
Handgeschabte Spätzle mit gehackten Haselnußkernen.

Hasenrücken im Strudelteig

Werner Schunter
Lehrer an der Landesberufsschule
Bad Überkingen

2 kleine Hasenrücken à 500 bis 600 g, 100 g schieres Kalbfleisch, 2 geputzte, gewaschene und eingeweichte Morcheln, 1 dl Sahne, etwas Butter zum Braten, je 80 g Karotten, weiße Rübchen, Brokkoli, Rosenkohl, geputzt und tourniert, 1 dl Crème fraîche, Sauerampfer, Salz, Pfeffer, 1 Prise Zucker, 30 g kalte Butter zum Aufmontieren der Sauce.

Strudelteig:
375 g Mehl, 30 g zerlassene Butter, 1 Tasse Wasser, 1 großes Ei.

Die Hasenrücken parieren, Rückenfilet auslösen, die dünnen Enden abschneiden. Das ergibt etwa 80 bis 100 g Fleisch, das man mit derselben Menge schierem Kalb-

---

Rezept Seite 115: Hasenkeule in Lembergersauce, Rotkrautapfel und Pfifferling-Flan, Friedrich Nagel

116

fleisch vermischt. Salzen, pfeffern, kühlen, mit 2 eingeweichten, geputzten und gewaschenen Morcheln mit etwas Sahne zu einer Farce im Mixer verarbeiten. Die parierten Hasenfilets kurz in Butter anbraten und dann kühl stellen. Die Knochen parieren, mit etwas Röstgemüse anrösten und einen kurzen Fond ziehen.

Für den Teig 375 g Mehl mit 30 g zerlassener Butter verreiben, ein großes, mit einer Tasse Wasser zerschlagenes Ei zufügen und gut durcharbeiten, abdecken und an nicht zu kühlem Ort ruhen lassen. Den Teig auf einem Tuch dünn ausrollen und ziehen, bis er hauchdünn ist. Die Filets mit der Farce einschlagen, mit Butter bestreichen und bei 160 Grad etwa 8 Min. backen, ruhen lassen. Währenddessen die Gemüse (Karotten, weiße Rübchen, Brokkoli, Rosenkohl, geputzt und tourniert) in Salzwasser kernig blanchieren, mit etwas Crème fraîche und Sauerampfer schwenken, würzen mit Salz und Pfeffer, Prise Zucker, warm halten. Die Sauce passieren, reduzieren und mit weniger kalter Butter binden. Nun die Hasenfilets tranchieren, auf vorgewärmten Tellern mit wenig Sauce und Gemüse anrichten.

Hase in Rotwein

Manfred Koch
Hotel-Restaurant Koch
Waiblingen

600 g Hasenfleisch, ausgebeint, 300 g Schweinebauch, 1 l Rotwein, 1 Zwiebel, Petersilie, Semmelbrösel, Salz, Pfeffer, Pastetengewürz.

Den Hasen parieren und in nicht zu kleine Stücke zerlegen. Den gut durchwachsenen Schweinebauch in gleich große Würfel schneiden und mit Salz und Pfeffer würzen.

In eine feuerfeste Kokotte als untere Lage Schweinebauch geben und das Hasenfleisch darauflegen. Zwischen die einzelnen Schichten Semmelbrösel streuen, die mit gehackten Zwiebeln, Petersilie und Pastetengewürz vermengt wurden. Das eingeschichtete Fleisch mit Rotwein auffüllen, so daß das Fleisch knapp bedeckt ist; Der Deckel nun mit einem Teig hermetisch verschließen und etwa 1½ Std. in der Röhe bei 180 Grad garen.

Mit Nudeln, Spätzle oder Weckknödeln servieren.

Rücken von Hase und Kaninchen, im Netz gebraten, mit Rotkrautpiroggen

Eberhard Aspacher
Schloßwirtschaft Landhotel
Illereichen

250 g Mehl, 15 g Hefe, 35 g zerlassene Butter, 3 g Zucker, ½ Ei, 100 g warmes Wasser, Salz, Rotkraut.
1 Hasenrücken, 2 Kaninchenrücken, Rotwein, Rotweinessig, 100 g Farce von Kaninchen und Hase aus der Keule (Brät), Salbei, Salz und Pfeffer, etwas gemahlene Nüsse, gewässertes und ausgedrücktes Schweinenetz.

Für die Rotkrautpiroggen aus den Zutaten einen Hefeteig herstellen und an einem warmen Ort zugedeckt gehen lassen (20 Min.). Danach auf gemehlter Unterlage etwa ½ cm dick ausrollen und Kreise von 7 cm Durchmesser ausstechen.
In die Mitte abgeschmecktes, trockengehaltenes Rotkraut setzen und zusammenklappen. Mit

Hilfe einer Gabel rundherum gut andrücken. Nochmals gehen lassen, dann bei 180 Grad im Rohr 20 Min. backen und mit zerlaufener Butter gut tränken.
Die Rücken auslösen und sauber parieren. Aus den Knochen eine Sauce ansetzen, mit Rotwein ablöschen, auffüllen, abschäumen, 2 Std. köcheln lassen, passieren, entfetten, reduzieren und leicht mit Stärke binden. Abschmecken und zum Schluß mit Rotweinessig und kalten Butterflocken verfeinern.
Die Filets würzen und in der heißen Pfanne kurz anbraten (absteifen). Kühl stellen, abtupfen und zusammen mit der Farce (jeweils ein Stück Hase und Kaninchen) in ein Schweinenetz einschlagen. In der Pfanne anbraten und 10 bis 12 Min. im Backofen weiterbraten. Ruhen lassen, aufschneiden und mit der Sauce und den Beilagen anrichten, mit Salbeiblatt garnieren.

Kaninchen in Riesling

Franz Feckl
Hotel-Restaurant
Schloß Höfingen
Leonberg-Höfingen

4 Kaninchenkeulen, ¼ l Weißwein (Riesling, trocken), ¼ l Crème fraîche, Salz, Pfeffer, 50 g Butter, 100 g Kresse, 4 kleine rote Bete, 4 Karotten, mittelgroß.

Kaninchen von den Knochen lösen und in Weißwein 10 bis 15 Min. dämpfen, danach die Crème fraîche dazugeben und nochmals 10 Min. leicht dämpfen, das Kaninchen herausnehmen und warm stellen. Die Kresse ganz fein pürieren und in die Sauce einrühren.

Zum Schluß die Butter unterziehen und mit Salz und Pfeffer würzen.
Rote Bete und Karotten getrennt weich kochen und im Mixer pürieren.
Kaninchen auf eine Platte geben, die Sauce darübergeben und das Karotten- und Rote-Bete-Mus mit dem Löffel dazugeben.

Nierenbraten vom Kaninchen auf Rieslingkraut

Heinrich und Jürgen Koch
Laurentius, Weikersheim

2 Kaninchenrücken à 300 g (mit Leber und Nieren und Bauchlappen), 200 g Kalbsbrät, 50 g Ziegenkäse, 1 EL gehackter Estragon, 100 g Schweinenetz, 100 g Weißes vom Lauch, ¼ l Riesling, 30 g Butter, 500 g Bio-Sauerkraut, 1 Apfel, 0,1 l Sahne.

Kaninchenrücken zusammenhängend auslösen. Kalbsbrät mit Estragon vermengen und auf die Innenseite der ausgelegten Kaninchenrücken verteilen. Halbierte Nieren, Ziegenkäse und Leber darauf anordnen und einrollen. In Schweinenetz einschlagen und im Ofen bei 180 Grad 25 Min. garen. Lauchwürfel in Butter andämpfen und mit Riesling auffüllen, auf ⅓ einkochen. Sauerkraut beigeben und erhitzen. Geschälten Apfel grob einraspeln und abschmekken. Kurz vor dem Anrichten geschlagene Sahne unterziehen. Nierenbraten in Scheiben schneiden und auf dem Kraut anrichten.

Beilagenempfehlung:
Schupfnudeln oder herzhafte Bratkartoffeln mit Schnittlauch.
Aus den Kaninchenknochen kann man nach Wunsch auch eine leichte Jus ziehen.

Kaninchenrückenfilet im Siebenkornmantel mit Sauce rouennaise

(Rezept für 8 Personen)

Wolfgang Sensz
Feinkost Käfer, München

4 Kaninchenrücken, 50 g Siebenkornmischung, 150 g Mehl, 50 g Buchweizenmehl, 1 Päckchen Trockenhefe, 1 Ei, 0,1 l Milch.

Sauce:
Kaninchenknochen und Parüren, 100 g Schalotten, 50 g Karotten, 50 g Sellerie, 0,1 l Rotwein, 50 g Entenstopfleber, 50 g Tomatenmark, Salz, Pfeffer aus der Mühle, Thymian, Lorbeer.

Die Kaninchenrückenfilets auslösen, enthäuten und kurz anbraten. Danach erkalten lassen.
Für den Teigmantel Siebenkornmischung kurz aufkochen, anschließend die Mischung absieben und kalt stellen.
Nun einen Teig aus Siebenkornmischung, Buchweizenmehl, Mehl, Milch, Ei und Hefe herstellen. Den Teig etwa ½ Std. gehen lassen, dann 5 mm dick ausrollen und die Kaninchenrückenfilets damit einschlagen. Die eingeschlagenen Filets auf ein gefettetes Blech legen, dann im Backofen bei 200 Grad 10 Min. ausbacken.
Aus den Kaninchenknochen und Parüren mit dem Röstgemüse (Sellerie, Karotten, Schalotten) und dem Tomatenmark eine Jus ansetzen. Die Jus etwa 1 Std. kochen, danach passieren und entfetten.
Für die Sauce rouennaise Schalotten anschwitzen, mit Rotwein ablöschen und reduzieren lassen. Die entfettete Kaninchenjus zugeben und mit etwas Thymian und Lorbeerblatt um ⅓ der Sauce einkochen. Vor dem Anrichten mit passierter Entenstopfleber die

Sauce abbinden, jedoch nicht mehr kochen lassen. Dann die Sauce rouennaise passieren und abschmecken. Als Einlage kleinwürfelig geschnittene und kurzgebratene Entenstopfleberstückchen in die Sauce geben.
Als Beilage gefüllte Fenchelschaufeln (siehe S. 150).

Gefüllte Kaninchenkeule auf Salbeirahmsauce

Volker Krehl
Restaurant Krehl's Linde
Stuttgart-Bad Cannstatt

4 frische Kaninchenkeulen

Füllung:
5 Scheiben entrindetes Toastbrot, 1 kleines Bund frischer Schnittlauch, 1 kleines Bund frische Petersilie, 1 EL frischer Kerbel, gehackt, 10 Blatt frischer Estragon, Kräuter auch austauschbar, 3 Eigelb, 2 Schalotten, 60 g Butter, Salz, Pfeffer, Cayennepfeffer, etwas Muskat.

Sauce:
0,3 l Kalbsjus (noch besser Jus aus Kaninchenknochen), ¼ l Sahne, ⅛ l kräftiger Rotwein (eventuell Spätburgunder), 2 Schalotten, 40 g Butter, je nach Größe 5 bis 8 Blatt frischer Salbei, 1 Schweinenetz, 3 EL Speiseöl.

An den Kaninchenkeulen Unterschenkelknochen im Gelenk abtrennen. Verbleibende Knochen in der Keule vorsichtig von den beiden Gelenkseiten her mit scharfem Messer heraustrennen, so daß sich in der Keule ein Hohlraum befindet, der später gefüllt werden soll (hohl auslösen). Entrindetes Toastbrot in Würfel schneiden (Kantenlänge etwa 0,5 cm), Schalotten in feine Würfel hacken, in Butter glasig schwitzen, dann Weißbrotwürfel dazugeben und goldbraun rösten. In kleine Schüssel geben. Kräuter hacken, dazugeben und das Ganze mit Eigelben vermengen, abschmecken. Mit dieser Masse die Keulen füllen und in das Schweinenetz einschlagen.

Feingehackte Schalotten in Butter glasig schwitzen, mit Kalbsjus und Rotwein auffüllen. Um etwa 1/3 einkochen lassen. Das gleiche mit der Sahne in gesondertem Gefäß. Reduzierte Jus vorsichtig unter die reduzierte Sahne montieren. Salbeiblätter dazugeben und aufkochen lassen, mit Stabmixer kurz durchmixen und Salbeiblätter wieder heraussieben, da sonst Salbei zu intensiv und eventuell bitter schmeckt. Kaninchenkeulen in Speiseöl beidseitig anbraten, in auf 180 Grad vorgewärmten Backofen schieben und 15 Min. garen lassen. Herausnehmen, Schweinenetz soweit möglich abzupfen, Keule in Scheiben schneiden und auf Salbeirahmsauce anrichten.

Kaninchenfilets und Nierle im Morchelmantel

Heinz Bernardis
Hotel Adler, Asperg

4 Kaninchenrücken mit Nieren, 150 g Röstgemüse (Sellerie, Karotten, Zwiebeln, weißer Lauch), 80 g Bratfett, 1/4 l Weißwein, trocken, 1/4 l Brühe (heiß), 1/8 l weißer Portwein, 1/8 l Sahne, 1 TL zerdrückte weiße Pfefferkörner, wenig Thymian, 1 TL Mehl, 80 g Butter, gekühlt, 60 g Kalbfleisch, gut pariert, 100 g Poulardenbrust ohne Haut

und Sehnen, alles jeweils in kleine Würfel geschnitten 1 Schweinsnetz, 120 g Sahne, 1 EL gehacktes Basilikum, 1 EL gewürfelte Pökelzunge, 1 EL gegarte, kleine Karottenwürfel, 80 g frische Morcheln, kleingeschnitten, oder 30 g getrocknete Morcheln (sehr gut gewaschen), in einer Pfanne mit etwas Öl kurz angebraten und mit Salz, Pfeffer aus der Mühle, Muskat, Glutamat abgeschmeckt.

Kaninchenrücken auslösen, die Filets gut parieren, Nieren der Länge nach halbieren. Die Filets kurz in kochende Brühe tauchen, würzen, kalt stellen. Für die Sauce Knochen kleinhacken, anbraten, Röstgemüse zugeben, mitbraten, mehrmals mit Weißwein ablöschen, Mehl, Pfefferkörner und Thymian beifügen und mit Brühe und Sahne auffüllen, köcheln lassen. Sauce passieren, auf 1/4 l einkochen, Portwein zugeben und noch etwas einkochen. Vor dem Anrichten die gekühlte Butter mit einem Schneebesen unter die Sauce schlagen.

Zur Zubereitung der Farce das gutgekühlte Kalbs- und Poulardenfleisch mit Salz, Pfeffer, Muskat und Glutamat würzen und mit der Sahne im Mixer fein pürieren, kalt stellen.

Nachdem die Masse gut durchgekühlt ist, durch ein feines Sieb streichen, Basilikum, Karotten und Zungenwürfel sowie die mit Salz und Pfeffer gewürzten Morcheln zugeben und gut vermengen. Nun das gut gewässerte Schweinsnetz auf einem feuchten Tisch ausbreiten, in vier gleich große Stücke teilen, etwas Farce aufstreichen, immer 2 Filets nebeneinanderlegen, zwischen die Filets etwas Farce geben, 4 halbe Nieren darauf verteilen, alles mit Farce umhüllen und 3- bis 4fach in das Netz einrollen. Die Filets in einer Pfanne anbraten und dann

im Ofen etwa 25 Min. bei 170 bis 180 Grad leicht rosa garen. Filets aus dem Ofen nehmen, einige Minuten ruhen lassen und dann schräg in 4 gleichmäßige Tranchen schneiden und auf Saucenspiegel anrichten.

Brust vom Jagdfasan mit Apfelstückchen

Richard Scherle
Hotel Wörtz zur Weinsteige
Stuttgart

4 Brüstchen von Jagdfasanen, 80 g Stopfleber, 1/4 Schweinsnetz, 150 g Butter, schwarzer Pfeffer und Salz, 100 g dicke Sahne (Crème double), 4 cl Calvados, 4 Äpfel (Delicious), 3/8 l Wasser, 1 dl Weißwein (Traminer), 50 g Butter, 100 g Zucker, 1/4 Zitrone.

Äpfel schälen, vom Kernhaus befreien, in dem heißen Sud aus Wasser, Weißwein, Butter, Zucker und Zitronenschnitz glasig garen, herausnehmen und warm stellen. Diesen Sud nochmals reduzieren.

Die Fasanenbrüstchen enthäuten, einmal einschneiden und dann mit einer Scheibe Stopfleber füllen, würzen und im Schweinsnetz mit Butter braten. Der Kern soll noch rosa sein. Dann herausnehmen und warm stellen.

Den Bratensatz mit etwas vom reduzierten Apfelsud ablöschen, mit der dickflüssigen Sahne zu cremiger Konsistenz kochen, abschmecken und mit dem Calvados vollenden.

Die Fasanenbrüstchen anrichten, mit der sämigen Sauce glacieren und mit den Apfelspalten umlegen.

Beilage:
Champagner-Rotkohl und Haselnuß-Pistazienküchle.
Restliche Sauce separat servieren.

Rezept Seite 123: Fasanenbrust mit Dornfeldersauce, Brokkoli und Waffelkartoffeln, Karl Schempf

Fasanenbrust mit Steinpilzen im Netz auf Traubensauce

Walter Atzinger
Romantik Hotel Ritter
Heidelberg

Die Knochen eines Fasanes (Karkassen), etwas Öl zum Anbraten. 60 g Zwiebeln, 40 g Karotten, 40 g Sellerie, 40 g Lauch, soweit vorhanden die Stiele oder eine Wurzel von Petersilie. Salz, Pfeffer, 1/8 l Trollinger (Rotwein), 1/2 l Fleisch- oder Hühnerbrühe, 1 Thymianzweigchen, etwa 100 g abgezogene blaue oder weiße Trauben, 4 Fasanenbrüstchen ohne Knochen, 280 g Steinpilze, 1 Schalotte, 4 kleine St. Schweinenetz, 1 EL gehackte Petersilie, Salz, Pfeffer, Saft einer halben Zitrone, 1 Knoblauchzehe, 2 cl Cognac, 1 EL Öl zum Braten, 20 g Butter.

Die kleingehackten Knochen im Öl scharf anbraten. Karotten, Sellerie, Petersilienwurzel zugeben und mit anrösten. Nun Lauch und Zwiebel zugeben und ebenfalls nochmals mit rösten lassen. Mit Trollinger ablöschen und mit Geflügelfond wieder auffüllen. Thymianzweigchen zugeben und etwa 1 Std. vor sich hinkochen lassen. Abpassieren, entfetten und abschmecken. Von den Trauben die Haut abziehen, Kerne entfernen und zum Schluß der Sauce beigeben.
Fasanenbrüstchen mit Salz und Pfeffer würzen und in heißem Öl von allen Seiten anbraten. Herausnehmen und zur Seite stellen. Den Boden eines kleinen Topfes mit der Knoblauchzehe ausreiben. Butter zugeben und zerlaufen lassen. Schalotte kleinschneiden und farblos andünsten, die vorher sauber geputzten und kleingeschnittenen Steinpilze zugeben und weich dünsten. Mit etwas Salz, Pfeffer und Zitronensaft abschmecken. Die Petersilie unterschwenken und dann zum Abkühlen auf ein Blech oder in eine kleine Schüssel umleeren. Das gut gewässerte Schweinenetz auf dem Küchentisch ausbreiten, etwas von den Steinpilzen daraufgeben, die Fasanenbrüstchen daraufsetzen und nun wiederum etwas Steinpilze auf die Brüstchen geben. Vorsichtig das Schweinenetz darumschlagen. Die 4 einzeln vorbereiteten Fasanenbrüstchen dann nochmals leicht salzen und mit etwas Pfeffer würzen und in den auf 180 Grad vorgeheizten Backofen schieben und rosa braten. Anschließend schräg tranchieren und auf der Traubensauce anrichten.

Fasanenbrüstchen im Wirsing-Graupen-Mantel

Rolf E. Minder
Volker-Merz-Schule, Stuttgart

300 g Fasanenknochen, 1 Zwiebel, 40 g Sellerie, 1/2 Stange Lauch, 1/2 l Rotwein, 1/4 l Wasser, 20 g Mehlbutter.
4 Fasanenbrüstchen, 200 g Fasanenfleisch, 0,2 l Sahne, 100 g Perlgraupen, 20 g Schinken, 1 Ei, 20 g frische Champignons, 1 Schalotte, 1 EL Honig, 4 große Wirsingblätter.

Aus Fasanenknochen eine Sauce herstellen. Knochen anbraten mit Zwiebel, Sellerie und Lauch, dann Rotwein und Wasser auffüllen. Nach 1 Std. passieren und mit Mehlbutter binden.
Champignons, Schinken und Schalotten in kleine Würfel schneiden, anschwitzen und in eine Schüssel geben. Gekochte Graupen und Ei dazugeben. Würzen und frische Kräuter untermengen, kalt stellen. Fasanenfleisch durch den Wolf lassen, im Mixer mit kalter Sahne mixen, abschmecken, kalt stellen. Wirsingblätter blanchieren, dicke Mittelrippe herausschneiden und abtrocknen. Die zwei abgekühlten Massen vermengen, dann auf Wirsingblätter streichen.
Fasanenbrüstchen salzen und pfeffern, anbraten, herauslegen und mit Honig bestreichen.
Brüstchen einrollen, auf gefettetes Backblech geben und bei 200 Grad 25 Min. im Ofen garen. Dabei, um eine gleichmäßige Farbe zu bekommen, öfter umdrehen.
Fasanenbrüstchen in Scheiben schneiden und fächerförmig auf den Teller geben. Mit der Sauce nappieren.

Anmerkung: Man sollte ganze Fasanen kaufen. Dann können die Brüstchen sowie das Keulenfleisch für die Farce selbst ausgelöst werden. Die ausgelösten Knochen braucht man zur Sauce. In die Sauce kann man Tomatenwürfel und etwas Balsamicoessig geben. Die beiden Massen (Graupen und Fleischmasse) müssen vor dem Vermischen ausgekühlt sein. Über die Brüstchen im Ofen Alufolie legen, da der Wirsing sonst verbrennt. Die Perlgraupen einen Tag in Wasser einlegen und dann weich kochen (etwa 40 Min.).

Fasanenbrust im Wirsing-Teig-Mantel

Dietmar Haerer, Altbach

4 St. Fasanenbrüste, 80 g roher Schinken.

Teig:
250 g Mehl, 8 g Salz, 125 g Milch, 15 g Hefe, 20 g Butter, 1 Eigelb, 100 g geraspelte rohe Kartoffeln, 100 g Wirsingstreifen.

Die Haut der Fasanenbrüste abziehen und das Fleisch würzen. In einer Pfanne mit etwas Fett die Brüste kurz anbraten und zum Auskühlen zur Seite stellen. Aus den Zutaten auf herkömmliche Art einen Hefeteig herstellen, nach dem zweiten Aufgehen die gut ausgedrückten Gemüse wie gekochte Wirsingstreifen und rohe Kartoffelraspel hinzumengen. Aus dem Schinken eine Platte von 30 × 15 cm ausbreiten, darauf die Brüste der Reihe nach auflegen und einrollen. Den Teig ausrollen und darin die Brüste sorgfältig einpacken. Die Rolle noch 20 Min. ruhen lassen und mit etwas Eigelb bestreichen, im Ofen bei 180 Grad 30 Min. backen.

Fasanenbrust mit Dornfeldersauce, Brokkoli und Waffelkartoffeln

Bild Seite 121

Karl Schempf
Gasthof Birkenhof, Maulbronn

2 Fasanen, Butter zum Anbraten, 200 g Brokkoliröschen, 200 g Kartoffeln (Sieglinde).

Sauce:
Fasanenkarkassen, 1 Karotte, 3 Schalotten, 20 g Staudensellerie, 1 Lorbeerblatt, 1 Thymianzweig, 0,5 l Dornfelder, Butter, Salz, Pfeffer.

Die Brusthälften der jungen Fasanen sauber auslösen. Kartoffeln schälen und mit Hilfe einer Mandoline (Gemüsehobel) zu Waffeln schneiden. Die Fasanenkarkassen, Keulen und Hälse in kleine Stücke hacken, in geklärter Butter scharf anbraten und zusammen mit Karotte, Schalotten, etwas Staudensellerie und den Aromaten im Ofen gut bräunen. Dann mit

Dornfelder mehrmals ablöschen, einkochen und mit Wasser auffüllen. Nach dem Auffüllen soll das Ganze etwa 1 Std. köcheln, dann passieren und auf die Hälfte einkochen. Fasanenbrüste braten, Sauce mit kalter Butter binden. Brokkoli in Salzwasser kochen, Waffelkartoffeln in geklärter Butter goldbraun backen. Auf vorgewärmten Tellern anrichten.

Wildentenbrüstchen an Zweigeltsauce

Walter Hofmann
Gasthaus zum Lamm
Strümpfelbach

4 Wildenten, gerupft, oder 8 Wildentenbrüstchen, 1/2 Lauch, 1 Karotte, 1 Petersilienwurzel, 2 Schalotten, 1 Tomate, 1 kleines Bund Kerbel, 2 Scheiben Toast, 1/2 l Zweigelt (Kreuzung aus Blaufränkisch und St. Laurent), Traubenkernöl, 2 cl Portwein, rot, 4 cl Cassis, 40 g Butter, 1 EL Johannisbeergelee, 100 g Weintrauben, Salz, Pfeffer aus der Mühle, 5 Wacholderbeeren, 1 Lorbeerblatt, 2 Nelken.

Wildenten abflammen, waschen und mit Küchenkrepp abtrocknen, Brüstchen auslösen und Haut abziehen. Innereien herausnehmen, Herz, Leber, Nieren waschen, fein hacken. Keulen von Karkassen lösen, Haut abziehen, Fleisch auslösen, grob hacken, Knochen fein hacken, blanchieren, gut abtropfen lassen. Mit Traubenkernöl anrösten, Mirepoix dazugeben, zweimal mit Wasser deglacieren (ablöschen und reduzieren), Gewürze dazugeben, mit Zweigelt ablöschen und auf 1/4 l Flüssigkeit auf kleiner Flamme einkochen lassen, Sauce durch Tuch oder Haarsieb passieren, mit Cassis und Johannisbeergelee auf-

kochen und mit der kalten Butter aufmontieren (binden).
Die Wildentenbrüstchen mit Salz und Pfeffer aus der Mühle würzen, englisch (rosa) braten, etwa 3 Min. auf beiden Seiten, auf einer vorgewärmten Platte 2 Min. ruhen lassen. Brunoise (Würfel) von 1 Schalotte in Butter andämpfen, Würfel von der Wildentenkeule sowie Innereien dazugeben, anbraten, würzen, mit Portwein ablöschen und reduzieren. Gehackten Kerbel dazugeben, auf je 1/2 entrindete Toastscheiben dressieren, unterm Salamander kurz gratinieren. Saucenspiegel auf heißem Teller anrichten, Brüstchen in je zwei Tranchen schneiden, mit rosa Seite nach oben legen, Toast mit Innereien extra auf Toastteller servieren.
Weintrauben abziehen, halbieren, Kerne entfernen, ganz kurz mit etwas Butter ansautieren und an die Fleischtranchen anlegen. Mit je 1 Rispe roten und schwarzen Johannisbeeren garnieren.
Als Beilage eignen sich Kartoffelbrioche und Lauch-Schwarzwurzel-Gemüse.

Wildentenbrüstchen mit roten Beten

Fritz Heim
Hotel-Gaststätte Hirsch
Kernen-Stetten

4 junge Wildenten, 150 g Butter, 4 St. gekochte rote Bete (je 60 bis 80 g), 80 g Gemüsemais, 100 g süße Zwiebeln, 1/4 l Sauerrahm, Salz, Pfeffer, Zucker, Zitronensaft, Zimt.

Von den gerupften und ausgenommenen Wildenten das Brustfleisch sauber auslösen und enthäuten. Die Entenlebern fein häuten und von der Gallenblase trennen. Aus

den Knochen und Keulchen mit Röstgemüse eine gut reduzierte Entenjus bereiten.

Die feingehackten Zwiebeln in der Hälfte Butter hellgelb dünsten, mit etwas Entenjus angießen. In kleine Würfel geschnittene rote Bete, Gemüsemais und Sauerrahm zugeben. Würzen und leicht köcheln lassen.

Das Brustfleisch leicht plattieren, würzen, in Restbutter langsam sautieren. Die kleingeschnittenen Entenlebern kurz mit angehen lassen und unter das Gemüse mischen.

Das Gemüse auf heißer Platte anrichten, die Entenbrüstchen darauflegen. Entenjus gesondert dazu servieren.

Schmorgericht von der Wildente in Blutsauce

Bild nebenstehend

Jörg Ebermann
Linde, Oberboihingen

2 Wildenten, 400 g Röstgemüse (Zwiebeln, Sellerie und Karotten), 4 Knoblauchzehen, 50 g Tomatenmark, 50 g geräucherte Bauchspeckstreifen, 100 g Schalotten, 0,5 l Rotwein, 0,125 l Rotweinessig, 0,5 l frisches Schweineblut, Salz, Pfeffer, Lorbeerblatt, Nelke, Wacholderbeeren, Pimentkörner, Öl zum Anbraten.

Die küchenfertig vorbereiteten Wildenten in gefällige Stücke teilen und mit den Gewürzen, dem Röstgemüse, dem Blut und dem Essig 2 Tage marinieren. Danach die Entenstücke aus der Marinade nehmen, trockentupfen, mit Salz und Pfeffer würzen und auf lebhaftem Feuer anbraten. Das Röstgemüse und die Schalotten zufü-

gen. Das Bratfett abgießen, tomatisieren, mit dem Rotwein mehrmals ablösen, mit kaltem Wasser bis zur Höhe auffüllen und zugedeckt im mäßig heißen Ofen etwa 1 bis 1,5 Std. weich schmoren. Die Entenstücke mit den Schalotten aus der Sauce nehmen und ausbrechen. Nebenbei die Sauce reduzieren und mit wenig Blut binden. Nochmals passieren und die Entenstücke mit den Schalotten in der Sauce schwenken und gefällig anrichten.

Beilage: Polenta, Spätzle oder andere Teigwaren.

Suprême von der Wildente, mit ihren Innereien gefüllt

Hermann Engel
Restaurant Lamm
Stuttgart-Feuerbach

2 Wildenten mit Innereien, 40 g Butter, 40 g Schalottenwürfel, 200 g gewürfelte Champignons, 40 g Traubenkernöl, 40 g Cognac, 40 g Portwein, 40 g Sherry, 200 g Kalbfleisch, gewürfelt, ohne Sehnen, Salz, Pfeffer aus der Mühle, Pastetengewürz, 20 g Traubenkernöl, 30 g Schalotten in Scheiben, 50 g Weißbrot, ohne Rinde, in Würfel, 50 g flüssige Sahne, 1 Ei, 400 g Wildfond aus den Entenkarkassen, 1 großes, gesäubertes, gewässertes Schweinenetz in 4 Quadraten à 15 × 20 cm.

Von den Wildenten die Brüste und Keulen lösen und die Haut abtrennen. An den Brüsten die Sehnen entfernen. Die Keulen entbeinen, würfeln, mit Salz, Pfeffer und Pastetengewürz würzen. Die Innereien putzen und ebenfalls würfeln.

In der Butter die Schalotten- und Champignonwürfel angehen lassen und beiseite stellen.

In dem Traubenkernöl bei starker Hitze die gewürfelten Mägen, Herzen und zuletzt die Lebern zusammen ansautieren, mit dem Cognac abbrennen und aus der Pfanne nehmen. Den Bratensatz mit Portwein und Sherry lösen, mit 100 g Wildentensauce auffüllen, reduzieren lassen und über die sautierten Innereien geben.

Das gewürfelte Kalbfleisch würzen und mit den gewürzten Wildentenkeulen vermischen.

Die Schalotten im Traubenkernöl anglacieren, ohne Farbe zu geben. Die Weißbrotwürfel in der Sahne weichen.

Das Kalbfleisch mit den Wildentenkeulen, den glacierten Schalotten und dem geweichten Weißbrot vermengen, gut kühlen und zweimal durch die feinste Scheibe des Fleischwolfes treiben, mit dem Ei anmachen und abschmekken.

Die sautierten Innereien mit den glacierten Champignonwürfeln vermischen.

Die Wildentenbrüste in einer Pfanne mit etwas Traubenkernöl absteifen und würzen.

Die Schweinenetze auf einer genäßten Tischplatte auslegen, etwas Fleischfarce in der Größe der Wildentenbrüste darauf verteilen, darauf die Innereien verteilen und die Wildentenbrust daraufsetzen, mit der restlichen Fleischfarce abdecken, im Schweinenetz einpakken und mit feuchten Händen gut andrücken und eine Form geben.

Die Brüste in eine heiße Pfanne setzen und im vorgeheizten Backofen bei 200 Grad auf der mittleren Schiebeleiste etwa 20 Min. braten.

Die Brüste aus der Pfanne nehmen, warm stellen, Bratenfett abgießen, eventuell mit einem Schuß Portwein ablöschen, der

Rezept siehe oben: Schmorgericht von der Wildente in Blutsauce, Jörg Ebermann

restlichen Wildentensauce auffüllen, reduzieren lassen, auf Tellern verteilen und die Wildentenbrüste daraufsetzen.

Wildentenbrust auf Rosenkohlblättern in Champignonglace

Volker Krehl
Restaurant Krehl's Linde
Stuttgart-Bad Cannstatt

2 Wildenten à 1200 g bis 1400 g (4 Wildentenbrüste à etwa 160 g), 50 g Karotten, 70 g Zwiebeln, 40 g Lauch, 40 g Sellerie, 4 EL Speiseöl, 1 TL Tomatenmark, ¼ l Rotwein, 1 Zweig frischer Rosmarin, 1 Zweig frischer Thymian, 300 g frische Champignons, 2 Schalotten, 180 g Butter, ⅛ l Sherry medium, 600 g frischer Rosenkohl, Salz, Pfeffer, 1 EL Öl.

Die Brüste vorsichtig von der Karkasse lösen. Die Flügelknochen im 1. Gelenk durchtrennen. Die Karkasse kleinhacken. In einer Braisiere die Wildentenknochen anrösten und die kleingeschnittenen Gemüse dazugeben. Miteinander braun rösten. Tomatenmark zugeben, mit Rotwein wiederholt ablöschen und mit Wasser knapp bedeckt auffüllen. Frische Kräuter zugeben und etwa 1 bis 1½ Std. köcheln lassen. Anschließend durch ein Tuch passieren. Dies sollte ungefähr 0,7 l Flüssigkeit ergeben.
Die Champignons in kleine Würfel schneiden, mit feingehackten Schalotten und 40 g Butter anschwitzen, mit Sherry ablöschen und mit der zuvor gefertigten Jus auffüllen, etwa zur Hälfte einkochen lassen, abschmecken und eventuell einige Butterflocken (40 g) unterziehen. Es soll eine klare, dunkelbraune, dickflüssige Champignonglace ergeben.

Am Rosenkohl Strunk abschneiden und die einzelnen Rosenkohlblätter vom Rosenkohl „blättern". In leichtem Salzwasser kurz überwellen und in Eiswasser geben.
Wildentenbrüste würzen, in Speiseöl mit der Haut zuerst anbraten und im vorgewärmten Backofen bei 180 Grad 7 Min. garen.
20 g Butter in Stielkasserolle zergehen lassen, die abgetropften Rosenkohlblätter zugeben, mit Salz, Pfeffer würzen und erhitzen.
Rosenkohlblätter gleichmäßig verteilen und als Nest formen. Rosa gebratene Wildentenbrust einmal schräg halbieren, im Nest anrichten und Champignonglace außerhalb des Nestes angießen.

Rosa gebratenes, ausgelöstes Rebhuhn in Pernod-Rahm mit Gemüsen

Karl Brunnengräber
Ruhpolding

4 junge, fleischige Rebhühner, 4 Weinblätter (ungespritzt), 8 magere Rauchspeckscheiben, Röstgemüse (Sellerie, Lauch, Karotten, grob gewürfelt), Salz, Pfeffer, ½ l Wildjus (siehe Seite 196), ¼ l Crème double, einige Spritzer Pernod.

Gemüse:
120 g Julienne von Karotten und Sellerie, 4 kleine, blanchierte Lauchzwiebeln, 4 mit glacierten Maronen gefüllte Krautköpfchen.

Die küchenfertig gerichteten Rebhühner würzen und kurz von allen Seiten anbraten. Mit einem Weinblatt belegen und mit 2 Rauchspeckscheiben bardieren. Im vorgeheizten Ofen in einer Kasserolle bei 170 Grad auf dem Röstgemüse rosa braten (etwa 12 bis 15 Min.). Herausnehmen,

nach kurzer Ruhezeit spalten, von den Rückgrat- und Brustknochen befreien und mit gebutterter Folie oder Pergamentpapier bedeckt warm halten. Von den ausgelösten Knochen und dem Röstgemüse unter Beigabe von etwas Wildjus einen kurzen, kräftigen Fond ziehen und mit Crème double sowie einigen Spritzern Pernod zu einer leicht deckenden Rahmsauce einkochen. Mit den in Butter gedünsteten Lauchzwiebeln und Gemüsestreifen sowie den separat etwas länger, ebenfalls in Butter gedünsteten, mit glacierten Maronen gefüllten Krautköpfchen und sehr hell gebratenen Pariser Kartoffeln (Pommes rissolées) anrichten.

Rebhuhn nach Großmutterart

Hans Hartmann
Restaurant Bahnhof, Leinfelden

1 kg Wirsing, 1 Zwiebel, 80 g Gänse- oder Schweineschmalz, 150 g geräuchter Speck, ¼ l Weißwein, 4 Rebhühner, 200 g frische Speckplatten, Salz, Pfeffer.

Den Wirsing in Achtel teilen und mit kochendem Wasser übergießen. In einem Römertopf die feingeschnittene Zwiebel mit Gänse- oder Schweineschmalz andünsten, Wirsing dazugeben, mit Salz und Pfeffer würzen, Rauchspeck in Scheiben darauflegen und mit dem Weißwein übergießen. Topf schließen und etwa 1 Std. auf schwachem Feuer dämpfen. In der Zwischenzeit die Rebhühner mit Salz und Pfeffer würzen, mit frischen Speckplatten umhüllen und etwa 20 bis 25 Min. bei 220 Grad im Backofen braten. Auf dem Wirsing mit Kartoffelpüree oder Schupfnudeln (Buabaspitzla) anrichten.

Rebhuhn mit Pfifferling-Artischocken-Ragout

Lothar Jolly
Restaurant Silberdistel
Westerheim

4 Rebhühner, 100 g Butter, 3 sehr fein gehackte Schalotten, 0,5 dl Cognac, 1 dl Portwein, ¼ l Crème fraîche, 200 g frische Pfifferlinge, 200 g Artischocken, Salz, Pfeffer, Gartenkräuter (Estragon, Petersilie, Schnittlauch).

Die geputzten Rebhühner vierteln und in geklärter Butter von allen Seiten ohne viel Farbe gut angehen lassen. Unter Zugabe der gehackten Schalotten, Portwein und Crème fraîche etwa 25 Min. leicht köcheln. Das Geflügel aus dem Fond nehmen und diesen reduzieren und mit Cognac verfeinern.

Pfifferling-Artischocken-Ragout:
Einige Schalotten in einer Pfanne farblos angehen lassen, die geputzten, gewaschenen Pfifferlinge und in Würfel geschnittene Artischockenböden dazugeben. Mit Salz, frischem Pfeffer aus der Mühle und 1 EL gehackten Gartenkräutern das Ganze unter Hitze anschwenken.
Als Beilage eignet sich sehr gut ein Kartoffel-Birnen-Gratin (siehe S. 154).

Piccata von Wachtelbrüstchen mit Tomatenwürfeln

Dieter Wägerle
Restaurant Stumpenhof
Plochingen

3 vollreife Tomaten, 1 Schalotte, ½ Knoblauchzehe, 1 EL Olivenöl, etwas Thymian, Salz, Zucker, 12

Wachtelbrüstchen, 2 Eier, 3 EL Mehl, 3 EL frisch geriebener Parmesan, 3 EL Weißbrotbrösel, 100 g geklärte Butter, Salz, Pfeffer aus der Mühle.

Die Tomaten blanchieren, häuten und halbieren, die Kerne entfernen und anschließend in feine Würfel schneiden. Schalotten und Knoblauch sehr fein würfeln, in Olivenöl glasig dünsten, Tomatenwürfel zugeben und etwa 3 Min. anschwenken. Mit Salz, Zucker und frisch gehacktem Thymian abschmecken, warm halten.
Wachtelbrüstchen sauber putzen, mit Salz und Pfeffer würzen. Brüstchen zuerst in Mehl, anschließend in den verschlagenen Eiern und zum Schluß in Parmesan sowie Weißbrotbröseln wenden. Die Panierung etwas andrücken und in der geklärten Butter etwa 2 Min. von jeder Seite anbraten. Mit Tomate concassé bestreuen. Als Beilage grüne Nudeln (siehe S. 157).

Wachtel, gefüllt, auf Steinpilzcreme

Volker Krehl
Restaurant Krehl's Linde
Stuttgart-Bad Cannstatt

4 frische Wachteln à etwa 200 g

Füllung:
5 Scheiben entrindetes Toastbrot, 2 Schalotten, 80 g Butter, die Leber der Wachteln, 1 kleines Bund Petersilie und Schnittlauch, 1 EL gehackter, frischer Kerbel, etwa 10 Blatt Estragon, (Kräuter auch austauschbar), 3 Eigelb.

Sauce:
20 g getrocknete Steinpilze (über Nacht in ⅛ l Sherry medium zugedeckt eingeweicht), 2 Schalotten,

40 g Butter, ¼ l Sahne, 0,3 l Kalbsjus (auch Wachtel- oder Geflügeljus), Alufolie.

Bei den Wachteln Füße und Hals abschneiden. Die Wachteln auf den Rücken drehen und die Haut vom Rückgrat durchschneiden, die Karkasse auslösen, indem man vom Rückgrat nach rechts und links scharf entlang der Karkasse das Fleisch abtrennt und auseinanderklappt. Das Knochengerüst halten und das Brustbein sorgsam von der Haut trennen. Es sollen nur noch die Unterschenkel und Flügelknochen in den Wachteln vorhanden sein.

Füllung:
Entrindetes Toastbrot in Würfel schneiden (Kantenlänge 0,5 cm). Schalotten in feine Würfel hakken, in Butter glasig schwitzen, dann Weißbrotwürfel dazugeben und goldbraun rösten. Die Wachtelleber ebenfalls in Würfel schneiden, in schäumender Butter kurz anbraten.
Brotwürfel und Leber in kleine Schüssel geben. Kräuter hacken, dazugeben und das Ganze mit Eigelben vermengen und abschmekken. Mit dieser Masse die Wachtel füllen und anschließend in die ursprüngliche, naturgegebene Form bringen. Die gefüllte Wachtel mit der Brust nach oben auf eine gebutterte Alufolie setzen (30 × 30 cm) und die Folie von allen Seiten gleichmäßig an die Wachtel schieben. Dies soll bewirken, daß die gefüllte Wachtel auch beim Braten ihre Form behält und die Nahtstellen geschlossen bleiben. Die Wachtel auf der Brustseite gut anbraten, in ein feuerfestes Geschirr setzen und bei 180 Grad im Backofen 10 bis 12 Min. garen. Anschließend vorsichtig Alufolie entfernen, längs der Mitte nach aufschneiden und die eine Hälfte mit der Füllung nach oben, ande-

re Hälfte mit der Keule nach oben auf der Sauce anrichten.

Sauce:
Die getrockneten Steinpilze über Nacht zugedeckt in Sherry einweichen. Die Schalotten in feine Würfel hacken und mit der Butter glasig schwitzen, anschließend mit Sherry und Steinpilzen ablöschen, etwas einkochen lassen. Sahne dazugeben, nochmals etwas eindicken. Jus vorsichtig unter den Saucensatz montieren und eventuell abschmecken.
Die Sauce auf Teller geben und die Wachtel wie erwähnt anrichten.

Anmerkung:
Die Füllung kann man z. B. auch für Stubenküken oder Kaninchenkeule verwenden. Dazu passen sehr gut frische Frühlingsgemüse.

Gefüllte Wachtel mit Sommertrüffelsauce, Wirsing und Maisplätzchen
Bild nebenstehend

Albert Bofinger
Fuggerei, Schwäbisch Gmünd

Für die Sauce:
20 g Sommertrüffel, ½ Zwiebel, ½ Karotte, gleiche Menge Sellerie und Lauch, 5 cl Weißwein, 2 cl Madeira.

Füllung:
4 Scheiben Toastbrot in 1 cm große Würfel geschnitten, 1 großes Ei (Größe 1 oder 2), 1 EL Sahne, ½ EL gehackte Petersilie, Salz, Muskat und Pfeffer aus der Mühle, 2 Tomaten, abgezogen, entkernt und in Würfel geschnitten.

Herz und Leber von der Wachtel würfeln und ganz kurz anschwitzen, beides kalt miteinander vermengen.

Die Wachteln vom Rücken her vorsichtig ganz auslösen.
Von den Knochen, dem Wurzelwerk und den Anschnitten der Trüffel einen Bratenfond ansetzen.
Wachteln innen leicht würzen und die Füllmasse in die Wachteln verteilen, einschlagen, dann drehen und auf gefaltete Silberfolie setzen (Rückenseite nach unten). Außen mit Paprikasalz würzen. Brustseite in brauner Butter anbraten, wenden und im Ofen bei 250 Grad 15 Min. braten.
Etwas Bratbutter fürs Anrichten aus der Pfanne nehmen. Pfanne mit Weißwein ablöschen und zum Bratenfond dazugeben.
Die Sommertrüffel in dünne Scheibchen hobeln und zum Schluß in den Bratenfond geben. Wachteln mit Bratbutter nappieren und servieren.
Als Beilage Maisplätzchen und junger Wirsing.

Maisplätzchen:
2 Eier, 80 g Mehl, 0,1 l Milch, 50 g zerlassene Butter, 80 g Maiskörner (fertig gekocht), Salz, Muskat, Pfeffer aus der Mühle.

Aus den Eiern, dem Mehl, der zerlassenen Butter, den Gewürzen und der Milch einen Pfannkuchenteig bereiten, den Mais unterheben und Plätzchen herausbakken.

Schnepfendreck
Fritz Heim
Hotel-Gasthof Hirsch
Kernen-Stetten

1 Schnepfe, 3 Weißbrotscheiben, 60 g Butter, 40 g Zwiebeln, fein gehackt, 1 EL Petersilie, 2 cl Rotwein, 1 cl Weinbrand, 1 Eigelb, Salz, Pfeffer aus der Mühle.

Die Weißbrotscheiben in Butter schön rösten. Das gesamte Eingeweide einer Schnepfe, jedoch ohne den Magen, fein hacken, mit den Zwiebeln und der Petersilie in der verbliebenen Butter dämpfen. Mit dem Weinbrand abflämmen und mit dem Rotwein angießen. Etwas abkühlen lassen, eine der Weißbrotscheiben zerkrümeln sowie mit dem Eigelb und der Masse vermischen. Salz und Pfeffer aus der Mühle zum Würzen.
Dieses nun auf die restlichen beiden Weißbrotscheiben streichen, vierteln und gut heiß stellen.
Die wie üblich gebratene Schnepfe vor dem Servieren damit umlegen.

Rezept siehe oben: Gefüllte Wachtel mit Sommertrüffelsauce, Wirsing und Maisplätzchen, Albert Bofinger

GEFLÜGEL

Um Hühnchen sofort eßbar zu machen,
lassen sie sie aus dem Hühnerstall heraus,
folgen ihnen aufs freie Feld, bringen sie sie zum Rennen
und schießen sie sie dann mit einer Flinte,
die mit sehr kleinem Schrot geladen ist.
Das Fleisch des von Furcht ergriffenen Hühnchens wird weich.
Diese Methode, deren man sich im Land der Fang (Gabun) bedient,
scheint selbst für die ältesten und zähesten Hennen unfehlbar.

Maurice Joyant: „l'Art de la Cuisine"

Alljährlich im November fiebern Tausende französischer Gourmets dem Tag entgegen, an dem in den einschlägigen Feinschmecker-Restaurants die Ortolanes, die Fettammern, auf der Karte erscheinen.

Ganze Tischgesellschaften begeben sich in Separées, um sich möglichst ungestört dieser Spezialität widmen zu können. Dabei verstecken die Esser ihre Häupter unter übergroßen Servietten.

Damit das Aroma der kleinen Vögelchen nicht entflieht und sie sich ungehindert und hemmungslos dem Genuß hingeben können, sagen die einen. Um die mahlenden Kiefer und fetttriefenden Lippen des Gegenübers nicht sehen zu müssen, sagen die anderen, denn die Fettammern werden, delikat gewürzt und gebraten, im ganzen, mitsamt den Knöchelchen gegessen.

Was immer das Motiv solch skurriler Ku-Klux-Klan-Verkleidung sein mag, es ist sicherlich eine milde Form von Degenerationserscheinung des Feinschmeckertums. In Italien werden heute noch, zum Entsetzen der Nordeuropäer, Singvögel in Netzen gefangen, an Spießen aufgereiht und gebraten, und diesseits wie jenseits des Atlantiks sind wahre Wirtschafts-Imperien auf dem Knochenfundament von Millionen von Wiener Brathendln und Kentuckyfried-Chickens entstanden.

Man sieht, der abendländische Mensch ist ein gewaltiger Vogelverschlinger, ganz egal, ob es sich um Wildvögel oder Zuchtgeflügel handelt, und seine Vorstellung vom irdischen Paradies ist die eines Schlaraffenlandes, in welchem einem die gebratenen Tauben in den Mund fliegen.

Wen wundert es da, daß alles, was Flügel hat, vom biederen Haushuhn bis zum exotischen Perlhuhn, die Phantasie der Köche von jeher besonders angeregt hat.

Im „Hering", dem Standard-Nachschlagewerk der deutschen Köche, finden sich allein an die sechshundert klassische Geflügelrezepturen. Wildgeflügel nicht mitgerechnet.

Dabei liegt der Geflügelkonsum in Deutschland, gemessen am europäischen Durchschnitt, an der unteren Grenze. Was wohl am hiesigen Produkt liegen mag, das in den letzten Jahrzehnten etwas in Verruf geraten ist. Das Huhn, das einst in England als so kostbar galt, daß es nur als Ziervogel und nicht zum Verzehr gehalten wurde, ist – nicht nur bei uns – zum Massenprodukt verkommen.

Trotzdem sich die Situation auch hierzulande merklich gebessert hat – es gibt mittlerweile auch wieder freilaufende, körnergefütterte deutsche Hühnchen, und die Gänse und Enten waren ja schon immer bei unseren Bauern in hervorragender Qualität zu haben –, ziehen die meisten deutschen Köche und Feinschmecker die Aufzucht unserer französischen Nachbarn vor. Deren bestes Geflügel, vollfleischige, maisgefütterte, schwergewichtige Poularden, kommen aus der Bresse, der Gegend zwischen Burgund und Rhônetal.

Wenn auch auf den Karten der Gourmetrestaurants unter der Rubrik Geflügel die Poularden ganz oben stehen, so erfreuen sich doch auch die Stubenküken wieder zunehmender Beliebtheit.

Früher hat es sie auch noch bei uns gegeben, und am besten schmeckten sie im Frühjahr, wenn sie mit Maikäfern gemästet wurden, die den ganzen Frühling noch im Leib hatten. Was unwiederbringlich der Vergangenheit anzugehören scheint. Denn selbst wenn es auch hierzulande wieder freilaufende Mistkratzerle gibt, die Maikäfer sind, wenn sie nicht gerade als Plage auftreten, für immer entschwunden.

Rezept Seite 132: Stubenküken mit Krebsen und Spargel, Dieter Müller

Stubenküken mit Krebsen und Spargel

Bild Seite 130

Dieter Müller
Schweizerstuben, Wertheim

4 Stubenküken à 300 g, 8 große Krebse, 24 Stangen Spargel, ¼ l Geflügelfond, 1 Tomate, 2 Schalotten, 1 Zweig Staudensellerie, ¼ EL Tomatenmark, 0,1 l Roséwein, 2 cl Noilly Prat, 1 Msp. Stärkemehl, 2 cl Sekt, Salz, Pfeffer aus der Mühle, Thymian- und Estragonzweigchen.

Nudelteig:
1 Ei, 1 Eigelb, 1 Spritzer Distelöl, 1 Prise Salz, etwa 120 g Mehl (Type 405), ½ TL Spinatmatte (grüne Nudeln), 1 Msp. frische Tinte vom Tintenfisch (schwarze Nudeln).

Stubenküken:
Die Stubenküken zurechtschneiden, binden, salzen, pfeffern und zum Servieren saftig braten.
Die Krebse in kochendem Salzwasser 2½ Min. kochen, danach kalt abschrecken. Die Krebsschwänze ausbrechen und die Därme herausschneiden. Die Krebsnasen als Garnitur zur Seite legen. Von den restlichen Karkassen zusammen mit den kleingeschnittenen Kräutern, dem Gemüse, dem Geflügelfond sowie Wein und Tomatenmark eine Sauce kochen. Diese nach 20 Min. durch ein Tuch passieren und auf etwa 0,1 l einköcheln lassen. Kurz vor dem Servieren mit wenig Stärke binden, kalte Butterwürfelchen einschwenken, mit Salz, Pfeffer und Sekt abrunden.

Nudeln:
Eier, Öl, Salz und Spinatmatte (oder Tinte) gut verrühren. Mit dem Mehl gut zu einem festen, zähen Teig kneten. Etwa 20 Min. ruhen lassen, danach durch die Nudelmaschine zur gewünschten Form drehen und trocknen lassen. Zum Servieren in kochendem Salzwasser nicht zu weich kochen.

Anrichten:
Brüste und Keulen vom Stubenküken lösen. Auf 4 Teller schön plazieren, mit gekochten Spargelspitzen, warmen Krebsschwänzen und Krebsnasen garnieren. Zum Schluß in Butter geschwenkte schwarze und grüne Nudeln dazugeben und mit wenig Sauce servieren.

Pot-au-feu von Stubenküken und Lauch

Albert Bouley
Waldhorn, Ravensburg

600 g Lauch (das Weiße), 1 dl Geflügelfond, 5 cl trockener Weißwein, 1 Schalotte, Salz, Saft von 1 Zitrone, 4 Stubenküken, 100 g Sahne, 1 dl Geflügelfond, 1 EL Noilly Prat, Salz, verschiedene Gartenkräuter.

Lauch der Länge nach halbieren und gut waschen, in Dampfkochtopf geben und 4 Min. auf der Biostufe garen (unten 1 Tasse Wasser mit 4 cl Geflügelfond, 2 cl Noilly Prat).
Die Stubenküken mit 2 cl Öl und 40 g Butter rundum anbraten, auf Alufolie setzen und im Ofen bei 220 Grad 6 Min. garen, ausheben, auf der Brust gut 10 Min. ruhen lassen. Brust und Keule auslösen und bereitstellen. Bratensatz aus der Pfanne abgießen und mit Weißwein und Noilly Prat ablöschen, einkochen, Fond aufgießen, reduzieren, Sahne aufgießen und nochmals einkochen lassen. Abschmecken. Lauch in Butter mit Schalotte, etwas Weißwein und Geflügelfond anschwenken.
Würzen und anrichten. Die Brüste und die Keulen würzen und dazusetzen. Mit der passierten und gut gemixten Sauce nappieren. Zuvor die gehackten Gartenkräuter unter die Sauce geben.

Poularde mit Krebsen im Strudelteig

Karl-Heinz Starke
Lehrer an der Landesberufsschule Bad Überkingen

4 entbeinte Poulardenbrüste, 120 g Entenstopfleber (mit Salz und Pfeffer gewürzt).

Farce:
4 entbeinte, von Sehnen und Haut befreite Poulardenoberschenkel, 60 g Karotten, 60 g Lauch, 30 g Sellerie und 2 Schaloten, in feine Würfel geschnitten, 40 g Butter, 1 dl trockener Weißwein, 1000 g lebende Krebse, 1 Eiweiß, 120 g flüssige Sahne, Salz, Pfeffer, englischer Senf (Pulver).

Strudelteig:
375 g Mehl, 30 g zerlassene Butter, 1 Tasse lauwarmes Wasser, 1 großes Ei.

Sauce:
3 EL Tomatenmark, ¼ l trockener Weißwein, ¼ l Fleischbrühe, ½ l Crème fraîche, ¼ l Wasser, Salz, weißer Pfeffer, 100 g kalte Butter, 120 g geschlagene Sahne, die zerstoßenen Krebskarkassen, 3 EL Olivenöl, 2 Schalotten, 1 Karotte, ¼ Lauchstange, Petersilienstiele, 1 Knoblauchzehe.

Garnitur:
die 4 Filets mignons (innere Filets der Poulardenbrust), 100 g grüner Spargel, 16 Krebsschwänze.

Die Krebse in Salzwasser (20 g/l) etwa 5 Min. kochen lassen, herausnehmen und auskühlen lassen.

132

Während dieser Zeit den Strudelteig herstellen, welchen man anschließend ruhen läßt. Nun die Krebse ausbrechen und mit den Karkassen die Sauce ansetzen.

Hierzu die zerstoßenen Krebskarkassen etwa 5 Min. mit dem Olivenöl auf lebhaftem Feuer angehen lassen, Gemüse, Tomatenmark und Knoblauch zufügen, kurz mitrösten und mit dem Weißwein ablöschen. Nun mit der Fleischbrühe, der Crème fraîche und dem Wasser auffüllen und 25 Min. leicht köcheln lassen. Nach dem Passieren erhält man etwa ¾ l Sauce, welche man auf ½ l reduziert und vor dem Servieren mit 100 g kalter Butter und 120 g geschlagener Sahne aufschlägt.

Für die Farce die Gemüsewürfel in der Butter farblos angehen lassen, mit dem Weißwein ablöschen, mit Salz und Pfeffer würzen, weich dünsten und anschließend kühl stellen. Die von Haut und Sehnen befreiten Oberschenkel in kleine Würfel schneiden, mit dem Eiweiß vermengen und im Fleischwolf oder Kutter fein zerkleinern, die Sahne langsam unterrühren und mit Salz, Pfeffer und englischem Senf abschmecken. Das ausgebrochene Krebsfleisch – mit Ausnahme der zur Garnitur benötigten Krebsschwänze – in Würfel schneiden, mit dem Gemüse und der Fleischfarce gut vermengen.

Solange die Sauce kocht, die Poulardenbrüste in Butter anbraten, kurz kühl stellen, mit der Entenleber füllen, mit der Farce einstreichen und in den hauchdünnen Strudelteig einschlagen. Das Teigstück zuerst mit Ei und dann mit der zerlassenen Butter bestreichen und in dem etwa 170 Grad heißen Ofen ungefähr 15 bis 20 Min. backen. Während des Backens die Sauce passieren und reduzieren, den Spargel kochen,

die Krebsschwänze warm legen und die Filets mignons in Butter absteifen. Die gebackenen Poulardenbrüste einen Moment ruhen lassen, währenddessen die Krebssauce fertigmachen und die Garnitur in wenig Sauce erwärmen. Tranchieren, mit der Sauce nappieren und mit der Garnitur anrichten.

Gefülltes Hohenloher Masthuhn mit Zuckerschoten und frischen Morcheln

Manfred Kurz
Gasthof Hirsch, Blaufelden

1 Hohenloher Masthuhn, etwa 1500 g, Salz, weißer Pfeffer aus der Mühle, 2 EL Butter, 2 EL Sonnenblumenöl.
1½ altbackene Brötchen, 1 Schalotte, 1 EL Butter, 150 g gekochter Spinat (fein gehackt und gut ausgedrückt), 2 Eigelb, 2 EL Crème fraîche, 1 Prise Cayennepfeffer, etwas abgeriebene Zitronenschale, 400 g Zuckerschoten, 200 g frische Morcheln, 1 Schalotte, 4 cl trockener Weißwein, 1 l Geflügelfond, ¼ l Crème fraîche, Zitronensaft, etwas frisch geriebenes Muskat, 2 EL Butter.

Das Huhn innen und außen kräftig mit Salz und frisch gemahlenem Pfeffer einreiben. Das Brötchen in Milch oder Wasser einweichen, die feingehackte Schalotte in Butter andünsten, etwas abkühlen lassen und mit dem Spinat, Eigelb, Crème fraîche und dem gut ausgedrückten Brötchen eine Füllung herstellen. Gut würzen und in das Huhn geben und wie üblich mit Bindfaden dressieren. In einem

großen Bräter Butter und Öl erhitzen und das Huhn von allen Seiten kräftig anbraten. In den auf 250 Grad erhitzten Ofen schieben. Nach 10 Min. die Hitze auf 200 Grad reduzieren und weitere 30 Min. braten lassen. Währenddessen immer wieder mit Bratflüssigkeit begießen.

In der Zwischenzeit die Zuckerschoten putzen, in Salzwasser knackig garen und kalt abschrecken. Die Morcheln putzen und unter kaltem Wasser abspülen und auf Küchenpapier gut abtropfen lassen und in Butter dünsten.

Die Zuckerschoten dazugeben und mit Salz und Pfeffer würzen. Aus der feingehackten Schalotte und Weißwein eine Reduktion bereiten, mit Geflügelfond abgießen, auf die Hälfte reduzieren, Crème fraîche dazugeben und bis zur gewünschten Konsistenz einkochen. Mit Salz, Pfeffer aus der Mühle, Zitronensaft und Muskat abschmecken.

Das fertiggegarte Huhn mit Alufolie abdecken und 10 Min. im warmen Ofen nachziehen lassen. Herausnehmen, auf einer warmen Platte anrichten, mit Zuckerschoten und Morcheln umlegen und mit etwas Sauce umgießen. Die übrige Sauce getrennt dazugeben. Am besten passen Bandnudeln oder frisches Stangenweißbrot dazu.

Perlhuhn in Silvanersauce

Wolfgang Kottmann
Küchenmeister
Restaurant Bürgerhof – Alt Tirol
Göppingen

2 Perlhühnchen je 800 g, 1 l Silvaner, 50 g Butter, 250 g Sahne, 1 Prise Zucker, Salz, etwas frischen Kerbel oder Gartenkresse.

Die Perlhühnchen in ein enges Gefäß geben, Silvaner (mit feinem Säurespiel) darübergießen und 2 Tage im Kühlschrank ziehen lassen. Hühnchen herausnehmen, mit einem Tuch abtupfen, in 4 Teile schneiden, die Knochen entfernen und sauber parieren. Knochen und Abschnitte in den Silvanerfond einlegen und etwa 1 Std. auskochen. Danach abseihen. Die Hühnchenteile in Butter in einer Pfanne anbraten, in den Backofen schieben und bei 170 Grad etwa 20 Min. fertiggaren. Dann Bratenfond mit dem abgeseihten Silvanerfond ablöschen, einköcheln, mit 250 g Sahne verfeinern, mit 1 Prise Zucker abschmecken, nochmals abseihen und an die Hühnchen gießen, mit frischen Kerbelblättchen oder Gartenkresseblättchen garnieren und servieren. Dazu passen Nüdelchen, Gemüse, Gratins, Wildreis.

tern verteilen und die Perlhuhnbrüste darin einrollen. Bei 160 Grad 15 bis 20 Min. im Ofen hellbraun dünsten (poelieren).
Milch mit Safranfäden aufkochen und den Grieß einstreuen. Kurze Zeit später Portwein und gehackte Trüffel beifügen. Kurz vor dem Servieren geschlagene Sahne unterheben.
Feine rote Zwiebelwürfel in Butter andünsten und mit Rotwein ablöschen. Langsam auf ⅓ einkochen und anschließend mit dem Mixstab fein pürieren. Butterflöckchen unterschwenken. Trüffelgries auf den Teller geben und mit Sauce umgießen. Perlhuhnbrustscheiben darauf anrichten.

Anmerkung: In Weikersheim gibt es wirklich Trüffeln! Aber leider nur etwa 300 g pro Jahr. Selbstverständlich schmeckt dieses Gericht auch mit Trüffeln aus dem Périgord. Auch mit Steinpilzen schmeckt es sehr lecker.

men lassen. Tomatenmark zugeben, kurz anziehen lassen und mit Madeira ablöschen. Den Saucenansatz zur besseren Farbgebung einige Male mit Geflügelbrühe glacieren (mit wenig Fond bis zum Glanz einkochen). Den Saucenansatz in einen anderen Topf umfüllen, mit Geflügelfond und Aromaten auffüllen und 30 Min. leicht köcheln lassen. Öfters abschäumen und entfetten. Passieren und auf die gewünschte Konsistenz einkochen und mit Weißwein verfeinern. Linsen blanchieren und 5 Min. kochen. Sahne zur Hälfte einkochen, abgetropfte Linsen einrühren, mit Salz und Muskatnuß würzen. Basilikum kleinschneiden und unterheben. Die Perlhuhnbrüste würzen. Auf der Hautseite anbraten und Farbe nehmen lassen. Im vorgeheizten Ofen (200 Grad) in etwa 5 bis 7 Min. fertigbraten. Geflügelsauce mit Balsamicoessig und kalten Butterstücken verrühren. Gebratene Perlhuhnbrust in Scheiben schneiden, auf die Linsen setzen und die Balsamicojus außenherum angießen.

Perlhuhnbrust auf Weikersheimer Trüffelgrieß

Bild nebenstehend

Heinrich und Jürgen Koch
Laurentius, Weikersheim

4 Perlhuhnbrüste, 100 g Kalbsbrät, 50 g Gänseleberterrine, 4 Mangoldblätter, 0,5 l Milch, 0,2 g Safranfäden, 60 g Weizengrieß, 30 g gehackte Trüffel, 0,05 l Portwein, 0,1 l Sahne, 100 g rote Zwiebeln, 0,5 l Dornfelder, 50 g Butter, Gewürze: Salz, Pfeffer, Muskat.

Perlhuhnbrüste kurz in Butter absteifen. Kalbsbrat mit Gänseleberterrine vermengen und mit Pfeffer aus der Mühle abschmecken. Mangoldblätter kurz blanchieren, abschrecken und trocknen. Gänseleberfarce auf den Mangoldblät-

Perlhuhnbrust auf roten Linsen mit Balsamicojus

Karl Schempf
Gasthof Birkenhof
Maulbronn

2 Perlhühnern, Röstgemüse von 1 Stange Staudensellerie, ½ Zwiebel, etwas Öl zum Anbraten, 1 TL Tomatenmark, 5 cl Madeira, 1 l Geflügelfond, 250 g rote Linsen, 0,25 l Sahne, Salz, Muskat, Basilikum, 50 g Butterschmalz, Salz, Pfeffer, 5 cl Balsamicoessig, 50 g kalte Butterstücke.

Brüste der Perlhühner auslösen, die Knochen kleinhacken und in einer flachen Kasserolle mit dem grobwürfelig geschnittenen Röstgemüse in wenig Öl Farbe anneh-

Perlhuhnbrüstchen auf Zucchini-Vermicelles und Currysauce

Manfred Schwarz-Bosch
Sontheimer Wirtshäusle
Steinheim

4 Perlhuhnbrüstchen à 180 g, 10 g Pflanzenfett, 30 g Butter, Curry, 0,1 l Geflügelfond, 30 g Crème double, 2 mittelgroße Zucchini, frischer Estragon, Salz und Pfeffer aus der Mühle, 1 EL geschlagene Sahne.

Perlhuhnbrüstchen in Fett anbraten, zuerst die Hautseite, dann

Rezept siehe oben: Perlhuhnbrust auf Weikersheimer Trüffelgrieß, Heinrich und Jürgen Koch

umdrehen und im Backofen 10 Min. bei 180 bis 200 Grad fertiggaren.

Butter zerlassen und mit Curry vermischen, mit Geflügelfond auffüllen, Crème double dazugeben und um die Hälfte einkochen lassen.

Bei den Zucchini die Schale dünn abschneiden und dann in Streifen von Streichholzdicke schneiden! (1 mm dick und 40 mm lang).

Die Zucchinistreifen in schäumender Butter kurz schwenken, die Estragonblätter untermischen und auf einem warmen Teller anrichten.

Die Perlhuhnbrust mit einem dünnen, scharfen Messer in 4 bis 5 Scheiben schneiden und auf den Zucchini-Vermicelles rosettenartig anrichten.

Die Currysauce absieben und die Schlagsahne unterheben. Kurz aufkochen lassen und um die Perlhuhnbrust gießen. Die übrige Sauce extra servieren.

Beilage: Camargue- oder anderer Naturreis.

Perlhuhnbrüstchen im Reisblatt

Ernst-Ulrich Schassberger
Landhotel Hirsch, Ebnisee
Kaisersbach-Ebnisee

1 küchenfertiges Perlhuhn (800 g), Butter, Öl zum Anbraten, Gemüsewürfel (Sellerie, Karotte, Zwiebel), 1/4 l Weißwein, Salz, Pfeffer.

Farce:
1/2 Zwiebel, 1 Brötchen, 2 Eier, 1 EL süße Sahne, 4 große Wirsingblätter, 4 Reisblätter (Reisfolie), Butter zum Anbraten.

Vom Perlhuhn Brüstchen und Keulen auslösen und beiseite stellen. Für die Sauce die Knochen zerkleinern, in Butter und Öl

braun anbraten, das Gemüse hinzufügen. Mit dem Weißwein eßlöffelweise ablöschen und knapp mit Wasser auffüllen. 30 bis 40 Min. kochen lassen, dann durch ein Sieb geben und würzen, warm stellen. Keulenfleisch, angedünstete Zwiebel und das in Wasser eingeweichte, ausgedrückte Brötchen durch die feine Scheibe des Fleischwolfs drehen. Eier und Sahne untermengen, mit Salz und Pfeffer abschmecken. Perlhuhnbrüstchen halbieren, salzen und pfeffern. Anschließend das Fleisch mit der Farce umhüllen und in die blanchierten Wirsingblätter einschlagen. Einzeln in das Reisblatt (vorher kurz in kaltem Wasser einweichen) wickeln und im vorgeheizten Backofen etwa 20 Min. bei 220 Grad braten. Schräg in drei Teile tranchieren. Die Sauce abschmecken, auf eine Servierplatte gießen und darauf das Fleisch anrichten. Dazu hausgemachte Nudeln reichen.

Anmerkung: Die Größe von Perlhühnern entspricht in etwa der von Junghähnchen. Perlhühner sollten vor der Zubereitung einige Zeit abhängen. Bei jüngeren Tieren genügen etwa 3 Tage.

Perlhuhnmaultaschen auf Pfifferlingsragout

Armin Wiedmann
Restaurant Zum Stern
Rudersberg-Schlechtbach

Farce:
2 Perlhuhnkeulen, 2 Scheiben Weißbrot ohne Rinde, 1 Eiweiß, 1/2 l flüssige Sahne, 1 Karotte, 1 Stange englischer Sellerie, etwas trockener Sherry, Madeira, Salz, Pfeffer, gehackte Petersilie und die gehackten Blätter des Sellerie, 1/4 St. Lauch.

Pfifferlingsragout:
500 g Pfifferlinge, 2 Schalotten, 1/2 l flüssige Sahne, 150 g Butter, etwas trockener Weißwein, gehackte Petersilie und Kerbel.

Nudelteig:
250 g Mehl, 5 cl Wasser, 2 Eier, 4 Eigelb, 2 EL Öl, 1 Ei zum Bestreichen.

Die Zutaten zum Nudelteig mischen und gut kneten, abgedeckt 1/2 Std. ruhen lassen. Perlhuhn von Haut, Knochen und Sehnen befreien, in gulaschgroße Stücke schneiden und mit Weißbrot, Eiweiß, Salz und Pfeffer mischen. Durch die feine Scheibe des Fleischwolfs drehen (zweimal), danach die Masse 15 Min. anfrieren. Währenddessen den Sellerie, Lauch und die Karotte in feine Würfel schneiden, in Salzwasser kurz abkochen und in kaltem Wasser abschrecken. Petersilie und die Blätter des englischen Sellerie fein hacken. Nun die Fleischmasse in einem Mixer mit der Sahne zu einer Farce verarbeiten. Das Ganze mit den Gemüsewürfeln und den gehackten Kräutern mischen, mit Salz und Pfeffer nachwürzen und mit Sherry und Madeira verfeinern. Die Farce in einen Spritzsack mit Lochtülle einfüllen. Den dünn ausgewellten Nudelteig mit Ei bestreichen und die Füllung in Abständen von 5 bis 6 cm in kleinen Häufchen aufspritzen. Mit einer Teiglage abdecken, andrücken und mit einem Ausstecher kleine Maultaschen ausstechen. Auf einem mit Grieß bestreuten Tablett leicht antrocknen lassen. Maultaschen in kochendem Salzwasser (mit Öl) etwa 5 bis 6 Min. kochen,

Pfifferlingsragout:
Pfifferlinge sauber putzen und kurz durchwaschen, in einem Sieb abtropfen lassen. Etwas Butter leicht anbräunen, die Pfifferlinge dazugeben, salzen, pfeffern und

langsam kochen lassen, bis die ganze Flüssigkeit verdunstet ist. Nun die kleingeschnittenen Schalotten dazugeben und mit Weißwein ablöschen und die Sahne aufgießen, das Ganze leicht kochen lassen und mit der restlichen kalten Butter sowie den gehackten Kräutern verfeinern.

Perlhuhnbrüstchen im Strudelteig

Paul Sauter
Hotel Stern, Ulm/D.

Strudelteig:
250 g Mehl (Typ 405), 1 Ei, 1 EL Öl, 0,2 l Wasser, 1 Prise Salz.

Perlhuhnbrüstchen:
2 junge Perlhühner von je etwa 900 g, 200 g Schweinefleisch, 1 Trüffel (Dose), ¼ l Sahne, 2 Eier, 2 bis 3 Schalotten, 50 g Butter, 2 cl Cognac, 200 g frischer Blattspinat, weißer Pfeffer aus der Mühle, Salz.

Das Mehl mit dem Ei und dem Öl vermengen. Das lauwarme Wasser dazugeben, mit Salz abschmecken. So lange kneten, bis der Teig kompakt ist. Anschließend 1 Std. unter einer lauwarmen Schüssel ruhen lassen.
Zuerst die Keulen von der Karkasse lösen, dann die Brüstchen. Die Keulen von den Röhrenknochen und der Haut befreien. Von den Brüstchen ebenfalls die Haut entfernen.
Perlhuhnbrüstchen ebenfalls mit Salz und Pfeffer aus der Mühle würzen, mit der Trüffel spicken, in der Pfanne mit Butter kurz anbraten und auf die Seite stellen.
Die ausgelösten Keulen und das Schweinefleisch mit den kurz angedünsteten Schalotten durch die grobe Scheibe des Fleischwolfs lassen und noch 1 oder 2 Eiswürfel im Mixgerät pürieren.

Anschließend auf Eis Sahne und Cognac unterarbeiten, durch ein Haarsieb streichen, mit Salz und Pfeffer abschmecken und die in Streifen oder kleine Würfel geschnittene Trüffel darunterheben. Den Strudelteig auswellen und auf einem bemehlten Tuch in 4 Platten von jeweils 20 × 20 cm Größe ausziehen. Spinat blanchieren, auf einem Tuch trocknen und die Strudelteigstücke damit belegen. Mittels einer Palette die Farce gleichmäßig darauf verstreichen, auf jedes Teigstück eine Perlhuhnbrust setzen, mit der restlichen Farce bestreichen und in den Strudelteig einrollen. Die Teigstücke mit Eigelb bepinseln, mit der Schlußnaht nach unten auf ein gebuttertes Backblech setzen und im vorgeheizten Ofen bei etwa 180 bis 200 Grad in 15 bis 18 Min. herausbacken.
In der Zwischenzeit aus den Karkassen mit etwas Röstgemüse (je 40 g Sellerie und Karotten, 60 g Zwiebeln, gewürfelt) einen kurzen Fond ziehen und mit Portwein oder Madeira verfeinern.
Als Beilagen eignet sich frisches Gartengemüse.

Perlhuhnsoufflé mit Sesamkrusteln

Rolf E. Minder
Volker-Merz-Schule, Stuttgart

300 g Perlhuhnfleisch (entspricht 1 Perlhuhn), 0,3 l Sahne, 2 Eigelb, 2 Eiweiß, 20 g Morcheln, 0,3 l Geflügelbrühe, 30 g Crème fraîche, 20 g Mehlbutter, Muskat, frische Kräuter, Salz, Pfeffer.

Sesamkrusteln: *400 g geschälte Kartoffeln, 2 Eigelb, 10 g Sesam, Salz, Pfeffer, Muskat.*

Perlhuhnfleisch salzen und mit Pfeffer aus der Mühle würzen, durch den Wolf lassen, mit ange-

frorener Sahne in einen Mixer geben, Morchelstücke zu der Farce geben, Eigelb und geschlagenes Eiweiß unterheben und bis etwa 1 cm unter den Rand in gebutterte Förmchen einfüllen. Ins Wasserbad stellen und in den vorgeheizten Ofen (250 Grad) geben. Nach 10 Min. auf 200 Grad herunterschalten und in weiteren 15 Min. fertiggaren.
Währenddessen die Geflügelbrühe aufkochen, mit Crème fraîche und Mehlbutter binden, mit Salz, Pfeffer, Muskat und frischen Kräutern abschmecken. Mit der Sauce einen Spiegel auf die Teller gießen und das Soufflé in die Mitte stürzen.
Sesamkrusteln: Die Kartoffeln kochen, abdämpfen, durchdrücken, Sesam und Eigelbe unterziehen, mit Salz, Pfeffer, Muskat abschmecken und auf gemehlter Platte zu einer Rolle formen, kühl stellen. Scheiben schneiden, beide Seiten in Ei legen und in Sesam wenden, in Butterschmalz herausbraten.

Anmerkung: Bei Herstellung der Farce darauf achten, daß das Fleisch gut gekühlt ist. Damit die Farce gut souffliert, sollte sie nach 10 Min. am Förmchenrand rundherum eingeschnitten werden.
Für die Krusteln nur festkochende Kartoffeln verwenden. Sollte die Masse zu weich sein, Grieß unterheben. In nicht zuviel Fett anbraten.

Täubchenstrudel in Holundersauce

Dietmar Haerer
Altbach

2 St. Täubchen, 500 g frische Pfifferlinge, 3 cl Olivenöl, 1 EL gehackte Schalotten, 3 EL gehackte Petersilie, 250 g Strudelteig, 50 g Weißbrot-

krumen, 80 g Röstgemüse, 1 TL Tomatenmark, 0,1 l Holundersaft oder frische Beeren, 30 g Butter.

Bei den Täubchen die Brüste ohne die Haut auslösen, die Keulen zusammenhängend von der Karkasse abtrennen und die Knochen für die Sauce kleinhacken. Um ein Austreten des Bratensaftes zu verhindern, die gewürzten Brüste auf beiden Seiten scharf anbraten. Für die Pilzfülle die Pfifferlinge sauber waschen, putzen und trocknen, kleinhacken und bei starker Hitze mit den feingehackten Schalotten anschwitzen, bis eine trockene Masse entstanden ist. Die Pilzmasse mit Salz, Pfeffer und gehackter Petersilie abschmecken und zum Auskühlen beiseite stellen. Aus den Knochen, den Abschnitten, dem Röstgemüse und dem Tomatenmark eine ungebundene Bratensauce herstellen. Den Strudelteig auf einem bemehlten Tuch zu einer Größe von 40×70 cm ausziehen. Auf der Hälfte (40×35) des Teiges gleichmäßig die Weißbrotkrumen und die Pilzfülle aufstreuen. Brüste ganz unten am Teigrand der Reihe nach auflegen und die Teigfläche vorsichtig mit all den aufgelegten Zutaten unter Hilfe des Tuches zu einem Strudel zusammenrollen. Auf einem mit Backtrennpapier belegten Blech den Strudel bei 220 Grad 20 Min. im Ofen backen. Um eine schöne Außenseite zu bekommen, den Strudel innerhalb der ersten 15 Min. mit der flüssigen Butter mehrmals einpinseln. Während des Backens den Holundersaft um die Hälfte einkochen beziehungsweise die frischen Beeren im Mixer pürieren und durch ein Sieb streichen und mit der passierten Sauce vermischen. Zum Anrichten einen kleinen Saucenspiegel auf den Teller gießen und zwei Stück Strudel aufsetzen. Zur Vollendung des Gerichtes noch die

Keulen, die zuvor 4 Min. im Ofen gebraten und von den Knochen gelöst wurden, auf den Tellern mit anlegen. Wenn frische Beeren zur Verfügung stehen, noch einige auf den Tellern verteilen. Hierzu empfiehlt sich junges, frisches Gemüse.

Gefüllte Taubenbrüstchen auf Sauce von schwarzem Pfeffer

Bild nebenstehend

Heinz Bernardis
Hotel Adler, Asperg

4 junge Tauben, 2 gut gewässerte Schweinenetze, Bratfett.

Füllung:
100 g gut pariertes Taubenfleisch aus den Keulen, in kleine Würfel geschnitten, 60 g ebenfalls gut pariertes Kalbfleisch, ebenfalls in kleine Würfel geschnitten, 140 g Sahne, Pfeffer aus der Mühle, Salz, wenig Muskat, Glutamat, 1 EL grobgehackte Pistazien.

Sauce:
Die Taubenknochen, fein gehackt, Röstgemüse, bestehend aus: 1 kleinen Zwiebel, 1 Möhre, wenig Sellerie und Petersilienwurzeln, alles in gleichmäßige Würfel geschnitten, 2 Gewürznelken, 1 TL Wacholderbeeren, 1 Lorbeerblatt, wenig Thymian, 1/4 l kräftiger Rotwein, 1/2 EL Tomatenmark, 1/2 EL Preiselbeerkompott, 1 EL grüne Pfefferkörner, 1/8 l roter Portwein, 4 cl Cognac, 3 cl frisches Schweineblut, 100 g Butter.

Tauben waschen, trockenreiben, abflammen, die Keulen abtrennen, Knochen entfernen, das Fleisch von Haut und Sehnen befreien und kalt stellen.
Die Brusthälften auslösen, die Flügel am letzten Gelenk vor der

Brust abtrennen, die Haut entfernen. Auf der Innenseite der Brüste durch Längsschnitte eine Tasche einschneiden und leicht plattieren, kalt stellen.

Füllung:
Kalbfleisch und Taubenfleisch mit Salz, Glutamat, Pfeffer und Muskat würzen und mit der Sahne im Mixer fein pürieren, kalt stellen. Nachdem die Farce durchgekühlt ist, durch ein feines Sieb streichen, abschmecken und die Pistazien untermengen.

Sauce:
Das Blut passieren, mit 90 g weicher Butter gut verrühren und kalt stellen. Aus den Taubenknochen, Röstgemüse, Tomatenmark und Rotwein eine kräftige, konzentrierte Sauce herstellen (der Rotwein dient zum mehrmaligen Ablöschen während des Bratvorganges), passieren und auf 1/4 l einkochen. Den Portwein und das Preiselbeerkompott beigeben und noch etwas einkochen, passieren. 10 g Butter in einer Sauteuse leicht bräunen, die Pfefferkörner zugeben, mit dem Cognac flambieren und mit der Sauce aufgießen.
Taubenbrüstchen füllen, mindestens dreifach in das Schweinenetz einrollen, so daß eine Kotelettform entsteht, mit Salz und Pfeffer aus der Mühle würzen, auf dem Herd kurz anbraten und im Ofen bei etwa 170 Grad 16 bis 18 Min. garen. Die Brüstchen müssen rosa gebraten werden, sonst sind sie trocken und hart.
Während des Bratens der Brüstchen die Sauce nochmals aufkochen, vom Herd nehmen und die gekühlte Blutbutter in kleinen Flocken mit einem Schneebesen unter die Sauce rühren.
Die Brüstchen aus dem Ofen nehmen, kurz ruhen lassen, dann mit einem schräg angesetzten Längsschnitt halbieren und je 2 Teile auf der Sauce anrichten.

Rezept siehe oben: Gefüllte Taubenbrüstchen auf Sauce von schwarzem Pfeffer, Heinz Bernardis

Taube auf Wirsing

Günter Koppert
Restaurant Adlon – Hotel Berlin
Sindelfingen

*4 Tauben, 150 g Geflügelfarce sowie
8 Pflaumen, 400 g Gänseleber, 20 g
Trüffel, 8 Blatt Wirsing (nur das
Gelbe), 1 Schweinenetz.*

Sauce:
*1 l Geflügelbrühe, 1/4 l Sahne, etwas
Calvados, 80 g Butter, 4 EL geschlagene Sahne, etwas Pfeffer aus der
Mühle.*

Tauben vollständig aus den Karkassen lösen, würzen und mit der
Geflügelfarce, Pflaumen, Gänseleber und Trüffeln füllen und in das
Schweinenetz einrollen. Im Ofen
bei 180 Grad 35 Min. garen.
Wirsingblätter in dem Salzwasser
blanchieren und kalt abschrecken,
dann in Butter leicht anschwenken und warm stellen.
1 l Geflügelbrühe auf 2/3 einkochen, Sahne und Calvados dazugeben, mit Pfeffer würzen, mit Butter aufmontieren und zum Schluß
die geschlagene Sahne dazugeben.
Die Wirsingblätter auf die Teller
geben, die Taube in Scheiben
schneiden und auf den Wirsing legen, Sauce drumherum geben.
Beilagen: Kartoffelcrêpes, Puffer
aus Buchweizen, Kartoffelpüree
oder Nudeln.

Taubenbrüstchen
im Mangoldblatt

Karlheinz Haase
Hotel-Restaurant Rommel
Waiblingen-Korb

*4 Taubenbrüstchen, ausgelöst, Salz,
Pfeffer, 1 EL Petersilie, gehackt,
1/2 EL Kerbel, gehackt, 20 g Ochsenmark, 1 kg Mangold, 30 g gesalzene
Butter.*

Die ausgelösten Brüstchen mit
Salz und Pfeffer würzen, in der gehackten Petersilie und dem Kerbel
wenden, fest andrücken.
Die gesalzene Butter in der Pfanne
erwärmen und die Taubenbrüstchen kurz ansteifen.
Den entstielten Mangold kurz
blanchieren und abtropfen lassen.
Auf gebutterter Alufolie die Mangoldblätter ausbreiten. Für jedes
Brüstchen extra.
Dann die Brüstchen daraufgeben
und mit dem Mangold umhüllen,
mit der Alufolie verschließen.
Danach im vorgeheizten Backofen bei 180 Grad 6 bis 8 Min. garen.
Die Brüstchen sehr dünn tranchieren und auf vorgewärmten Tellern
anrichten, das Ochsenmark daraufgeben und mit Taubenjus nappieren.

Beilagenempfehlung: Trüffelrösti,
Möhrchen und Zuckerschoten.

Taubenbrüstchen
auf Wurzelgemüse
mit Kürbisrahm

Albrecht Keller
Bundeswehrcasino
Theodor-Heuss-Kaserne
Stuttgart-Bad Cannstatt

*4 Taubenbrüstchen, 4 Spitzmor-
cheln, in etwas Cognac eingeweicht,
1 Prise Meersalz und gemahlener
weißer Pfeffer, 1 mittelgroßer Spei-
sekürbis (etwa 500 g), 250 g Fleischbrühe, 200 g Crème fraîche, 80 g geklärte Butter, 200 g Karotten, 200 g
Lauch, 1 Prise Salz, etwas Zucker,
etwas Sherryessig.*

Die Taubenbrüstchen mit einem
scharfen Messer zum Füllen einschneiden und mit den eingeweichten Spitzmorcheln, die vorher gut gereinigt und mit Cognac
mariniert wurden, die Brüstchen

füllen. Würzen und beiseite stellen.
Karotten, Sellerie und Lauch waschen, in feine Streifen schneiden
und in wenig Fond kurz blanchieren und sofort abkühlen.
Den Kürbis halbieren und von
Kerngehäuse sowie Schale befrei-
en. Das Fruchtfleisch in Würfel
schneiden und in einer Kasserolle
mit der Fleischbrühe und den Gewürzen etwa 20 Min. weich kochen. Abseihen, im Mixer mit der
Crème fraîche pürieren und warm
stellen. Nun die Taubenbrüstchen
in der geklärten Butter etwa
5 Min. braten, ebenso das Wurzelgemüse in einer Pfanne kurz mit
Butter schwenken und leicht mit
etwas Salz abschmecken.
Die Kürbissauce auf Teller geben,
das Wurzelgemüse in Nestform
dazu, darauf die goldgelb gebratenen Taubenbrüstchen legen.

Junges, gefülltes
Täubchen

Wiltrud Oesterle
Gasthof Kocherbähnle
Unterrot

*4 junge Täubchen (noch nicht ausge-
nommen), 4 Brötchen vom Vortag,
0,2 l Milch, 4 Eier, 80 g Zwiebeln
(weiß), 50 g Butter, 2 EL gehackte
Blattpetersilie, Salz, Pfeffer, Muskat.*

Sauce:
*5 cl Spätburgunder, 1/4 l Geflügeljus,
40 g Butter.*

Die gerupften und abgesengten
Tauben ausnehmen, den Hals
nicht zu kurz abschneiden. Die
Innereien putzen, Herzen und
Mägen (ohne Haut) fein wiegen,
die Lebern etwas größer lassen.
Die Brötchen in 1/2 cm dicke
Scheiben schneiden, mit der war-
men Milch übergießen. Die fein-

würfligen Zwiebeln in der Butter mit den kleingeschnittenen Innereien angehen lassen. Die Petersilie und die Eier dazugeben und alles miteinander vermischen und mit Salz, Pfeffer und Muskat vorsichtig würzen.

Die Tauben mit der Masse füllen und zunähen, den Kropf zubinden. Salzen und pfeffern. Etwa 40 Min. im vorgeheizten Ofen bei rund 170 Grad zugedeckt braten. Ab und zu mit Wasser aufgießen. Zum Schluß noch 5 Min. vor Ende der Garzeit unbedeckt im Ofen knusprig werden lassen.

Die Tauben kurz ruhen lassen, halbieren und auf warmen Tellern anrichten. Den Bratfond entfetten (degraissieren), mit Rotwein und Geflügeljus auffüllen, reduzieren und mit frischer Butter aufmontieren.

Beilagenempfehlung:
Dazu einen schönen Rohkostsalatteller servieren.

Anmerkung:
Tauben stets vorsichtig garen, nicht zu heiß werden lassen und häufig begießen.

Cassoulette vom Hohenloher Täubchen mit bunten Rübchen

Lothar Eiermann
Wald- & Schloßhotel
Friedrichsruhe

4 Tauben, 1 kg Taubenknochen und Parüren, 250 g Mirepoix (2 bis 3 Zwiebeln, 1 bis 2 Karotten sowie Lauch, wenig Sellerie, in 1 cm großen Würfeln), 1 EL Tomatenmark, ¼ l Rotwein, 1 l Taubenfond oder Geflügelfond (siehe S. 196).

Bunte Rübchen:
Je 200 g rote Bete, Kohlrabi, Navetten, Karotten, Salz, Pfeffer, Zucker, Muskat, 80 g Butter, etwas Brühe.

Die Rübchen putzen, waschen und tournieren. Jeweils gesondert in Salzwasser weich kochen und in Eiswasser abschrecken. (Rote Bete in einem Fond aus Wasser, Lorbeerblatt, Salz, Nelken und Kümmel weich kochen.) Die Rübchen separat in etwas Brühe und Butter anschwenken und warm halten.

Taubenknochen anrösten, bis sie eine schöne braune Farbe haben. Mirepoix dazugeben, mit anrösten, den Lauch später zugeben. Fett weitgehend abgießen, Tomatenmark zugeben, kurz weiterrösten lassen, mit Rotwein etwas ablöschen.

Diesen Vorgang 3mal wiederholen, dann mit Taubenfond auffüllen. Bis zu ⅓ der Flüssigkeit einkochen, passieren und mit wenig Stärke binden.

Die Tauben anbraten und aufrecht in einen Topf, der bis zur Hälfte mit Taubenjus gefüllt ist, geben. Und nun etwa 10 bis 13 Min. in einen 250 Grad heißen Ofen schieben.

Nun die Tauben in eine Cassoletteform geben und mit der nochmals passierten Sauce übergießen. Die Tauben am Tisch tranchieren und mit den Rübchen auf vorgewärmten Tellern anrichten.

Entenbrust im Sechskornmantel an Rhabarbersauce

Peter Bissinger
Restaurant Altes Haus
Kirchheim/Teck

Je 20 g Getreide, geschrotet (Dinkel, Buchweizen, Roggen, Hirse, Hafer,

Gerste), 120 g Vollkornmehl, 40 g Hefe, ¼ l lauwarmes Wasser, 1 Prise Salz, 1 Bund Gartenkräuter (Petersilie, Thymian, Majoran, Estragon), 2 Entenbrüste à 220 g.

Sauce:
150 g Rhabarber, 5 cl Portwein.

Aus Getreideschrot, Vollkornmehl, Wasser, Hefe und Salz einen Hefeteig herstellen, an warmem Ort etwa 20 Min. gehen lassen. Fettdeckel von den Entenbrüsten abziehen, dann scharf anbraten, auskühlen lassen. Den gegangenen Teig je Entenbrust portionsweise auswellen (sollte er kleben, noch etwas Mehl verwenden), mit den gehackten Kräutern bestreuen, die Entenbrüste einschlagen und in dem vorgeheizten Backofen bei 190 Grad etwa 20 Min. backen. Kurz stehen lassen, dann in Tranchen schneiden.

Für die Sauce von den kleingehackten Entenkarkassen mit Röstgemüse eine Jus herstellen. Den Rhabarber in kleine Würfel schneiden und mit der Jus kurz erwärmen, mit Portwein verfeinern.

Gefüllte Ente

Günter Koppert
Restaurant Adlon – Hotel Berlin
Sindelfingen

1 Ente (1 bis 2 kg), 2 Brötchen ohne Rinde, 1 Karotte, ½ Stange Lauch (nur das Weiße), 100 g Kürbis, 2 kleine Schalotten, 20 g Butter, ⅛ l Sahne, 2 Eier, Salz, Pfeffer aus der Mühle, Muskat, 1 Bund Dill, 1 Bund Kerbel, 1 Schweinenetz.

Ente vom Rücken auslösen und alle Knochen entfernen.
Füllung: Brötchen in kleine Würfel schneiden und in eine Schüssel geben, Karotten, Lauch, Schalot-

ten und Kürbis in kleine Würfel schneiden, in einer Pfanne mit der Butter leicht anrösten und zu den geschnittenen Brötchen geben. Die Sahne aufkochen und dazugeben, die Eier hinzufügen und mit Salz, Pfeffer und Muskat würzen. Dann Dill und Kerbel grob hakken und daruntermengen, gut durchkneten und ½ Std. durchziehen lassen.

Die Ente damit füllen. Das Ganze in das Schweinenetz einrollen und mittels Faden binden. Im Ofen bei 170 Grad 1½ Std. garen.
Beilage: Rotkraut, Champagnerkraut, Kresseküchle.

Schwäbische Landente mit Brechbohnen

Bild nebenstehend

Jochen Moosmann
Dicker Turm, Esslingen

2 kleinere oder 1 große frische Mastente, etwa 200 g Wurzelwerk (Lauch, Karotten, Sellerie), 1 Zwiebel, 2 Tomaten, etwas Tomatenmark, Salz, Pfeffer, Majoran, 600 g Brechbohnen, 60 g Butter, 60 g Speck, 1 kleine Zwiebel, 1 Zweig Bohnenkraut, Muskat.

Die Ente bratfertig machen, Innereien, Flügel und Hals entfernen und davon zusammen mit dem Wurzelwerk, Zwiebel und Tomaten auf die übliche Weise eine Sauce herstellen. Den Backofen auf 200 Grad vorheizen. Die Ente innen mit Salz, Pfeffer und Majoran und außen nur mit wenig Salz würzen. Eventuell aus der Leber, 200 g Weißbrot, etwas Petersilie und 50 g Speckwürfeln eine Füllung herstellen und die Ente damit füllen. In das Bratgeschirr etwa fingerdick Wasser geben und die Ente auf die Seite einlegen.

Nach ⅓ der Bratzeit (1½ Std.) auf die andere Seite legen und im letzten Drittel zum Bräunen der Brust auf dem Rücken liegend fertigbraten. Während der gesamten Bratzeit mit dem ausgetretenen Entenfett kräftig übergießen. In der Zwischenzeit die Bohnen putzen und in Stücke schneiden und in sprudelnd kochendem Salzwasser knackig blanchieren. Zur Farberhaltung in Eiswasser abschrecken. Etwas von dem Kochwasser übrigbehalten. Zwiebel und Speck würfeln und in der Butter glasig dünsten. Die Bohnen zugeben und mit etwas Bohnenwasser fertigdünsten. Mit Salz, Pfeffer und etwas Muskat würzen und kurz vor dem Servieren etwas gezupftes Bohnenkraut dazugeben. Die schön knusprig gebratene Ente aus dem Bratgeschirr nehmen und im Backofen warm stellen. Einen Teil des Bratfetts abschöpfen und den Bratsatz mit der Entensauce ablöschen und etwas einkochen lassen. Abschmekken und beim Anrichten mit den Brechbohnen und Schloßkartoffeln an die Ente geben.

Hohenloher Freilandente mit Honigzwetschgen

Walter Hofmann
Gasthof Lamm
Weinstadt-Strümpfelbach

2 Enten à 1,8 kg mit Innereien, 2 Äpfel, 4 Scheiben Toastbrot, 2 Schalotten, 2 Eier, 1 kleines Bund Blattpetersilie, Salz, Pfeffer und Muskat, 200 g getrocknete Zwetschgen, 50 g Honig, 40 g Butter, ¼ l Rotwein, 5 cl weißer Portwein, 1 EL Himbeeressig, ⅛ l Geflügel- oder Kalbsfond, ½ Zimtstange, Saft von ½ Zitrone, das Abgeriebene von 1 Orange.

Füllung:
50 g Entenfett kleinschneiden, auslassen, Grieben herausnehmen. Brunoise von Schalotten anschwitzen, feingehackte Innereien dazugeben. Äpfel in Scheiben schneiden, mit der gehackten Petersilie vermengen, zu den Toastbrotwürfeln und den Eiern geben. Die sautierten Innereien dazugeben, mit Salz, Pfeffer und Muskat würzen und gut verarbeiten.

Honigzwetschgen:
Die getrockneten Zwetschgen entsteinen und 10 Min. einweichen und abwaschen. Rotwein, Portwein, Honig und Gewürze aufkochen, Zwetschgen dazugeben, abdecken und auf kleiner Hitze 30 Min. kochen, bis der Fond gut reduziert ist. Zwetschgen können auch frisch sein.

Enten säubern, evtl. abflammen, würzen und füllen. Mit Bindfaden zunähen und mit ¼ l Wasser in einer Bratkasserolle bei 220 Grad in die Backröhre schieben. Während des Bratvorgangs mehrmals mit dem Bratfett übergießen, um ein Austrocknen zu verhindern. Zum Schluß mit einer Mischung aus 1 Eßlöffel Honig und Himbeeressig nappieren und nochmals für 2 Min. zum Glacieren in den Ofen schieben. Die Enten danach etwas ruhen lassen, halbieren, Füllung beiseite legen, Brust und Keule auslösen. Auf vorgewärmter Platte mit der Füllung anrichten, zugedeckt im Ofen bereitstellen. Den Bratfond entfetten, mit ⅛ l Rotwein ablöschen, Geflügelfond dazugeben und reduzieren lassen. Eventuell nachwürzen und mit frischen Butterflocken abbinden.

Als Beilage eignen sich Serviettenknödel und Rosenkohlblätter.

Rezept siehe oben: Schwäbische Landente mit Brechbohnen, Jochen Moosmann

Eingemachte Entenkeule mit Rahmwirsing

Roland Blessing
Landgasthof Rössle
Berglen-Lehnenberg

4 Entenkeulen, 300 g Gänse- oder Entenschmalz, 300 g Schweineschmalz, Salz, Pfeffer, Paprika, Lorbeerblatt, Thymianblättchen.

Von 4 Entenkeulen die Unterschenkelknochen möglichst weit oben abhacken. Danach mit Salz, grobem Pfeffer, Muskat und wenig edelsüßem Paprika einreiben. Mit zerkleinertem Lorbeerblatt, Thymian sowie zerdrücktem Knoblauch rund 24 Std. im Kühlschrank ziehen lassen. Die Keulen ohne Fett kurz anbraten, nun 300 g Gänse- oder Entenschmalz mit 300 g Schweineschmalz auf 160 Grad erhitzen und darin die Keulen 1 bis 1½ Std. sanft kochen lassen.

Die so zubereiteten Keulen kurz unter dem Salamander knusprig werden lassen und mit Rahmwirsing (siehe S. 153) servieren.

Entenmägen in Knoblauchsauce

Walter Schweizer
Restaurant Hahnen, Filderstadt

1 kg Entenmägen, 1 Spickzwiebel (Nelke, Lorbeerblatt), 2 mittelgroße Zwiebeln, 4 Knoblauchzehen, 1 EL Tomatenmark, ⅛ l Rotwein, Gewürze (Lorbeerblatt, Nelken, Pfeffer aus der Mühle, Salz).

Entenmägen waschen, in leichtem Salzwasser mit Spickzwiebel weich kochen. Entenmägen aus der Brühe nehmen, erkalten lassen und parieren. Die Mägen in Scheiben schneiden. Feingeschnittene Zwiebeln und Knoblauchzehen im Fett in der Pfanne angehen lassen, die Magenscheiben dazugeben, mit dem Tomatenmark anschwitzen und mit Mehl bestäuben. Das Ganze mit Rotwein ablöschen und mit etwas Fond auffüllen. Aufkochen und ungefähr ¼ Std. ziehen lassen. Nach Geschmack mit 1 Eßlöffel Crème fraîche verfeinern und mit Salz und Pfeffer aus der Mühle abschmecken.

Nach Belieben kann man Gemüsestreifen oder gehackte Champignons dazu geben.

Cassoulet von Entenkeulen

Volker Krehl
Restaurant Krehl's Linde
Stuttgart-Bad Cannstatt

0,4 kg weiße, getrocknete Bohnenkerne, 200 g roher, geräucherter Bauchspeck, 1 Zwiebel (in grobe Würfel geschnitten), 1 große Karotte, 1 Staudensellerie (Bleich-/Stielsellerie), 1 kleine Stange Lauch, 2 Knoblauchzehen, 4 Entenkeulen à etwa 200 g (auch Wildentenkeulen), 1 EL Tomatenmark, 2 EL Speiseöl, Salz, Pfeffer, Cayennepfeffer, 50 g Weißbrotbrösel (zum Überbacken).

Bohnenkerne gut waschen und über Nacht einweichen.
Geräucherten Bauchspeck, Zwiebel, Karotte, 2 Stengel vom Staudensellerie, Lauch in grobe Würfel schneiden (etwa 1 cm Kantenlänge). Knoblauch schälen und klein hacken.
Entenkeulen würzen und in Braisière in Speiseöl anrösten. Herausnehmen und in gleichem Gefäß die Gemüsewürfel und Speck anrösten, glasig schwitzen, Knoblauch zugeben und tomatisieren.
Das Wasser der eingeweichten Bohnenkerne zugeben, aufkochen lassen und dann Bohnenkerne selbst dazu aufkochen. Entenkeulen unter die Bohnen mischen und etwa 50 Min. bei 180 Grad im Backofen weich schmoren. Bei hohem Feuchtigkeitsverlust gelegentlich durch Wasser ausgleichen, eventuelle Garprobe bei Bohnen und Entenkeulen durchführen.
Wenn der Cassoulet weich ist, Entenkeulen herausnehmen, nochmals abschmecken, in feuerfestem Geschirr anrichten, Keulen obenauf legen und mit Weißbrotbröseln im Backofen goldbraun überbacken. Mit frischen Kräutern überstreuen.

Anmerkung: Eignet sich sehr gut auch mit anderen Geflügelkeulen, die eventuell anfallen, wenn man die Brüste allein für ein Gericht verwendet.

Mit Apfel und Rosinen gefüllter Gänsehals

Gerhard Bauknecht
Hirsch Hotel Gehrung
Ostfildern 1 (Ruit)

Gänseklein von 2 Gänsen (Hals, Leber, Magen), 200 g Schweinefleisch, 50 g Butter, 1 Knoblauchzehe, 1 Zwiebel, Salz, Pfeffer aus der Mühle, 3 EL Portwein, 3 Äpfel, 50 g Rosinen, 50 g Pistazien, 100 g Speck, 150 g getrocknete Pflaumen, 1 bis 2 l Geflügelfond.

Die Haut der beiden Hälse vom Kopf her abziehen. Das Fleisch der Gänsemägen aus der Haut herausschälen und in der Pfanne mit Butter, Knoblauch, Zwiebeln und dem in Würfel geschnittenen Schweinefleisch leicht anbraten, auf ein Sieb schütten und abtropfen lassen, dann im Mixer pürieren, die in Würfel geschnittene Leber, Äpfel, Rosinen, Pflaumen, Pistazien, Speck und den Portwein in die Masse ziehen, in die Hälse füllen, oben und unten zubinden und in dem Geflügelfond 30 bis 35 Min. garen und im Fond erkalten lassen.

Martinsgans

Walter Allinger, Ulm

für 6 bis 8 Personen:
1 junge Bratgans (etwa 2 bis 2½ kg), Salz, Pfeffer, Majoran, Basilikum, Beifuß, 5 dl Brühe vom Gänseklein.

Füllung:
2 Blechwecken (Brötchen), 2 dl Brühe vom Gänseklein, Herz und Leber der Gans, 400 g Geflügelleber, 1 Zwiebel, fein gehackt, 2 EL Butter, 2 EL gehackte Petersilie, 2 Äpfel, 1 TL Majoran, 1 TL Rosmarin, Salz, Pfeffer, 1 Ei.

Die Brötchen kleinschneiden und in die Brühe vom Gänseklein einlegen. Gut ausdrücken und durch ein Sieb streichen. Butter erhitzen und das Herz, die Leber und die Geflügelleber kurz darin anbraten. Aus der Pfanne nehmen und die Zwiebel mit der Petersilie hineingeben. 5 Min. darin dünsten. Die Äpfel schälen und das Kerngehäuse entfernen, dann in kleine Würfelchen schneiden und ebenfalls zu den Zwiebeln in die Pfanne geben. Nochmals 4 Min. darin dünsten. Leber und Herz fein hacken. Alle Zutaten für die Füllung mit dem Ei vermengen. Mit Salz, Pfeffer, Majoran und Beifuß würzen.
Die Gans innen und außen mit Salz, Pfeffer, Majoran, Basilikum

und Beifuß einreiben und füllen. Die Bauchöffnung mit einem Bindfaden zunähen und die Gans mit dem Rücken nach unten in die Gänsekachel legen und mit der Brühe vom Gänseklein begießen. Bei 220 Grad 1 bis 1½ Std. mit geschlossenem Deckel schmoren lassen. Danach den Deckel abnehmen und die Hälfte des ausgetretenen Fetts abschöpfen. Mit dem Rest des Fetts die Gans noch etwa 1 bis 1¼ Std. braten. Die Haut soll knusprig braun werden.
Vor dem Servieren noch 6 bis 8 Äpfel waschen und schälen. Das Kerngehäuse entfernen und die Äpfel zur Gans in die Kachel legen. Darauf achten, daß sie nicht verfallen. Dann herausnehmen und mit Preiselbeerkonfitüre füllen und zur Gans mitservieren.
Als Beilage Kartoffelpüree oder Schupfnudeln und Rotkraut.

Weißgericht vom Masthuhn in Silvaner

Arthur Moosmann
Restaurant Dicker Turm
Esslingen

Flügel, Hals, Mägen und Herzen vom Masthuhn, insgesamt etwa 1,5 kg (beim Fachhändler vorbestellen), 1 Bund Lauchzwiebeln, 250 g Champignons, 1 l trockener Silvaner (auf ¼ l reduziert), 200 g Crème double, Bouquet garni, 80 g Butter, 40 g Mehl, zum Legieren 4 Eigelb, 2 dl Sahne, Salz, Pfeffer, Lorbeerblatt, Nelke.

Das Kleinfleisch blanchieren, abschrecken und nochmals in kaltem Wasser aufsetzen. Zum Kochen bringen. Bouquet garni und Gewürze beifügen und weich kochen. Unterschiedliche Garzeiten beachten! Lauchzwiebel und Champignons putzen, waschen

und in Butter kurz andünsten. Die Stiele der Champignons ebenfalls in Butter andünsten, mit Mehl bestäuben und mit dem Kochfond auffüllen. Auf etwa 1 l einkochen, Crème double und die Weißweinreduktion beifügen, passieren und mit Eigelb und Sahne legieren. Fleisch auslösen, Mägen enthäuten, zusammen mit den Champignonköpfen und Lauchzwiebeln in vorgewärmte tiefe Teller geben und mit der Sauce überziehen.
Als Beilage eignen sich hausgemachte Nudeln.

Putenbrust mit provenzalischem Gemüse

Werner Nödinger
Hotel-Restaurant Neckartal
Köngen/Neckar

400 g Putenbrust, 400 g Zucchini, Auberginen und Paprika, 150 g Pflanzenöl, 120 g Mehl, 20 g Olivenöl, 1 Knoblauchzehe, 30 g gehackte Petersilie, 150 g schwarze Oliven oder -paste, 150 g grüne Oliven oder -paste, Salz, Pfeffer.

Die parierte Putenbrust und das Gemüse in gleich große Stücke (5 × 5 cm) schneiden, salzen, pfeffern, mehlieren und das restliche Mehl abschütteln.
Nun das Ganze mit dem Öl auf lebhaftem Feuer goldgelb knusprig anbraten und auf einem Sieb abtropfen.
Die Oliven entsteinen, fein pürieren; das schwarze Püree mit wenig Olivenöl und das grüne Püree mit wenig flüssiger Sahne aufarbeiten. Nun die Putenbrust und das Gemüse nochmals mit wenig Olivenöl, Knoblauch und Petersilie erwärmen und auf Spiegel von grünem und schwarzem Olivenpüree trocken anrichten.

GEMÜSE UND BEILAGEN

Diese Distel, laß sie gelten
Ich vermag sie nicht zu schelten
Denn was uns am besten schmeckt
In dem Busen liegt versteckt.

Johann Wolfgang v. Goethe über die Artischocke

Keine Jahreszeit ist verheißungsvoller als der Frühling, und kein Monat ist dies mehr als der Mai, von dem es in einem Lied aus dem letzten Jahrhundert heißt: „Du bist der Gott der Herzen und der Magen / Dir nicken Liebende und Leckermäuler zu." Mit den ersten warmen Maitagen kommen auch die ersten grünen Erbsen, zarten Kohlrabi, Mairübchen, Karotten, neuen Kartoffeln, die ersten Wildkräuter und vor allem der König der Gemüse, der Spargel. Was Karl Friedrich von Rumohr in seinem 1822 erschienenen „Geist der Kochkunst" über seine Zubereitung sagt, gilt auch heute noch: „Reinige den Spargel nicht zu lange vor dem Verbrauch, wasche ihn schnell ab, ohne ihn im kalten Wasser liegen zu lassen (damit die feinen Nährsalze nicht ausgelaugt werden!), binde ihn in Bündel und lege ihn nicht eher in das Kochgeschirr, als bis das Wasser in vollem Wallen ist. Salze hierauf das Wasser reichlich, und wenn du dich überzeugen willst, ob dein Spargel gar sei, so faß' ihn an die Köpfe und nicht an den Stiel, wie unerfahrene Köche zu tun pflegen."

Dies gilt nicht nur für Spargel, es gilt auch für viele andere Gemüsesorten. Nichts ist schlimmer, als junges Gemüse durch allzu langes Wässern oder Kochen nicht nur seiner Vitamine und Mineralstoffe, sondern auch seines Geschmacks zu berauben, um dann dies hinterher durch reichliche Zugabe von Gewürzen wieder auszugleichen.

Der Spargel, der sich ja bekanntlich schon bei den Römern großer Beliebtheit erfreute – kein Geringerer als Cato schrieb als erster eine Anweisung zu rationeller Spargelzucht –, wurde erstmals in Deutschland in der zweiten Hälfte des 16. Jahrhunderts angebaut. Die ersten Spargelbeete wurden in den herzoglichen Lustgärten in Stuttgart und am Niederrhein angelegt. Man schrieb ihm, nebenbei gesagt, sehr bald liebesfördernde Kräfte zu: „Spargen in der speis gegessen, bringt lustige begirde den männern."

Ein anderes nobles Gemüse, das auch zuerst in Süddeutschland Einzug hielt, ist die Artischocke, die von den Arabern im 13. Jahrhundert nach Sizilien und Spanien gebracht wurde.

Dem allgemeinen Verständnis nach sind das Fundament der schwäbischen Küche die Spätzle und das der badischen die Knöpfle und Nudeln. Daran soll auch nicht gerüttelt werden. Es soll jedoch auch nicht vergessen werden, welche Rolle die Kartoffel hierzulande spielt. Lange ehe Friedrich der Große sie per Dekret sozusagen zur Pflichtnahrung machte, wurde sie im Württembergischen angebaut. Die Waldenser waren es, genauer gesagt Signoret aus Piemont, der am 22. April 1701 die ersten 200 Kartoffeln ins Land brachte. Von den Schwaben wurden sie zuerst nicht gerade begeistert aufgenommen, und da viele zunächst die über der Erde wachsenden, leicht giftigen Kartoffelbeeren aßen und Magenbeschwerden bekamen, dachten nicht wenige, die Waldenser wollten sie mit Hilfe der Kartoffeln vergiften, um so an ihr Hab und Gut zu kommen. Inzwischen ist sie unerläßlicher Bestandteil der schwäbischen wie der badischen Küche. Die schwäbischen sauren Kartoffelrädle, die badischen Brägele, die Bubaspitzle und Schupfnudeln und der in beiden Regionen gleichermaßen beliebte Kartoffelsalat legen beredtes Zeugnis dafür ab. Mit den Spätzle sind die Kartoffeln im berühmten Gaisburger Marsch, einem Suppengericht aus Kartoffelschnitz, Spätzle und Rindfleisch, sogar eine, wie der verstorbene Thaddäus Troll es nannte, inzestiöse Ehe eingegangen.

Im Schwäbischen hat das Gemüse nicht immer den Platz eingenommen, der ihm in einer guten Küche zukommen sollte (im Badischen mag dies, bedingt durch die Nähe Frankreichs, anders sein), und in der klassischen Küche wurde es nur allzu oft zur Garnitur degradiert. Erst die neue Küche hat sich, motiviert durch ein gestiegenes Gesundheitsbewußtsein, seiner im besonderen Maße angenommen und durch kürzere Garzeiten und schonende Behandlung, bei größtmöglicher Frische und optimaler Qualität des Ausgangsprodukts, es aus seiner Nebenrolle befreit und für neue Geschmackserlebnisse gesorgt. Die nachfolgenden Rezepturen sind ein Beweis hierfür.

Rezept Seite 150: Gemüsebündel aus dem Aromatendampf, Reinwalt Renz

Spargel nach Escoffier

Walter Allinger
Ulm

1 kg Spargel, 2 l Wasser, 2 EL Salz, 1 l Rahm, 1 Eigelb, Pfefferkraut und Kerbelsträußchen.

Spargel in Salzwasser ohne weitere Zutaten 10 Min. sieden (nicht kochen). Herausnehmen und in den ganz leicht gesalzenen und mit Pfefferkraut und Kerbel aromatisierten Rahm geben und nochmals etwa 8 bis 10 Min. nachziehen lassen. Die gesamte Garzeit sollte nicht mehr als 18 bis 20 Min. ausmachen. Spargel herausnehmen, warm stellen, den Rahm auf die Hälfte einkochen und mit Eigelb legieren und als Sauce zu den auf diese wohl schonendste Weise gegarten Spargelstangen geben.

Spargelspitzen in Kerbelsauce

Franz Keller

40 Spargelspitzen (etwa 1 cm Durchmesser, 6 cm Länge), 2 Schalotten, 40 g Butter, 1/4 l Sahne, 2 Eigelb, 40 g Kerbelstiele, frischer, gehackter Kerbel.

Die Spargelspitzen nach dem Schälen mit wenig Schalotten und Butter in einer Sauteuse kurz anschwenken, mit flüssiger Sahne angießen und halb bedeckt auf starkem Feuer kurz garen und dabei gleichzeitig den Sahnefond reduzieren (etwa 8 Min.). Auf den Punkt gegart, d. h. nicht zu weich, aber auch nicht zu hart, schmecken sie am besten. Die Spargelspit-

zen vorsichtig in einen lauwarmen Teller legen und mit einem umgekehrten Teller bedecken. Nun den Fond durch ein Haarsieb laufen lassen, kurz aufkochen lassen, mit Eigelb und frischer Sahne legieren. Zum Legieren nimmt man ungefähr doppelt soviel Sahne wie Eigelb. Nun am besten erst kurz vorher im Garten frisch gezupften und grobgehackten Kerbel beigeben. Den Spargel auf einem Teller schön anrichten, mit der Kerbelsauce nappieren und sofort servieren.
Je nach Größe des Menüs zwischen 8 und 14 Spargelspitzen pro Person servieren. Der frische Geschmack des wunderbaren Kerbelkrautes mit dem intensiven Spargelgeschmack ergibt ein einfaches, aber sehr gutes Gericht. Man kann das Rezept mit allen Spargelsorten probieren. Sehr gut ist auch der grüne Spargel dafür geeignet.

Anmerkung: Franz Keller schätzt die alten deutschen Spargelsorten, die hauptsächlich noch im Elsaß kultiviert werden. Die neueren deutschen Spargelkulturen sind seiner Meinung nach im Geschmack fast genauso neutral wie weiß.

Grüner Spargel mit Trollingerbutter

Peter Ritter
Hohentengen

600 g grüner Spargel, 0,5 l Trollinger, 2 Schalotten, etwas Rotweinessig, Msp gestoßener weißer Pfeffer, Salz, Prise Zucker, 200 g Butter.

Die grünen Spargel von der Hälfte abwärts schälen. Die unteren, festen Teile abschneiden und den Spargel in nasse Tücher eingeschlagen bereithalten.

Reduktion herstellen aus dem Rotwein, den gewürfelten Schalotten, dem Rotweinessig und dem gestoßenen Pfeffer.
Die fast gänzlich reduzierte Flüssigkeit mit der gut gekühlten, in kleine Würfel geschnittenen Butter nach und nach vorsichtig aufrühren.
Den Spargel in Salzwasser etwa 6 bis 10 Min. kochen, währenddessen die Sauce passieren und abschmecken. Den heißen Spargel mit der Sauce anrichten, mit frischem Kerbel, Basilikum o. ä. garnieren.
Wichtig für das Gelingen der Sauce ist, daß die Butter gut gekühlt ist und die fertige Sauce nicht mehr zum Kochen kommt.

Spargel in der Kruste

Walter Allinger
Ulm

1 kg Spargel, 2 l Wasser bzw. Sud aus Schalen und Abschnitten, 1 EL Salz, 1 TL Butter, 1 Prise Zucker, 250 g Blätterteig.

Für die Sauce:
1 dl Spargelsud, 1 dl trockener Weißwein, 1 dl doppelte Sahne (Crème double), 1 TL Zitronensaft, Salz, weißer Pfeffer.

Blätterteig 2 mm dick zu einem Rechteck ausrollen und etwa 8 Min. bei 180 Grad im vorgeheizten Herd backen, mit einem scharfen Messer kleine Rechtecke ausschneiden und warm stellen. Den inzwischen nach Vorschrift gekochten Spargel abtropfen lassen und die Stangen in 3 Teile schneiden und ebenfalls warm stellen. Einige der unteren Abschnitte im Mixer mit etwas von dem Sud pürieren, den Weißwein und die Sahne sowie den restlichen

Spargelsud hinzugeben und etwas einkochen. Mit Zitronensaft, Salz und Pfeffer abschmecken. Die Spargelstücke wie bei einem Sandwich zwischen 2 Blätterteighälften legen und mit der Sauce überziehen.

Artischockensoufflé mit Paprikacreme

Eugen Heubach
Landgasthof Heubach – Krone
Winnenden-Birkmannsweiler

4 Artischocken, 1 Zitrone, 0,25 l Sahne, 1 Eigelb, 20 g geriebener Käse, 2 Eiweiß, 2 rote Paprika, 50 g Crème fraîche, 50 g Würfelchen von grünem Paprika, Salz, Pfeffer, Zucker.

Artischocken waschen und die Stiele abbrechen. Äußere Blätter entfernen und den oberen Teil der Artischocke zu einem Drittel abschneiden. Den Boden geradeschneiden, sofort mit Zitrone einreiben und eine Zitronenscheibe mit Bindfaden am Boden festbinden. Die Artischocken in Salzwasser mit Zucker und Zitronensaft weich kochen. Nach dem Kochen das Heu, die Zitronenscheibe und alle Blätter der Artischocken entfernen. Einige schöne Blätter als Garnitur beiseite legen. Die Artischockenböden mit der Sahne, Salz und Pfeffer im Mixer pürieren und gut einkochen. Das Eigelb und den Käse dazugeben und kalt stellen. Die Eiweiße sehr steif schlagen und unter die kalte Artischockenmasse heben, in ausgebutterte Förmchen füllen und bei 200 Grad 20 Min. im vorgeheizten Backofen im Wasserbad pochieren.
Die Paprika halbieren, entkernen und kurz in 170 Grad heißes Fett

eintauchen oder im heißen Ofen unter den Grill geben. In kaltem Wasser abschrecken und die Haut abziehen. Im Mixer mit der Crème fraîche pürieren und aufkochen lassen. Abschmecken und passieren.
Auf den Teller einen Saucenspiegel gießen, die blanchierten Paprikawürfelchen daraufstreuen und in die Mitte das Artischockensoufflé setzen. Mit den Artischockenblättern den Rand des Tellers ausgarnieren.

Kleine Artischocken als Gemüsebeilage oder als Vorspeise

Walter Hofmann
Gasthaus zum Lamm
Strümpfelbach

12 kleine Artischocken, 2 Schalotten, 2 Fleischtomaten, Olivenöl, Salz, Pfeffer aus der Mühle, Knoblauchzehe, Blattpetersilie.

Artischocken von den äußeren, dunklen Blättern befreien, Strunk abschneiden. Wie Zwiebel in Scheiben schneiden. Schalottenbrunoise in Öl anschwitzen, Artischocken dazugeben, würzen, abgezogene Tomatenwürfel untermengen und dann zugedeckt etwa 10 Min. weich dünsten. Mit gehackter Petersilie verfeinern.

Gefüllte Artischocken:
8 kleine Artischocken, 12 Scheiben Toastbrot ohne Rinde, 2 Schalotten oder rote Zwiebeln, 2 Knoblauchzehen, 2 Eier, 1 Bund Blattpetersilie, 1 Bund Basilikum, 1/2 l Fleischbrühe, 10 g Butter, 2 EL Olivenöl, Salz, Pfeffer.

Toastbrot trocknen lassen und fein reiben (Mie de pain). Schalottenbrunoise (kleine Würfel) in Butter andünsten, zerdrückten Knoblauch und gehackte Petersi-

lie dazugeben, würzen und zum Schluß mit geschnittenem Basilikum und den Eiern zu einer Masse fertigstellen.
Artischocken wie oben vorbereiten, Strunk abschneiden, obere Blätter etwas ausdehnen, mit der Brotfüllung versehen, in einer Kasserolle mit Olivenöl übergießen und mit der Fleischbrühe zugedeckt 30 Min. im Ofen bei 180 Grad weich dünsten. Als Beilage zu Grillgerichten oder als warme Vorspeise mit einer Sauce aîoli (Knoblauchmayonnaise) oder Sauce tartar servieren.

Anmerkung: Die kleinen Artischocken haben noch kein Heu im Innern und können deshalb im ganzen gegessen werden. Erntezeit im März und April. Sie werden hauptsächlich bei südländischen Gemüsehändlern angeboten.

Zucchini-Auberginen-Gemüse

Joachim Otto
La cuisine im Filderhotel
Ostfildern 2 (Nellingen)

4 Zucchini, 4 Tomaten, 2 Auberginen, 1 Salatgurke, 1 Zwiebel, 1 Knoblauchzehe, Kräutermischung, möglichst frisch, 20 g Butter, etwas Tomatenmark, 1/16 l Rotwein, Salz, Pfeffer und Fondor.

Die in Streifen geschnittene Zucchini, Gurke, Auberginen, Zwiebel und Knoblauchzehe in Butter dämpfen, dann etwas Tomatenmark hinzugeben, mit Rotwein ablöschen und 3 Min. kochen lassen, Tomaten hinzugeben, zum Schluß die gehackten Kräuter. Mit Salz, Pfeffer und Fondor abschmecken. Frisches Weißbrot dazu reichen.

Überbackene Zucchini

Wolf-Dietrich Wieck
Gasthof-Weinstube zum Lamm
Weinstadt-Schnait

4 große Zucchini, 4 Kartoffeln, 200 g Crème fraîche, etwas geriebener Parmesankäse, Salz, Pfeffer, Muskat.

Zucchini der Länge nach in feine Scheiben schneiden, Kartoffeln schälen und fein hobeln. Eine feuerfeste Form ausbuttern, dann schichtweise Zucchini und Kartoffeln hineingeben, mit Gewürzen abschmecken, Crème fraîche hinzugeben, mit Käse bestreuen, zugedeckt bei 250 Grad im Ofen 25 Min. backen.

Gemüsebündel aus dem Aromatendampf

Bild Seite 146

Reinwalt Renz
Landgasthof Riedsee
Stuttgart-Möhringen

4 Kartoffeln, 4 Blumenkohlröschen, 4 Brokkoliröschen, 1 Zucchino, 200 g Karotten, 200 g Lauchzwiebeln, 30 g Sellerie, 4 Schnittlauchhalme, 0,2 l Sauce hollandaise, 50 g Pommerysenf.

Aromatendampf:
½ l Kalbsfond, Petersilie, Kerbel, Estragon, 2 Lorbeerblätter, 2 Nelken, 6 Pfefferkörner, Gemüseabschnitte, Senfkörner.

Kartoffeln schälen, tournieren und in Salzwasser legen.
Zucchino in 4 mm starke Scheiben schneiden (pro Person 3 Scheiben).
Karotten und Sellerie schälen und zu 12 cm langen und 0,5 cm dikken Stäbchen schneiden. Lauchzwiebeln vierteln und auf die gleiche Länge bringen.
Aus Karotten, Lauch und Sellerie Bündelchen machen und mit Schnittlauch zusammenbinden.

In einem Dämpfer die Brühe mit den Aromaten zum Kochen bringen.
Gemüse und Kartoffeln salzen und zu verschiedenen Zeiten in den Dampf geben: Kartoffeln sofort, Blumenkohl nach 5 Min., Brokkoli nach weiteren 2 Min., Zucchini und Gemüsebündel 3 Min. später. Das Ganze nun noch weitere 7 Min. garen.

Senf kurz vor dem Anrichten unter eine Sauce hollandaise geben, auf warme Teller gießen und darauf die Gemüsebündel anrichten.

Anmerkung: Geeignet als Schonkost – vegetarische Küche.

Gefüllte Fenchelschaufeln

Wolfgang Sensz
Feinkost-Käfer, München

2 bis 3 Fenchelknollen, 50 g Schalotten, je ¼ Paprikaschote (rot, gelb, grün), 50 g Butter, 80 g Crème fraîche, Salz, Pfeffer aus der Mühle.

Aus den Fenchelknollen gleichmäßige Schaufeln herausschneiden und blanchieren. Die restlichen Fenchelstücke feinwürflig schneiden, mit den Schalotten anschwitzen und die Paprikabrunoise zugeben. Dann mit Crème fraîche etwas eindicken. Nun mit Salz, Pfeffer aus der Mühle und Fenchelkraut abschmecken. Das Fenchelragout in die blanchierten Fenchelschaufeln einfüllen. Vor dem Anrichten die gefüllten Fenchelschaufeln 10 Min. im Ofen gratinieren.

Buntes Paprikagemüse in Rahm

Friedrich Schick
Gasthof-Hotel Zum Ochsen
Oberstenfeld

Je 200 g grüne, gelbe und rote Paprikaschoten, 3 Schalotten oder 1 Zwiebel, 40 g Butter, 0,1 l Sahne, Salz, Pfeffer.

Paprikaschoten halbieren, waschen und in feine Würfel schneiden.
Schalotten schälen und ebenfalls fein würfeln, Butter im Topf schmelzen, Schalotten zugeben und leicht angehen lassen, Paprikawürfel zugeben und bei mittlerer Hitze etwa 4 Min., ohne Farbe zu geben, dünsten.
Nun Sahne hinzufügen und etwa 5 Min. bis zur sämigen Konsistenz einkochen, dabei darauf achten, daß das Gemüse noch etwas „Biß" hat. Vor dem Servieren mit Salz und Pfeffer aus der Mühle abschmecken.

Anmerkung: Das Gemüse schmeckt besonders gut zu rosa gebratenem Lamm oder zu gebratenem Fisch.
Als Beilage eignen sich fast alle Zubereitungsarten von Kartoffeln sowie Reis oder Risotto.

Gemüse von Schwarzwurzeln mit Morcheln und Schnittlauch

Rudolf Schmidt
Kurhotel Brugger am See, Titisee

1,2 kg Schwarzwurzeln, 80 g Butter, 1 l Sahne, 16 kleine getrocknete Morcheln (in kaltem Wasser eingeweicht), 1 Bund Schnittlauch, Salz.

Die Schwarzwurzeln gut waschen, schälen und in Essig- oder Mehlwasser legen, damit sie sich nicht verfärben. Schwarzwurzeln pochieren, schräg in 1 cm große Stücke schneiden, in 50 g Butter anschwitzen und mit der Sahne aufgießen. In 15 bis 20 Min. knapp garen, so daß sie noch etwas Biß haben.

Anschließend mit dem feingeschnittenen Schnittlauch vermischen und mit Salz abschmecken. Die eingeweichten Morcheln gut ausdrücken, in der restlichen Butter anschwenken und über das Schwarzwurzelgemüse streuen.

Anmerkung: Schwarzwurzeln galten früher als Arme-Leute-Spargel. Inzwischen gibt es Spargel das ganze Jahr, aber Schwarzwurzeln nur in den Wintermonaten.
Und gut ist, was rar ist.
Kaufen Sie, wenn es um Schwarzwurzeln geht, nur die Hkl. 1, dann sind die Stangen unverletzt und haben nichts von ihrem Saft verloren – und dieser ist für den Geschmack ausschlaggebend.

Geschmorter Chicorée

Volker Krehl
Restaurant Krehl's Linde
Stuttgart-Bad Cannstatt

4 große Chicoréestauden, in Würfel geschnitten, 50 g roh geräucherter Bauchspeck, 1 Karotte, 40 g Lauch, 30 g Sellerie, 1 EL Öl, 20 g Butter, Salz, Pfeffer, geriebener Parmesan.

Chicorée längs halbieren und waschen. In leichtem Salzwasser 2 bis 3 Min. kochen, um Bitterstoffe zu entfernen. In Eiswasser abschrecken. Speck, Karotte, Lauch, Sellerie in Öl anschwitzen, bereit-

stellen. Chicorée dem Eiswasser entnehmen und Strunk herausschneiden.
Feuerfeste Kasserolle ausbuttern und den blanchierten Chicorée nebeneinander setzen, würzen, mit angeschwitztem Speck, Karotte, Lauch, Sellerie bestreuen, mit Alufolie abdecken und im Ofen bei etwa 160 Grad 20 Min. schmoren. Mit etwas Parmesan den geschmorten Chicorée nach Belieben überbacken.

Anmerkung: Eignet sich sehr gut als Gemüsebeilage zu Rindfleisch, z. B. Rindersaftgulasch, Schmorbraten, Rumpsteak usw.

Schnittbohnen in Majoran-Rahm

Rudolf Katzenberger
Rastatt

600 g Stangenbohnen, ½ l süßer Rahm, 2 EL frischer, kleingehackter Majoran, Salz, etwas Pfeffer aus der Mühle.

Die Stangenbohnen waschen und putzen, in 5 cm lange Stücke und dann längs in kleine Streifen schneiden. In Salzwasser weich kochen, so daß sie noch etwas Biß haben, abtropfen lassen. Die Sahne auf die Hälfte einkochen, mit Salz und etwas Pfeffer abschmecken und den kleingehackten, frischen Majoran sowie die abgetropften Bohnen darunterschwenken.

Lauch-Apfel-Gemüse

Roland Blessing
Landgasthof Rössle
Berglen-Lehnenberg

500 g Lauchstreifen, 50 g Butter, ⅛ l Sahne, 2 Äpfel (Cox' Orange), Salz, Pfeffer.

Nur die weißen und zarten grünen Teile vom gewaschenen Lauch in Streifen schneiden, in Butter dünsten. Mit Salz und wenig Pfeffer würzen. Die Sahne angießen und den Lauch so garen, daß er noch knackig ist. Zum Schluß die geschälten und in Streifen geschnittenen Äpfel unterheben und kurz mitdünsten.

Hohenloher Rübengemüse

Heinrich und Jürgen Koch
Laurentius, Weikersheim

150 g Pastinaken (Hammelmöhren), 150 g Steckrüben, 150 g Mohrrüben, 150 g Sellerie, 150 g Kohlrabi, 150 g Zucchini, 50 g Butter, 100 g Sahne, 50 g Sellerieblätter, Salz, Pfeffer, Muskat.

Alle Rüben und die Zucchini (Kürbisgemüse) in 1-cm-Würfel schneiden und getrennt blanchieren. In der Reihenfolge des Rezeptes in einem weiten Topf mit Butter anschwitzen und mit der Sahne ablöschen. Mit Salz und Pfeffer abschmecken. In einem rustikalen Geschirr anrichten und mit in Streifen geschnittenen Sellerieblättern bestreuen. Als Beilage zu gebratenen Wachteln, Milchlamm und Kaninchen geeignet.
Tip: Mit Reibkäse (Sbrinz) überbacken.

Kressepüree

Roland Blessing
Landgasthof Rössle
Berglen-Lehnenberg

200 g Garten- oder Kapuzinerkresse, 200 g Brunnenkresse (ohne Stiele), 50 g Butter, ⅛ l Sahne, Salz, Pfeffer.

Kresse in kochendem Wasser aufwallen lassen, in Eiswasser rasch
abkühlen und in einem Küchen-
sieb gut abtropfen lassen. Danach
ausdrücken und sehr fein hacken,
mit etwas Butter und Sahne heiß
rühren, mit Salz und wenig Muskat abschmecken.

Anmerkung: Kressepüree paßt
ausgezeichnet zu Fisch.

Blumenkohltimbale

Karl-Heinz Pfitzer
Gasthof zum Löwen
Sonnenbühl

200 g gehackter Blumenkohl, 2 Eier,
40 g Sahne, 20 g Butter, Salz, etwas
Pfeffer und Muskatblüte.

Den abgekochten Blumenkohl
mit den Eiern und der Sahne pürieren, würzen und durch ein feines Sieb streichen.
Formen ausbuttern und mit der
Masse füllen und in einem Wasserbad im Ofen etwa 25 Min. pochieren. Wassertemperatur: 80 Grad.
(Ofentemperatur: 190 Grad = erste Schiene.)

Anmerkung: Gebutterte Formen
mit etwas Pergamentpapier auslegen, dadurch klebt nichts an.
Wenn sich die Masse etwas auf-
bläht, ist die Timbale fertig.

Kartoffel-Vollkorn-Soufflé

August Kottmann
Gasthof Hirsch, Bad Ditzenbach

8 gleich große Kartoffeln, je 100 bis
120 g, 1 Ei (Gelb und Weiß ge-
trennt), 1 EL geschlagene Sahne,
2 EL Vollkornschrot oder andere ge-
mischte Kerne.

Die rohen Kartoffeln schälen, der
Länge nach halbieren und alle in
gleiche Form schneiden (Schiffchen). In wenig Salzwasser auf
leichten Kern garen. An der großen Schnittfläche die Kartoffelschiffchen etwas aushöhlen. Das
ausgehöhlte Kartoffelfleisch mit
einer Gabel sehr gut zerdrücken
(oder mit Küchengerät mixen),
mit Eigelb, Sahne und dem Vollkornschrot vermengen und zum
Schluß das festgeschlagene Eiweiß
unterheben. Die Masse nun in die
Kartoffelschiffchen domförmig
einfüllen. In der Backröhre die
Kartoffeln bei 250 Grad etwa
5 Min. lang goldbraun backen.

Gestürztes Brennessel-Soufflé

Manfred Schwarz-Bosch
Sontheimer Wirtshäusle
Steinheim

20 geschnittene Brennesselspitzen,
0,1 l Sahne, 2 Eier, Salz, Muskat.

Die gewaschenen Brennesselspitzen in kochendem Wasser kurz
aufkochen, in kaltem Wasser abschrecken, abschütten und ausdrücken.
Mit einem Messer kleinschneiden.
Die Sahne mit den Eiern vermischen, mit Salz und Muskat abschmecken. Die kleingeschnittenen Brennesseln unterheben und
in gebutterte Timbalen (Näpf-
chen) verteilen. Im Wasserbad bei
120 Grad im Backofen 25 bis
30 Min. garen.
Stürzen und z. B. zu Wildgerichten oder Geflügelgerichten servieren.

Anmerkung: Brennesseln im Frühjahr sammeln (in Handschuhen
und mit einer Schere schneiden).

Kartoffel-Kohlrabi-Soufflé

Karlheinz Haase
Hotel-Restaurant Rommel
Waiblingen-Korb

4 kleine Kohlrabi, Salz, Pfeffer,
Muskat, 200 g Kartoffeln, geschält,
4 Eigelb, 4 Eiweiß, aufgeschlagen,
1/10 l Sahne, 1 EL gehackte Petersilie,
15 g Butter.

Die Kohlrabi schälen und mit
einem Ausstechlöffel aushöhlen.
Dann in einer Kasserolle mit wenig Salz in Wasser blanchieren.
In der Zwischenzeit die Kartoffeln in leicht gesalzenem Wasser
garen, abschütten und ausdampfen lassen.
Die Kartoffeln durch eine Kartoffelpresse drücken, mit Eigelb, Sahne, Salz, Pfeffer, 1 Prise Muskat
und gehackter Petersilie würzen
und mit dem Rührgerät aufschlagen.
Wenn die Masse abgekühlt ist, das
steifgeschlagene Eiweiß unterziehen. Die Kohlräbchen mittels eines Spritzbeutels mit der Kartoffelmasse füllen, mit Eigelb bepinseln und im vorgeheizten Ofen in
gebutterter Form bei 180 Grad etwa 10 Min. garen.

Spitzkrautauflauf

Dieter Wägerle
Restaurant Stumpenhof
Plochingen

300 g Sauerkraut, 1/2 l Sahne, 1/2 Ka-
rotte, 30 g Bohnen, 1/8 l Weißwein,
2 Eigelb, 50 g geriebener Schweizer
Käse, 1 kleine Zwiebel, Salz, Pfeffer.

Sahne auf die Hälfte reduzieren
lassen. Zwiebelwürfel mit den Ka-
rotten- und Bohnenwürfelchen
glasig andünsten.

Etwas angehen lassen, mit Wein ablöschen. Das Kraut dazugeben, mit Salz, Pfeffer abschmecken, die reduzierte Sahne sowie die Eigelbe und den Käse unter das Kraut heben und das Ganze in gebutterte Formen füllen.
Im Ofen bei 170 Grad etwa 30 Min. backen.

Wirsingflan mit Karottenschaum

Dieter Baur
Hotel Hirsch, Leonberg-Eltingen

400 g Wirsing, Salz, 2 Eier, 4 EL Schlagsahne, Pfeffer aus der Mühle, 1 Prise Muskat, 2 TL Butter, 300 g Karotten, 2 EL Zitronensaft, 2 Eigelb.

Den Wirsing putzen, die Blätter ablösen, waschen und 15 Min. in Salzwasser kochen. Abgießen, abschrecken mit kaltem Wasser, gut abtropfen lassen und im Mixer oder mit dem Schneidstab des Handrührgerätes pürieren. Eier und Sahne unterrühren, mit Salz, Pfeffer und Muskat kräftig würzen. Vier kleine, feuerfeste Förmchen mit Fett ausstreichen. Die Flanmasse einfüllen und die Oberfläche glattstreichen. In eine Pfanne mit hohem Rand zwei Finger hoch Wasser füllen. Den Flan hineinstellen und im Backofen bei 175 Grad etwa 30 Min. garen.
Karotten putzen, feine Scheiben schneiden, mit wenig Wasser, Salz und Zitronensaft im Topf 20 Min. weich dünsten. Abtropfen lassen, pürieren und mit den Eigelben mit dem Handrührgerät etwa 5 Min. schaumig schlagen, mit Salz, Pfeffer und Zitronensaft würzen. Nochmals kurz erhitzen (sollte nicht kochen).

Die Flans auf einen vorgewärmten Teller stürzen, den Karottenschaum rundum angießen und mit Karottenkraut garnieren. Sofort servieren.

Spinatflan

Roland Blessing
Landgasthof Rössle
Berglen-Lehnenberg

500 g Spinatblätter, 50 g Butter, 2 Eier, 0,1 l Sahne, 1 EL Zwiebelwürfel, 1 zerdrückte Knoblauchzehe, Salz, Muskat, Pfeffer.

Die jungen Spinatblätter sorgfältig waschen und 1 Min. in kochendem Wasser ziehen lassen. Danach den Spinat sehr kalt abschrecken und ausdrücken. In einem Topf mit Butter die Zwiebel glasig dünsten, die Eier mit Sahne, dem Knoblauch, Muskat, Pfeffer und Salz aufschlagen, die gedünsteten Zwiebelwürfel und den ausgedrückten Spinat hinzufügen. Die Spinatmasse in 4 ausgebutterte Förmchen füllen. Danach in der vorgeheizten Ofenröhre bei 200 Grad 15 bis 20 Min. im Wasserbad pochieren.
Mit einem kleinen, spitzen Messer den Flan von den Förmchen lösen und gleich auf die Teller stürzen. Mit einem Wachtelspiegelei garnieren.

Polenta-Spinat-Roulade

Dietmar Haerer
Altbach

Polentamasse:
0,5 l Wasser, 130 g Polentagrieß, fein, 6 g Salz, 1 Eigelb, 20 g Butter, 40 g geriebener Parmesan.

Spinatmasse:
500 g frischer Spinat, 5 cl Olivenöl, 1 EL feingehackte Zwiebeln.

Für die Polentamasse das Wasser mit dem Salz aufkochen und den Maisgrieß hinzugeben. Bei schwacher Hitze die Polenta etwa 25 bis 30 Min. kochen lassen, bis eine kompakte Masse entsteht. Zwischenzeitlich den Spinat putzen, waschen und im kochenden Wasser kurz abwellen, zur Farberhaltung in Eiswasser abschrecken.
In einer großen Pfanne die Zwiebelwürfel in Olivenöl anschwitzen und den gut ausgedrückten, grobgehackten Spinat hinzugeben. Die Spinatmasse rasch erhitzen, mit Salz, Pfeffer und etwas frischem Knoblauch abschmecken und auskühlen lassen. In einer Schüssel die Maismasse etwas abkühlen, dann vorsichtig das Eigelb, die Butter und den Parmesan untermengen. Auf einer gebutterten Alufolie die noch heiße Masse in einem Rechteck von 15 × 30 cm ausstreichen, den Spinat ebenfalls auftragen und die Platte zu einer Roulade einrollen. Von der ausgekühlten Rolle vorsichtig die Alufolie entfernen, Scheiben schneiden und diese beidseitig goldgelb in Butter anbraten. Die Beilage läßt sich hervorragend in die Vollwertküche einordnen.

Rahmwirsing

Roland Blessing
Landgasthof Rössle
Berglen-Lehnenberg

400 g Wirsing, 50 g Butter, 1 EL geräuchte Schweinebauchwürfel, 1 TL Mehl, 1/2 Tasse Fleischbrühe, 1/2 Tasse Sahne, Salz, Pfeffer.

Kleinen Wirsingkopf vierteln, Strunk und Stiele entfernen, Wirsing in fingerbreite Streifen schneiden und in kochendem Salzwasser 2 bis 3 Min. blanchieren. Danach abtropfen lassen, sofort mit kaltem Wasser abschrekken.

Schweinebauch in Butter angehen lassen, Mehl einstäuben, mit Fleischbrühe und Sahne auffüllen, den blanchierten Wirsing hinzufügen, zum Schluß mit Salz, Pfeffer und wenig Muskat pikant abschmecken.

Saure Linsen mit Backpflaumen

Reinwalt Renz
Landgasthof Riedsee
Stuttgart-Möhringen

30 g Butter, 50 g Bauchspeck, geraucht, in feine Würfel geschnitten, 1 kleine Zwiebel, 1 Knoblauchzehe, ganz, je 40 g in feine Würfel geschnittener Lauch, Sellerie und Karotten, 100 g Kartoffeln in feinen Würfeln, 50 g Tomatenconcassé (abgezogene, gewürfelte Tomaten), 600 ml brauner Kalbsfond (siehe S. 196), 300 g braune Linsensprossen, 2 bis 3 TL Weinessig, Salz, Pfeffer, 300 g Backpflaumen, ohne Stein, Schale von 1 ungespritzten Zitrone, 1 Stange Zimt, 1/2 l Wasser, 50 g Zucker.

30 g Butter im Topf zergehen lassen, den geräucherten Bauchspeck darin anbraten. Zwiebeln, Knoblauch, Lauch, Sellerie, Karotten und Kartoffeln 3 bis 4 Min. anschwitzen. Kalbsfond zugeben. Die gewaschenen und getrockneten Linsensprossen einrühren und etwa 20 Min. auf den Punkt gar kochen. Knoblauchzehe entfernen. 1/4 des Linsengemüses im Mixer pürieren und das Gemüse damit binden. Mit Weinessig, Salz und Pfeffer abschmecken. Backpflaumen mit Zitronenschale, Zimtstange und Zucker im Wasser erhitzen, bis sie weich sind, dann herausnehmen und in das Linsengemüse geben oder darüber verteilen.

Eignet sich als selbständiges Gericht oder als Beilage zu Wild-, Rind- und Schweinefleisch.

Lauch-Kartoffel-Gratin

Hartmut Clement
Landgasthof Adler, Wangen

400 g Kartoffeln, 250 g Lauch, geputzt, 3 EL Weißbrotbrösel, 2 EL Parmesan, 20 g Butter, 1/4 l Sahne.

Kartoffeln schälen und in dünne Scheiben schneiden und in Salzwasser weich kochen.
Lauch in Rauten schneiden und mit Butter knackig dünsten.
Kartoffeln mit Lauch in Auflaufform geben. Sahne halbsteif schlagen und über die Kartoffeln und Lauch geben.
Mit Weißbrotbröseln und Parmesan bestreuen und im Salamander oder im Ofen mit Oberhitze überbacken.

Birnen-Kartoffel-Gratin

Dieter Wägerle
Restaurant Stumpenhof
Plochingen

1/4 l Sahne, 1 EL Crème fraîche, 1 1/2 Birnen, etwa 100 bis 150 g Kartoffeln, 30 g Parmesan, etwas Butter, Salz, Pfeffer, Thymian.

Kartoffeln und Birnen schälen und Birnen entkernen. Nun in 1 bis 2 mm dicke Scheiben schneiden, aber nicht wässern.

4 Gratinformen für je 1 Person ausbuttern und Kartoffeln und Birnen schichtweise einlegen, bis die Form fast voll ist. Dabei jede Schicht mit Salz und Pfeffer und auch etwas Thymian würzen.
Die Sahne und die Crème fraîche auf 1/4 reduzieren und auf die geschichteten Birnen und Kartoffeln gießen. Parmesan darüberstreuen, etwas Butter obendrauf geben und im vorgeheizten Ofen bei 100 Grad 20 Min. garen. Nach diesen 20 Min. auf 180 Grad aufheizen und weitere 10 Min. backen.

Wichtig: Kartoffeln nicht wässern, weil die Stärke zur Bindung des Gratins nötig ist.

Topinamburgratin im Blätterteigmantel

August Kottmann
Gasthof-Restaurant Hirsch
Bad Ditzenbach-Gosbach

500 g Topinambur, 1/4 l Sahne, Salz, Pfeffer, 4 Eier, 250 g Blätterteig.

Topinambur sauber waschen und schälen. In dicke Scheiben schneiden und in leicht gesalzenem Wasser 5 Min. blanchieren.
Blätterteig auswellen und 4 große Tarolettesformen damit auslegen. Die abgetropften Topinamburscheiben darin verteilen und mit Pfeffer und Salz gewürztem Royal (Eiersahne) begießen.
Im Backofen bei 220 Grad 15 Min. goldgelb backen.
Dieses Gericht eignet sich sehr gut als Sättigungsbeilage zu einem rosa gebratenen Ziegenkitzrücken.

Anmerkung: Topinambur oder auch Erdartischocke ist eine hohe Staude aus der Familie der Korbblütler, einer Sonnenblume ähnlich, mit knollenbildendem Wurzelstock. Die süßlich, leicht nuß-

artig schmeckenden Knollen enthalten keine Stärke, sondern Insulin und können daher für Zuckerkranke ideal verwendet werden. Vor weiterer Verwendung müssen sie sorgfältig geschält werden. Frisch ausgegrabene Knollen sind nur begrenzt haltbar, max. 5 Tage im Kühlhaus, wobei sie daher in der Erde bis −30 Grad unempfindlich sind.
Erntezeiten sind von September bis März.

Gratin vom Wintertrüffel und Lauch

Lothar Eiermann
Wald- & Schloßhotel
Friedrichsruhe

800 g Lauch, 20 g Butter, 0,3 l Sahne, 0,2 l Milch, 0,1 l reduzierte Geflügelbrühe, Muskat, Salz, Pfeffer (schwarz), 40 g Wintertrüffeln.

Lauchstangen putzen und das Dunkelgrün entfernen.
Die Lauchstangen dann gut waschen und in ½ cm dicke schräge Scheiben schneiden. Im Dampf oder in Salzwasser kurz blanchieren, kalt abschrecken und trocken legen.
Eine feuerfeste Form ausbuttern, mit Salz und Pfeffer würzen und Lauchscheiben sowie Trüffelscheiben im Wechsel einsetzen.
Sahne, Milch und Brühe aufmixen, mit Muskat abschmecken und über die eingesetzten Lauch- und Trüffelscheiben geben.
Dieses vorbereitete Gericht bei Gebrauch auf die mittlere Schiene der Bratröhre bei 200 Grad etwa 20 bis 25 Min. geben.
Der Garpunkt ist erreicht, wenn sich eine leicht braune Oberschicht gebildet hat.

Kartoffel-Blauschimmelkäse-Plätzchen

Manfred Schwarz-Bosch
Sontheimer Wirtshäusle
Steinheim

500 g mehlige Kartoffeln (Bintje), 1 Eigelb, Salz, Muskat, 100 g Blauschimmelkäse (Bleu d'Auvergne, Bavaria Blu, Gorgonzola oder Roquefort).

Die Kartoffeln in der Schale im Schnellkochtopf mit Locheinsatz kochen, abschütten, schälen und auf einem Blech im warmen Backofen trocknen lassen. Durch die Kartoffelpresse drücken und mit Eigelb, Salz und Muskat abschmecken und vermengen.
Zu Rollen mit etwa 4 cm Durchmesser formen. Auf einem Holzbrett auskühlen lassen, in 1 cm dicke Scheiben schneiden. Zwischen jeweils 2 Scheiben eine dünne Scheibe Blauschimmelkäse legen und leicht andrücken. In geklärter Butter ausbacken. Die Plätzchen eignen sich als Beilage zu Lamm-, Ziegen- oder Wildschweinbraten.

Buchtelkartoffeln

Heinrich und Jürgen Koch
Laurentius, Weikersheim

600 g Kartoffeln, mehlig-festkochend, 0,05 l Vollmilch, 2 Eigelb, 15 g Hefe, 100 g Kartoffelstärke, Salz, Pfeffer, Muskat.

Geschälte Kartoffeln kochen, abschütten und kurz ausdampfen lassen. Hefe in lauwarmer Milch auflösen und mit dem Eigelb vermengen. Kartoffeln durchdrücken und mit der Eiermilch und 50 g Kartoffelstärke rasch vermengen.

Abschmecken, aus dieser Masse mit gemehlten Händen kleine Kugeln (3 cm) schleifen und dicht in ein gebuttertes, ofenfestes Porzellangeschirr setzen. An einem warmen Ort mit Tuch bedeckt ½ Std. gehen lassen. Vorsichtig mit Eigelb bestreichen und bei 180 Grad etwa 20 Min. backen. Goldbraune Buchteln in dieser Form servieren.
Ideal zu Lamm- und Rinderbraten sowie zum Spanferkel.

Kresserösti

Rolf Schlegel
Restaurant Zum Ochsen
Kernen i. R.

300 g rohe Kartoffeln, 2 Bund frische Kresse, Butter, Öl, Salz und Pfeffer.

Die Kartoffeln in streichholzlange Streifen hobeln, das Wasser mit dem Küchentuch herauspressen. In einer Pfanne das Öl zum Sieden bringen, die Hälfte der Kartoffeln darin knusprig anbraten. Leicht pfeffern und salzen und mit der frischen, gehackten Kresse bestreuen. Die andere Hälfte der Kartoffeln darübergeben, das Ganze wenden und nun von dieser Seite knusprig braten. Mit Butterflocken verfeinern.

Kartoffel-Gemüsepuffer

Richard Scherle
Hotel Wörtz zur Weinsteige
Stuttgart

4 mittelgroße Kartoffeln, 80 g Gemüsestreifen von Sellerie, Karotten und Lauch, 20 g Mehl, 1 Ei, Salz, Pfeffer, Muskat.

Die rohen Kartoffeln waschen, schälen und mit grobem Reibeisen raffeln. Gemüsestreifen, Ei und Mehl beigeben, abschmecken und mittels Ringausstecher von 8 cm Durchmesser in heißem Pflanzenfett dünne, runde Puffer goldgelb backen.
Eignen sich gut als Beilage zu Lamm, Wild oder Rindersteaks.

Gemüsepuffer mit Leinsamenschrot und Dillsauercreme

Martin Steiner
Restaurant Rotisserie
im Hotel am Schinderbuckel
Filderstadt

100 g Karotten (ungespritzt), 100 g Sellerie, 100 g Zucchini, 100 g Frühlingszwiebeln, 80 g geschrotetes Leinsamen, 3 Eier, 1 EL Mehl, 0,25 l Wasser, etwas Salz.

Für die Dillcreme:
300 g Sauerrahm, 1 Zehe Knoblauch, 2 El frisch gehackter Dill, Kräutersalz.

Für die Gemüsepuffer:
Karotten gut waschen, ungeschält in grobe Stücke schneiden. Sellerie waschen und schälen und ebenfalls in grobe Stücke schneiden.
Im Wasser ankochen, sehr bißfest abgießen. Wasser auffangen und auf etwa 0,1 l einkochen, mit dem Mehl binden.
Karotten und Sellerie grob raspeln, Dill hacken, Frühlingszwiebeln sehr fein schneiden. Alles zusammen vermengen. Mehlbrei und Eier einrühren und abschmecken. Wie Kartoffelpuffer in Butter oder Olivenöl ausbakken.
Für die Dillsauercreme Knoblauch sehr fein hacken und mit Sauerrahm, Dill, Salz und Knoblauch zu einer Sauce verrühren.
Die Puffer auf eine Platte oder flachen Teller setzen, 1 Eßlöffel Dillcreme danebenlegen und mit frischen Dillzweigen garnieren.
Als Beilage eignen sich Ofenkartoffeln.

Vollkorn-Maultaschen mit Schnittlauch-Schinken-Quark-Füllung

Gerd Harry Hinderer
Gasthaus zum Lamm
Backnang-Waldrems

300 g Vollkornweizenmehl (Type 1050), 3 Eier, 1 Prise Salz, etwas Wasser, 180 g Quark – gut ausgepreßt, 100 g Schinkenwürfel, 20 g Schnittlauch, Salz, Pfeffer, 50 g Butter, 4 EL Leinsamen, 100 g Zwiebelwürfel, etwas Schnittlauch zum Garnieren.

Aus dem Vollkornweizenmehl, den Eiern und der Prise Salz unter Zugabe von etwas Wasser einen Teig fertigen. Diesen mit einem Wellholz messerrückendick ausrollen und zu 8 cm großen Quadraten abrädeln. Den Quark mit den Schinkenwürfeln und dem feingeschnittenen Schnittlauch vermengen, mit Salz und Pfeffer abschmecken und in die Teigquadrate einschlagen. In kochendem Salzwasser gar ziehen. Die Butter zerlassen und darin die Zwiebelwürfel glacieren. Den Leinsamen dazugeben und ebenfalls mit anschwenken.
Die Maultaschen auf Tellern anrichten, die Leinsamenschmälze darüber verteilen und mit feinen Schnittlauchröllchen bestreuen.

Gemüsemaultaschen mit Karottenschaum

Otto Harter
Gasthof zum Waldhorn
Metzingen-Glems

400 g Vollkornnudelteig (250 g Weizenvollkornmehl, 3 Eier, Salz, Muskat, etwas Öl), 25 g Lauch, 25 g Zwiebeln, 40 g Karotten, 40 g Bohnen, 25 g Sellerie, 40 g Austernpilze, 2 Tomaten, 80 g Brotwürfel von Toastbrot (ohne Rinde), 2 Eier, 1 EL Maismehl, 120 g Karotten, 1 dl Gemüsebrühe.

Nudelteig herstellen, ruhen lassen. Gemüse in Würfelchen schneiden, kernig kochen und auskühlen lassen. Zwiebelwürfelchen und Austernpilze andünsten. Tomaten 7 Sek. in kochendes Wasser hängen, abziehen, entkernen und würfelig schneiden.
Eier aufschlagen, verrühren und mit allen Zutaten außer den 120 g Karotten vermengen.
Nudelteig dünn auswellen, mit Ei bestreichen, Brotwürfel, Gemüsemasse darauf verteilen, zusammenrollen und Maultaschen formen. Maultaschen in kochendes Salzwasser geben und 10 Min. ziehen lassen. Die Karotten in Gemüsebrühe weich kochen, anschließend im Mixer pürieren.
Karottenschaum auf Teller gießen und Maultaschen darauf anrichten.

Anmerkung: Als Garnitur zu den Gemüsemaultaschen eignen sich vorzüglich frische Keimlinge. Zur Herstellung gibt es spezielle Gefäße von verschiedenen Herstellern. Sehr gut dazu eignen sich Linsen, Luzerne, Weizen, Kichererbsen, Rettich und Mungobohnen. Manche sind schon nach 2 bis 3 Tagen verzehrbereit. Keimlinge werten auch jeden Salat auf, da sie viel Nährstoffe und Vitamine besitzen.

Grüne Rahmnudeln

Dieter Wägerle
Restaurant Stumpenhof
Plochingen

400 g Mehl (Typ 405), 3 Eier, ⅛ l Wasser, 1 EL Spinatmatte (siehe Anmerkung), Salz, Muskat, 1 EL Öl, ½ l Sahne, 3 EL geschlagene Sahne.

Salz, Eier und Spinatmatte zusammenrühren, mit dem Mehl vermengen, nach und nach Wasser zugeben, so daß ein fester, zäher Teig entsteht.
Mit der Nudelmaschine Bahnen ausrollen und in Streifen schneiden. Nudeln etwa 4 bis 5 Std. trocknen lassen und dann in Salzwasser abkochen – kalt abschrecken.
Sahne auf ⅓ reduzieren lassen, Nudeln zugeben und mit Salz und Muskat abschmecken.
Zum Abschluß noch die geschlagene Sahne unterheben und servieren.

Anmerkung: Für Spinatmatte Spinat putzen und waschen, dann mit etwas Wasser kuttern. Das Ganze durch ein Passiertuch passieren. Die ausgepreßte Flüssigkeit kurz aufkochen, dann durch eine Papierserviette ablaufen lassen. Die Spinatmatte bleibt auf der Serviette zurück.

Steinpilznudeln in Kerbelrahm

Karl Knipp
Kasino der Allgemeinen
Rentenanstalt (ARA), Stuttgart

2 Eier, 120 g Steinpilze, 250 g Mehl (Typ 550), 2 EL Olivenöl, Salz, Muskat, Pfeffer aus der Mühle, 2 Schalotten, 20 g Butter, 1 Bund Kerbel, 0,1 l Sahne.

Steinpilze fein hacken und mit den Eiern im Mixer pürieren. Mehl, Öl und Gewürze hinzufügen und den Teig so lange kneten, bis er glatt ist. Den Teig zu einem Rechteck schön dünn ausrollen und etwa 4 mm breite Nudeln schneiden. Nudeln im Salzwasser abkochen und abschrecken.
Schalotten in Butter andünsten, mit der Sahne ablöschen und Nudeln hinzugeben. Den Kerbel hakken, hinzugeben und mit Salz und Muskat abschmecken. Auf Teller anrichten und mit einem Kerbelsträußchen garnieren.

Anmerkung: Dieses Gericht eignet sich sowohl als Beilage wie auch als kleines Zwischengericht.

Frisch zubereitete, also nicht getrocknete Nudeln haben eine kurze Garzeit (etwa 3 Min.). Bei Verwendung von Frischkräutern, in diesem Fall Kerbel, ist generell darauf zu achten, daß sie kurz vor dem Anrichten hinzukommen. Sie dürfen in keinem Fall mitkochen.

Basilikumnudeln mit Kohlrabiflan und Frühlingsgemüsen

Siegbert Kugler
Restaurant Remsstuben
Waiblingen

200 g grüne Nudeln, 200 ml Fleischbrühe, 80 g geriebener Parmesan, 80 g Butter, 1 Bund frischer Basilikum in Streifen, 1 Bund frischer Basilikum mit 1 Zehe Knoblauch zu Paste gerieben, 30 g gehackte Pinienkerne, Salz, Pfeffer, Muskat.

Nudeln in Salzwasser kochen, mit kaltem Wasser abschrecken. Fleischbrühe etwas einkochen, die Nudeln zugeben, kalte Butter unterziehen und damit die Nudeln leicht binden. Basilikumpaste, Basilikumstreifen und Parmesan unterziehen, abschmecken mit Salz, Pfeffer und etwas Muskat. Die gerösteten Pinienkerne darüberstreuen.

Kohlrabiflan:
250 g Kohlrabi (geschält und gekocht), 125 g Sahne, 20 g Butter, 3 Eier, Salz, Pfeffer.

Kohlrabi nochmals erhitzen und passieren, mit den Eiern und der Butter vermengen und die flüssige Sahne zugeben, Flanmasse in gebutterten Förmchen bei 120 Grad im Wasserbad garen.

Frühlingsgemüse:
12 kleine Karotten, 4 Kohlrabi, 8 grüne und 8 weiße Spargel, 16 Zuckerschoten, 8 Brokkoliröschen, 2 Fenchel.

Gemüse in Salzwasser oder im Dampf garen, kurz in Butter anschwenken und um die Basilikumnudeln und dem Kohlrabiflan anrichten.

Kräuterrahmschupfnudeln

Frank Widmann
Landgasthof Löwen
Königsbronn-Zang

300 g gekochte Kartoffeln vom Vortag, 200 g Mehl, 10 g Hefe, Muskat, Salz, 2 EL gehackte, frische Gartenkräuter (Majoran, Petersilie, Bohnenkraut, Thymian), ¼ l flüssige Sahne.

Kartoffeln durch Handpresse drücken, Mehl, Muskat, Salz und die in sehr wenig lauwarmer Milch aufgelöste Hefe sowie 1 Eßlöffel gehackte Kräuter zugeben und einen festen geschmeidigen Teig kneten. Etwas ruhen lassen und auf einem bemehlten Brett kleinfingerdicke Würstchen formen – „schupfen". In kochendes Salzwasser geben. Wenn sie oben schwimmen, abschöpfen, kalt abspülen, gut abtropfen lassen, etwas einölen und in einem flachen Gefäß (Lage oder Blech) abgedeckt bereithalten.

In der Pfanne ¼ l Sahne dickflüssig einkochen, 1 Prise Salz, 1 Eßlöffel gehackte Gartenkräuter zugeben und darin die Schupfnudeln unter ständigem Schwenken gut erhitzen.

Anmerkung: Die richtige Kartoffelwahl (mehlige), gut ausgedämpft, nicht feucht und über Nacht im Kühlhaus ausgekühlt, ist wichtig für ein gutes Schupfnudelprodukt. Es geht durchaus auch ohne Hefe, mit Hefe werden sie jedoch lockerer.

Grüne Schupfnudeln

Karl-Heinz Pfitzer
Gasthof zum Löwen
Sonnenbühl

100 g frischer Spinat zum Färben, 1 Ei, 450 g Kartoffeln, etwa 1 Tag alt, 150 g Mehl, Muskat, Salz.

Spinat waschen und mit dem Ei im Mixer fein pürieren und durch ein feines Sieb streichen.
Kartoffeln durch die Kartoffelpresse drücken und mit Mehl und dem Spinat-Ei-Püree sowie den Gewürzen vermischen und zu einem Teig kneten.
Auf bemehlter Arbeitsfläche kleine Rollen formen und diese „schupfen". In kochendes Salzwasser geben und die Nudeln einmal aufkochen lassen, aus dem Wasser nehmen und kurz abschrecken.
Auf einem Tuch abtrocknen lassen und in einer Pfanne mit Griebenschmalz gut anschwitzen.

Lauchspätzle

Roland Blessing
Landgasthof Rössle
Berglen-Lehnenberg

250 g Mehl, 2 Eier, 1 TL Salz, ⅛ l lauwarmes Wasser, 100 g Lauchstreifen, ⅛ l Sahne, 40 g Butter.

Aus den erstgenannten Zutaten einen Teig schlagen, bis er Blasen wirft, etwas von dem Teig auf ein nasses Spätzlebrett geben und mit einem Spatzenschaber oder einer Palette dünne Streifen in das kochende Salzwasser schaben. Sobald sie wieder hochsteigen, die Spätzle in kaltes Salzwasser geben und anschließend gut abtropfen. Inzwischen den gewaschenen Lauch in feine Streifen schneiden und in der Butter knackig dünsten. Mit Sahne untergießen und mit den Spätzle durchschwenken.

Anmerkung: Durch die Beigabe eines TL Öl wird der Teig geschmeidiger.

Dinkelspätzle mit Mohn

Alfred Schweizer
Restaurant Hahnen
Filderstadt-Sielmingen

500 g Dinkelmehl, 6 Eier, ¼ l Wasser, Salz, 2 EL Mohn, 50 g Butter.

Mehl, Eier, Wasser, Salz in eine Schüssel geben, mit dem Rührlöffel zu einem glatten Teig schlagen, bis er Blasen wirft. Den Teig in kleinen Mengen auf das angefeuchtete Spätzlebrett geben und dann in feinen Streifen vom Brett ins kochende Salzwasser schaben. Sobald die gekochten Spätzle nach oben steigen, mit dem Schaumlöffel herausnehmen und in einer Schüssel mit kaltem Wasser ab-

schrecken. In einem Sieb gut abtropfen lassen.
Den Mohn in Butter angehen lassen und die Spätzle darin schwenken, mit Salz und Muskat würzen.

Grünkernknöpfle

Jörg Dietrich
Waldhotel Degerloch, Stuttgart

350 g Grünkernschrot, 50 g Grünkernmehl, 3 Eier, 250 ml Milch, Salz, Muskat.

Das Grünkernschrot mit Mehl und Eiern in eine Schüssel geben, die Milch leicht erwärmen und ebenfalls zugeben. Jetzt würzen und gut vermengen. Das Ganze etwa 15 Min. quellen lassen.
Mit einem Kaffeelöffel kleine Knöpfle (Nocken) in siedendes Salzwasser abstechen und auf kleiner Flamme etwa 5 bis 8 Min. ziehen lassen.
Grünkernknöpfle schmecken besonders gut zu gefüllten Auberginen, kurzgebratenem Fleisch und vielen Gemüsegerichten.

Anmerkung: Um noch bessere Bindung zu erzielen, kann der Mehlanteil etwas erhöht werden (Grünkernschrot um dies reduzieren). Man kann die Knöpfle auch (bei nicht sofortigem Gebrauch) in der Pfanne mit Butter anschwenken.

Schwäbische Hefeknöpfle

Hans Hartmann
Restaurant Bahnhof, Leinfelden

750 g Mehl (Typ 405), 1 Würfel Hefe (30 g), 1 Ei, Salz, Prise Zucker, etwa ¼ l Wasser oder Vollmilch, 2 EL Schweineschmalz.

Mehl in Schüssel geben, Vertiefung machen, Hefe darin mit einer Prise Zucker und etwas Wasser oder Milch verrühren, bis sich keine Klumpen mehr zeigen, dann vom Rand zur Mitte mit Mehl zuschütten, etwa 15 Min. an warmem Ort stehenlassen. Restliche Flüssigkeit, Ei, Salz und Schmalz zugeben, zu einem festen Teig kneten und nochmals 15 Min. gehen lassen. Masse in 2 Teilen zu Laiben formen und auf einem nassen Tuch im zugedeckten Topf, der zur Hälfte mit leicht gesalzenem Wasser gefüllt ist, etwa 25 bis 30 Min. garen, dabei den Deckel nicht vor 20 Min. öffnen (mit einem Holzspieß Garprobe machen). Wenn nichts am Spieß anhaftet, sind die Knöpfle gar. Hefeknöpfle aus dem Topf nehmen und mit einem Nähfaden zerteilen und mit Zwiebelbutter oder Griebenschmalz schmälzen.
Schmecken gut mit saurer Sauce, Sauerbraten, Rinderbraten usw.

Spindele

Helmut Hilse
Restaurant Sonnenhof
Waldstetten

250 g gekochte, abgekühlte Kartoffeln, 2 Eigelb, 2 EL Mehl, Salz, Muskat, 125 g gekochte Nadelbohnen, 80 g Rauchspeck in Streifen.

Aus den gekochten, abgekühlten und durchgepreßten Kartoffeln mit Eigelben, Mehl, Salz und Muskat einen Kartoffelteig herstellen, walzenförmig ausrollen, in 30 g schwere Stücke teilen, einkerben und dahinein jeweils ein knackig gekochtes Nadelböhnchen geben. Zwischen den Händen zu einem Spindele formen und einen Streifen Rauchspeck, auf dem Arbeitsbrett ausgelegt,

spiralförmig daran aufrollen. In Butter goldgelb braten.

Anmerkung: Als Beilage vor allem zu Lammgerichten, aber auch zu allem anderen Schlachtfleisch geeignet.

Kartoffelflädle

Dieter Wägerle
Restaurant Stumpenhof
Plochingen

500 g geschälte Kartoffeln, 5 EL Mehl, 2 Eier, ¼ l Milch, Salz, Pfeffer, Muskat, etwas geklärte Butter.

Die gekochten Kartoffeln gut ausdampfen lassen, durch die Presse drücken.
Die Milch erwärmen und mit der Kartoffelmasse gut vermengen.
Eier und Mehl unter das erkaltete Püree rühren, mit Salz, Pfeffer und Muskat abschmecken.
30 Min. ruhen lassen.
Danach aus dem Teig schöne Flädle herausbacken.
Als Beilage besonders für Ragouts (Fleisch oder Gemüse) sehr gut geeignet.

Brezelauflauf

Dieter Wägerle
Restaurant Stumpenhof
Plochingen

30 g Brezelrinde vom weichen Teil, 20 g Brezel vom weichen Teil, ebenfalls 10 g Brötchen, ⅜ l Sahne, 50 g Brezel (in feine Würfel geschnitten), 2 Eigelb, 2 Eiweiß, Muskat, Paniermehl.

Brezelrinde und 20 g Brezel mit Brötchen und Sahne pürieren.
2 Eigelbe unterschlagen und restliche Brezelwürfel unterheben.
2 Eiweiße steif schlagen und unter die Masse heben. Mit Salz und etwas Muskat abschmecken. In ge-

butterte und mit Paniermehl ausgestreute Formen geben und bei 170 Grad etwa 35 bis 40 Min. backen. Der Auflauf soll eine schöne braune Farbe erhalten.

Semmelterrine

Lothar Eiermann
Wald- & Schloßhotel
Friedrichsruhe, Friedrichsruhe

400 g Semmeln (trocken), 4 dl Milch, 1 Eigelb, 2 Eier, 60 g Zwiebeln, 40 g Speck, Salz, Pfeffer, Muskat, 15 g Petersilie, fein gehackt.

Semmeln würfeln und mit der erhitzten Milch übergießen. Speck und Zwiebeln in feine Würfel schneiden und in der Pfanne farblos anschwitzen.
Speck, Zwiebeln und die gehackte Petersilie zu den vorbereiteten Semmeln geben und unterarbeiten. Eigelb und Eier hinzugeben. Mit Salz, Pfeffer und Muskat abschmecken. Masse in eine ausgebutterte Terrinenform füllen und im Wasserbad bei 85 Grad 45 Min. garen. Terrine stürzen und schneiden. Semmelscheiben in Butter goldgelb anbraten.

Kartoffel-Pilz-Knödel

Wolf-Dieter Anhorn
Hotel-Restaurant Beurener Hof
Beuren

300 g Kartoffeln, 100 g Austernpilze, 35 g Butter, 1 Schalotte (klein), 2 Eier à 55 g, 35 g Stärkemehl, 35 g Weizengrieß, Salz, Pfeffer, Muskat.

Die Kartoffeln mit der Schale kochen und auskühlen lassen. Die Kartoffeln schälen und durch die feine Scheibe des Fleischwolfes drehen.

Die Austernpilze kurz waschen und fein hacken.

Die feingewürfelte Schalotte und die Austernpilze in Butter anschwitzen, mit Salz und Pfeffer aus der Mühle würzen.

Die Kartoffeln mit den Pilzen, Eiern, Stärkemehl, Grieß und Gewürzen vermengen. Von dieser Masse kleine Knödel rollen. Die Knödel in kochendem Wasser erst kurz kochen und anschließend 10 Min. ziehen lassen.

Serviettenknödel von der Laugenbrezel

Rolf E. Minder
Volker-Merz-Schule, Stuttgart

200 g Brezeln, 4 Eier, 1/4 l Milch, 1 Lauchzwiebel, 20 g Speckwürfel, 40 g Butter, 40 g Butterschmalz, frische Kräuter.

Salz von den Brezeln abkratzen, in 1 cm große Scheiben schneiden, Lauchzwiebel und Speck kleinschneiden, in Butterschmalz anschwitzen, zu den Brezeln geben. Milch aufkochen, über Brezeln gießen und Eier dazugeben, mit Salz, Pfeffer, Muskat und Kräutern vermischen, 10 Min. ruhen lassen. Die Masse in eine gebutterte Stoffserviette walzenförmig einrollen, an den Enden zusammenbinden. In Salzwasser kurz aufkochen, dann bei kleiner Temperatur (80 Grad) ziehen lassen. Auf einem Blech auskühlen, in 1 cm dicke Scheiben schneiden und in Butterschmalz hellbraun auf beiden Seiten anbraten.

Anmerkung: Keine frische Brezeln verwenden (3 bis 4 Tage alt). Sollte die Masse zu trocken sein, etwas Milch zugeben, wenn sie zu naß ist, Grieß unterheben. Die Rolle nicht zu locker binden.

Weckknödel, in der Guglhupfform pochiert

Rudolf Katzenberger
Rastatt

5 alte Wecken (Brötchen), 1/2 Zwiebel, 20 g Butter, kleingehackte Petersilie, 3 Eier, 1/8 l Milch, Salz, Pfeffer.

Die Wecken kleinschneiden, in eine Schüssel geben, mit der heißen Milch übergießen. Die verquirlten Eier und die kleingeschnittene, in der Butter glasig angeschwitzte Zwiebel dazugeben. Die Masse ruhen lassen und dann in eine mit Butter ausgestrichene Guglhupfform einfüllen. Den Weckknödel-Guglhupf im Ofen im Wasserbad (80 Grad) 1/2 Stunde pochieren. Nach dem Stürzen kann der Guglhupf am Tisch aufgeschnitten und serviert werden.

Hinweis: Bei der Guglhupfform sind alle Größen möglich, aber je kleiner die Form, desto attraktiver ist das Resultat.

Getreide-Quark-Klößchen

Dieter Grabowski
Robert-Bosch-Krankenhaus
Stuttgart

120 g trockener Quark, 25 g Leinsamen, 25 g grobe Haferflocken, 2 Eigelb, 20 g Butter, 2 Eiweiß.

Den Leinsamen einen Tag vorher einweichen (Körnermenge = Wassermenge)
Butter mit den Eigelben schaumig rühren, passierten Quark, Leinsamen und Haferflocken und zum Schluß die steifgeschlagenen Eiweiße unterheben. Die Masse im Kühlschrank oder Kühlraum 1 Std. ruhen lassen. Sollte die Masse nach der Probe zu weich sein, auf die angegebene Menge 20 g Grieß untermengen. Mit einem Löffel Klößchen abstechen und zu Tomatensauce servieren. Paßt auch zu Currybohnen oder anderen Gemüsegerichten.

Wirsingnocken

Roland Blessing
Landgasthof Rössle
Berglen-Lehnenberg

500 g mehlig kochende Kartoffeln, 100 g blanchierte Wirsingstreifen, 50 g Butter, 1 Ei, 1 Eigelb, 1 EL Kartoffelmehl, Salz, Pfeffer, etwas Muskat, etwas Butter zum Anbraten.

Die gekochten Salzkartoffeln trocken dämpfen und noch heiß durch die Kartoffelpresse drücken. Die vorbereiteten Wirsingstreifen, Kartoffelmehl, Butter, Ei und Eigelb in die Kartoffelmasse rühren, mit Salz, Muskat und Pfeffer würzen. Mit einem Löffel von der noch warmen Masse Nocken abstechen und in Butter anbraten.

Anmerkung: Gekochte Kartoffeln nie im Mixer pürieren, die Masse wird klebrig und schwer.

Kräuter-Quarknocken

Helmut Kübler
Parkhotel Stuttgart

80 g Butter, 100 g entrindetes Toastbrot, 250 g Magerquark, 7 Eigelbe, frischer Kerbel und Estragon, etwas Zitronenmelisse, Salz, Pfeffer, Muskat.

Die Butter mit etwas Salz schaumig rühren, das geriebene Toastbrot, den Quark und die Eigelbe vorsichtig untermengen.

Kräuter und Gewürze zugeben und 1 Std. im Kühlschrank kühlen. Anschließend in kleine Nokken formen und im siedenden Salzwasser etwa 8 bis 10 Min. ziehen lassen.

Paßt gut zu Geflügel, aber auch zu allen Gemüsegerichten und ist als Suppeneinlage hervorragend geeignet.

Krautstrudel auf Walnußsauce

Reinwalt Renz
Landgasthof Riedsee
Stuttgart-Möhringen

Strudelteig von 150 g Mehl, 1 EL Öl, Prise Salz und lauwarmem Wasser, 40 g Butter, 50 g geräucherter Bauchspeck, in feinen Würfelchen, 100 g feingehackte Zwiebeln, 30 g gewaschene und eingeweichte Rosinen, 400 g mildes Sauerkraut, 100 g feingewürfelte und blanchierte Kartoffeln, 5 g Majoran, gerebelt, 100 g Crème fraîche, 3 Eigelb, 50 g gehackte Walnüsse, Salz und Pfeffer, 20 g Zucker, 0,1 l Madeira, 0,1 l Cream-Sherry, 80 g Walnußkerne, 3 EL Walnußöl, 0,1 l Kalbsfond, Salz und Pfeffer, 0,1 l Crème double.

Strudelteig wie üblich zubereiten und dünn ausziehen.
Butter im Topf zerlassen, Bauchspeck darin ausbraten, Zwiebeln anschwitzen, Rosinen zugeben, vom Feuer nehmen. In eine Schüssel das rohe Sauerkraut und alle übrigen Zutaten geben und gut mischen. Auf den ausgezogenen, mit Öl bestrichenen Strudelteig verteilen, einrollen und bei 170 Grad im Backofen etwa 35 bis 40 Min. backen.

Für die Sauce:
Walnußkerne im kochenden Wasser blanchieren, schälen und hakken. Zucker im Topf karamelisieren lassen, mit Madeira und Cream-Sherry ablöschen. Die Walnüsse, das Walnußöl und den Kalbsfond zugeben, auf die Hälfte reduzieren lassen, dann die Crème double zugeben, salzen und würzen, aufkochen und mit dem Mixstab kurz schaumig rühren.
Den gebackenen Strudel aufschneiden, auf Teller anrichten und mit der Sauce angießen.

Anmerkung: Eignet sich als selbständiges Gericht, als warme Vorspeise oder als Beilage zu Fleischgerichten.
Der Krautstrudel kann natürlich auch als Einlage für klare oder gebundene Suppen dienen.

Graupen-Risotto

Günter Koppert
Restaurant Adlon – Hotel Berlin
Sindelfingen

250 g Perlgraupen, 50 g Speck, 100 g Karotten, 100 g Lauch, 100 g Sellerie, 50 g Schalotten, 100 g Butter, Salz, Muskat, Pfeffer aus der Mühle, 1/4 l Sahne.

Perlgraupen einweichen (etwa 25 Min.), mit dem Einweichwasser 20 Min. kochen und mit kaltem Wasser abspülen, auf einem Sieb abkühlen lassen.
Speck und Gemüse in kleine Würfel schneiden.
In einem Topf Butter und Zwiebeln anziehen lassen, dann Speck und Gemüse hinzugeben, mit Sahne ablöschen, die gegarten Graupen dazugeben und das Ganze bis zum Risotto einkochen lassen.
Mit Salz, Muskat und Pfeffer aus der Mühle würzen.
Dient als Beilage zu Fisch und Fleisch.

Steinpilzrisotto

Friedrich Schick
Gasthof-Hotel Zum Ochsen
Oberstenfeld

100 g Butter, 40 g Zwiebeln, 100 g Avorio- oder Vialone-Risotto-Reis, 0,1 l trockener Weißwein, etwa 0,3 l kräftige Geflügelbrühe, 100 g Steinpilze, frische oder gefrorene Pilze, 4 EL geschlagene Sahne, Salz, Pfeffer aus der Mühle.

20 g Butter im Topf zergehen lassen, 20 g gehackte Zwiebeln darin glasig werden lassen, den Reis dazugeben und ohne Farbe zu geben anschwitzen. Nun mit dem Weißwein ablöschen und etwa die Hälfte der kochendheißen Geflügelbrühe zugeben und unbedeckt etwa 15 Min. sachte köcheln lassen. Öfters umrühren und immer wieder etwas von der restlichen Brühe zugeben, so daß der Reis gerade bedeckt ist.
Inzwischen die feinwürfelig geschnittenen Steinpilze in 20 g Butter und mit 20 g gehackten Zwiebeln goldbraun anrösten, damit sich ihr Geschmack entfaltet. Etwa 5 Min., bevor der Reis gar ist, die angebratenen Steinpilze zum Reis geben. Wenn der Risotto gar ist (Bißprobe), zur Fertigstellung noch 60 g kalte Butterstückchen und 4 EL geschlagene Sahne unterheben.

Anmerkung: Man sollte unbedingt Avario- oder Vialone-Reis verwenden, da dieser besonders körnig kocht.
Gefrorene Steinpilze bringen durch die heutigen Gefriertechniken ein gleich gutes Aroma wie frische Pilze; jedoch muß man darauf achten, daß man sie kurz mit Wasser abbraust und trockentupft, da sie meist sehr sandig sind. Notfalls kann man auch getrocknete, über Nacht eingeweichte Steinpilze nehmen.

DESSERTS

Küßt du mich mit Zuckermund,
kocht mir das Blut noch zwei, drei Stund.

Aus dem handgeschriebenen Kochbuch einer Herrschaftsköchin
des 19. Jahrhunderts

Vor einigen Jahren befand eine Basler Schulklasse, zum Dreikönigstag mit der Frage konfrontiert: „Was, wenn ich ein König wär", daß jeder Bürger täglich in den Genuß von sieben Puddings kommen sollte.

Man kann nur hoffen, daß die Kinder nicht jene „Tüten-Puddings" meinten, die das Wort Pudding so in Verruf gebracht haben, sondern die delikaten, schaumgeborenen Kreationen aus Butter und Eiern, Makronenbrösel und Löffelbiskuits, feiner Milchschokolade und geschälten, gestoßenen Mandeln, aus kandierten Früchten und Sultaninen, Portwein und Sahne, kurzum, diese zauberhaften wirklichen Puddings, die schon zu Zeiten Charles Dickens' und Hans Christian Andersens die Tafeln und Märchen zierten und die Herzen der Menschen erfreuten.

In letzter Zeit sind sie etwas in Vergessenheit geraten und mit ihnen die Flammeris und Mandelsulzen, die Charlottes und die Crêpes und manch anderer Klassiker der süßen Küche. Es mag wohl daran liegen, daß ihnen die Fruchtdesserts etwas den Rang abgelaufen haben, was bei der überwältigenden Fülle des Angebotes, vor allem auch an exotischen Früchten, nicht weiter verwunderlich ist.

Im heutigen Sprachgebrauch werden alle Süßspeisen als Dessert bezeichnet. In der klassischen Küche versteht man unter Dessert jedoch nur die köstlichen Kleinigkeiten, die ganz am Ende eines Essens gereicht werden. Winzige Petits fours oder Friandises, jene raffinierten kleinen Gebäcke und Frivolitäten, die das I-Tüpfelchen der Könnerschaft eines Patissiers sind und oft in kunstvoll aus Zucker geformten Körbchen oder ähnlich aufwendig gestalteten Behältnissen angeboten wurden.

Alles übrige Süße, ob Cremes, Mousses, Soufflés, Flans, Gelees, die eben erwähnten Puddings und Konsorten, oder aber auch Torten und Vacherins, fällt unter den Begriff „entremet de doucent", also Süßspeise.

Manches, was vor Jahrzehnten noch in der Reihenfolge Süßspeise, Glace, Dessert in drei Gängen serviert wurde, findet sich heute als sogenannte „Delice des Hauses" auf einem Teller wieder.

So reizvoll und farblich harmonisch dies auch sein mag, so ergibt es doch oft recht widersprüchliche Geschmacksrichtungen und ist nur allzuoft eine Konzession an jene Esser, die alles auf einmal erleben wollen. „Es wäre oft besser, einen eindeutigen Akzent zu setzen, ob dies nun ein Vanillemousse oder ein Mille-feuille mit Himbeeren ist, statt sich in nicht immer geglückten Kompositionen zu verlieren", meint ein befreundeter Koch, der seine Küche mehr und mehr auf das Wesentliche reduziert, zu diesem Thema, und: „All diese sogenannten Dialoge, oder was da alles zu Dialogen zusammengeführt wird, sind nicht selten eine Irreführung, weil man oft nicht mehr genau schmeckt, was man zu sich nimmt. Auch hier, wie überall sonst in der Küche, sollte eine möglichst klare Sprache gesprochen werden."

Süßspeisen haben immer schon einen besonderen Rang in der Küche eingenommen, schmückten oft als farbenprächtige Bildwerke und Tafelaufsätze die Gastmähler, und ihre Verfertiger galten nicht selten als Künstler im Rang von Bildhauern und Architekten.

Zu Zeiten Katharinas von Medici waren Süßspeisen so begehrt, daß man sie in Venedig nicht nur an den Schluß, sondern auch an den Anfang eines Essens setzte, zuweilen sogar nach jedem Gang eine Süßspeise reichte.

Die Verschwendungssucht der Reichen – nur sie konnten sich den teuren Zucker leisten – ging so weit, daß auch Fleischgerichte mit Zucker gewürzt wurden. Immerhin entstand auf diese Weise ein Klassiker der Dessertküche, das „blancmanger", die Mandelsulz, die in ihrer Urform ein Gericht aus gestoßenem Hühnerfleisch und Mandeln ist.

Ob es nun ein kunstvoll gestaltetes Gebilde oder nur eine Birne ist, ohne ein Dessert ist auch das beste Mahl unvollkommen. Jener Gourmand, der, als man ihm zum Dessert Trauben anbot, diese mit den Worten ablehnte: „Vielen Dank, ich pflege meinen Wein nicht in Pillenform zu mir zu nehmen", ist deshalb sicherlich eine Ausnahmeerscheinung in der Geschichte der Feinschmeckerei.

Rezept Seite 168: Variationen von frischen Kirschen, Adolf Niefer
Dieses Dessert wurde serviert anläßlich des Staatsbesuchs von Michail Gorbatschow 1989 in Baden-Württemberg.
Bei seinem Anblick brach der sowjetische Staatschef in ein „Hurra" aus.

Heilbronner Weinkuchen

Walter Kurzmann
Hotel Ottilienhof, Heidenheim

2 Eidotter, 2 Eiweiß, 2 EL Zucker, 4 EL Biskuitbrösel oder Paniermehl, 1 Msp. Backpulver, 3 dl Riesling, 3 dl Wasser, 4 EL Zucker, 2 Gewürznelken, ½ Zimtstange.

Eidotter mit 3 Eßlöffel Zucker schaumig rühren, Eiweiß zu Schnee schlagen, Brösel und Backpulver vermischen, Eiweiß und Brösel in die Masse einrühren. Fertige Masse in gebutterte und mit Bröseln bestreute Timbaleformen zu gleichen Teilen geben. 7 Min. im vorgeheizten Backrohr bei 180 Grad backen, überkühlen lassen.
Weißwein, Wasser und 4 Eßlöffel Zucker, Zimt und Nelke kurz aufkochen, kalt werden lassen. Kuchen aus Timbale in kleine Schüssel nebeneinander stürzen, mit dem Weißwein übergießen, im Kühlschrank etwa 2 Std. ziehen lassen.
Weinkuchen mit Flüssigkeit in Glasschälchen servieren.
Ein hervorragend leichtes Sommerdessert, Zubereitungsdauer etwa 30 Min., kann auch am Vortag zubereitet werden.

Savarin mit Hagebuttencreme

Siegfried Auer
Klinikum Günzburg

230 g Mehl, 10 g Hefe, etwas Milch, 100 g Butter, 25 g Zucker, 2 Eier, Prise Salz, geriebene Zitronenschale, Läuterzucker (¼ l Wasser und 150 g Zucker aufkochen, etwas Rum zugeben), Aprikosenkonfitüre zum Aprikotieren, 3 Eigelb, 50 g Zucker, ⅛ l Orangensaft, ⅛ l Hägenmark (Hagebuttenmark, das man auf dem Wochenmarkt kaufen kann), etwas geriebene Orangenschale, 6 Blatt Gelatine, ¼ l Sahne.

Aus Milch mit Hefe einen Vorteig machen. Zerlassene Butter, Zucker, Salz, Zitronenschale und Eier einschlagen. Mehl zugeben sowie den Vorteig und alles gut aufschlagen. Den Teig abdecken und etwa 10 Min. gehen lassen. Den Teig mit einem Spritzbeutel in die ausgefetteten kleinen Savarinformen füllen und nochmals gehen lassen. Dann bei etwa 170 Grad etwa 15 Min. ausbacken. Herausnehmen, stürzen und nach etwa 10 Min. im Zucker-Rum-Gemisch tränken und anschließend aprikotieren.
Die Eigelbe mit Zucker, Orangensaft, geriebener Orangenschale warm aufschlagen, die eingeweichte Gelatine zugeben und dann auf Eis kalt rühren. Das Hägenmark zugeben sowie die geschlagene Sahne unterheben. Dann die Savarins, die auf einem Speiseteller angerichtet sind, mit Hilfe eines Spritzbeutels füllen. Anschließend die Savarins etwas kalt stellen.
Das Dessert mit einem Pfefferminzblatt garnieren und servieren.

Schwarzbrotpudding mit Apfelgratin und Traminersabayon

Walter Hofmann
Gasthof Lamm
Strümpfelbach

6 altbackene Brötchen, 100 g Butter, 100 g Zucker, 100 g zartbittere Kuvertüre, gerieben, 4 Eier, Prise Salz.

Brötchen mit Wasser einweichen, gut ausdrücken, mit den Butterflocken und Zucker vermischen, in dem Mixer kurz pürieren, Kuvertüre und Eigelb dazugeben, geschlagenes Eiweiß unterheben und in gebutterte Timbaleförmchen oder Kaffeetassen einfüllen, ins Wasserbad einsetzen, bei 130 Grad im vorgeheizten Backofen 45 Min. stocken lassen.

Apfelgratin:
4 Glockenäpfel oder Cox Orange, ¼ l geschlagene Sahne, 1 Eigelb, 50 g Mascarpone, 20 g Butter, 50 g Zucker, Msp. Zimt.

Äpfel schälen, Kernhaus ausstechen, halbieren und in dünne Scheiben schneiden und in gebutterte feuerfeste Form einsetzen. Eigelb, Mascarpone, Zucker, Zimt und geschlagene Sahne verrühren, über die Äpfel verteilen und im Ofen bei 180 Grad (untere Schiene) 30 Min. ausbacken.

Traminersabayon:
¼ l Gewürztraminer, Kabinett oder Spätlese, 50 g Zucker, 2 Eier, 2 Eigelb.

Gewürztraminer mit Zucker und den Eiern im Sabayonkessel oder Cromarganschüssel auf dem Wasserbad zur Rose aufschlagen. Restlichen Wein zum Dessert anbieten.

Quarkpudding an zwei Saucen mit Pralineneis

Karl-Heinz Pfitzer
Gasthof zum Löwen
Sonnenbühl

Pralineneis:
2 Eigelb, 40 g Zucker, 80 g Milch, 110 g Sahne, Vanille, 5 g Rum, 20 g Bitterkuvertüre, 30 g Nußnugat

Erdbeersauce:
50 g frische Erdbeeren, ¼ l Zitronensaft, 40 g Zucker, 1 cl Grand Marnier.

Nektarinensauce:
150 g geschältes und entkerntes Nektarinenfleisch, 30 g Zucker, 50 g Pfirsichsaft.

Quarkpudding:
10 g Mehl und Stärkemehl, gemischt, 20 g Mandelgrieß, 125 g Quark (20 Prozent Fett), 2 Eigelb, 10 g Honig, 25 g süße Sahne, Vanilleextrakt und Salz, 10 g Crème royale, 2 Eiweiß, 60 g Zucker, 20 g Butter.

Kuvertüre und Nußnugat in einem etwa 50 Grad warmen Wasserbad zerlaufen lassen.

Milch, Sahne und die zerteilte Vanilleschote einmal aufkochen lassen, vom Feuer nehmen und am Herdrand ziehen lassen.

Mit dem Handrührgerät Eigelb und Zucker cremig rühren und die Milch-Sahne-Mischung unter stetigem Rühren nach und nach zugeben.

Die Masse in einen Topf geben und zur Rose abrühren, d. h. bis kurz unter den Siedepunkt erhitzen. Die Masse darf nicht kochen, da sonst das Eigelb gerinnt. Warme Schokoladenmischung dazugeben und durch ein Sieb passieren.

Die Masse abkühlen lassen und in einer Sorbetiere cremig frieren.

Die Masse kann auch in der Eistruhe gefroren werden, indem man das Gefrorene immer wieder am Schüsselrand abrührt.

Die Zutaten mixen und durch ein Sieb streichen, in Gläser füllen und aufbewahren.

Nektarinenfleisch würfeln und mit Zucker und dem Pfirsichsaft kurz dünsten, abkühlen lassen und mit dem Pürierstab pürieren, durch ein Sieb streichen und bis zur Verwendung beiseite stellen.

Quark etwas ausdrücken, in eine Schüssel geben und mit Eigelb, Honig, dem Mehlgemisch, Mandelgrieß und Gewürzen glattrühren. Eiweiß mit dem Handrührge-

rät steif schlagen, während des Rührens den Zucker einrieseln lassen. Das Eiweiß so lange schlagen, bis es „schnittfest" ist.

Ein Drittel des Eiweißes unter die Quarkmasse rühren, den Rest mit einem Holzlöffel unterheben.

Tassen oder Förmchen ausbuttern und mit der Masse randvoll füllen, in ein Wasserbad stellen und im Ofen bei 190 Grad etwa 30 Min. garen. Förmchen aus dem Wasserbad nehmen, kurz abwarten und dann stürzen. Der Quarkpudding kann warm oder kalt serviert werden.

Auf einem Teller einen Spiegel gießen und verzieren, den Quarkpudding daraufsetzen und mit Sahne und frischer Minze garnieren.

Lauwarmer Holunderblüten-Pudding mit weißem Schokoladenparfait und Kirschsauce

Armin Wiedmann
Restaurant zum Stern
Rudersberg-Schlechtbach

Holunderblüten-Pudding:
85 g Butter, 45 g Zucker, 3 Eigelb, 3 Eiweiß, 45 g Zucker, 150 g Biskuitbrösel, 1 cl Wodka, 4 bis 5 Blütendolden vom Holunder.

Weißes Schokoladenparfait:
5 Eigelb, 125 g Zucker, 3 cl Wasser, 300 g Sahne, 1 cl Kirschwasser, 125 g weiße Kuvertüre.

Kirschsauce:
500 g Kirschen, 1/4 l Kirschsaft, 1 EL Honig, 1 cl Kirschwasser, 1 Prise Zimt, etwas Stärkemehl.

Holunderblüten-Pudding:
Butter und Zucker schaumig schlagen, nach und nach Eigelb

dazugeben, Eiweiß steif schlagen, langsam Zucker einrieseln lassen, Biskuitbrösel und Eiweiß unter die Eigelbmasse heben, die abgezupften Blüten ebenfalls in die Masse geben, nun die feuerfesten Förmchen buttern und zuckern und die Masse einfüllen, Backofen auf 170 Grad vorheizen und im Wasserbad etwa 18 bis 25 Min. garen (Ofentüre nicht öffnen!).

Schokoladenparfait:
Zucker und Wasser dickflüssig einkochen, Eigelb in eine Schüssel geben und unter ständigem Rühren die Masse dazugeben, Kirschwasser und zerlassene Kuvertüre dazugeben und Masse auskühlen lassen, die geschlagene Sahne vorsichtig unterheben und einfrieren.

Kirschsauce:
Kirschen waschen und entsteinen, Kirschsaft, Honig und Zimt etwas einkochen lassen, mit etwas Stärkemehl abbinden, Kirschwasser dazugeben und die Kirschen kurz durchschwenken, auskühlen lassen.

Zwetschgenkrapfen mit Cognac-Sabayon

Dieter Baur
Hotel Hirsch, Leonberg-Eltingen

100 g Mehl und 3 EL zum Wenden, Salz, 1 EL Zucker, 1 Ei, 1 EL Öl, 100 ccm helles Bier, 500 g Zwetschgen, gutes Pflanzenfett zum Ausbacken, 2 Eier, 2 EL Zucker, 3 EL Cognac.

Aus 100 g Mehl, Salz, Zucker, Ei, Öl und Bier einen Ausbackteig rühren.

Zwetschgen waschen, mit Küchenpapier trockentupfen, halb aufschneiden und entsteinen. In dem restlichen Mehl wenden und anschließend mit zwei Gabeln durch den Ausbackteig ziehen.

Bei 175 bis 180 Grad goldbraun ausbacken.

Für die Sauce Eier, Zucker und Cognac in einen hohen Topf geben und bei milder Hitze mit dem Schneebesen schlagen, bis eine schaumige Creme entstanden ist. Warm zu den Krapfen servieren.

Kleine Rohrnudeln an warmen Zimtkirschen mit weißem Mokkaparfait

Gerhard Rittberger
Casino ANT-Nachrichtentechnik, Backnang

Kleine Rohrnudeln:
50 g Milch, 30 g Zucker, 15 g Hefe, 140 g Mehl, 12 g Haselnüsse, gerieben (oder Korinthen), 15 g Zucker, 1 Eigelb, 1 Prise Salz, abgeriebene Schale von 1/4 unbehandelter Zitrone, 15 g Butter, 25 g Butter zum Bestreichen, 1 TL Puderzucker, 1 EL Mandelblättchen.

Zimtkirschen:
320 g Sauerkirschen, 8 g Butter, 0,2 cl Kirschwasser, 0,2 cl Cassis, 30 g Johannisbeergelee, 2 bis 3 Msp. Zimt.

Weißes Mokkaparfait:
25 g Mokkabohnen „ganz", 25 g Sahne, 1/2 Eigelb, 1/2 kleines Ei, 36 g Zucker, 120 g Sahne.

Für die Rohrnudeln die handwarme Milch mit den 30 g Zucker verrühren, 15 g Hefe einbröseln und etwas Mehl untermischen. An warmem Ort etwa 1/4 Std. gehen lassen. Danach mit dem restlichen Mehl, den geriebenen Haselnüssen, den 15 g Zucker, dem Eigelb, der abgeriebenen Zitronenschale, der Butter und 1 Prise Salz einen glatten Hefeteig kneten. Den Teig schlagen, bis er sich

vom Schüsselrand löst und einen Glanz bekommt. Hierauf an einem mäßig warmen Ort zugedeckt etwa 15 bis 20 Min. gehen lassen. Den Teig dann etwa 1,5 cm stark ausrollen. Mit einem Gebäckausstecher (∅ 4 cm) oder einem Schnapsgläschen kleine, runde Rohrnudeln (etwa 3 St. pro Person) ausstechen und sofort in eine kleine, am besten runde, schwarze, gebutterte Kuchenform versetzt einsetzen. Der Abstand sollte nur so groß sein, daß beim erneuten Gehenlassen der Rohrnudeln diese sich berühren. Zwischenzeitlich sollte der Backofen auf 200 Grad vorgeheizt sein. Die aufgegangenen Rohrnudeln nun bei 200 Grad etwa 10 Min. hellbraun backen. Sofort nach dem Herausnehmen mit gerade dickflüssig erwärmter Butter satt bestreichen.

Während der Teig geht, die knakkigen, frischen Sauerkirschen waschen, entsteinen und halbieren. Die Butter in einer Pfanne erhitzen, bis sie anfängt zu schäumen und braun wird. Dann sofort die vorbereiteten Kirschen hineingeben, kurz anschwenken. Johannisbeergelee, Kirschwasser, Cassis, Zucker und Zimt unterschwenken und sofort wieder von der Platte nehmen, damit die Frucht noch leicht „knackig" bleibt.

Für das weiße Mokkaparfait am Tag vor Gebrauch die Kaffeebohnen in der kleinen Menge Sahne etwa 2 Std. bei mäßiger Hitze ausziehen (nicht kochen) lassen, dann sofort passieren. Eigelb und Ei zusammen mit dem Zucker und der passierten Mokkasahne im Wasserbad indirekt zur Rose aufschlagen und danach wieder kalt schlagen.

Die große Menge Sahne mit den ganzen, ausgekochten Kaffeebohnen mittels Schneebesen verrühren, um so den noch anhängenden

Kaffee-Extrakt für das Parfait zu gewinnen. Die Sahne von den Bohnen passieren und gut steif schlagen.

Die steifgeschlagene Mokkasahne unter die kaltgeschlagene Eimasse (zuerst 1/3, dann den Rest) locker unterziehen, dann in eine entsprechende – im Tiefkühlfach vorgekühlte – Form füllen und über Nacht tiefkühlen.

Die Rohrnudeln wie üblich im Ofenrohr herausbacken und kurz vor dem Servieren mit Puderzucker bestreuen. 3 St. pro Portion vom Gesamten abreißen, auf Teller setzen, eine Scheibe weißes Mokkaparfait dazugeben und mit den nochmals erwärmten Sauerkirschen servieren.

Geschmälzte Mirabellenknödel mit Rieslingsauce

Eugen Heubach
Landgasthof Heubach-Krone
Winnenden-Birkmannsweiler

Für die Knödel:
300 g gekochte Kartoffeln vom Vortag, 30 g weiche Butter, 30 g Grieß, Prise Salz, 1 Ei, 1 Eigelb, 200 g Mehl.

Für die Füllung der Knödel:
16 Mirabellen, eingedünstet, ohne Steine, 60 g Marzipan, 20 g Mandeln, 1 cl Mirabellenschnaps, Zukker.

Für den Fond zum Kochen der Knödel:
1/4 l Weißwein, 3/4 l Wasser, 100 g Zucker.

Für die Schmälze:
60 g Butter, 80 g Semmelbrösel, Zimt/Zucker.

Für die Rieslingsauce:
1/4 l trockener Riesling, 3 Eigelb, 60 g Zucker, 100 g Mascarpone.

Rezept Seite 168: Rhabarberpfitzauf mit Chaudeausauce, Wolfgang Pfeiffer

Die Kartoffeln durch die Presse auf den Tisch drücken. In die Mitte eine Mulde machen und die weiche Butter, Grieß, Salz, das Ei und Eigelb hineingeben. Mit der Hand zusammenarbeiten und das Mehl darübersieben. Einen glatten Teig kneten und ¼ Stunde ruhen lassen. Auf einer bemehlten Unterlage 5 mm stark ausrollen und in Quadrate schneiden. Die Mandeln ganz fein hacken und mit dem Marzipan vermischen. Mit Mirabellenschnaps und Zucker abschmecken und die entsteinten Mirabellen damit füllen und wieder zusammenklappen. Je eine gefüllte Mirabelle auf ein Teigquadrat legen, mit dem Teig einwickeln und einen Knödel formen. Wasser mit Zucker und Wein aufkochen und die Knödel 10 Min. darin gar ziehen lassen. Butter mit Semmelbrösel in einer Pfanne goldbraun rösten und die Knödel darin wälzen. Mit Zimt und Zucker bestreuen und auf Teller anrichten.

Aus Wein, Eigelb und Zucker ein Sabayon im Wasserbad aufschlagen und den Mascarpone unterheben. Das Sabayon um die Knödel herumgießen.

Bühler Zwetschgenknöpfle mit Vanillesauce

Karl J. Haaf
Olgahospital, Stuttgart

400 g Zwetschgen, 200 g Weißbrot, 50 ml Milch mit 50 ml Wasser gemischt, 20 g Mehl, 20 g Stärkepulver, 2 Eier, 80 ml Sahne, 50 g Zucker, ½ TL Zimt, 50 g Margarine.

Vanillesauce:
¼ l Milch, 12 g Stärkepulver, 20 g Zucker, 1 Prise Salz, ½ Vanilleschote, 1 Eigelb, 1 Eiweiß.

Zwetschgen entsteinen, halbieren, Weißbrot würfeln, mit Milch-Wasser-Mischung übergießen, etwa 10 Min. stehenlassen. Weißbrot mit Mehl, Stärkepulver, Eier, Zimt, Sahne, Zucker und Zwetschgen vermengen. Mit einem Eßlöffel Stücke ausstechen, in der Margarine knusprig backen.

2 Eßlöffel kalte Milch in eine Schüssel geben, Speisepulver darin verrühren, übrige Milch mit der halben, aufgeschnittenen Vanilleschote, Zucker und Salz in einem Topf aufkochen, vom Herd nehmen, die angerührte Speisestärke langsam einrühren. Sauce einmal aufkochen, wieder vom Herd nehmen, Vanilleschote entfernen, Eigelb mit etwas Sauce in einem Becher verquirlen, Eiweiß steif schlagen, unterziehen. Zwetschgenknöpfle damit leicht beträufeln.
Anmerkung: Nach Zugabe von Eigelb in die Vanillesauce diese nicht mehr kochen lassen, da sie sonst gerinnt.

Variationen von frischen Kirschen
Bild Seite 162

Adolf Niefer
Steigenberger
Hotel Graf Zeppelin, Stuttgart

Sorbet:
100 g pürierte, passierte, frische Kirschen, 100 g Mineralwasser, 60 g Zucker, Saft von ½ Zitrone, 1 cl Kirschwasser.

Alles gut verrühren und im Tiefkühler ausfrieren. Öfters mit dem Schneebesen aufrühren, um eine schöne Geschmeidigkeit zu erreichen.

Kirschcreme:
60 g Sahne, 40 g pürierte frische Kirschen, 10 g Zucker, 1 cl Kirschwasser, 1 Blatt Gelatine.

Unter die geschlagene Sahne Zucker, Kirschwasser und die eingeweichte, ausgedrückte Gelatine heben. Die Masse halbieren und unter die eine Hälfte die pürierten Kirschen mengen. In kalte Förmchen schichtweise einfüllen und etwa 3 Std. im Kühlschrank ansteifen lassen.
Zum Servieren Förmchen stürzen und mit entsteinten Kirschen, Crème fraîche und Minzblatt garnieren.

Kirschstrudel:
Teig: *125 g gesiebtes Mehl, 50 g Wasser, 15 g Rum, 12 g Butter, 5 g Zucker, 2 g Salz, 1 Eigelb.*

Füllung:
100 g frische Kirschen, entsteint, 20 g gehackte Mandeln, 1 Prise Zimt, 1 Spritzer Kirschwasser, 20 g Zucker.

Für den Teig alle Zutaten zusammen verarbeiten und kühl stellen. Dann den Teig rechteckig ausrollen. Die Zutaten für die Füllung mischen und auf dem unteren Viertel der Teigfläche auftragen. Den Teig stramm aufrollen. Den Strudel auf ein gefettetes Blech setzen und bei 200 Grad etwa 30 Min. backen.
Zum Servieren in etwa 2 bis 3 cm breite Streifen schneiden.

Rhabarberpfitzauf mit Chaudeausauce
Bild Seite 166

Wolfgang Pfeiffer
Restaurant Alte Post
Stuttgart

250 g Milch, 50 g Butter, 180 g Mehl, 130 g Milch, 4 Eier, Prise Salz, 100 g Rhabarber, 80 g Wasser, 30 g Zucker, 1 Vanilleschote.

Mehl, Eier und Salz mit 130 g Milch glattrühren. Die restliche Milch (250 g) aufkochen und dazugeben, danach die heiße Butter einrühren.

Wasser, Zucker und Vanille aufkochen, Rhabarber dazugeben und weich kochen, darauf achten, daß derselbe nicht zerfällt. Sollte am Schluß des Vorgangs noch Flüssigkeit vorhanden sein, muß diese abgegossen werden. Die Pfitzaufformen, ersatzweise Souffléformen, gut ausbuttern. Dann in die Mitte der Formen Rhabarberkompott einlegen und bis zur Hälfte der Form mit der Pfitzaufmasse auffüllen. Im Ofen bei 230 Grad 30 Min. backen.

Chaudeausauce: Weißwein (eventuell etwas Mazola), Zucker, Zitronensaft und Ei schlägt man über dem Wasserbad zu einer stark cremigen Masse auf. Man kann auch noch mit Rum, Kirsch, Maraschino, Curaçao usw. parfümieren.

Mirabellenstrudel mit Haselnußparfait und Zimtsabayon

Eugen Heubach
Landgasthof Heubach-Krone
Winnenden-Birkmannsweiler

500 g gedünstete, entsteinte Mirabellen, 80 g Rosinen, 3 EL Semmelbrösel, etwas Butter, Zucker.

Strudelteig:
250 g Mehl, 1/2 Tasse lauwarmes Wasser, 1 Ei, 1 EL Sonnenblumenöl, Salz, geklärte Butter zum Einstreichen, Puderzucker zum Bestäuben.

Haselnußparfait:
3 Eier, 75 g Zucker, 2 cl Sahnelikör, 50 g Haselnüsse, püriert und in etwas Butter angeröstet, 0,4 l Sahne.

Zimtsabayon:
1/4 l Weißwein, 3 Eigelb, 60 g Zukker, 1 TL Zimt.

Aus Mehl, Wasser, Ei, Öl und Salz einen Strudelteig herstellen. Auf einem Tuch dünn ausziehen. Zwei Drittel des Teiges mit geklärter Butter bestreichen.

Die Mirabellen halbieren und mit in Butter gebräunten Semmelbröseln, den Rosinen und Zucker vermischen. Auf das letzte Drittel des Strudelteiges diese Masse verteilen. Den Strudelteig durch Anheben des Tuches fest aufrollen. Auf ein gut gefettetes Backblech setzen und die Oberfläche mit der geklärten Butter bestreichen. Im Ofen bei 200 Grad 25 Min. backken. Vor dem Servieren mit Puderzucker bestreuen.

Für das Parfait die Eier und Zukker warm und anschließend kalt aufschlagen, die Haselnüsse und Likör beigeben. Zum Schluß die steifgeschlagene Sahne unterheben und in eine Form gefüllt tiefgefrieren.

Den Weißwein, die Eigelbe, den Zucker und Zimt im Wasserbad zur Bindung aufschlagen.

Zum Servieren den Strudel aufschneiden und auf das Sabayon setzen, mit Scheiben vom Haselnußparfait gefällig anrichten.

Hagebuttenflädle mit Apfelschnaps-sabayon

Jörg Ebermann
Linde, Oberboihingen

Teig:
4 EL Mehl, 2 dl Milch, 2 Eier, 30 g lauwarme zerlassene Butter, 1 TL Vanillezucker, Prise Salz.
50 g Butter zum Ausbacken, Puderzucker zum Bestäuben.
150 g Hagebuttenkonfitüre zum Füllen.

Sabayon:
1 EL Zucker, 2 Eigelb, 1 dl Weißwein, 3 cl Apfelschnaps.

Das Mehl mit der Milch glattrühren, die Eier dazugeben, dann die Geschmackszutaten. Dünne Flädle herstellen, diese mit der Hagebuttenkonfitüre bestreichen, einrollen und warm stellen.

Für das Sabayon die Eigelbe mit dem Zucker gut verrühren und mit dem Weißwein im Wasserbad aufschlagen, den Apfelschnaps erst zum Schluß zufügen, so bleibt das Aroma besser erhalten.

In die Mitte eines großen Tellers das Sabayon geben, die Flädle mit Puderzucker bestäuben, anschneiden und auflegen, eventuell mit etwas Hagebuttenkonfitüre und glasierten Apfelspalten garnieren.

Waffeln mit Trollinger-Quittenkonfit

Friedrich Schmid
Gasthof zum Lamm
Kernen i. R.

Waffeln:
125 g Mehl, 2 Eier, 75 g Butter, Milch, Salz, 1 TL Backpulver, Butterschmalz oder Öl zum Backen, Puderzucker.

Quittenkonfit:
600 g Quitten, 0,3 l Trollinger (Rotwein), 2 Zimtstangen, 3 Nelken, 300 g Gelierzucker.

Quitten abbürsten, im Wasser vierteln, entkernen, in der Küchenmaschine durch die große Raspel lassen. Quitten mit Rotwein, Zimtstangen und Nelken weich kochen, dabei öfter umrühren, Gelierzucker zugeben und 5 Min. weiterkochen. In Steingut oder Marmeladenglas abfüllen und 1 Tag kühl stellen.
Für die Waffeln sollten alle Zutaten Zimmertemperatur haben. Die Butter sollte flüssig sein. Ge-

siebtes Mehl mit Salz, Butter und warmer Milch zu einem halbflüssigen Teig rühren, Eier und Backpulver unterschlagen.

Heißes Waffeleisen mit Butterschmalz fetten, Masse gleichmäßig dünn verteilen, hellbraun ausbacken.

Dick mit Puderzucker bestreuen und mit dem Quittenkonfit heiß servieren.

Anmerkung: Nur vollreife, knallgelbe Quitten kaufen (ab Mitte November).

Stimmt die Konsistenz des Konfits nicht: Zu dünn = erneut einkochen, zu dick = mit Trollinger strecken und gut durchkochen. Bei entsprechendem Verschluß mit Einmachhaut lange haltbar. Einmachhaut durch Schnaps ziehen (ist natürlicher als chemische Haltbarmacher – bzw. Schimmelvernichter).

Eignet sich auch als Beilage zu Wildgerichten und gekochtem Ochsenfleisch.

Walnußkrustade mit weißem Schokoladeneis

Siegfried Keck
Hotel am Schloßgarten
Stuttgart

Walnußkrustade:
150 g Süßrahmbutter, 5 EL Crème de Cacao, 150 g Zucker, 150 g Mehl, 150 g Walnußgrieß (gemahlene Walnüsse), 1 Prise Salz.

Weißes Schokoladeneis:
7 Eigelb, 150 g Zucker, ½ l Milch, ¼ l Sahne, ½ Vanilleschote, 150 g weiße Schokolade, 4 EL Arrak, 1 Prise Salz.

Butter und Crème de Cacao schaumig rühren, Mehl und Walnußgrieß unterkneten. 2 Std. kühl stellen.

Den Teig zu zwei Platten (30 cm) ½ cm dick ausrollen und bei 180 Grad goldgelb ausbacken.

Auskühlen lassen und mit gut aromatisierter Crème pâtissière (Konditorcreme aus Milch, Zucker, Vanillecremepulver, Vanillestengel und Eigelb) einen Boden ½ cm dick bestreichen, den zweiten Boden auflegen und mit Puderzucker bestäuben.

2 Std. kühl stellen.

In 20 Stücke schneiden, auf Tellern verteilen und mit Nugatschaum und Früchten sowie dem in der Eismaschine gefrorenen weißen Schokoladeneis und Minzeblättern servieren.

Quarküberbackenes mit Erdbeeren und Pralinéeis

Otto Harter
Gasthof zum Waldhorn
Metzingen-Glems

25 g Bitterkuvertüre, 25 g Nugat, 50 g Zucker, 1 Eigelb, 1 Ei, 1 EL Amaretto, ¼ l Sahne, 400 g Quark, 30 g Stärkepulver, 60 g Puderzucker, 3 Eigelb, 1 abgeriebene Zitronenschale, 2 EL Grand Marnier, 3 Eiweiß, 80 g Puderzucker, 400 Erdbeeren.

Eigelb, Ei, Zucker über Wasserdampf zur Bindung schlagen, darin die geriebene Kuvertüre und das Nugat auflösen, in die kalte Masse die geschlagene Sahne unterheben, in Förmchen füllen und 1 bis 5 Std. im Gefrierschrank ausfrieren.

Quark, Stärkepulver, Puderzucker, Eigelb, Zitronenschale und Grand Marnier vermischen. Eiweiß und Zucker zu Schnee schlagen und unter die Quarkmasse heben, auf Teller verteilen. Erdbee-

ren halbieren, mit Schnittfläche nach oben an den Rand setzen, mit Puderzucker bestreuen und im Salamander gleichmäßig überbacken. Eis aus den Förmchen in die Mitte des überbackenen Quarks setzen.

Als Garnitur ein Minzezweigchen obenauf geben.

Anmerkung: Beim Pralineneis kann Bitterkuvertüre auch durch Blockschokolade ersetzt werden. Bei der Eismasse empfiehlt es sich, die doppelte Menge herzustellen, da eine größere Masse besser herzustellen ist.

Orangengratin „Ernesto Schlegel" mit Walnußparfait

Bild nebenstehend

Hans Könneke
Stadtschänke Großbottwar

Walnußparfait:
3 Eigelb, 1 Ei, 70 g Zucker, ½ Vanilleschote, 2 cl Bacardi, 50 g Walnüsse, ¼ l Sahne.

Orangengratin:
4 Blutorangen, 2 cl Grand Marnier, 6 Eigelb, 60 g Zucker, 60 g Weißwein (Kerner), 60 g Portwein, 60 g geschlagene Sahne, Prise Salz.

Für das Parfait die Walnüsse zerkleinern und leicht anrösten. Sahne steif schlagen und kalt stellen. Eigelbe, Ei, Zucker, Bacardi und das ausgekratzte Vanillemark in eine Chromschüssel geben (diese sollte so groß sein, daß mindestens die dreifache Menge Platz hat).

Diese Masse mit dem Schneebesen im Wasserbad gut sämig aufschlagen (Vorsicht, das Wasser darf nicht zu heiß sein) und dann in kaltem Wasserbad kalt rühren.

Nun die gerösteten Nüsse dazugeben und die Sahne vorsichtig un-

Rezept siehe oben: Orangengratin „Ernesto Schlegel" mit Walnußparfait, Hans Könneke

terheben. Nicht unterschlagen, da sonst das Volumen der geschlagenen Sahne verlorengeht. Diese Parfaitmasse in eine Schüssel, eine längliche Form oder in Kaffeetassen füllen und ausfrieren.

Das Parfait am besten am Vortage herstellen.

Für das Orangengratin die Orangen mit dem Messer schälen und die einzelnen Filets zwischen den Segmenten herausschneiden.

Eine feuerfeste Form entsprechender Größe leicht buttern, mit Zucker bestreuen und die Orangenfilets gleichmäßig einlegen. Mit Grand Marnier beträufeln und warm stellen. Eigelbe, Zukker, Prise Salz, Weißwein und Portwein in eine Chromschüssel geben, die mindestens die dreifache Menge fassen kann. Diese Schüssel nun in ein kochendes Wasserbad stellen und bis zum Stand rasch aufschlagen, herausnehmen und die geschlagene Sahne vorsichtig unterheben. Nun die Gratinmasse auf die warmen Orangenfilets geben und in der vorgeheizten Backröhre bei Oberhitze 180 Grad kurz überflämmen.

Mit Puderzucker überstäuben.

Zum Anrichten die Parfaits auf Teller stürzen und den Gratin anlegen.

Anmerkung: Auch bei Süßspeisen eine Prise Salz dazugeben. Natürlich nur einige Körnchen.

Mohnsoufflé mit Zwetschgensorbet

Paul Fleischmann
Hirsch, Tübingen-Derendingen

Mohnsoufflé:
0,1 l Milch, 50 g gemahlener Mohn, 30 g Zucker, ½ Vanilleschote, 1 EL Mehl, 1 bis 2 EL Milch, 10 g Butter, 2 Eier, 10 g Puderzucker.

Sorbet:
200 g Zwetschgen, Schale von 1 Zitrone und 1 Orange (unbehandelt), 4 cl Zwetschgenwasser, 1 Nelke, ½ Zimtstange, 10 cl Rotwein, Zucker nach Geschmack und Reifegrad der Früchte, 12 Zwetschgen.

Milch, Zucker und die aufgeschlitzte Vanilleschote aufkochen. Den Mohn und das mit 1 bis 2 Eßlöffel Milch angerührte Mehl dazugeben, 2 Min. mit Schneebesen durchrühren, Vanilleschote herausnehmen und etwas abkühlen lassen. Eigelb und Butter unterrühren, Eiweiß zu Schnee schlagen und unterheben und in gebutterte, mit Kristallzucker ausgestreute Portionsförmchen geben. Im Wasserbad bei 190 bis 200 Grad etwa 20 Min. garen. Am Schluß mit Puderzucker bestreuen.

Für das Sorbet alle Zutaten zusammen aufkochen, dann durch ein Sieb drücken, auskühlen lassen, in Eismaschine oder im Tiefkühlfach in einer Cromarganschüssel unter ständigem Rühren gefrieren. Soufflé auf Teller stürzen, Sorbet abstechen und dazu Zwetschgen als Garnitur geben.

Anmerkung: Für das Mohnsoufflé sollte man seinen Ofen kennen, erwartet man zu Hause Gäste, sollte man das Soufflé schon einmal zur Probe gekocht haben. Das Eis gelingt auch ohne Eismaschine im Tiefkühlfach, man muß allerdings alle 15 Min. umrühren.

Schokoladensoufflé mit Pralinensauce

Hans-Peter Kotheder
Verpflegungsbetriebe der
Daimler-Benz AG, Sindelfingen

Butter und Zucker zum Ausstreichen der Förmchen, 4 kleine Soufflé-

förmchen *(Backzeit 20 Min.) oder eine große Souffléform (Ø 18 cm; Backzeit 45 bis 50 Min.).*

Schokoladensoufflé:
½ l Milch, 100 g Butter, 100 g Mehl, 100 g Zucker, 50 g Schokolade (Kuvertüre), 8 Eigelb, 8 Eiweiß, 1 EL Rum.

Pralinensauce:
½ l Sahne, 100 g Butter, 100 g Honig, 50 g Nugat, 2 cl Kirschwasser, 2 cl Maraschino, 2 cl Rum, 2 cl Grand Marnier.

Die Souffléform mit flüssiger, fast kalter Butter gleichmäßig dünn ausstreichen. Zucker hineinstreuen und die Form mit beiden Händen drehen, bis der Rand und Boden bedeckt sind. Dann den restlichen Zucker wieder aus der Form schütten.

Das Mehl und die weiche Butter zusammenwirken, zu einer Rolle formen und in kleine Portionen teilen.

Die Milch mit der Kuvertüre aufkochen und dann nach und nach die kleinen Mehl-Butter-Portionen in die kochende Milch rühren, bis das Mehl die Flüssigkeit vollständig zu einer homogenen Masse gebunden hat und die Masse sich vom Topfboden löst.

Dann die Eigelbe nach und nach in die leicht abgekühlte Masse einrühren, so lange rühren, bis die Masse wieder glatt und cremig ist. Eiweiße steif schlagen und den Zucker nach und nach zugeben.

Den Eischnee unter die Soufflémasse melieren. Zuerst etwa ¼ des Eischnees mit dem Schneebesen unterrühren, damit die Masse leichter wird und dadurch aufnahmefähiger für den übrigen Eischnee. Den Rest des Eischnees dann mit dem Kochlöffel darunterheben.

Die Masse eventuell zum Schluß mit etwas Rum abschmecken. Danach mit einem Spritzsack mit einer Lochtülle vorsichtig in die Förmchen oder Form etwa 1 cm unter dem Rand der Form, und möglichst nicht höher, einfüllen. Die gefüllten Förmchen in eine mit Wasser gefüllte Kasserolle oder Pfanne stellen. Das Wasser sollte mindestens bis zur viertel Höhe der Förmchen reichen. In den Backofen stellen und bei 180 bis 200 Grad 20 Min. backen.

Das fertige Schokoladensoufflé mit etwas Puderzucker bestreuen und warm im Förmchen servieren. Man kann das Soufflé auch stürzen und mit einer warmen Sauce reichen.

Für die Pralinensauce Sahne, Butter, Honig und Nugat zu einer glatten und sämigen Konsistenz aufkochen lassen. Etwas abkühlen lassen und anschließend mit Kirschwasser, Maraschino, Rum und Grand Marnier abschmecken. Die Sauce warm zum Soufflé servieren.

Sollte die Sauce nicht ganz sämig sein, kann man etwas geschlagene Sahne unterheben.

Limonensoufflé auf Himbeersauce

Lothar Eiermann
Wald- & Schloßhotel
Friedrichsruhe

Limonensoufflé:
100 g Butter, 100 g Zucker, 4 EL Limonensaft, 4 abgeriebene Limonenschalen, 6 Eigelb, 6 Eiweiß.

Die Butter in einer Schüssel erwärmen, danach Zucker, Limonensaft, Limonenschalen und Eigelbe hinzugeben. In einem warmen Wasserbad unter ständigem Rühren abbinden. Die Masse nach dem Erkalten durch ein feines Sieb streichen.

Das Eiweiß zu Schnee schlagen und unter die passierte Grundmasse rühren.

4 Souffléförmchen von etwa 80 mm ∅ ausbuttern, mit Zucker ausstreuen. Die Soufflémasse bis etwa 1 cm unter den Rand in die Förmchen füllen. In den Ofen ein Randblech mit Wasser stellen, die Förmchen hineinstellen und etwa 15 Min. bei 210 Grad Oberhitze und 250 Grad Unterhitze backen.

Himbeersauce:
150 g Himbeeren, 60 g Zucker, Saft einer ½ Zitrone, 1 cl Himbeergeist.

Alle Zutaten mixen und durch ein feines Sieb streichen.

Löffelbiskuit-Beerencreme mit Limquatjus und Erdbeeren

Eberhard Aspacher
Landhotel Schloßwirtschaft
Illereichen

Löffelbiskuit:
2 Eiklar zusammen mit 70 g Zukker zu einem feinporigen Schnee aufschlagen, dann 2 Eigelb unterziehen und 35 g Weizenpuder. Zum Schluß 35 g Mehl unterheben und auf Papierstreifen ringfingergroß aufdressieren, mit Zucker bestreuen und sofort im Backofen hell ausbacken

Beerencreme:
2 Eigelb mit 60 g Zucker warm verrühren. 0,1 l Milch mit etwas Vanillemark aufkochen, zu der Eigelbmasse geben und abziehen (nicht kochen). 3 Blatt eingeweichte Gelatine zufügen und durch ein Sieb passieren. Bevor die Masse anzieht, 0,1 l stark konzentriertes Beerenpüree (Himbeere, Heidelbeere, Brombeere) hinzufügen und 0,2 l fest aufgeschla-

gene Sahne unterheben. Eine Form mit den Löffelbiskuits auslegen und die Creme einfüllen.

Limquatjus:
8 Limquats in Scheiben schneiden und mit 100 g Zucker leicht karamelisieren lassen. Mit Wasser ablöschen und auffüllen. Mit angerührter Stärke binden und mit Limonensaft abschmecken. Die transparente kalte Sauce mit den Limquatscheiben auf einen Teller verteilen, ein Stück Löffelbiskuit-Beerencreme dazusetzen und mit in Fondant und geschmolzener Kuvertüre (Milch und Butter) getauchten Erdbeeren anrichten. Mit Zitronenmelisse garnieren.

Quark-Lasagne mit Orangenkompott

Wilhelm Oppermann
Kasino der Fa. Birkel
Weinstadt-Endersbach

250 g Lasagneplatten, 4 St. Orangen, 20 g Butter, Orangenlikör, Zucker, 20 g Butter, 1 EL Semmelbrösel, 250 g Quark, 50 g Zucker, 2 Eier, ½ Päckchen Vanillezucker, 1 Zitrone.

Garnitur:
Zitronenmelisse, gehackte Pistazien.

Die Lasagneteigplatten in leicht gesalzenem Wasser kochen, abschrecken und in gewünschte Größe ausstechen. Mit 20 g Butter die Auflaufförmchen gut fetten und mit Semmelbrösel bestreuen. Die Hälfte der Orangen auspressen und den Saft leicht köcheln, die andere Orangenhälfte schälen und mit einem Messer die Filets aus den Häuten lösen. Die reduzierte Orangensauce mit 20 g Butter aufmontieren, die Filets hineingeben, warm stellen und mit Orangenlikör verfeinern, nach

Bedarf süßen. Aus Quark, Zukker, Eigelb, Vanillezucker und abgeriebener Zitronenschale eine Quarkfüllung herstellen. Das steifgeschlagene Eiweiß unter die Quarkmasse heben, in die Auflaufförmchen schichtweise die Quarkmasse und Nudelplatten einlegen. Die Förmchen im Wasserbad im Ofen bei 180 Grad je nach Formgröße 20 bis 25 Min. garen. Wenn die Lasagne gar ist, auf die Mitte des Tellers stürzen, das Orangenkompott rundherum dressieren und mit etwas Melisse oder gehackten Pistazien garnieren.

Joghurtschaum
mit Brombeeren

Rolf Minder
Volker-Merz-Schule, Stuttgart

250 g Joghurt, 0,2 l flüssige Sahne, 20 g Honig, 50 g Brombeeren, 1 Eiweiß, 2 Blatt Gelatine.

Den Joghurt über Nacht in ein mit einer Serviette ausgelegtes Sieb geben. Das über Nacht abgetropfte Wasser abschütten. Die Joghurtmasse mit Honig süßen und halbieren.
Unter die eine Hälfte gemixte und passierte Brombeeren rühren. Nun jeweils die geschlagene Sahne und das geschlagene Eiweiß sowie die aufgelöste Gelatine unter die beiden Massen heben.
Mit einem Löffel Nocken abstechen. Auf gekühlte Teller je eine Nocke geben und mit einem Minzblatt und einer Brombeere ausgarnieren.

Anmerkung: Man kann fettarmen oder fettreichen Joghurt verwenden. Aus gemixten Brombeeren Sauce herstellen und Spiegel auf Teller gießen.

Mille-feuille
von Schokolade
mit Erdbeermousse

Dietmar Haerer
Altbach

Mousse:
1 Eigelb, 1 Vollei, 1½ Blatt Gelatine, 180 g braune Kuvertüre, 2 cl Grand Marnier, 250 g geschlagene Sahne, 500 g frische Erdbeeren.

Schokoladenblätter:
100 g weiße Kuvertüre, 1 Schablone nach Belieben.

Schokoladensauce:
70 g weiße Kuvertüre, 0,1 l flüssige süße Sahne.

Für die Mousse au chocolat die Kuvertüre im Wasserbad bei etwa 40 Grad schmelzen, Eier mit dem Likör über Dampf schaumig schlagen und die gut ausgedrückte Gelatine hinzugeben. Vorsichtig die zerlassene Schokolade zu den Eiern geben. Beim Unterheben der Sahne ist auf die richtige Temperatur der Ei-Schoko-Masse zu achten, diese darf nicht zu warm sein, da sonst die Sahne zerläuft. Das Ganze im Kühlschrank eine Stunde kalt stellen.
Zur Berechtigung des Namens Millefeuille (tausend Blätter) müssen Schokoladenblätter gefertigt werden. Auf einen Karton 1 bis 2 mm stark die Form der gewünschten Schablone aufzeichnen (z. B. eine Erdbeere) und das Innere herausschneiden. Mit Hilfe einer Palette oder einem Messer und der Schablone die zerlassene Kuvertüre auf ein Pergamentpapier streichen, 16 Platten herstellen und im Kühlschrank fest werden lassen. Aus der noch verbleibenden Kuvertüre eine glatte Schokoladensauce herstellen. Die Erdbeeren waschen (4 St. mit den Blättchen zur Garnitur beiseite legen), putzen und 200 g Beeren

zum Fertigen eines Fruchtmarks im Mixer pürieren. Die restlichen Erdbeeren in kleinere Würfel schneiden, die mit dem passierten Fruchtmark mariniert werden. Je nach Geschmack der Beeren noch mit etwas Staubzucker süßen. Zum Aufbau der Mille-feuille auf eine Schokoplatte mit dem Spritzsack eine 2 cm starke Schicht Mousse aufspritzen, die nächste Platte aufsetzen, mit Mousse aufsetzen und mit Erdbeeren belegen, nochmals eine Platte aufsetzen, mit Mousse aufdressieren und mit einem Schokoblatt die Mille-feuille abschließen. Auf den Tellern aus der Schokoladensauce einen Spiegel gießen und mit ein wenig Fruchtmark verzieren. Die mit einer Erdbeere garnierte Mille-feuille und eine Nocke Mousse au chocolat einsetzen und servieren.

Weißes Kaffeemousse
mit Erdbeermark

Armin Wiedmann
Restaurant zum Stern
Rudersberg-Schlechtbach

Kaffeemousse:
500 g flüssige Sahne, 125 g Kaffeebohnen, 2 cl weißer Kaffeelikör, 1 ganzes Ei, 1 Eigelb, 250 g weiße Kuvertüre, 1 Blatt Gelatine.

Erdbeermark:
500 g Erdbeeren (ein paar Erdbeeren als Garnitur zurückhalten), 150 g Puderzucker, etwas Cointreau zum Parfümieren, 2 EL Crème fraîche, 1 TL Puderzucker, zur Garnitur 4 Pfefferminzblätter (frisch).

Kaffeebohnen in die Sahne geben und 3 bis 4 Tage im Kühlen abgedeckt stehenlassen. Weiße Schokolade in einer Schüssel auf war-

Rezept Seite 186: Guaven-Halbgefrorenes im Baumkuchen mit Mango- und Papayamark, Richard Scherle

mem Wasserbad auflösen (nicht über 38 Grad). Eier in eine Schüssel geben und ebenfalls im Wasserbad warm schlagen, aufgelöste Gelatine, Kuvertüre und Kaffeelikör dazugeben und abkühlen lassen. Kaffeebohnen von der Sahne trennen und die Sahne ausschlagen (nicht ganz steif). Nun die Sahne unter die etwas ausgekühlte Masse mit einem Schneebesen unterheben und für 3 bis 4 Std. kalt stellen.

Erdbeeren, Puderzucker mixen und durch ein feines Sieb streichen. Crème fraîche, Puderzucker und Cointreau mit einem Schneebesen verrühren und in eine kleine Papierspritztüte füllen.

Erdbeermark auf gekühltem Teller verteilen, mit der Papierspritztüte Verzierungen auf die Sauce spritzen. Mit einem Eßlöffel die Mousse in Nocken formen, auf dem Erdbeermark anrichten, mit ein paar Erdbeeren und Pfefferminzblättern garnieren.

Mousse von weißem Nugat mit glacierten Melonenkugeln

Horst Wendt
Restaurant Mildenberger
Backnang

Nugatmousse:
1 Ei, 1 Eigelb, 10 g Zucker, 2 Blatt Gelatine, 1 cl Rum, 40 g Nugat, 100 g weiße Kuvertüre, 250 g Schlagsahne, geschlagen.

Glacierte Melonenkugeln:
100 g Zucker, 1/8 l Orangen-Apfelsaft-Gemisch, 2 Melonen zu Kugeln ausstechen, feine Streifen von unbehandelter Orange, heiß abgewaschen, 20 g Butter.

Nugat und weiße Kuvertüre mit der eingeweichten Gelatine in eine Schüssel geben und im Was-

serbad verlaufen lassen. Ei und Eigelb mit dem Zucker schaumig rühren. Sahne steif schlagen, dann unter die Ei-Zucker-Masse, Rum und abgekühlte Schoko-Nugat-Masse heben, kalt stellen.

Zucker in einem Topf leicht karamelisieren lassen, Butter zugeben, mit Saft auffüllen und reduzieren lassen. Orangenschale zugeben, von der Flamme nehmen und die Melonenkugeln hineinlegen, nicht mehr kochen lassen, kalt stellen. Auf tiefem Teller anrichten. Mousse mit einem heißen Löffel abstechen (zu einem Ei formen), mit weißen Kuvertürespänen bestreuen, Melonenkugeln auf dem Teller anrichten, mit glaciertem Fond bedecken und mit Minzblättern, Pistazienstiften und halben Erdbeeren garnieren.

Quarkmousse auf Rhabarber mit Erdbeeren

Walter Hofmann
Gasthof Lamm
Strümpfelbach

10 Eigelb, 5 Eiweiß, 200 g Zucker, 1/4 l Sahne, 1/8 l Milch, 700 g Magerquark, 500 g Mascarpone, 12 Blatt Gelatine, 1 Vanilleschote, das Abgeriebene von je 1 Orange und 1 Zitrone, 2 cl Kirschwasser, 2 cl Amaretto.

Eigelb mit Zucker warm und kalt aufschlagen. Eischnee unterheben, Vanilleschote mit der Milch aufkochen und reduzieren; auskühlen lassen. Gelatine in Kirschwasser und Amaretto auflösen. Orangen- und Zitronenschale abreiben, dann alle Zutaten unter den Quark heben und mit der geschlagenen Sahne verfeinern. Auf einem Rhabarberspiegel mit einer Erdbeerrosette anrichten.

Flan von Quitten auf Lebkuchensauce

Günter Koppert
Restaurant Adlon – Hotel Berlin
Sindelfingen

1 kg Quitten, 200 g Zucker, 10 Blatt Gelatine, 1/2 l Rotwein.

Sauce:
1/10 l Kirschwasser, 500 g Lebkuchen oder Honigkuchen, 1/2 l Rotwein, 40 g Kuvertüre, 50 g Zucker.

Quitten halbieren, mit Zucker und Rotwein in etwas Wasser weich kochen und durch ein feines Sieb streichen, die eingeweichte Gelatine dazugeben und die Masse in Förmchen geben und kalt stellen.
Sauce: Lebkuchen mit Zucker und Rotwein einweichen, kurz aufwärmen und passieren. Kuvertüre auflösen und unterheben, mit Kirschwasser würzen.

Flan auf die Mitte des Tellers geben, Sauce darumherumgießen, mit Sahne ausziehen und mit Früchten garnieren.

Grießflammeri mit Erdbeeren

Bild nebenstehend

Hansjoachim Mackes
Wohnstift Augustinum, Stuttgart

Grießflammeri:
1/4 l Milch, 1/2 Vanilleschote, 1/2 ungespritzte Zitronenschale, abgerieben, 10 g Grieß, 4 Eigelb, 40 g Zucker, 4 Eiweiß, 40 g Zucker.

Erdbeersauce:
400 g Früchte (einige Beeren zur Garnitur), 150 g Zucker, 1 cl Cointreau, Saft von 1/2 Zitrone.

Die Milch mit der Vanilleschote und Zitrone aufkochen. Durch ein feines Sieb gießen, den Grieß unterrühren und bei schwacher

Rezept siehe oben: Grießflammeri mit Erdbeeren, Hansjoachim Mackes

Hitze etwa 20 Min. ausquellen lassen.
Eigelbe und Zucker gut verrühren, unter die Grießmasse rühren und aufkochen.
Eiweiß und Zucker aufschlagen und unterziehen. Nicht mehr kochen. In eine mit Wasser ausgespülte Form gießen und kalt werden lassen. Den Grießflammeri auf einen Teller stürzen, mit Erdbeeren umlegen und mit der Sauce nappieren. Zur Garnierung nach Belieben etwas Sahne und Mandeln nehmen.

Erdbeersauce: Die Beeren mit dem Zucker, Cointreau und Zitronensaft in einem Mixerglas fein pürieren.

Grießflammeri mit Haselnüssen

Jochen Moosmann
Dicker Turm, Esslingen

¼ l Milch, ½ Vanilleschote (aufgeschlitzt), 40 g Grieß, 1 Eigelb, 40 g Zucker, 1 Eiweiß, 15 g Zucker, etwas Zitronensaft, ¼ l Sahne, 100 g gemahlene Haselnüsse.

Die Milch mit der Vanilleschote aufkochen.
Grieß einrühren und abbinden. Eigelb mit dem Zucker aufschlagen, Gelatine einweichen, mit Eimasse und der Grießmasse vermischen und kalt rühren.
Eiweiß und Restzucker aufschlagen und mit der geschlagenen Sahne unter die Masse heben. Haselnüsse unterziehen. Die fertige Flammerimasse in Förmchen füllen und im Kühlschrank kalt stellen.
Nach dem Stürzen mit Haselnüssen und Sahne garnieren und an einem Spiegel von Sauerkirschsauce servieren.

Joghurt-Grießflammeri auf Heidelbeersauce

Wolfgang Sensz
Feinkost Käfer, München

(Rezept für 8 Personen)

500 g Joghurt, 0,5 l Milch, 1 Päckchen Vanillezucker, flüssiger Süßstoff, Salz, 60 g Grieß, 2 geschlagene Eiweiß, 6 Blatt Gelatine.

Die Milch mit Vanillezucker, Süßstoff und 1 Prise Salz aufkochen lassen. Dann den Grieß beigeben und bei kleiner Hitze weiterkochen, bis der Grieß weich ist. Nun die eingeweichte Gelatine unterrühren und kurz bevor die Masse zum Stocken kommt, den Joghurt unterheben. Dann in Timbaleformen abfüllen.

Heidelbeersauce:
200 g Joghurt, 500 g Heidelbeeren, flüssiger Süßstoff.

Die Heidelbeeren mit wenig Wasser und Süßstoff verkochen. Anschließend passieren und erkalten lassen. Danach den Joghurt unter die kalte Sauce rühren.

Anrichten: Die Heidelbeersauce als Saucenspiegel auf die Teller geben. Dann die Joghurt-Grießflammeri auf die Tellermitte stürzen. Nun die Sauce mit etwas Joghurt verzieren und mit einem kleinen Holzspieß ein Muster in die Sauce ziehen. Auf die Grießflammeri ein Minzeblättchen oder Schokoladenornamente legen.

Rhabarberterrine

Dietmar Gulewitsch
Gestütsgasthof Gomadingen

250 g Mascarpone, 500 g Rhabarber, 50 g Zucker, 4 Eigelb, 6 Blatt Gelatine, Löffelbiskuits, Staubzucker.

Eigelbe und Zucker schaumig rühren, Terrinenform mit den in Rhabarbersaft getränkten Löffelbiskuits auslegen. Den Mascarpone unter die Zucker-Ei-Masse heben und die aufgelöste Gelatine dazugeben. Auf die Löffelbiskuits abwechselnd eine Schicht Rhabarber und eine Schicht Masse geben, bis die Terrine voll ist. Mit Staubzucker bestreuen und kalt stellen. Mit dem Löffel abstechen und mit Erdbeeren, heißem Weinschaum oder Himbeersauce anrichten.

Erdbeerterrine mit Rhabarber-Joghurt-Sauce

Wolfgang Sensz
Feinkost Käfer, München

(Rezept für 8 Personen)

Erdbeerterrine:
800 g Erdbeeren, 0,1 l Grenadine, 16 Blatt Gelatine.

Die Erdbeeren entstielen, waschen und halbieren. ⅔ der Erdbeeren mit Grenadinesirup im Mixer pürieren. Die eingeweichte Gelatine in etwas heißem Erdbeermark auflösen, wenn es fast abgekühlt ist, das restliche Erdbeermark unterrühren. Nun eine Terrinenform mit Frischhaltefolie auslegen und das Erdbeermark und die Erdbeeren einschichten. Die Terrine läßt sich nach dem Erkalten leicht stürzen und ist schnittfest.

Rhabarbersauce:
300 g Rhabarber, 0,1 l Ahornsirup, 200 g fettarmer Joghurt, 2 Blatt Gelatine.

Abgezogenen, kleingeschnittenen Rhabarber mit Ahornsirup weich dünsten. Die eingeweichte Gelatine zugeben und anschließend im Mixer pürieren. Danach passieren und abkühlen lassen. Joghurt nach und nach einrühren, Sauce ist sofort servierbereit.

Anrichten:
Rhabarbersauce auf Tellermitte verstreichen, dann zwei Scheiben Erdbeerterrine auflegen und mit Erdbeerfächer und Minze garnieren.

Rhabarbersulz mit Erdbeeren

Walter Hofmann
Gasthof Lamm
Strümpfelbach

800 g Rhabarber, 250 g Erdbeeren, 1/8 l Sahne, 4 Blatt Gelatine, 4 cl Portwein, 1/2 l Wasser, 80 g Zucker.

Den Rhabarber abziehen, in kleine Stücke schneiden und kurz in kochendem Wasser abwellen, in eine Schüssel geben, mit dem Zucker bestreuen. Die eingeweichte Gelatine in dem Portwein auflösen und mit 1/4 l von dem Rhabarberfond auffüllen, abkühlen lassen. Die geputzten Erdbeeren halbieren, auf die Rhabarberstückchen geben, den beinahe erkalteten Fond darübergeben und vorsichtig umrühren. Etwa 3 Std. in den Kühlschrank stellen.
Zum Servieren etwas flüssige Sahne oder Vanillesauce extra dazu reichen.

Rote Grütze von Waldbeeren

Ernst-Ulrich Schassberger
Landhotel Hirsch, Ebnisee

500 g Waldbeeren, gemischt (Brombeeren, Heidelbeeren, Preiselbeeren, Himbeeren, Wildkirschen), 500 g

Himbeersaft, 50 g Zucker, Saft einer halben Zitrone, 40 g Stärke, 5 cl Rum, 5 cl Himbeergeist.

Den Saft mit dem Zucker und Zitronensaft aufkochen. Die Stärke mit Rum und Himbeergeist glattrühren und den kochenden Saft damit binden. Vom Feuer ziehen und die abgetropften Beeren dazugeben. In Schalen füllen und kalt stellen. Mit flüssiger Sahne begießen und servieren.

Rhabarber-Erdbeer-Grütze mit Rosinen-Joghurt-Sauce

Friedrich Schmid
Gasthof zum Lamm
Kernen i. R.

300 g Rhabarber, 500 g Erdbeeren, 100 g Zucker, 1/2 Stange Zimt, 1 EL Zitronensaft, 4 gehäufte EL Tapioka, 200 g Naturjoghurt, 2 EL saure Sahne oder Crème fraîche, 4 cl Rum, 1 EL Zucker, 30 g Rosinen.

Rhabarber schälen, in kleine Stücke schneiden, Erdbeeren waschen, putzen, halbieren, die Hälfte der Erdbeeren als Einlage beiseite stellen.
Rhabarber und Erdbeeren mit Zucker, Zimtstange und Zitronensaft weich kochen. Im Mixer oder mit Passierstab pürieren, erneut zum Kochen bringen, Tapioka zugeben und 10 Min. bei schwacher Hitze kochen lassen (Tapioka muß aufquellen). Sturzfähige Formen, evtl. Kaffeetassen, mit dünnem Spiegel ausgießen, ganze Erdbeeren als Einlage einlegen, restliche Grütze einfüllen und für etwa 4 Std. kalt stellen. In heißem Wasser die Förmchen kurz anwärmen und die Grütze stürzen.

Rosinen waschen, mit Zucker und Rum aufkochen, zugedeckt abkühlen.
Joghurt und saure Sahne glattrühren, die Rosinen mit Fond unterheben (evtl. nachzuckern), kalt stellen.
Die Joghurtsauce an die Grütze gießen und mit Zitronenmelisse garnieren.

Anmerkung: Leichtes Frühjahrsdessert. Für Diabetiker geeignet (Zucker durch Süßstoff ersetzen). Tapioka ist glutenfrei. Tapioka lange quellen lassen, um die volle Bindung zu erzielen.
Variation im Sommer: Kiwi-Stachelbeer-Grütze (grüne Grütze).

Grüne Stachelbeergrütze mit Vanillerahm

Roland Blessing
Landgasthof Rössle
Berglen-Lehnenberg

500 g Stachelbeeren, 1 Apfel, 125 g Zucker, 1/8 l Wasser, 1/8 l Weißwein, 1/4 Zitrone, 40 g Kartoffelmehl, 60 g Frischkäse, 1/4 l Sahne, 50 g Puderzucker, 50 g Vanillezucker, 1 TL Arrak.

300 g Stachelbeeren und den in Würfel geschnittenen Apfel in einem kochenden Sud aus Wasser, Zucker, Zitrone und der Hälfte des Weißweins weich dünsten. Anschließend durch ein Sieb streichen und die zurückgebliebene Flüssigkeit mit den ausgesuchten Stachelbeeren aufkochen, aber nicht zerfallen lassen, denn sie sind als Einlage gedacht.
Mit dem restlichen Weißwein und Kartoffelmehl abbinden. Die Grütze in Glasschalen füllen und im Kühlschrank fest werden lassen.

Frischkäse mit Gabel zerdrücken, mit dem Schneebesen die übrigen Zutaten unterschlagen und zu der Grütze reichen.

Anmerkung: Je reifer die Stachelbeeren, desto weniger Zucker sollte man zusetzen, damit das Aroma gut zur Geltung kommt.

Grütze von Herbstfrüchten mit Quarkschaum

Erich Theuerkauf
Casino der Fa. Getrag
Ludwigsburg

100 g frische Preiselbeeren, 100 g Holunderbeeren, 50 g Brombeeren, 50 g Apfelspalten, 50 g Birnenspalten, 80 g Zucker, 1/8 l Rotwein, 5 g Maisstärke, 1 Blatt Gelatine, Saft von 1/2 Zitrone, wenig Zitronenabrieb, Msp. Zimt.

Die Früchte mit dem Rotwein und dem Zucker kurz aufkochen, mit Maisstärke binden und etwa 5 Min. leicht köcheln lassen. Nun den Zitronensaft, -abrieb, Zimt und die eingeweichte Gelatine zugeben. Auskühlen lassen, in tiefem Teller mit Quarkschaum dekorativ anrichten.

Quarkschaum:
200 g Magerquark, 40 g Puderzucker, wenig Zitronensaft, 2 Blatt Gelatine, 2 Eiweiß, geschlagen, 2 cl Williams, 1 EL Honig, 1/2 EL Mohn (nach Geschmack), 200 g geschlagene Sahne.

Quark passieren, mit dem gesiebten Puderzucker aufschlagen, Honig, Williams und Zitronensaft zufügen, ebenso die eingeweichte und aufgelöste Gelatine, nochmals alles passieren, dann das geschlagene Eiweiß und die Sahne unterheben.

Asti-Spumante-Schokoladengelee mit Amarettosabayon und Himbeermark

Bild nebenstehend

Gerhard Rittberger
Casino ANT-Nachrichtentechnik
Backnang

Helles Schokoladengelee:
0,150 l Asti Spumante, 28 g Kuvertüre, weiß, 2 Blatt Gelatine, 3 g Sahne.

Dunkles Schokoladengelee:
0,150 l Asti Spumante, 25 g Kuvertüre, dunkel, 3 Blatt Gelatine.

Amarettosabayon:
4 Eigelb, 50 g Marzipan, 10 g Zucker, 40 g Asti Spumante, 40 g Amaretto.

Himbeermark:
40 g Himbeeren, 10 g Puderzucker, 45 g Crème fraîche, 4 kleine Sträußchen Zitronenmelisse.

Schokoladengelee:
Die Blockkuvertüre am besten auf einer groben Raffel zerkleinern, Gelatineblätter in kaltem Wasser einweichen und quellen lassen. Den Asti Spumante in einem Topf erwärmen und die zerkleinerte Kuvertüre darin auflösen. Sofort die eingeweichte und gut ausgedrückte Gelatine unterziehen, damit sie sich vollständig auflöst. Das Gelee in ein schmales, hohes Gefäß füllen und am besten über Nacht auskühlen lassen. So kann der Schokoladengeschmack intensiv in das Gelee eindringen. Beim dunklen Gelee genauso verfahren. Nach dem Festwerden von beiden Gelees die oben etwa bleistiftdick abgesetzte Schokoladenschicht vorsichtig mit einem Löffel abnehmen, bis die klare Geleeschicht zum Vorschein kommt. Je genauer diese Trennung durchgeführt wird, desto klarer wird das helle Gelee.

Beim dunklen Gelee erscheint unter der ersten Schicht eine braungefärbte Geleeschicht.
Die helle Komponente nun in einem Topf kurz verflüssigen. Die abgesetzte, vorher abgenommene, weiße Schokoladenschicht ebenso verflüssigen und dabei mit einem halben Kaffeelöffel Sahne versetzen.
In einem leeren Eierkarton 4 Timbaleformen schräg einsetzen. Das durchsichtige, helle Gelee in die Timbaleformen gießen, und zwar so, daß die Füllung knapp vom unteren linken Rand diagonal zum oberen rechten Rand reicht (etwa halbe Füllung). Die Formen zum Festwerden in der Halterung kühl stellen.
Wenn diese Schicht fest geworden ist, die weiße, mit Sahne versetzte Schokoladenschicht etwa 1/2 cm hoch eingießen. Diese Schicht ebenfalls fest werden lassen.
Zwischenzeitlich das dunkle, von der Oberschicht befreite Gelee verflüssigen. Dieses Gelee ist, bedingt durch den Kakaoanteil, nicht transparent. Es muß bis zum Anziehen laufend gerührt werden, damit sich die Kakaoanteile nicht absetzen. Unmittelbar vor dem Stocken werden die Timbalen mit der jetzt festen, transparenten und der dünnen, weißen Geleeschicht aus dem Kühlfach herausgenommen. Nun stellt man die Formen gerade auf den Tisch und füllt sie mit dem dunklen Gelee bis zum Rand auf. Somit entsteht ein Gelee, das nach dem Stürzen einen diagonal getrennten, ansprechenden, schwarzweißen und durchsichtigen Kontrast vorweist.

Amarettosabayon:
Marzipan zusammen mit dem erwärmten Spumante in einem Schlagkessel mittels Schneebesen glattrühren und zusammen mit Eigelben und Zucker im Wasser-

---

Rezept siehe oben: Asti-Spumante-Schokoladengelee mit Amarettosabayon, Gerhard Rittberger

bad indirekt zur „Rose" aufschlagen; danach wieder kalt schlagen. Die kalt geschlagene, dickliche Sauce (Sabayon) mit dem Amaretto glattrühren.

Die fertige Sauce eventuell durch ein Haarsieb streichen. Die Himbeeren mit Puderzucker im Mixer sehr fein blitzen. Crème fraîche glattrühren. Beide Saucen zum individuellen Verzieren des Amarettosabayons verwenden.

Parfait von Amaretti mit Pfirsichspalten und Himbeermark

Wolf-Dieter Anhorn
Hotel-Restaurant Beurener Hof
Beuren

2 Eier, 3 Eigelb, 100 g Zucker, 4 dl Rahm, 240 g zerbröckelte Amaretti (Makronengebäck), 2 cl Grand Marnier, 4 Weinberg-Pfirsiche, 100 g Himbeeren, 20 g Puderzucker.

Eier, Eigelb und Zucker in eine Schüssel geben und über dem heißen Wasserbad schaumig rühren. Die Schüssel auf Eis stellen und weiterrühren, bis die Creme abgekühlt ist. Danach mit dem steifgeschlagenen Rahm mischen, die Amarettibrösel und den Grand Marnier unterheben. In 4 runde Förmchen die Parfaitmasse abfüllen, die Oberfläche glattstreichen und 3 Std. in den Tiefkühler stellen. Himbeeren und Puderzucker mixen und passieren. Die Pfirsiche schälen, dazu kommen sie kurz in heißes Wasser, und dann werden sie mit kaltem Wasser abgeschreckt. So lassen sich die Pfirsiche leicht schälen. Danach in gleich große Spalten schneiden und im Kreis auf die Teller verteilen. In die Mitte kommt das Himbeermark, und darauf wird das Amarettiparfait gestürzt.

Lebkuchen-Dörrpflaumen-Parfait mit Rumfrüchten

Wolfgang Kottmann
Restaurant Bürgerhof
Alt Tirol, Göppingen

250 g Lebkuchen, etwas Rotwein, 4 Eigelb, 1 ganzes Ei, 100 g Zucker, 2 Blatt Gelatine, eingeweicht, 50 g grobgehackte Mandeln, 50 g Rosinen, 50 g Zitronat oder Orangeat, 300 g geschlagene Sahne, Dörrpflaumen, 2 Tage in Cognac eingelegt, evtl. etwas Grand Marnier, 4 EL Rumfrüchte.

Lebkuchen 2 Std. in Rotwein einweichen. Eigelbe und Ei mit dem Zucker schlagen, über Wasserdampf weiterschlagen, die eingeweichte Gelatine dazugeben, in eine Schüssel mit kaltem Wasser stellen und kalt weiterschlagen. Dann Mandeln, Rosinen, Zitronat oder Orangeat, den eingeweichten Lebkuchen und die geschlagene Sahne unterheben und alles gut vermischen. Die Masse in eine beliebige Form geben, die Dörrpflaumen dazu eindrücken und 12 Std. gefrieren lassen. Das gefrorene Parfait in 1-cm-Scheiben schneiden, auf gekühltem Teller fächerartig auflegen und mit den Rumfrüchten umlegen. Mit gestäubtem Puderzucker und Zitronenmelisse garnieren.

Zimt-Johannisbeer-Parfait

Rolf Schlegel
Restaurant Zum Ochsen
Kernen i. R.

6 Eigelb, 100 g Zucker, 0,4 l geschlagene Sahne, 1 TL Zimt, 150 g Johannisbeermark, 5 cl Johannisbeerlikör (Cassis).

Garnitur:
1 Mango, 1 Papaya, 8 Erdbeeren, 1 Carambola, 4 Weintrauben, 2 Feigen, 3 Kiwis.

Terrinenform mit Alufolie auslegen. Für die Zimtparfaitmasse 3 Eigelb und 50 g Zucker im Wasserbad zur Rose aufschlagen und im Eiswasser kalt schlagen. Mit 1 TL Zimt abschmecken und 0,2 l geschlagene Sahne unterheben. In die Terrinenform füllen und etwa 1 Std. in den Tiefkühler stellen. Für die Johannisbeer-Parfaitmasse ebenfalls 3 Eigelb mit 50 g Zucker im Wasserbad zur Rose aufschlagen und in Eiswasser kalt schlagen. 0,2 l geschlagene Sahne unterheben, mit dem Johannisbeermark und dem Johannisbeerlikör abschmecken. In die Terrinenform füllen und in weiteren 5 Std. ausfrieren. Kiwis pürieren und durch ein Sieb streichen.
Das Zimt-Johannisbeer-Parfait auf den Kiwischaum geben und mit Früchten ausgarnieren.

Vollkornparfait mit Fruchtsaucen

Bild Seite 189

Karl Knipp
Kasino der Allgemeinen Rentenanstalt (ARA)
Stuttgart

2 Eigelb, 1 Ei, 60 g Zucker, 1 Vanilleschote, 100 g Vollkornbrot, 4 cl Grapefruitsaft, 2 dl Sahne, 100 g Himbeeren, 2 St. Kiwis, ½ Mango, 4 Minzblätter.

Vollkornbrot feinwürfelig schneiden und mit Grapefruitsaft über Nacht marinieren. Vanilleschote auskratzen und mit Eigelb, Ei und Zucker über dem Wasserbad schaumig schlagen.
Dann das Ganze auf Eis setzen und kalt rühren. Die Sahne schla-

182

gen und mit dem Vollkornbrot zur Eimasse hinzugeben und alles miteinander vermischen. In Förmchen füllen, die der Größe einer Dessertportion entsprechen. Mit Klarsichtfolie abdecken und tiefgefrieren. Die Früchte schälen bzw. abzupfen und jede Frucht für sich pürieren und durch ein Sieb streichen. Parfait auf einen eiskalten flachen Teller stürzen. Die Fruchtsaucen so anlegen, daß die Himbeersauce in der Mitte gegenüber dem Parfait kommt, links die Mango- und rechts die Kiwisauce. Ein Minzblatt auf das Parfait legen.

Anmerkung:

Das Parfait soll nicht zu stark gefroren serviert werden, sondern schon leicht zerfließend. Dadurch kommt das Eigenaroma besser zur Geltung. Die Förmchen vor dem Stürzen kurz in heißes Wasser tauchen.

Parfait von Tannenhonig auf Brombeermark mit Sauerkirschstrudel

Walter Hofmann
Gasthof Lamm
Strümpfelbach

3 Eier, 50 g Zucker, 1/8 l Sahne, 1 EL Waldhonig, 150 g Brombeeren, 30 g Zucker, 175 g Mehl, 1 Ei, 1 EL Öl, Prise Salz, etwas lauwarmes Wasser, Puderzucker, 200 g entsteinte Sauerkirschen, 1 Ei, 80 g gemahlene Mandeln, Zimt, Kirschwasser, 40 g Butter.

Eigelb mit Zucker im Wasserbad warm und kalt aufschlagen, Eischnee unterheben, danach geschlagene Sahne unterziehen, mit Honig verfeinern.

In Ziegelform oder in Timbaleförmchen einfüllen, 6 Std. gefrieren.
Brombeeren mit dem Zucker im Mixer pürieren und durch ein Haarsieb streichen.
Zutaten für Strudelteig zu einem glatten Teig vermengen, zugedeckt 1 Std. ruhen lassen, auf einem bemehlten Tuch ausziehen und mit der Kirsch-Mandel-Masse bestreichen. Zusammenrollen, mit flüssiger Butter einpinseln und 20 Min. bei 180 Grad im Ofen goldgelb ausbacken, dabei mehrmals mit Butter einpinseln.
Zum Servieren mit Puderzucker bestäuben.

Joghurt-Honig-Parfait mit Mandeln und Pistazien

Dieter Baur
Hotel Hirsch, Leonberg-Eltingen

2 Becher Sahnejoghurt, 40 g abgezogene Pistazien, 50 g Mandelblättchen, 30 g kandierte Orangenschale, 1 EL echter brauner Rum, 1 Vanilleschote, 1/8 l süße Sahne, 1 Prise Salz, 3 Eier, 50 g Heidehonig, 1 Prise Zimt, 30 g Puderzucker.

Den Joghurt zum Abtropfen auf ein Haarsieb oder Tuch geben. Pistazien grob hacken und ein paar ganze Kerne zum Dekorieren übriglassen. Die Mandelblättchen goldbraun rösten. Die Orangenschale fein würfeln, mit Rum begießen und zugedeckt beiseite stellen. Die Vanilleschote der Länge nach aufschlitzen, das Mark auskratzen und mit der Sahne und dem Salz in einem Töpfchen aufkochen. Die Eier trennen, das Eigelb mit dem Honig und Zimt schaumig mit dem Schneebesen aufschlagen. Unter ständigem

Weiterrühren die heiße Sahne nach und nach unterrühren, bis die Masse kalt ist. Das Eiweiß mit dem Puderzucker zu steifem Schnee schlagen. Pistazien, Mandeln, Orangenschale unter den Joghurt mischen, die Eigelb-Sahne-Masse unterrühren, dann den Eischnee unterheben. Die Masse in eine Schüssel oder in ein Förmchen füllen und für mindestens 5 Std. einfrieren.
Vor dem Servieren die Förmchen in lauwarmes Wasser tauchen und auf einen vorgekühlten Teller stürzen, mit den restlichen Pistazien garnieren.

Hagebuttenparfait mit Quittensabayon und Walnußkrokant

Manfred Maucher
ZDF Kasino GmbH, Mainz

Hagebuttenparfait:
0,4 l Sahne, 4 Eier (getrennt), 150 g Zucker, 150 g Hagebuttenmark, 2 cl Bacardi.

Quittensabayon:
100 g frisch gedünstetes und püriertes Quittenmus, 4 Eigelb, 150 g Zucker, 1/8 l trockener Weißwein, 50 g Walnußkrokant. Zur Garnitur Zitronenmelisse und Walnußkern.

Für das Parfait Zucker und Eigelb zur hellen Masse schaumig rühren, mit Hagebuttenmark und Bacardi vermengen. Sahne steif schlagen und vorsichtig unter die Masse geben. Zum Schluß festgeschlagenes Eiweiß unterheben. Die fertige Masse in Portionsförmchen füllen und 12 Std. im Tiefkühlfach frieren.
Für das Quittensabayon die Eigelbe mit dem Zucker und Weißwein ohne Hitze schaumig rühren,

dann im Wasserbad oder über Dampf um das doppelte Volumen aufschlagen. Quittenmus zufügen und nochmals unter leichter Hitze schaumig rühren.

Zum Servieren das in Portionsförmchen gefrorene Parfait auf einen Teller stürzen, mit dem Quittensabayon umgießen, mit Walnußkrokant bestreuen und mit Zitronenmelisse und Walnußkern garnieren.

Parfait von Sonnenblumenkernen

(für 10 Personen)

Dieter Grabowski
Robert-Bosch-Krankenhaus
Stuttgart

200 g Sonnenblumenkerne, ½ l Läuterzucker, 8 Eigelb, 4 Eiweiß, 1 l Sahne.

Sonnenblumenkerne rösten und anschließend fein hacken. Die Eigelbe mit dem Läuterzucker im Wasserbad zuerst warm und dann kalt aufschlagen. Das zu Schnee geschlagene Eiweiß und zuletzt die steifgeschlagene Sahne unterziehen. Die feingehackten Sonnenblumenkerne unter die Parfaitmasse heben und in Portionsförmchen oder Guglhupf-Form füllen und wenigstens 6 Std. ins Gefrierfach stellen.

Zum Servieren Förmchen kurz in heißes Wasser tauchen, stürzen und mit einigen gerösteten, gehackten Sonnenblumenkernen bestreuen.

Anmerkung: Das Parfait wird nicht mit Alkoholika abgeschmeckt, da sonst der ohnehin sehr milde Geschmack der Sonnenblumenkerne verlorengeht.

Variation von Waldmeister mit Beeren-Arrangement

Bild nebenstehend

Armin Wiedmann
Restaurant zum Stern
Rudersberg-Schlechtbach

Waldmeistercreme:
2 Eigelb, 35 g Zucker, 150 g Sahne, 1 Blatt Gelatine, 3 bis 4 Zweige Waldmeister.

Waldmeistermousse:
250 g weiße Kuvertüre, 2 Eier, 1½ Blatt Gelatine, 500 g Sahne, 1 cl weißer Rum, 1 cl Kirschwasser, 5 bis 6 Zweige Waldmeister.

Waldmeisterparfait:
5 Eigelb, 125 g Zucker, 3 cl Wasser, 300 g Sahne, 1 cl Waldmeistersirup, 5 bis 6 Zweige Waldmeister.

Beeren:
Je nach Saison und Marktangebot.

Waldmeistercreme:
Eigelbe und Zucker über Wasserbad warm bzw. cremig schlagen, kalt eingeweichte Gelatine dazugeben, unter ständigem Rühren auskühlen lassen, geschlagene Sahne sowie abgezupften und zerkleinerten Waldmeister unterheben, kühl stellen.

Waldmeistermousse:
Eier über Wasserbad cremig schlagen, kalt eingeweichte Gelatine, zerlassene Kuvertüre, Rum und Kirschwasser dazugeben, geschlagene Sahne sowie abgezupften und zerkleinerten Waldmeister unterheben, kühl stellen.

Waldmeisterparfait:
Zucker und Wasser dickflüssig einkochen, Eigelbe in eine Schüssel geben und unter ständigem Rühren die Masse dazugeben, Waldmeistersirup und Waldmeisterblätter dazugeben, die geschlagene Sahne vorsichtig unterheben und einfrieren.

Die Waldmeistervariationen auf einem gekühlten Teller anrichten mit Beeren, z. B. Himbeeren, Brombeeren, Johannisbeeren, Stachelbeeren, Erdbeeren und einem Waldmeisterzweigchen garnieren.

Anmerkung: Waldmeister in einer zugedeckten Schüssel welken lassen, so entwickelt sich sein Aroma am besten.

Früchtebrot-Halbgefrorenes mit Zimtsauce

Hermann Häring
Altenheim St. Josef, Spaichingen

Früchtebrot-Halbgefrorenes:
1 Ei, 2 Eigelb, 30 g Zucker, 100 g weiße Kuvertüre, 80 g Früchtebrot, 40 ml Orangenlikör, 200 ml Sahne.

Zimtsauce:
250 ml Milch, 50 g Zucker, 3 Eigelb, ½ TL Zimt.

Für das Halbgefrorene das Früchtebrot in ½ cm kleine Würfel schneiden, in eine Schüssel geben und mit dem Orangenlikör vermischen.

Ei, Eigelb und Zucker im Wasserbad schaumig aufschlagen, herausnehmen und kalt rühren.

Die Kuvertüre schmelzen und mit dem Schneebesen unter die Eimasse rühren.

Die steifgeschlagene Sahne unter die Masse heben.

Das gewürfelte Früchtebrot mit dem Kochlöffel untermischen.

Die Masse in Förmchen füllen und für 3 Std. in den Tiefkühlschrank stellen.

Für die Zimtsauce die Milch mit dem Zucker und dem Eigelb im Wasserbad aufschlagen, bis die Masse gut abgebunden hat, dann

---

Rezept siehe oben: Variation von Waldmeister mit Beeren-Arrangement, Armin Wiedmann

den Zimt zugeben und die Sauce auskühlen lassen.

Die Förmchen aus dem Tiefkühlschrank nehmen, kurz in heißes Wasser tauchen und auf einen Teller stürzen. Die Sauce angießen und mit einem Minzblatt garnieren.

Anmerkung: Für das Parfait kann statt des Früchtebrotes auch Lebkuchen oder Gewürzkuchen genommen werden.

Falls keine Förmchen vorhanden sind, kann das Parfait auch in Kaffeetassen gefüllt werden.

Geeistes Hutzelbrot mit Kirschsabayon

Bild Seite 192

Helmut Kübler
Parkhotel, Stuttgart

320 g Dörrobst, Läuterzucker (500 g Zucker und 1/2 l Wasser aufgekocht), 125 g Zucker, 3 Eier, 1/2 l süße Sahne, 160 g Sauerkirschen, 1 Ei, 1 Eigelb, 1 EL Zucker, 20 g Stärke, etwas Kirschwasser.

Das in Läuterzucker eingeweichte Dörrobst einmal aufkochen und auskühlen lassen. Anschließend die Parfaitmasse zubereiten. Zucker und Eier im Wasserbad steif schlagen, danach bis zum Erkalten schlagen und die steife Sahne unterheben. Das erkaltete Dörrobst zugeben, in eine Form füllen und bei −18 Grad 24 Std. gefrieren.

Kirschen einmal aufkochen. Aus dem Ei, Eigelb, Zucker und Saft von den Kirschen ein leichtes Sabayon machen, das mit etwas Wasser angerührte Stärkemehl und Kirschwasser zugeben. Zuletzt die erwärmten Kirschen zugeben und um das in Scheiben geschnittene Hutzelbrotparfait garnieren.

Guaven-Halbgefrorenes im Baumkuchen mit Mango- und Papayamark

Bild Seite 174

Richard Scherle
Hotel Wörtz zur Weinsteige
Stuttgart

Baumkuchenziegel:
200 g Butter, 50 g Marzipan, 100 g Weizenpuder, 180 g Eigelb, 25 g Jamaika-Rum, 270 g Eiweiß, 200 g Zucker, 120 g Mehl, Salz, Zitrone, Kardamom, Bittermandelöl.

Halbgefrorenes:
4 reife, geschmackvolle Guaven, 30 g Marzipan, 120 g Zucker, 3 Eigelb, aberiebene Zitronenschale und 3 Tropfen Bittermandelöl, 200 g geschlagene Sahne.

Butter, Marzipan und die Hälfte vom Zucker schaumig rühren, die Eigelbe mit Weizenpuder und Gewürze beigeben und den mit restlichem Zucker steifgeschlagenen Schnee sowie Mehl unterheben. Diese Masse in ausgebutterte Kapselform etwa 2 bis 3 mm dick aufstreichen und im Salamander goldgelb backen, dann sofort die nächste Schicht aufstreichen und backen. Diesen Vorgang so lange wiederholen, bis die Masse aufgebraucht ist. Diese Baumkuchenkapsel erkalten lassen, aus der Form nehmen, in Folie einschlagen und einfrosten. Pergamentpapier oder Alufolie passend zum Auslegen der Terrinenform vorrichten, den erkalteten Baumkuchenziegel mit einer Aufschnittmaschine in 3 mm dicke Scheiben schneiden und die Terrinenform damit auslegen. Nochmals in den Froster stellen.

Die reifen Guaven waschen, aufschneiden, die Kerne entfernen, Fruchtfleisch mit Schale in Würfel schneiden und im Mixer pürieren, durch ein feines Sieb streichen, auch die entfernten Kerne. Dem Guavenmark nun die Hälfte des Zuckers und den Marzipan beigeben. Eigelb mit restlichem Zucker schaumig rühren, Guavenmark beigeben, die geschlagene Sahne unterheben und mit Bittermandelöl abschmecken. Diese Parfaitmasse nun in die mit Baumkuchen ausgelegte Form geben und mindestens 5 Std. bei minus 18 Grad frosten.

Baumkuchenterrine aus der Form nehmen, 2 Scheiben etwa 1 cm dick schneiden, auf gekühltem Teller anrichten, Mango- und Papayamark angießen, mit Sahnerosette ausgarnieren.

Halbgefrorenes von Hagebutten und Ebereschen im Akazienhonigschaum

Heinrich und Jürgen Koch
Laurentius, Weikersheim

1 Ei, 2 Eigelb, 50 g Zucker, 2 EL Hagebuttenmark, 1 EL Ebereschenmark, 0,3 l Sahne, 4 cl Ebereschenschnaps, 2 EL Akazienhonig, 1 Ei, 0,1 l Weißwein, Zitronenmelisse, frische Beeren der Saison.

Ei, Eigelbe und Zucker über dem Wasserbad schaumig aufschlagen, kalt rühren und bei Zimmertemperatur Hagebuttenmark, Ebereschenmark und -schnaps sowie die geschlagene Sahne unterheben. In passenden Förmchen tiefgefrieren. Für den Akazienhonigschaum den Honig mit Ei und Weißwein warm und schaumig aufschlagen.

Gestürztes Förmchen mit Honigschaum umgießen und mit Zitronenmelisse und frischen Beeren ausgarnieren.

Geeiste
Lebkuchentorte
auf Rumfrüchten

Volker Krehl
Restaurant Krehl's Linde
Stuttgart-Bad Cannstatt

Für den Schokoladenbiskuit:
*7 Eier, 250 g Zucker, 150 g Mehl,
50 g Speisestärke, 50 g Kakaopulver,
60 g Butter.
(1 Springform oder Tortenring von
26 cm ⌀), etwa 500 g Schokoladeneiscreme der besten Sorte.*

Für das Lebkuchenhalbgefrorene:
*5 Eigelb, 100 g Zucker, 1 Vanille-
schote, 400 g geschlagene Sahne,
1 Beutel Lebkuchengewürz, 0,2 l
braunen Rum, 100 g Rosinen (Rosinen in der Hälfte des Rums einweichen).*

Rumfrüchte:
*50 g gefrorene oder frische Sauerkir-
schen, 50 g Himbeeren, 50 g Brombeeren, 50 g Heidelbeeren, 50 g Kirschen. Früchte sind nach Geschmack
austauschbar.
1/4 l Rum, 55 Vol.-Prozent, 6 cl Cassislikör, 150 g Zucker, 1/2 Zitrone,
1 Vanillestange, 1 Blatt Gelatine,
kleine Tortenform oder Eisbombenform für 4 Personen.*

Die Eisbombenform im Gefrierfach vorgefrieren, anschließend
mit dem Schokoladeneis etwa 0,5
bis 1 cm dick gleichmäßig ausstreichen. Am besten nimmt man
dazu einen Eßlöffel, mit der
Rückseite kann man das Eis recht
gut an der Bombenform festdrük-
ken. Bombenform wieder einfrieren. Es sollte etwas Schokoladeneis übrigbleiben, um ganz zum
Schluß die Bombenform mit einem Deckel aus Schokoladeneis
schließen zu können.

Für den Schokoladenbiskuit:
Über Dampf die Eier mit dem
Zucker im Wasserbad warm und
wieder kalt schlagen. Das Mehl
zusammen mit dem Weizenpuder
und dem Kakaopulver sieben und
unter die Eiermasse melieren. Zuletzt die warme, geklärte Butter
langsam unterziehen. Die Masse
in die Form füllen und die Oberfläche glattstreichen.
Backzeit: 30 bis 35 Min. bei
190 Grad.

Für die Lebkucheneismasse:
Die Eigelbe mit dem Zucker im
Wasserbad über Dampf zuerst
schaumig, dann cremig schlagen.
Die Vanillestange längs halbieren
und mit einem Messer auskratzen
und unter die Ei-Zucker-Masse geben. Die Masse etwas kalt rühren,
daß die geschlagene Sahne, die anschließend vorsichtig unter die Ei-
Zucker-Masse montiert wird,
nicht zusammenfällt. Lebkuchengewürz je nach Geschmack unter
die Masse rühren. Die mit
Schokoladeneiscreme ausgestrichene Bombenform mit einer
Schicht Lebkucheneismasse füllen, anschließend mit der Hälfte
der eingeweichten Rosinen bestreuen. Den Biskuitboden hori-
zontal halbieren, in die entsprechende Größe für die Bombenform schneiden und einlegen. Mit
Rum beträufeln. Anschließend
die zweite Schicht Lebkucheneismasse einfüllen, restliche Rosinen
daraufgeben und in den Gefrierschrank stellen. Bei gefrorener
Eismasse Schokoladeneisdeckel
daraufstreichen und nochmals in
das Gefrierfach stellen (etwa
8 Std.). Zum Anrichten Form
kurz unter heißes Wasser halten,
stürzen, in gleichmäßige Stücke
schneiden, mit geschlagener Sahne, z. B. zur Rosette gespritzt, und
Schokoladenstreusel ausgarnieren.
Stücke auf Teller und Rumfrüchte
anrichten.

Rumfrüchte:
Verschiedene Früchte mit allen
Zutaten im Topf kurz aufkochen,
eingeweichte und anschließend
flüssige Gelatine daruntergeben
und im Kühlschrank erkalten lassen, anrichten. Die Gelatine ist
nicht unbedingt notwendig. Sie
macht die Rumfrüchte nur etwas
sämig und läßt sie glänzen.

Geeister
Christstollen
mit Traubensülze

Dieter Wägerle
Restaurant Stumpenhof
Plochingen

*220 g Christstollen, 2 cl Amaretto,
1 cl Grand Marnier, 1 cl Rum,
130 g weiße Kuvertüre, 4 Eigelb,
20 g Zucker, 1 TL Vanillezucker,
1 cl Orangenlikör, 250 g geschlagene Sahne, etwas Puderzucker.*

Christstollen fein zerbröseln und
mit Amaretto, Rum und Grand
Marnier tränken. Weiße Kuvertüre zerlaufen lassen. Die Eigelbe,
Zucker und Vanillezucker schaumig rühren und kalt schlagen.
Zuerst die Kuvertüre, dann 125 g
geschlagene Sahne und den Orangenlikör unter die Eimasse heben.
Den eingeweichten Christstollen
dazugeben und zum Schluß die
restlichen 125 g Sahne.
Das Ganze in eine Form füllen,
mit Folie abdecken und einfrieren.

Traubensülze:
*1/8 l Schillerwein, 1/8 l Traubensaft,
6 cl Crème de Cassis, Saft von
1 Orange, 130 g Trauben, 1/4 Zimtstange, 1 Nelke, 2 1/2 Blatt rote Gelatine.*

Schillerwein, Traubensaft, Cassis
sowie die Hälfte vom Orangensaft
mit Zimtstange und Nelke aufkochen und reduzieren lassen. Gelatine in restlichen Orangensaft einweichen. Trauben abziehen, halbieren und entkernen.

Rhabarbereistorte auf warmem Erdbeersalat

Helmut Hilse
Sonnenhof, Waldstetten

2 kleine Tortenringe aus Metall; es können jedoch auch kleine Becherförmchen zur Herstellung einzelner Törtchen verwendet werden.

Haselnußbiskuit:
80 g Butter, 40 g Zucker, 3 Eigelb, 3 Eiweiß, 40 g Zucker, 80 g Löffelbiskuit, 80 g gemahlene, angeröstete Haselnüsse, 20 g Amaretto, 20 g Weizenpuder.

Rhabarbereis:
400 g Rhabarber, ¹/₈ l Rotwein, 300 g Zucker, 5 cl Grand Marnier, ³/₈ l Sahne, 3 Eier.

Erdbeersalat:
800 g Erdbeeren, 1 TL Weizenpuder, restlicher Rhabarbersaft, 2 Becher Joghurt, 2 TL grüner Pfeffer, trocken, 150 g Vollmilchschokolade, 1 EL Rum.

Joghurtsauce:
Für das Haselnußbiskuit.

Butter, Zucker und Eigelbe schaumig schlagen. Die Eiweiße steif schlagen, den Zucker dazugeben und nochmals kräftig schlagen. Die Löffelbiskuits zermahlen und nun die Eigelbmasse, den Eischnee und alle übrigen Zutaten untereinanderheben. Entweder im Tortenring auf Pergament im Ofen bei 200 Grad backen oder in ausgebutterten, mit Bröseln ausgestreuten Förmchen (die nachher auch für das Halbgefrorene Verwendung finden) im Wasserbad (80 Grad Wassertemperatur, Ofen 150 Grad) wie einen Pudding garen.
Fürs Halbgefrorene den Rhabarber schälen, aus den Schalen mit 150 g Zucker und dem Rotwein einen Sirup kochen und den in kleine Würfelchen geschnittenen Rhabarber darin vorsichtig – nicht zu weich – kochen, abseihen, eine Hälfte als Einlage aufheben, die restlichen Rhabarberstückchen pürieren. Die Eier, Zucker und 2 cl Rhabarbersirup über Wasserdampf wie Weinschaum zu einer dichten Masse aufschlagen, kalt schlagen und die steifgeschlagene Sahne mit dem Grand Marnier, dem Rhabarberpüree und den -würfelchen untereinanderheben. In Förmchen gefüllt 4 bis 5 Std. ausfrieren. Die Haselnußbiskuits in passende Böden schneiden, die in warmes Wasser getauchten Eisförmchen darauf stürzen und auf der Tellermitte anrichten. Rhabarbersaft aufkochen, mit Weizenpuder mit 1 Eßlöffel Rotwein angerührt sämig binden. Währenddessen die Erdbeeren waschen, von Stielen befreien und in längliche, 3 mm dicke Scheiben geschnitten der Sauce beigeben und um die Törtchen herum anrichten. Mit dem gezuckerten Joghurt umgießen und mit dem Honigspender die im Wasserbad zerlassene und mit dem Rum verrührte Schokolade als äußersten Rand gießen.

Halbgefrorenes von der Zwetschge

Rolf E. Minder
Volker-Merz-Schule, Stuttgart

200 g entsteinte Zwetschgen, ¹/₄ l Läuterzucker, 2 cl Armagnac, 2 Eigelb, ¹/₄ l flüssige Sahne, 100 g Zucker.

Wasser und Zucker zu Sirup aufkochen. Zwetschgen in Armagnac und Zuckersirup über Nacht einlegen. Die Hälfte der Zwetschgen mixen, die andere Hälfte würfeln. 0,1 l Zuckersirup und 100 g Zucker mit den Eigelben warm und kalt schlagen. Zu der aufgeschlagenen Masse die gemixten Zwetschgen, dann die geschlagene Sahne und zum Schluß die Zwetschgenwürfel zugeben. In Formen einfüllen und 4 Std. gefrieren. Nach dem Stürzen 5 bis 10 Min. stehenlassen.

Anmerkung: Es können frische oder gefrorene Zwetschgen verwendet werden. Wenn das Parfait gleich nach dem Stürzen serviert wird, ist es zu kalt, und der Geschmack der Zwetschgen kommt nicht zur Geltung. Zu diesem Parfait passen nicht zu süße Fruchtsaucen.

Rhabarbersuppe mit Limonensorbet

Siegfried Keck
Hotel am Schloßgarten
Stuttgart

200 g vollreife Erdbeeren, 200 g Rhabarber, blanchiert, in Stücken, 200 g Gelierzucker, ¹/₄ l Orangensaft, ¹/₈ l Zitronensaft, 4 EL Grand Marnier.

Alle Zutaten im Mixer fein pürieren und durch ein Passiersieb streichen. In Suppentellern anrichten und kühl stellen.
Mit gefällig geschnittenen Erdbeeren und blanchierten Rhabarberstücken belegen und mit dem Limonensorbet servieren.
Mit Waldmeisterblättern und evtl. Zucker-Engelshaar dekorieren.

Limonensorbet:
180 g Zucker und 2 cl Wasser aufkochen, 4 cl Limonensaft, ¹/₄ l Weißwein, 2 Eiweiß, steif geschlagen, 1 Limonenzeste, fein gehackt.

Rezept Seite 182: Vollkornparfait mit Fruchtsaucen, Karl Knipp

Zucker mit Wasser aufkochen, Limonensaft und Weißwein zugeben, anfrieren und kurz vor dem Festwerden das halbgeschlagene Eiweiß und die Zitronenzeste beigeben.

Mostsuppe mit Sandwaffeln

Hansjoachim Mackes
Wohnstift Augustinum, Stuttgart

Mostsuppe:
10 g Butter, 20 g Mehl, ³/4 l Most, 2 Eier, 2 Eigelb, ¹/2 Zimtstange, 1 Zitronenspirale, bis 50 g Zucker zum Nachsüßen, 2 Eiweiß, 50 g Zucker.

Waffeln:
125 g Butter, 100 g Zucker, 1 Päckchen Vanillezucker, 3 Eigelb, 125 g Mehl, 3 Eiweiß, Prise Salz.

Für den Waffelteig Butter und Zucker schaumig rühren, Eigelbe dazugeben, dann Mehl und das festgeschlagene Eiweiß. Etwas stehenlassen. Dann wie gewohnt knusprige Waffeln backen. Mit Puderzucker bestäuben.
Diese Masse reicht für etwa 12 bis 15 Waffeln, je nach Größe des Waffeleisens.
Für die Mostsuppe Butter zerlassen, Mehl dazugeben und eine Mehlschwitze herstellen. Den Most mit den Eiern und Eigelben gut verschlagen, damit die helle Mehlschwitze auffüllen (ablöschen). Gewürze beifügen und etwas ziehen lassen (durchköcheln lassen).
Aus Eiweiß und Zucker einen festen Eischnee schlagen und davon Nocken auf die Suppe geben. Die fertigen Nocken auf Suppenteller geben, die Mostsuppe einschöpfen und die Waffeln dazu servieren.

Rhabarbersorbet und Erdbeeren in der Hippenblüte

August Kottmann
Gasthof-Restaurant Hirsch
Bad Ditzenbach-Gosbach

Rhabarbersorbet:
500 g geputzter Rhabarber, ¹/8 l lieblicher Weißwein, 2 Eiweiß, 110 g Zucker, 1 Vanilleschote.

Weißwein, Zucker mit dem frischen geputzten Rhabarber und der Vanilleschote kurz aufkochen. Nicht zu lange kochen! Durch längeres Kochen verliert der Rhabarber sein feines Aroma. Gut auskühlen lassen und fein pürieren. Eiweiß mit etwas Zucker zu Schnee schlagen. Das Ganze in einer Schüssel bei öfterem Schlagen mit dem Schneebesen cremig ausfrieren.
Die Zugabe von 2 St. Blattgelatine erhöht die Geschmeidigkeit und verhindert ein zu schnelles Verflüssigen des Produktes. Ein sehr gutes Ergebnis wird erreicht, wenn kurz vor dem Servieren mit dem Küchenmixer etwas Sekt unter das Sorbet gemixt wird.

Hippenmasse:
180 g Zucker, 30 g Marzipan, 3 Eier, 150 g Mehl, 3 cl Sahne, Prise Zimt und Salz.

Eine sehr glatte und streichfähige Hippenmasse (ohne Luftblasen) wird mit Hilfe einer Kartonschablone (Blütenform) auf ein gefettetes und mit Mehl bestäubtes Backblech aufgestrichen. Bei schwacher Hitze von 190 Grad wird die Masse unter ständigem Beobachten zu goldgelben Blüten gebacken, die sofort danach in eine passende Rundung gedrückt werden. Somit entsteht eine sehr effektvolle Blütenform.
Die Hippenmasse vor dem Verwenden zum Backen im Vaku-

umiergerät von den Luftblasen befreien. Eine kleine Menge der Hippenmasse kann mit Schokoladenpulver eingefärbt werden, somit lassen sich gut mit einem Papierspritztütchen Ornamente und Skizzierungen in die aufgestrichene Blütenform spritzen.

Quittensorbet

August Kottmann
Gasthof-Restaurant Hirsch
Bad Ditzenbach-Gosberg

4 Quitten, ¹/4 l trockener Weißwein, Saft einer Zitrone, 100 g Zucker, 1 Eiweiß, 1 cl Quittenschnaps.

Quitten schälen, von Kernhaus befreien, in Stücke schneiden und mit Weißwein, Zucker und Zitronensaft weich dünsten. Das Ganze nach Erkalten pürieren, Quittenschnaps und nach Bedarf noch Weißwein zufügen. In einer Cromarganschüssel unter öfterem Rühren im Eisfach gefrieren. Die Zugabe von leicht geschlagenem Eiweiß erhöht die Luftigkeit des Sorbets.
Sobald die Sorbetmasse angezogen hat, mit einem Spritzbeutel in vorher im Eisfach kalt gestellte passende Gläser spritzen. Garnieren mit Zitronenmelisse und einem Fächer von säuerlichen Äpfeln.

Anmerkung: Kleinere rauhe Hausquitten aus regionalen Gegenden sind den im Handel erhältlichen, optisch zwar schöneren, Apfelquitten aus dem Mittelmeerraum vorzuziehen. Das Aroma und die feine Säure der regionalen kleineren Quitten ist erheblich besser. Von einer Aromazugabe wie Zimt oder Vanille ist abzuraten, da die feine Säure und das Quittenaroma darunter leiden würden.

Malvenblüten-Mango-Sorbet

Eberhard Aspacher
Landhotel Schloßwirtschaft
Illereichen

50 g Malvenblüten mit ⅓ l Wasser, 80 g Zucker und dem Saft von 2 Zitronen aufkochen und 5 Min. ziehen lassen. Passieren, auskühlen und in der Sorbetiere ausfrieren.

Eine reife Mangofrucht schälen und das Fruchtfleisch fein pürieren. Mit Läuterzucker und Limone abschmecken, in der Sorbetiere ausfrieren lassen. Beide Sorbets zusammen in einer Kugel abstechen und z. B. auf einem Teesabayon anrichten. Zitronenmelisse als Garnitur (und als Erfrischung zugleich).

Trollingerbirnen mit Joghurteis

Jörg Ebermann
Linde, Oberboihingen

4 mittelgroße, reife, nicht zu weiche Birnen, ¾ l Trollinger, 150 g Zucker, ½ Zimtstange.

Eis:
2 Eigelb, 50 g Zucker, 2 dl Milch, ¼ Vanilleschote, etwas Zitronenabrieb, 50 g Honig, 125 g Joghurt.

Rotwein und Zucker zur Hälfte reduzieren, die geschälten, geviertelten und vom Kernhaus befreiten Birnen und die Zimtstange zugeben, einmal aufkochen lassen und im Ofen bei schwacher Temperatur 1 Std. zugedeckt ziehen lassen.
Für das Eis die Eigelbe und den Zucker verrühren, unter ständigem Rühren die heiße Milch zufügen, ebenso das Mark der Vanilleschote und den Zitronenabrieb. Das Ganze auf mäßigem Feuer

zur Rose abziehen, etwas auskühlen lassen, den Joghurt sowie den Honig zugeben, alles zusammen passieren und frieren.
Die lauwarmen Birnen mit etwas reduziertem Fond sowie dem Eis gefällig anrichten.

Feigen mit Rosinen-Zimt-Sabayon

Dietmar Haerer
Altbach

8 frische Feigen, 4 cl Cassislikör, 6 cl blauer Traubensaft, 4 Biskuitscheiben, ∅ 6 cm, 4 Eigelb, 2 Eiweiß, 50 g Staubzucker, 4 cl Marsala, 0,1 l Weißwein, 50 g Rosinen, in Rum eingeweicht, 2 Msp. Zimt, 1 kleines Bund Minze.

Die Feigen sauber waschen, wenn nötig mit einem Messer vorsichtig die Schale entfernen, und zu Spalten schneiden (6 bis 8). Den Traubensaft und Likör in einem Topf aufkochen lassen, die Feigenspalten hinzugeben und so lange auf dem Feuer lassen, bis der Fond eingekocht ist. Beiseite stellen und auskühlen lassen. Für das Sabayon die Eigelbe in einem Rührkessel mit dem Zucker vermischen, bis dieser aufgelöst ist, erst dann die Flüssigkeit hinzugeben. Die Masse unter stetigem Schlagen mit dem Schneebesen im Wasserbad aufschlagen. Anzeichen für die richtige Konsistenz ist, wenn der Schneebesen sichtbare Rillen hinterläßt. Die Masse im kalten Wasserbad kalt rühren, so entsteht eine standfeste Masse. Die Biskuitsockel sind nicht unbedingt nötig, geben aber dem Dessert den letzten Pfiff.
Auf den Tellern die Scheiben in der Mitte auflegen und mit dem Rum der eingeweichten Rosinen beträufeln. Die Feigenspalten rundum anordnen, den noch vor-

handenen Einkochfond über die Feigen geben. Zur Fertigstellung des Desserts unter das Sabayon gleichmäßig den Zimt, die ausgedrückten Rosinen und den Eischnee mengen. Nun das Sabayon auf die Feigen geben und das Dessert bei Oberhitze bis zur leichten Bräunung gratinieren.

Exotische Früchte auf Safransauce

Franz Feckl
Restaurant Schloß Höfingen
Leonberg-Höfingen

Früchte:
2 Mongostane, 2 Feigen, 1 Orange, 1 Mango, 4 Lychees.

Safransauce:
200 g Sahne, 10 Safranfäden, 3 Eigelb, 40 g Zucker, 60 g geschlagene Sahne, Zitronensaft.

Mandeleis:
½ l Sahne, 100 g Zucker, 70 g geröstete Mandeln, 6 Eigelb.

Die Früchte schälen, filetieren und entkernen.

Safransauce:
Die Sahne mit den Safranfäden aufkochen. Eigelbe und Zucker schaumig schlagen, die Sahne dazugeben, abziehen und mixen.
In kaltem Zustand die geschlagene Sahne unterheben und mit etwas Zitronensaft abschmecken.

Mandeleis:
Sahne, die Hälfte des Zuckers und die Mandeln aufkochen. Die Eigelbe mit dem restlichen Zucker schaumig rühren. Alles zur Rose abziehen, schnell abkühlen und in der Eismaschine ausfrieren.
Die Safransauce als Spiegel auf die Teller verteilen, die Früchte gefällig anordnen, das Mandeleis in der Mitte plazieren.

Holunderküchle mit Vanille-Rhabarbercreme

Joachim Otto
La cuisine im Filderhotel
Ostfildern 2 (Nellingen)

4 schöne Holunderblütendolden, 2 Eier, getrennt, 2 EL Zucker, Abgeriebenes von 1/3 Zitrone, 1/5 l trockener Wein, 200 g Mehl, Prise Salz, Fett oder Friteuse zum Ausbacken, Puderzucker zum Bestäuben.

Vanille-Rhabarbercreme

1/10 l Wein, 1/10 l Milch, 1 Rhabarberstange, 1 Vanilleschote, 70 g Zucker, 4 Eigelb, 4 EL geschlagene Sahne.

Milch mit aufgeschnittener Vanilleschote und 35 g Zucker aufkochen. Den abgezogenen, kleinwürfelig geschnittenen Rhabarber mit 40 g Zucker, 1/2 Vanilleschote und dem Wein kurz aufkochen und Fond gesondert aufbewahren. Vanillemilch und Rhabarberfond mit Eigelb zur Rose aufschlagen und kalt rühren. Zum Schluß gedünsteten Rhabarber und 4 EL geschlagene Sahne unter die Creme heben. Holunderblüten kurz waschen und gut abtropfen. Einen Weinteig aus den obigen Zutaten herstellen, wobei das steifgeschlagene Eiweiß zum Schluß nur untergehoben wird. Die Holunderdolden je einzeln am Stielende fassen und in den Teig tauchen, ausheben, kurz abtropfen lassen und sofort in heißes Fett etwa 5 bis 7 Sek. halten und dann ein paarmal im heißen Fett kräftig aufstoßen und goldgelb backen. Dabei entfaltet sich die Holunderteigdolde zu einem blumenartigen Gebilde.
Gebackene Holunderblüte abtropfen, auf Teller geben, mit Puderzucker bestäuben und mit der Creme, einer Holunderblüte und Zitronenmelisse garnieren.

Überbackener Brillat-Savarin auf Honigsauce mit Walnüssen

Jörg Ebermann
Linde, Oberboihingen

1 Brillat-Savarin-Käse von etwa 600 g, 8 EL Honig, 4 EL gehackte Walnüsse, 2 EL milder Essig, z. B. Aceto Balsamico, Pfeffer aus der Mühle, 2 EL Parmesan.

Honig und die gehackten Walnüsse verrühren und mit wenig Pfeffer und dem Essig abschmecken. Diese Sauce auf 4 tiefe kleine Teller verteilen, jeweils eine etwa 1,5 cm dicke Scheibe Brillat-Savarin daraufgeben, mit Parmesan bestreuen und unterm Salamander oder Ofengrill überbacken.
Mit Nußbrot oder Blätterteigstäbchen servieren.

Käsepralinen mit Williamscreme

August Kottmann
Gasthof-Restaurant Hirsch
Bad Ditzenbach-Gosbach

100 g Frischkäse, Doppelrahmstufe, 50 g Edelpilzkäse, 50 g Camembert, 2 Scheiben Pumpernickel, 2 Scheiben Leinsamenbrot, 2 Scheiben Knäckebrot, frische Gartenkräuter: je ein kleines Sträußchen Petersilie, Kerbel, Schnittlauch, Bärlauch.

50 g Frischkäse mit frisch gehackten Gartenkräutern mengen, 50 g naturbelassenen Frischkäse, 50 g naturbelassenen Edelpilzkäse. Käsemasse je in verschiedenartig ausgebutterte Pralinenförmchen blasenfrei eindrücken, schwach anfrieren und vorsichtig mit etwas warmem Wasser aus den Förmchen lösen. Die Unterlagen der verschiedenen Käsepralinen sind sehr dünne Scheiben der verschiedensten Brotsorten, jeweils ausgestochen in den passenden Pralinenformen. Die Gestaltung und Garnierung der Pralinen mit Beeren, verschiedenen Nußsorten, Gewürz- oder Kräutercremes fordert kreatives Denken und Gestalten auch im Detail. Feste Käsesorten wie Camembert oder fester Schnittkäse werden in Rauten, Würfel oder Rechteckformen geschnitten, in gestoßenem Pfeffer teils gewendet und auf dünne Brotunterlagen dressiert.

Williamscreme:
2 reife Williamsbirnen, geschält, entkernt, halb passiert und halb in feine Würfel geschnitten mit 1 Eßlöffel Crème fraîche und 1 Eßlöffel Frischkäse vermengen. Zur Geschmacksabrundung etwas Zitronensaft, Zucker und Williamsbranntwein zufügen.

Ziegenfrischkäse, mit Rosmarin überkrustet, und Kräuterjoghurt

Manfred Schwarz-Bosch
Sontheimer Wirtshäusle
Steinhcim

4 St. Ziegenfrischkäse, 1 Zweig frischer Rosmarin, 2 EL Olivenöl (erste Pressung), 4 EL Kräuterjoghurt, 4 EL Crème fraîche, 2 EL Vollkornbrotbrösel.

Die Vollkornbrotbrösel mit Olivenöl und kleingeschnittenem Rosmarin mischen. Den Ziegenfrischkäse in eine feuerfeste Form legen und mit der Kruste bestreuen. Im Salamander oder im Backofen bei guter Oberhitze überbakken. Mit einem Löffel Kräuterjoghurt anrichten und Schrot- oder Walnußbrot dazu reichen. Warm servieren.

Rezept Seite 186: Geeistes Hutzelbrot mit Kirschsabayon, Helmut Kübler

FACHLICHE HINWEISE

Saucen und Fonds

Die Neue Küche und
ihre Farcen

Fische und ihre Bedeutung
in der Neuen Küche

Wild

Geflügel

Die Neue Küche und
ihre Gemüse

Brühen und Gemüse

*

Weinempfehlungen
des
Badischen Weinbauverbandes
und des
Weinbauverbandes Württemberg

Die küchenfachlichen Hinweise
wurden
mit freundlicher Genehmigung von Albert Bouley
der „Betrieblichen Auszubildenden-Schulung" des Romantik Hotels Waldhorn, Ravensburg,
entnommen

Saucen und Fonds

Die Basis für alle Saucen sind die Fonds, d. h. Brühen von verschiedenen Produkten, von denen die Saucen hergestellt werden. Die Fonds sind speziell in der *Neuen Küche* von großer Bedeutung, da nur die besten Fonds die Garantie für gute Saucen und auch Suppen geben.

Die Fonds werden niemals in größeren Mengen auf Vorrat gekocht, sondern sollten möglichst täglich frisch gekocht werden.

Brauner Kalbsfond (Jus)

- fleischige Kalbsrückenknochen und Kalbshaxenknochen sehr fein gehackt (auf 2 l etwa 1 kg Knochen)
- Sehnen und Parüren vom Rind (auf 2 l etwa 500 g)
- etwas Rohschinken
- Karotten, Champignonabgänge, Zwiebeln, Selleriekraut (zu Mirepoix in kleine Würfel geschnitten)
- wenig Kerbel, Estragon
- eine ungeschälte, zerdrückte Knoblauchzehe
- feingeschnittene Schalotten
- etwas Tomatenmark und entkernte, frische Tomaten
- Weißwein (auf 2 l etwa 2 dl Weißwein)

Arbeitsweise

Die Kalbsknochen etwa 15 Min. ohne Fett sehr heiß schwenken. Sehnen und Parüren vom Rind sowie den Mirepoix hinzugeben und ohne Farbe zu nehmen etwa 5 Min. bei mäßiger Hitze schwenken. Mit Weißwein ablöschen und fast einkochen lassen. Auffüllen mit Gemüsefond oder evtl. Wasser und das Tomatenmark und die Frischtomaten so

wie die Kräuter hinzufügen. Den Fond etwa 4 Stunden langsam köcheln lassen und ständig abschäumen und entfetten. Nach 4 Std. soll der Fond um die Hälfte eingekocht (reduziert) sein.

Demiglace und Glace nach der Neuen Küche

Wie wir wissen, verwendet die *Neue Küche* kein Mehl zur Bindung der Saucen. Eine Demiglace ist deshalb nur durch die Reduktion des Fonds unter Montage durch frische Butter à la minute zu erreichen. Eine Glace erhält man durch weiteres Einkochen, jedoch ohne daß der Fond mit Butter montiert wird. Wird eine Glace gekocht, so ist es unerläßlich, den Fond bei linder Hitze zu reduzieren und ständig abzuschäumen. Eine Glace de veau läßt sich in einem geschlossenen Gefäß etwa 8 Tage konservieren.

Ableitungen

Die Methode zur Herstellung eines Fonds aus Kalbsknochen ist die gleiche wie für einen Wildfond (etwas Wacholder und Salbei hinzufügen) und auch für einen Lammfond (etwas Thymian, Lavendel, eine frische schwarze Olive und etwas Koriander beifügen), wobei stets die jeweiligen Knochen aus dem Rücken oder auch Beinfleisch (Rippenknochen mit Fleisch) entsprechend verwendet werden.

Heller Kalbsfond

Der helle Kalbsfond ist die Basis für weiße Saucen, die zu Kalbfleisch gereicht werden. Die Herstellung erfolgt in der gleichen Weise, jedoch ohne Rösten der Knochen und ohne Hinzufügen

von Tomatenmark, dafür die doppelte Menge von frischen, entkernten Tomaten. Die Knochen stets blanchieren.

Heller Geflügelfond

Die Mengen für den Geflügelfond entsprechen denen des braunen Kalbsfonds:

- Geflügelkarkassen und Geflügelabgänge bzw. ein ganzes Huhn, das in kleine Stücke gehackt wird
- Champignons, Karotten, Zwiebeln, Schalotten, Lauch
- wenig Selleriekraut
- eine zerdrückte, ungeschälte Knoblauchzehe
- Bouquet garni (u. a. Thymian, Estragon, Kerbel, Petersilienstengel)
- eine Nelke (auf etwa 2 l)
- Weißwein

Arbeitsweise

Karkassen und Gemüse kurz erhitzen, ablöschen mit Weißwein und fast einkochen lassen. Auffüllen mit Gemüsefond oder evtl. Wasser und das Bouquet garni sowie die gespickten Zwiebeln hinzufügen. 3 Std. unter ständigem Abschäumen langsam kochen lassen.

Brauner Geflügelfond

Dieser wird in der gleichen Weise wie der braune Kalbsfond hergestellt. Anstelle der Kalbsknochen wird Geflügel mit Entenkarkassen verwendet.

Heller Fischfond

- Graten von Seezunge (Aroma), Steinbutt, Barbe und Merlan – keine Karkassen oder Gräten von Fettfischen
- gehackte Schalotten, Zwiebeln, Champignons
- Bouquet garni mit vielen Petersilienstengeln

- Estragon, Thymian, Kerbel
- etwas Butter, Erdnußöl
- Weißwein

Arbeitsweise

Die Fischkarkassen gut abspülen. Ohne Farbe zu nehmen in der Butter und dem Erdnußöl zusammen mit dem Gemüse angehen lassen. Ablöschen mit Weißwein und fast einkochen lassen. Auffüllen mit Wasser und leicht mit Cayennepfeffer würzen. 20 Min. langsam kochen lassen und ständig abschäumen.

Krebsfond (Languste, Hummer usw.)

- Karkassen von Langusten usw. oder einen lebenden Hummer
- etwas Olivenöl, Erdnußöl und Butter
- Mirepoix von Schalotten, Karotten und wenig Zwiebeln
- ungeschälte, zerdrückte Knoblauchzehe
- 3 Tomaten (concassé)
- etwas Tomatenmark, Thymian, Estragon, Kerbel
- Armagnac
- etwas Weißwein
- Fischfond
- Salz, Pfeffer, Cayennepfeffer

Arbeitsweise

In kochendem Salzwasser den Hummer schnell abtöten. Den Hummer der Länge nach spalten. Die Weichteile im vordersten Kopf entfernen. Den Corail (grünlicher Teil) entfernen und aufheben. Den Schwanz in Teile schneiden und die Scheren aufklopfen. Das Öl und die Butter erhitzen und, ohne Farbe zu nehmen, die Gemüse und das Bouquet garni schwenken. Die Gemüse mit dem

Schaumlöffel ausheben und in dem verbleibenden Fett den geteilten Hummer (gesalzen und gepfeffert) schwenken, bis er rot ist. Ablöschen mit Armagnac und um 3/4 einkochen. Die ausgehobenen Gemüse wieder hinzufügen sowie die Tomaten und das Tomatenmark. Leicht würzen mit Salz, Pfeffer und Cayennepfeffer und mit dem Fischfond und Weißwein ablöschen. Im geschlossenen Topf etwa 10 Min. lebhaft kochen. Das Hummerfleisch ausheben und den Rest um 1/3 reduzieren.

Verwendet man Karkassen von Langusten, Hummern usw., werden Karkassen von Seezungen und Steinbutt hinzugefügt.

Zur Bindung des Hummerfonds verwenden wir den Corail, die Butter und etwas Crème fraîche (2 Min. reduzieren und kräftig schlagen).

Sauce périgueux

(Trüffelsauce)
- 2 Teile Porto
- 1 Teil Armagnac
- frische, gehackte Trüffel
- brauner Kalbsfond
- frische Butter
- Cayennepfeffer und Pfeffer

Arbeitsweise
Porto und Armagnac um 3/4 reduzieren, die Trüffel und den Trüffelfond sowie den reduzierten Kalbsfond hinzugießen. Leicht würzen mit Cayennepfeffer und Pfeffer und langsam 15 Min. kochen lassen. Kurz vor dem Anrichten Butterflocken unterschlagen.

Sauce bordelaise

Sie wird in der gleichen Weise wie die Sauce périgueux hergestellt. Anstelle von Porto und Armagnac verwendet man einen guten Bordeaux (Grand Cru) und

statt Trüffel etwas Tomatenmark und feingehackte Schalotten.

Sauce au beurre blanc

- etwas heller Geflügelfond
- etwas Weinessig
- gehackte Schalotten
- leicht gesalzene Butter
- Pfeffer und Cayennepfeffer

Arbeitsweise
Fond, Essig und Schalotten reduzieren, bis eine ölige Flüssigkeit entsteht. Abkühlen lassen auf mindestens 60 Grad. Unter kräftigem Schlagen die kalte Butter unterziehen. Immer wieder die Temperatur korrigieren.

oder
Fond und Essig um 2/3 reduzieren lassen (ohne Schalotten) und etwa 250 g kalte Butter hinzufügen und weiterkochen lassen. Um die Sauce au beurre blanc leichter zu machen, wird am Schluß etwas kaltes Wasser eingeschlagen.

Sauce au beurre rouge

Was für eine Sauce au beurre blanc gilt, ist auch für eine Sauce au beurre rouge bestimmend. Sie wird aus Rotwein hergestellt. Vielfach werden auch beide Saucen zusammen verwendet, was nicht nur geschmacklich als auch optisch gut paßt.
Für beide Saucen gilt allgemein, daß nach der Herstellung die Saucen niemals kochen dürfen, da sich sonst die Molke der Butter vom Butterschmalz trennt, d. h., die Sauce gerinnt. Beide Saucen werden mit Salz und etwas Zitronensaft abgeschmeckt. Die Zitrone bewirkt eine leichtere Verdauung, d. h. eine Aufspaltung der Fettmoleküle. Eine Sauce au beurre rouge kann man sehr gut mit einem Spritzer Portwein abrunden,

eine Sauce au beurre blanc dagegen mit einem Spritzer Champagner. Dies sind Finessen, die beide Saucen zur Delikatesse machen.

Legierung der Saucen

Legierung durch Ei
Diese Art von Legierung kommt in der *Neuen Küche* nur in Frage, wenn es sich um mehr als etwa 4 bis 5 Portionen Sauce handelt. Darunter wird stets durch Reduktion gebunden.
Das ganze Ei wird kräftig geschlagen (evtl. etwas Crème fraîche hinzufügen) und in die heiße, niemals kochende Sauce eingeschlagen. Wegen des Cholesteringehaltes des Eigelbs wird diese Methode nur in den genannten Fällen verwendet.

Legierung durch Blut oder Corail
Es wird in der gleichen Weise verfahren wie bei der Legierung durch Ei, jedoch anstelle des Eies wird Blut oder der Corail von Krustentieren verwendet. Vorteilhaft ist die Mischung mit Crème fraîche oder Butter. Niemals kochen lassen.

Legierung durch Butter oder Crème fraîche
Nachdem der Fond reduziert ist, wird die Butter eingeschlagen, d. h., der Fond wird montiert. Ebenso kann die Butter mit dem Fond reduziert werden, wodurch die Sauce zwar mehr Glanz erhält, jedoch nicht mehr so sahnig ist. Bei der Legierung durch Crème fraîche wird der Fond mit der Crème fraîche zusammen reduziert.

Legierung durch Gänsestopfleber
Um eine Sauce mit Gänsestopfleber zu legieren, wird 2/3 Gänseleber mit 1/3 Crème fraîche im Mixer püriert;

danach die Mischung am Herdrand unter die Reduktion geschlagen.

Legierung durch Gemüsepüree
Die Gemüse von allerfrischester und bester Qualität werden im geschlossenen Topf mit wenig Wasser bei linder Hitze ganz weich gekocht. Anschließend im Mixer püriert und damit die Reduktion des Fonds gebunden. Diese Methode erhält viele Vitamine, und die Sauce ist sehr leicht verdaulich, da kein Fett zur Bindung verwendet wird.

Die Korrektur einer Sauce

- Die Sauce ist geschmacklich gut, jedoch erscheint sie etwas leer: Abschmecken mit einem Schuß Zitronensaft oder einem Tropfen Essig
- Die Sauce hat einen bitteren Beigeschmack: Abschmecken mit etwas Südwein (Porto) in Verbindung mit Crème fraîche
- Der Sauce fehlt der Glanz: Hinzufügen von etwas Glace (je nach Art des Fonds), wenig Pfeffer aus der Mühle und etwas Cognac oder Armagnac
- Weißwein wird gut reduziert, um die herben Stoffe auszukochen
- Rotwein wird reduziert, um seinen Geschmack stärker zum Vorschein zu bringen
- Südweine sollen nicht mitreduziert werden, da sie nur am Schluß zur Vollendung des Aromas hinzugefügt werden
- Zitrone wird erst zum Schluß hinzugefügt, da sie speziell bei Sauce, die auf einem Roux basieren, die Gerinnung herbeiführen, jedoch bei Emulsionen (Hollandaise usw.) die Bindung begünstigen

Die Neue Küche und ihre Farcen

Die Hauptaufgabe der *Neuen Küche* bezüglich der Farcen für Pasteten, Terrinen und Mousses besteht darin, diese so leicht verdaulich wie möglich und trotzdem bestechend schmackhaft und aromatisch herzustellen.

Aus diesem Grunde sind vor allem Binde- und Lockerungsmittel, die die Farcen überdurchschnittlich schwer machen, ausgeschieden.
So zum Beispiel:

- Ochsennierenfett
- eingeweichtes Weißbrot
- fettes Schweinefleisch
- hoher Eianteil
- hoher Sahneanteil
- Béchamel mit Gelatine
- Kartoffelpanade
- Mie de pain

Ebenso verzichtet die *Neue Küche* auf die überdurchschnittlich hohe Parfümierung der Farcen durch Alkoholika, die vielmals zur Überdeckung schlechter Grund- bzw. Abfallprodukte verwendet wurde. Dies bezieht sich auch auf fabrikmäßig hergestellte Gewürzmischungen.

Es ist Aufgabe der *Neuen Küche,* Farcen herzustellen, deren Grundprodukte nicht nur erste Qualität sind, sondern von sich aus so viel Aroma beinhalten, daß eine Manipulation durch Gewürzmischungen und Alkoholika ausscheidet.

Nicht nur auf Grund der Hackfleischverordnung, sondern wegen des Aromaverlustes dürfen Farcen nicht über Tage hinweg aufgehoben werden. Moderne Hilfsmittel wie der Mixer ermöglichen sogar die Herstellung von Farcen à la minute.

Die Technik der Farcenherstellung

Die Herstellung von Farcen hängt nicht von den Grundmaterialien wie Fisch, Fleisch, Wild und Gemüse ab, sondern nur von der Emulgation der jeweiligen Zutaten.
Zu dieser Emulgation ist ein ausgewogener Fettanteil erforderlich. Dieser jedoch ist so leicht verdaulich wie möglich herzustellen. Am leichtesten verdaulich sind hochwertige Fette, also pflanzliche Fette, die einen großen Anteil an mehrfach ungesättigten Fettsäuren aufweisen.

Der Emulgator

Eine Farce emulgiert, wenn sämtliche Zutaten binden, d. h., die Farce ist eine homogene Masse. Um die Emulgation der Zutaten zu erleichtern, insbesondere um eine schnelle Bindung zu erreichen, die eine Herstellung einer Farce à la minute zuläßt, wird eine emulgationsfördernde Masse hergestellt:
In den Mixer werden auf etwa 500 g fertige Farce folgende Emulgatoren gegeben:

- 2 ganze Eier (sehr frisch)
- 1 dl frische Milch (ggf. Sahne)
- 1 dl Pflanzenöl (mehrfach ungesättigte Fettsäuren)
- nach Bedarf Gewürze
- Fumets (Glace, evtl. wenig Alkohol)

Diese Zutaten werden im Mixer kurz bei hohen Touren emulgiert, d. h. zu einer bindigen Masse gemixt, die die Bindung der anderen Zutaten in kürzester Zeit ermöglicht. Eine Kühlung ist nicht erforderlich, da eine Emulgation auf diese Weise am besten bei Temperaturen zwischen 25 bis 35 Grad gelingt.

Vollendung der Farce

Zu diesem Emulgator werden nun die sehr klein geschnittenen Grundbestandteile der jeweiligen Farce in kleinen Mengen hinzugegeben und bei hohen Touren weitergemixt. Anschließend wird die cremeartige Masse durch ein Haarsieb gestrichen.

Der Fumet der Farce

Einer Marinierung der Grundbestandteile einer Farce ist nichts entgegenzusetzen. Jedoch hat dies in der Weise zu geschehen, daß die Marinierung in sehr kurzer Weise (sehr knapp) und nicht über längere Zeit (Stunden oder Tage) geschieht. Es soll ein Fumet erreicht werden und nicht ein dominierender Geschmack.
Eine Kalbfleischfarce wird beispielsweise nur mit Salz und weißem, aus der Mühle gemahlenem Pfeffer, wenig Cayennepfeffer, etwas trockenem Weißwein für eine Stunde mariniert. Je nach den jeweiligen Grundmaterialien wird dieses Beispiel angepaßt. Der Fumet einer Farce läßt sich auch durch reduzierte Fonds, Gemüsepürees und den Zusatz von geschmackbestimmenden Stoffen (passierte Gänsestopfleber, Kalbsleber u. a. m.) erreichen.

Die Lockerung von Farcen

Eine Lockerung von Farcen erreicht man durch den Zusatz von sehr steif geschlagener Sahne, stark reduziertem und gelierendem Fond, der anschließend gut schaumig geschlagen wird, oder durch einen höheren Anteil an mehrfach ungesättigten Fettsäuren.

Farcen von gekochten Grundmaterialien

Zur Verarbeitung von gekochten Materialien werden diese sehr fein geschnitten und dann fest gefroren. Ebenfalls wird der Mixbecher eingefroren.
Nun wird das Fleisch im Mixer püriert, durch ein Haarsieb gestrichen, gewürzt und mit Emulgatoren versetzt: hochwertiges Pflanzenöl, Eiweiß, Glace und evtl. Milch oder Sahne.
Diese Art von Farcenherstellung wird vor allem bei gekochtem Schinken angewandt. Vor dem Mixen muß auf jeden Fall der Schinken sehr gut entsehnt werden, da die Farce nicht mehr durch ein Haarsieb gestrichen wird.

Soufflés auf Farcenbasis

Die zuvor besprochenen Farcen lassen sich auch für Soufflés aller Art verwenden. Um einen ausreichenden Trieb zu erlangen, darf die Farce nicht zu dicht sein und muß mit natürlichen Triebmitteln versetzt werden. Dazu eignet sich in erster Linie geschlagene Sahne und Eischnee.
Die Verwendung von Brandteig in Verbindung mit Backpulver ist zu vermeiden, ebenso das Mehlieren von der Einlage, da auf Grund der niedrigeren Temperaturen das Mehl nicht abgebaut werden kann.

Fische und ihre Bedeutung in der Neuen Küche

Nährwert und Bedeutung
Speziell in der *Neuen Küche* spielt die Verwendung von Fischen eine bedeutende Rolle. Es ist dem Schlachtfleisch in bezug auf den Nährwert ebenbürtig. Durch den geringen Gehalt an Bindegewebe ist Fischfleisch erheblich leichter verdaulich als Schlachtfleisch.

Fischeiweiß enthält 20 Prozent essentielle Aminosäuren. Das Fett der Fische ist besonders leicht verdaulich und besteht überwiegend aus ungesättigten Fettsäuren. Bei den Mineralstoffen sind in hohem Maße Jod und Phosphor vertreten. Vitamine A und D.

Lagerung von Fischen
Das Fischeiweiß wird durch kein Bindegewebe geschützt. Dies bedeutet, daß das Eiweiß leicht durch Wasser ausgeschwemmt werden kann. Deshalb niemals wässern oder in Wasser liegend aufbewahren, sondern auf Eis oder mit Eis bedeckt lagern. Ebenso auch nicht trocken lagern, da die Fische sonst austrocknen. Der Verderb der Fische wird durch Oxydation des Eiweißes mit dem Luftsauerstoff hervorgerufen. Der Verderb läßt sich deshalb sehr leicht am Geruch des Fisches feststellen. Um diesem Verderb entgegenzuwirken, sollen Fische niemals bereits filiert aufbewahrt werden, sondern erst à la minute filiert und Schalen- und Krustentiere à la minute ausgebrochen werden. Peinliche Sauberkeit und tägliche Kontrolle unter Auswechseln des Eises ist absolut notwendig, ebenso das kurze Abspülen des ausgetretenen Blutes bzw. des durch das Eis gelösten Eiweißes.

Die Garungsarten der Fische
Die Garung der Fische bedarf der größten Aufmerksamkeit, da durch unsachgemäßes Behandeln auch der beste und frischeste Fisch seine Bedeutung verliert. Die Wahl der Garungsart wird durch die Beschaffenheit des Fischfleisches und die Art des Fisches bestimmt und niemals durch den Wunsch des Gastes. Dies schließt nicht aus, daß es Fische gibt, die für verschiedene Garungsarten geeignet sind. Nachfolgend die wichtigsten Grundregeln der küchentechnischen Behandlung der Fische bei den verschiedenen Garungsarten.

Garung durch Braten
Die Garung durch Braten wird auch in der *Neuen Küche* verwendet. Besonders dazu eignen sich Fische wie der Rouget de Roche, der Zander, die Vive, die Lotte usw.
– Beste Fette verwenden, die sich gut erhitzen lassen und wasserfrei sind (Wasser im Fett reißt die Haut auf).
– Den Fisch in heißes Fett einlegen, damit das Eiweiß an der Oberfläche sofort gerinnt und der Fisch sich nicht mit Fett vollsaugen kann.
– Der Fisch muß trocken in das Fett eingelegt werden.
– Erst unmittelbar vor dem Braten den Fisch salzen, da die hygroskopische Wirkung des Salzes den Fleischsaft auszieht.
– Bei guter Hitze anbraten und bei linder Hitze fertiggaren.
– Unbedingt Garungsgrad verfolgen. Der Fisch soll saftig bleiben, ja im Kern sogar leicht rosa sein.
– Niemals im Fett liegen lassen, sondern nach der Garung sofort ausheben.

Garung durch Dämpfen
Die Garung im Dampf ist die schonendste Garungsart und wird deshalb in der *Neuen Küche* bevorzugt. Zum Dämpfen eignen sich Fische mit zarter Fleischstruktur und Fische mit zartem Geschmack, die Seezunge, der Merlan, der Loup de Mer, der Kretzer (Egli), die Dorade.
– Den Fisch kurz abspülen.
– Der Fisch darf nicht mit dem kochenden Wasser in Berührung kommen, sondern nur mit dem Dampf.
– Das Dampfgefäß bzw. das Dampfgerät muß gut verschlossen sein.
– Gedämpft wird mit Fischfond oder Gemüsefond, welcher regelmäßig erneuert werden muß.
– Für den Gemüsefond eignet sich besonders Selleriekraut und Lauch, neben den anderen Gemüsen.
– Garungsgrad stets verfolgen. Zu langes Dämpfen laugt den Fisch aus und macht ihn strohig und trocken. Wie beim Braten soll Fisch saftig und im Kern leicht rosa bleiben.
– Peinliche Sauberkeit des Dampfgerätes ist unbedingt notwendig. Vor allem ist zu beachten, daß nach dem Reinigen keine Rückstände von Reinigungsmitteln zurückbleiben, da diese leicht mit dem Eiweiß des Fisches reagieren.

Garung durch Poelieren
Das Poelieren ist eine weitere sehr schonende Garungsart, da der Fisch in kurzem Sud unter dem Siedepunkt gar gezogen wird. Der somit aromatisierte Fond wird dann zur Saucenbereitung verwendet.
Poeliert wird in dem gebutterten Plat russe auf Gemüse und Gewürzen, Schalotten und Weinen bzw. Fumets. Der Plat russe wird zum Schutze des Fisches vor dem Austrocknen mit Alufolie abgedeckt und nicht mit Pergamentpapier, da dieses nicht frei von Chemikalien ist. Diese verbreiten beim Erwärmen einen üblen Geruch, der sich leicht auf den Fisch überträgt.

Garung durch Marinade
Roh marinierte Fische zählen zu gegarten Fischen, da Salz eine garende Wirkung hat. Besonders in der *Neuen Küche* hat das Marinieren à la minute eine besondere Stellung.
Bei dieser Garungsart kommen nur die frischesten und besten Fische in Frage. Um eine Garung durch Marinieren à la minute durchführen zu können, wird der Fisch sehr dünn tranchiert und mit Salz, Pfeffer und Aromaten (Kräuter, grüner Pfeffer usw.) gewürzt. Niemals industriell gefertigte Würzmittel verwenden, da diese hierbei nicht aufgelöst werden können.
Die Garungsdauer wird durch sehr linde Wärme beschleunigt. Der Fisch ist gar, sobald er seinen natürlichen Glanz verloren hat und leicht perlmuttartig erscheint. Nicht zu lange ziehen lassen, da der Fisch schnell austrocknet.

Wild

Wild ist die Bezeichnung für alle jagdbaren Säugetiere und Vögel. Unter Wildbret dagegen versteht man auch die erlegten Tiere in zerwirktem oder unzerwirktem Zustand.

Das Wildgeflügel
Grundsätzlich unterscheidet man:

Waldhühner
Auerhahn, Birkhahn, Waldschnepfe, Krammetsvogel, Wachtel

Feldhühner
Fasan, Rebhuhn, Schneehuhn

Wasserhühner
Wildente (Stock-, Krick- und Knäkente), Sumpfschnepfe

In der modernen Küche wird Wildgeflügel nicht abgehängt. Durch Abhängen wird Hautgout erzielt: die Faisandage.

Fasan
Biegsamer Brustfortsatz, junge Tiere haben nur einen Spornansatz, ältere Tiere haben einen langen, sichelartigen Sporn, Flugfedern spitz.

Rebhuhn
Gelbe Füße, alte Tiere haben graue Füße, Flugfedern spitz.

Wildenten
Leicht einreißbare Schwimmhäute, biegsames Brustbein.

Haarwild
Schalenwild (Huftiere)
– Tatzenwild (Hasen, Kaninchen, Bären)

Zum Schalenwild zählen: Rot- und Damwild, Rehwild und Schwarzwild.
Im Vergleich zum Schlachtfleisch enthält Wild weniger Fett, dafür aber mehr Eiweiß sowie Mineralsalze. Es ist leicht verdaulich, blutbildend, appetitanregend und als Krankenkost gut geeignet.
Wildfleisch unterliegt einem schnellen Verderb. Das Wild wird auf der Strecke aufgebrochen. Federwild, außer Schnepfen und Krammetsvögeln, bekommen nach dem Erlegen nur die Därme gezogen. Hasen und Federwild werden erst vor der Verarbeitung ausgenommen. Haarwild soll in der Decke, Federwild im Kleid abhängen.
In der modernen Küche wird nur 2 bis 3 Tage abgehangen, nicht in einer Beize aufbewahrt, sondern sofort verwendet, um den reinen und natürlichen Wildgeschmack zu erhalten.

Das Reh
1. Jahr Kitz oder Spießer
2. Jahr Schmalreh (aufgebrochen etwa 11 bis 14 kg)
3. Jahr Ricke oder Geiß, männlich: Bock
Die Schußwunde soll frisch und blutunterlaufen sein, die Augen klar. Das Tier sollte durch einen Blattschuß getötet werden. Das Fleisch leuchtend rot, dicht dunkelrot, die Fleischfaser fein, die Rippenknochen leicht brechbar.

Der Hase
Die Häsin setzt 3mal im Jahr 3 bis 4 Junge. Am besten sind Waldhasen im Alter von 3 bis 8 Monaten. Hasen haben im Gegensatz zu Kaninchen dunkles Fleisch.
Alter: nicht älter als 1 Jahr, Gewicht: nicht mehr als 4 kg. Kopf: spitz, Löffel leicht einreißbar, Nasenbein leicht eindrückbar.

Der Hirsch
Nur junge Tiere bis 3 Jahre liefern gutes Fleisch. Männliche Tiere werden bis zu 200 kg schwer, weibliche etwa die Hälfte. Für die Küche sind nur sehr junge Hirsche interessant. Die Altersmerkmale sind wie beim Reh. Der **Damhirsch** ist eine kleinere Hirschart mit Schaufelgeweih.

Auerhahn, Birkhahn
Sie werden während der Balz (April bis Mai) geschossen. Stehen unter Naturschutz.

Krammetsvogel
Auch Wacholderdrossel genannt. Wird wie die Schnepfe mit den Innereien zubereitet.

Wachtel
Sie werden heute gezüchtet. Falls sie zu fett sind, werden sie meist gebalgt, d. h., die Federn werden mit der Haut und dem Fettansatz abgezogen.

Schnepfe
Man unterscheidet Waldschnepfe (Bekasse) und Sumpfschnepfe (Bekassine). Sie werden als Strichvogel (Zugvögel) bezeichnet und beim Überfliegen unseres Gebietes geschossen (Schnepfenstrich). Schnepfen verlangen eine besondere Bratlerart. Ihr langer Schnabel, von welchem man den unteren Schnabelteil entfernt und die Augen ausgestochen hat, wird zurückgebogen und durch die Schenkel gesteckt.

Schneehuhn
Weiß – Federn werden samt der Haut abgezogen, da diese nach Tannennadeln schmeckt und sehr fett ist.

Perlhuhn
Schwarz mit weißen Tupfern. Wird meist gezüchtet.

Die Schußzeiten
Reh:
16. Sept. bis 31. Jan.
Bock:
16. Mai bis 15. Okt.
Hirsch:
1. Aug. bis 31. Jan.
Wildschwein:
16. Okt. bis 15. Jan.
Hase:
16. Okt. bis 15. Jan.
Fasan:
16. Okt. bis 15. Jan.
Rebhuhn:
1. Sept. bis 30. Nov.
Wildente:
1. Aug. bis 31. Jan.
Schnepfe:
1. Sept. bis 5. April.

Hausgeflügel

Das Hausgeflügel unterscheidet sich an Nährwert nicht vom Schlachtfleisch. Junge Tiere sind wegen ihres geringen Fettgehaltes leicht verdaulich und sind auch als Krankenkost gut geeignet. Das Fleisch weiblicher Tiere ist zarter. Das Fleisch des Hausgeflügels unterliegt einem schnellen Verderb, deshalb nicht abhängen lassen. Tiefgefrorenes Geflügel muß nach dem Auftauen unbedingt zubereitet werden. Geflügel darf nie verpackt gelagert werden wegen der Gefahr von Salmonellen und Botulismus.

Haushühner

Brathähnchen (Poulet)
Vor der Geschlechtsreife geschlachtet. Brustbein ist biegsam. Alter: 7 bis 8 Wochen, Gewicht: 700 bis 1150 g.

Junghühner (Poularden)
Vor der Geschlechtsreife geschlachtet. Brustbein ist biegsam. Alter über 8 Wochen, Gewicht: über 1450 g geschlachtet, über 1150 g bratfertig.

Jungmasthähne (Kapaun)
Männliche Tiere mit biegsamem Brustbein, Alter über 8 Wochen, Gewicht: über 1750 g.

Suppenhühner
Nach der Geschlechtsreife geschlachtet, mit verknöchertem Brustbeinfortsatz. Alter: 12 bis 15 Monate nach einer Legeperiode, Gewicht: 2000 g lebend, 1500 g geschlachtet.

Enten

Frühmastente (Canette)
Vor der ersten Federreife geschlachtet, Knorpelteile nicht verknöchert, Brustbeinfortsatz biegsam. Alter: 7 bis 8 Wochen, Gewicht: 2300 bis 2500 g lebend.

Jungenten
Nach der ersten Federreife geschlachtet, Brustbeinfortsatz noch biegsam. Alter über 8 Wochen, Gewicht: 3000 g.

Altenten
Alter: über 1 Jahr, verknöcherte Knorpelteile, verknöcherter Brustbeinfortsatz. Gewicht: ohne Angabe.

Gänse

Frühmastgans
Durch Schnellmast vor der ersten Federreife geschlachtet. Knorpelteile nicht verknöchert, Brustbeinfortsatz biegsam. Alter: etwa 12 Wochen, Gewicht: 4000 g lebend.

Junge Gans
Nach der ersten Federreife geschlachtet, im Sommer und Frühherbst auf der Weide, anschließend noch gemästet. Alter: bis 12 Monate, Gewicht: 4000 g bis 5000 g ausgenommen.

Puten

Junge Puten
Knorpelteile nicht verknöchert, Brustbeinfortsatz biegsam. Alter von weiblichen Tieren etwa 20 Wochen, von männlichen Tieren etwa 24 Wochen, Gewicht: bis zu 10 kg ausgenommen.

Alte Puten
Knorpelteile und Brustbeinfortsatz sind verknöchert. Alter über 1 Jahr, Gewicht ist ohne Angabe.

Handelsklassen

Körper
A   vollfleischig
B   fleischig
C   mangelhaft

Brustbein
A   breit und lang
B   ragt etwas vor
C   spitz

Fettansatz
A   gleichmäßig
B   zeichnet sich ab
C   mangelhaft

Alle Klassen sind gerupft, gut ausgeblutet, frei von Schmutz und Blut, Herz, Leber, Hals gesäubert, Muskelmagen von der Hornschicht befreit.

Herrichtungsformen

Die einzelnen Geflügelarten werden in verschiedenen Herrichtungsformen angeboten:

Geschlossen
Geschlachtet, völlig gerupft, ausgeblutet, nicht ausgenommen, mit oder ohne Kopf und Füßen.

Entdärmt
Geschlachtet, gerupft, ausgeblutet, völlig entdärmt.

Brat- oder kochfertig
Geschlachtet, gerupft, ausgenommen, Kopf, Hals, Speise- und Luftröhre, Hals und After sind abgetrennt, genießbare Innereien wie Herz, Leber, Magen, Hals sind beigelegt.

Grillfertig
Entspricht der bratfertigen Herrichtungsform; die genießbaren Innereien sind nicht beigelegt.

Spießfertig
Entspricht der bratfertigen Herrichtungsform, die genießbaren Innereien sind nicht beigelegt, dafür befinden sich aber im Tierkörper Kopf, Hals und Füße.

Kleingeflügel

Zum Hausgeflügel rechnet man ebenfalls noch Küken und Tauben. Küken (Poussins) kommen meist als Hamburger Stubenküken in den Handel. Sie sind 4 bis 8 Wochen alt und zwischen 250 g und 500 g schwer. Sie werden nur kurzgebraten. Ebenso verhält es sich mit Tauben. Poussins und Tauben werden ebenfalls in den verschiedenen Herrichtungsformen angeboten.

Das Hausgeflügel in der modernen Küche

Der Garungsvorgang von Hausgeflügel wird auf ein Mindestmaß verringert, d. h. auf den Keulen zuerst gut angebraten, dann auf die Brust und zum Schluß auf den Rücken gelegt. Das Hausgeflügel wird saignant gebraten und anschließend je nach Größe kürzer oder länger zur Saftbindung ruhen gelassen. Dieser Garungsvorgang verlangt deshalb bestes, junges Geflügel. Größere Geflügel werden in 2 Gängen serviert, da die Keulen ein Nachbraten verlangen. Eine fette Brust wird leicht eingestochen, damit das Fett austreten kann. Die Haut wird vor dem Tranchieren entfernt. Kleingeflügel wird nach dem Anbraten in eine geschlossenen Folientasche eingeschlagen, da das zarte Fleisch leicht austrocknet.

Die Neue Küche und ihre Gemüse

Allgemeines:

Wie wir wissen, werden von der *Neuen Küche* nur frische Gemüse akzeptiert. Jedoch nicht jedes frische Gemüse ist für die *Neue Küche* geeignet. Grundsätzlich müssen diese Gemüse folgende Voraussetzungen erfüllen:

- sehr junges und möglichst ungedüngtes (vor allem nicht chemisch gedüngtes) Gemüse
- Freilandgemüse und kein Treibhausgemüse. Gemüse benötigen zur Entfaltung ihres vollen natürlichen Geschmacks natürliches Sonnenlicht und natürliche Wärme, den natürlichen Regen und die natürlichen Mineralsalze des Erdreiches
- die Gemüse sollten auf dem kürzesten Wege in die Küche gelangen, und nicht schon auf dem Transport beeinträchtigt werden
- die Gemüse müssen frei von Schädlingsbefall sein, dürfen auch keine Druckstellen aufweisen
- Da speziell Gemüse und Obstsorten nur in bestimmten Regionen ihr optimales Klima vorfinden, ist es unerläßlich, diese Produkte von dort zu beziehen.

Sobald diese Produkte in die Küche gelangen, müssen sie mit größter Sorgfalt behandelt und so schnell wie möglich verarbeitet werden. Die *Neue Küche* hat ebenso die Aufgabe, soviel Vitamine und Minerale wie möglich zu erhalten.

Die Gemüse werden geputzt und tourniert und nur kurzfristig in geschlossenen Behältern luftdicht, dunkel und kühl aufbewahrt (siehe Exposé über die Behandlung von Gemüsen und Früchten).

Bei Bedarf werden die Gemüse à la minute zubereitet. D. h., wir verzichten auf das Blanchieren soweit wie möglich, um den Nährwert voll zu erhalten. Unter Zugabe von sehr wenig Wasser, Salz und schwarzem Pfeffer aus der Mühle werden die Gemüse in der geschlossenen Sauteuse à point gegart. Hierbei ist die unterschiedliche Garungsdauer der einzelnen Gemüsearten unbedingt zu beachten. Dies bedeutet auch, daß die Gemüse zum Zeitpunkt des Anrichtens ihren Garungsgrad erreicht haben und nicht bereits einige Zeit vorher, da dadurch nicht nur die natürliche Farbe, sondern auch der Nährgehalt Einbußen erleidet.

Je nach Bedarf werden folgende Würzmittel den Gemüsen beigegeben:

- Schalotten
- gehackte Walnüsse
- gewiegter Parmaschinken (ohne Fett)
- wenig frische Butter (siehe fettlösliche Vitamine)

Das Würzen mit Kräutern kommt weniger in Frage, da die Gemüse durch ihren Eigengeschmack überzeugen sollen bzw. müssen.

Der Zusatz von Salz hat nicht nur die Aufgabe, das Gemüse zu würzen (man könnte auch Cayennepfeffer verwenden), sondern es entzieht durch seine hygroskopische Funktion dem Gemüse Wasser (deshalb sehr wenig Wasser hinzufügen) und erhält bzw. bekrattigt den Farbgehalt des Gemüses (speziell bei Bohnen und Winterkohl).

Die Lagerung von Salaten und Gemüsen

- Lagerung in dunklen Räumen mit einer Luftfeuchtigkeit von 70 bis 75 Prozent, einer Temperatur von 8 bis 12 Grad.
- Die Ware muß stets auf Aussehen, Geruch und Reifegrad überwacht werden.
- Gemüse, Salate und Früchte nie mit Kartoffeln zusammen lagern, da die ätherischen Öle die Kartoffeln zur Keimung anregen.
- Der Lagerraum muß immer peinlich sauber sein, da eine Bakterienübertragung andere Gemüse und Früchte zur Gärung veranlaßt.
- Die Ware soll ausgebreitet gelagert werden (keine Kisten oder Kartons ineinanderstellen).
- Luftdicht verpackte Lebensmittel auspacken.

Die Behandlung von Salaten und Gemüsen

Der hohe Gehalt an Mineralen und Vitaminen verlangt eine vorsichtige Behandlung in der Küche.

1. Vitamine und Minerale sind wasserlöslich

- kurz und gründlich waschen, nie wässern
- Wurzelgemüse nur bürsten (Vitamine und Minerale liegen direkt unter der Schale)
- bei Trockenobst und Trockengemüse (Linsen) Einweichwasser mitverwenden

2. Gemüse enthält viel Eigenwasser

- nicht viel Wasser hinzufügen, besonders beim Ansetzen
- Dämpfen und Dünsten bevorzugen

3. Gemüse und Salate enthalten luftempfindliche Vitamine

- nicht zu lange zerkleinert an die Luft legen
- nicht zu große Töpfe verwenden
- nicht zu oft umrühren
- Töpfe immer zudecken

4. Gemüse enthält hitzeempfindliche Vitamine

- nicht zu lange kochen
- Garzeiten beachten
- nichts ins Wasserbad stellen

5. Wenn möglich auf Blanchieren verzichten, da ein Verlust an Vitaminen und Mineralen eintritt. Blanchieren hat nur einen küchentechnischen Nutzen:

- es dient dem Säubern (Staudensellerie, Fenchel)
- es dient dem Vorgaren
- es dient der Farberhaltung (Spinat)
- es dient der besseren Verdauung (blähende Gemüse)
- es dient der Geschmacksverbesserung (Winterkohl)

Brühen und Gemüse   Herkömmliche und moderne Verfahren

Rinderkraftbrühe

Herkömmliches Verfahren
- Rinderknochen ggf. blanchieren und mit kaltem Wasser aufsetzen – zur Farbgebung angeröstete Zwiebeln hinzugeben
- Unter ständigem Abschöpfen etwa 4 Std. kochen lassen
- Mirepoix und Bouquet garni hinzugeben, eine weitere ½ Std. ziehen lassen
- Abpassieren und abkühlen lassen
- Klärfleischsatz herstellen, 2 bis 3 Std. ziehen lassen
- Die Brühe klären – durch ein Tuch passieren, worin Aromate gegeben werden

Modernes Verfahren
- Kalbsrückenmarkknochen sehr fein hacken (nur sehr frische Knochen verwenden) und ohne Fettzugabe karamelisieren lassen
- Öfter mit trockenem, kräftigem Rotwein ablöschen und reduzieren lassen
- Nach dem letzten Ablöschen ein feingehacktes Suppenhuhn (fett) hinzugeben
- Auffüllen mit klarem, kaltem Wasser und sehr langsam erhitzen, jedoch niemals kochen lassen, sondern nur leicht sieden
- Den Schaum minutiös abschöpfen
- Ein Stück feingeschnittenen Rinderhals, gegebenenfalls auch Tafelspitz oder Bœuf bouilli, hinzugeben.
- Sobald kein Schaum mehr auftritt, Bouquet garni hinzugeben
- Nach etwa 3 Std. feingeschnittenes Mirepoix (mit Messer geschnitten, niemals gewolft) und Petersilienwurzel, Selleriegrün

und ein Wirsingherz hinzugeben
- Nach einer weiteren Std. Feuer abschalten und die Brühe etwa 2 Std. ruhen lassen

Anmerkung
Durch die moderne Methode erhält die Brühe einen sehr fleischigen Geschmack. Die goldgelbe bis rötlichbraune Farbe (gesunde Farbe) wird durch das Karamelisieren der Kalbsknochen erreicht. Die weitverbreiteten angeschwärzten Zwiebeln von der Herdplatte vermitteln nicht nur einen brandigen und seifigen Geschmack, sie sind auch gesundheitsschädlich durch das Anschwärzen auf der heißen Herdplatte.
Durch das moderne Verfahren wird die Brühe von Anfang an optimal klar, d. h., ein Klären entfällt.

Tomatensauce bzw. Tomatensuppe

Herkömmliche Methode
- Mirepoix mit Knoblauchzehe, Nelken und Lorbeerblatt in Olivenöl anschwenken
- Tomatenmark hinzugeben und alles gut schwenken
- Auffüllen mit Grand-Jus oder Geflügelbrühe usw.
- Gut durchkochen lassen und mit Stärke abziehen
- Abschmecken und mit Sahne und Eigelb legieren

Moderne Methode
- Frische, sehr reife Aromatomaten abziehen und Kerne mitsamt dem Saft herausdrücken und entfernen
- Das reine Tomatenfleisch mit einer Eßgabel zerdrücken und das ausgetre-

tene Fruchtwasser ebenfalls weggeben
- Das restliche Tomatenfleisch sehr kurz im Mixer pürieren
- Abschmecken nur mit sehr wenig Salz (hygroskopische Wirkung) und Cayennepfeffer
- Langsam unter ständigem Rühren auf etwa 70 Grad erhitzen (niemals heißer)
- Zur Abrundung nun frisch gezupfte Majoranblätter hinzugeben

Anmerkung
Die moderne Methode hängt in höchstem Maße von der Qualität der verwendeten Tomaten ab. Sie vermittelt einen unvergleichlich runden Tomatengeschmack mit Reinheit und Leichtigkeit.
Sehr wichtig ist jedoch, daß kein Fruchtwasser (bitter) verwendet wird und daß die Tomatensauce niemals über 70 Grad erhitzt werden darf. Eine erhitzte Tomate hat den penetranten Geschmack von Tomatenmark.

Die Gemüsezubereitung

Herkömmliche Methode
- Gemüse putzen, tournieren und bereitstellen
- In Salzwasser kochen (je nach Art offen oder geschlossen)
- Abschrecken
- In Butter mit Schalotten anschwenken

Moderne Methode
- Gemüse putzen, tournieren und bereitstellen (d. h. in feuchte Tücher gesondert einrollen)
- In Salzwasser kochen (je nach Art offen oder geschlossen)
- In Eiswasser abschrecken (nur ¹/₁₀ Sek.)

- Inzwischen Marinade herstellen: bestehend aus frisch geschälten und gehackten bzw. geschnittenen Schalotten, frischer franz. Süßrahmbutter, Salz, schwarzem Pfeffer aus der Mühle, wenigen Tropfen Weißwein
- Zur Marinade nun geschmacksbestimmende bzw. -orientierte Kräuter (frisch gezupft und frisch gehackt) hinzugeben
- Das abgeschreckte Gemüse zur Marinade geben und 2 Min. ziehen lassen, abtropfen lassen und anrichten

Anmerkung
Bei der modernen Methode werden keine Fette erhitzt. Das Gemüse wird nicht mehr angeschwenkt, sondern nur in einer Marinade, die unbedingt à la minute herzustellen ist, mariniert. Die Auswahl der Kräuter richtet sich jeweils nach dem Gemüse (z. B. Haricots verts mit Kerbel und Schnittlauch) und nach der Sauce, damit eine leichte Geschmacksnuancierung zwischen Gemüse und dem Produkt hergestellt wird. Die Butter wird in einigen Fällen durch kalt geschlagenes Öl oder deren Mischungen (z. B. Nußöl, Olivenöl, Traubenkernöl) ersetzt. Soll dem Gemüse ein Hauch von Knoblauch vermittelt werden, so wird der Marinade eine angedrückte ungeschälte Zehe beigelegt. Im geschlossenen Gefäß läßt man nun das Gemüse mit der Marinade und der Knoblauchzehe für etwa 4 bis 5 Min. ziehen. Dadurch entwickelt sich ein sehr feiner und angenehmer Knoblauchgeschmack.

Welcher Wein zu welcher Speise?

Badischer Weinbauverband e.V.
Weinbauverband Württemberg e.V.

Manche Weinfreunde machen sich die Wahl des Weines zu einer Mahlzeit insofern schwer, als sie zuviel auf andere hören. Hierbei sollte man zuerst und hauptsächlich seinen eigenen, persönlichen Geschmack entscheiden lassen. Man sollte endlich von der Vorstellung loskommen, daß zum jeweiligen Essen immer nur ein ganz bestimmter Wein paßt. Bei der Vielfalt der Rebsorten, die wir allein in Baden und in Württemberg vorfinden, ergeben sich zahlreiche harmonische Kombinationsmöglichkeiten, die mit viel Spaß und Freude es zu probieren gilt.

Die hier folgenden Weinempfehlungen können und wollen deshalb auch nur Anregungen sein – die letzte Entscheidung trifft der eigene Geschmack. Wir können bei einem Bemühen, die Eß- und Trinkkultur zu verfeinern, nur Hilfestellungen leisten, die auf eigenen Erfahrungen beruhen.

Mit der Fragestellung „Welcher Wein zu welcher Speise?" ist die Vorrangstellung der Speise bereits betont. Der Wein hat beim Essen eine dienende Funktion. Er soll die Feinheit der Speise hervorheben und ergänzen. Er kann jedoch auch als gleichberechtigter Partner zur Speise stehen, „Ton in Ton" oder als geschmacklicher Kontrast. Der Wein sollte jedoch nie eine dominante Rolle gegenüber der Speise einnehmen. Deshalb

- eignen sich trockene Weine besser als süße Weine;
- eignen sich Weine mit einem dezenten Aroma besser als ausgesprochene Bukettweine.

Das gilt für alle Vorspeisen und Hauptgerichte, wobei wir davon ausgehen, daß sie nicht auf einer Süßspeise aufgebaut sind. Wenn hier zu allen Gerichten trockene Weine empfohlen werden, so liegt der Grund darin, daß der trockene Wein seiner Aufgabe, appetitanregender Begleiter zu sein, einfach besser gerecht wird als ein sättigender süßer Wein. Im Einzelfall kann es auch ein halbtrockener Wein sein, besonders wenn es sich um einen säurebetonten Weißwein handelt. Bei Rotweinen kommen nur trockene Weine in Frage, da die Süße hier aufgrund einer meist geringen Säure und in Verbindung mit dem Gerbstoff schnell unharmonisch wirkt und das Geschmackserlebnis des Essens beeinträchtigt.

Eine große Ausnahme von dieser Regel machen die Weine, die als Aperitif oder zum Dessert gereicht werden.

Als Aperitif eignen sich besonders ältere Weine der höheren Qualitätsstufen, also von Spätlese an aufwärts. Eine andere Variante der Aperitifweine finden wir bei unseren bukettierten trockenen Weinen, die sich als junge und leichte Weine gerade an heißen Tagen, gut gekühlt serviert, als erfrischendes Getränk anbieten. Jedoch sind diese bukettreichen Weine wie Muskateller, Scheurebe, Traminer oder Gewürztraminer zum Hauptgericht nicht zu empfehlen. Neben dem Aperitif finden sie vor allem auch bei den Desserts Verwendung – dabei sollten sie dann auch eine deutliche Restsüße aufweisen. Zu fruchtigen Desserts, beispielsweise Beerenfrüchte, eignen sich besonders gut auch fruchtige Weine wie

Riesling, Scheurebe und Muskateller als Spätlesen oder Auslesen. Süßere Desserts, beispielsweise Mousse au chocolat, verlangen nach kräftigen, süßen Weinen wie Ruländer oder Gewürztraminer als Auslese, Beerenauslese, Trockenbeerenauslese oder Eiswein.

Das Käsedessert wiederum verlangt in der Regel nach trockenen Weinen. Leichtere Weine, etwa Müller-Thurgau, Riesling, Trollinger oder Schillerwein, sind eine optimale Ergänzung zu den milderen Käsesorten wie Camembert oder Brie, während die besonders ausgeprägten, intensiv schmeckenden Käse wie Roquefort und Edelpilzkäse nach einem kräftigen Rotwein oder als Ausnahme nach einer bukettreichen (z.B. Gewürztraminer) Auslese verlangen. Zu den geschmacklich dazwischenliegenden Käsesorten, beispielsweise Appenzeller oder Gouda, sind Ruländer, Kerner oder ein Weißherbst als gute Ergänzung anzusehen.

Fazit: Je kräftiger die Käse schmecken, um so geringer wird die Wahlmöglichkeit hinsichtlich der dazu passenden Weine. Rotweine können zu allen Käsesorten gereicht werden; Weißweine, Weißherbst und Schillerwein besser zu den milderen.

Zu den Hauptgerichten eignen sich alle Weine mit etwas verhaltenem Bukett, also Riesling, Gutedel, Silvaner, Nobling, Kerner, Weißburgunder, Grauer Burgunder, Weißherbst, Badisch Rotgold, Schillerwein, Burgunderrotweine sowie Trollinger und Lemberger. Auch der Müller-Thurgau ist dazuzuzählen, wobei man

allerdings berücksichtigen muß, daß es unter den Weinen dieser Sorte auch einmal welche mit besonders ausgeprägtem Bukett gibt, die dann weniger gut geeignet sind.

Die Weine dieser zuletzt aufgeführten Rebsorten kann man hinsichtlich ihres Körpers in drei Gruppen aufteilen, nämlich in
- leichte Weine;
- mittelschwere Weine;
- kräftige Weine.

Ihre Zuordnung zu den einzelnen Speisen erfolgt nach der Devise:
leichte, zarte Speisen
= leichte bis mittelschwere Weine;
kräftige Speisen
= kräftige Weine.

Hierzu muß allerdings gesagt werden, daß innerhalb einer Sorte große Qualitätsunterschiede bestehen können, selbst wenn sie ein und derselben Qualitätsstufe angehören, denn auch der Erzeugerbetrieb, der Jahrgang und die geographische Herkunft spielen eine Rolle.

Wein in der Küche

Fast alle Speisen, insbesondere die Saucen, können mit einem Schuß Wein verfeinert werden. Nicht geeignet dafür sind jedoch fehlerhafte Weine, die zum Trinken schlecht sind, weil sie beispielsweise einen Korkgeschmack aufweisen. Der Fehler, der beim Trinken festgestellt wurde, findet sich mit Sicherheit in der Speise wieder. Auch bukettreiche Weine sind nicht unbedingt zu empfehlen, da sie die Speisen zu sehr in Richtung ihres eigenen Buketts beeinflussen. Ansonsten sind alle sauberen Weine, sei es Weißwein, Weißherbst, Schiller- oder Rotwein, geeignet.

Kleine Rebsortenkunde *Alphabetisch geordnet*

Auxerrois
Die Verwandtschaft zum Weißen Burgunder ist im Gesamteindruck; die Andersartigkeit kommt in einem etwas ausgeprägteren Bukett und dem vollmundigen Geschmack zum Ausdruck, auch in einer milderen Säure.

Bacchus
(Kreuzung: Silvaner × Riesling × Müller-Thurgau)
Im Aroma meist ausgeprägter als der Müller-Thurgau, ist der Bacchus zu den Bukettsorten zu rechnen. Seine Weine sind süffig und säurebetont.

Badisch Rotgold
Sie sind von rötlichgelber bis hellroter Farbe, zeigen ein würziges Ruländer-Aroma und wirken im Geschmack ausgeglichen und abgerundet.

Dornfelder
(Kreuzung: Helfensteiner × Heroldrebe)
Ein farbkräftiger Rotwein – Neuzüchtung, kräftig, von angenehmer Frucht und nachhaltig im Geschmack, mit einer interessanten Gerbstoffkomponente ausgestattet.

Gewürztraminer
Der Duft der Rose findet sich im reichhaltigen Bukett seiner Weine, und seine Vollmundigkeit sorgt für die langanhaltende Nachhaltigkeit seines Geschmacks.

Grauer Burgunder
So werden in Baden nur durchgegorene, fruchtige und säurebetonte Weine aus dem gesunden Traubengut der Rebsorte Ruländer/ Grauburgunder bezeichnet.

Gutedel
Seine Weine sind geprägt von zartem, weinigem Aroma, einfachem und angenehmem Charakter, der begleitet ist von einer milden und dennoch anregenden Säure.

Kerner
(Kreuzung: Trollinger × Riesling)
Die „kernigen", charaktervollen Weine zeigen oft einen rieslingähnlichen Duft mit einer interessanten Gerbstoffkomponente im Nachgeschmack.

Lemberger
Der Wein ist geprägt von einer dunkelroten Farbe. Viel Frucht und Wucht zeigt dieser Wein in Geruch und Geschmack. Ein kräftiger, fülliger Rotwein mit leichtem Gerbstoff im Abgang.

Müller-Thurgau
Seine Weine erfreuen durch ihr feinfruchtiges, unaufdringliches Muskataroma, verbunden mit jugendlicher Frische und milder bis rassiger Säure.

Muskateller
Die Muskateller-Weine sind unsere bukettreichsten. Geschmacklich dominiert Eleganz und Rasse, deren Ursprung in geringem Alkoholgehalt und rassiger, feinfruchtiger Säure zu suchen ist.

Nobling
(Kreuzung: Gutedel × Silvaner)
Diese „noblen" Weine demonstrieren Frucht, Eleganz und frische, fast schon kernige Säure. Der Duft ist von feinfruchtiger Finesse.

Riesling
Der „gute" Riesling lebt von seinem feinfruchtigen, über die Maßen nuancenreichen Bukett, seiner prickelnden Lebendigkeit und der rassigen, manchmal schon stahligen Säure.

Ruländer
Seinen Weinen ist ein edles, oft von Edelfäule geprägtes Aroma eigen, begleitet von kräftigem Körper, der viel Nachhaltigkeit im Geschmack bewirkt.

Samtrot
Eine Mutation des Schwarzrieslings. Der Rotwein aus der Burgunder-Familie steht purpurrot im Glase, zeigt im Geschmack seinen samtig-weichen Charakter. Ein zartgliedriger, harmonischer Rotwein, der viel Wärme vermittelt.

Scheurebe
Das reichhaltige, manchmal sogar etwas laute Bukett der Scheurebe erinnert an das Aroma der schwarzen Johannisbeere. Geschmacklich wirken die Weine recht kräftig, was durch eine kernige, gelegentlich sogar stahlige Säure betont wird.

Schillerwein
Der Begriff „Schiller" darf nur für Weine aus Württemberg verwendet werden. Sie werden aus gemeinsam gekelterten weißen und roten Trauben oder deren Maische gewonnen. Der Wein hat eine leicht rötliche, schillernde Farbe. Im Geschmack ist er von ausgeglichener, frischer, saftiger Art.

Schwarzriesling
Die farbkräftigen Weine des Schwarzrieslings zeigen ein herzhaftes Rotweinaroma, mittleren Gerbstoffgehalt und fruchtige Säure.

Silvaner
Das Fehlen jeglicher Muskatnote im Duft weist ihn als einen „neutralen" Wein aus von einfachem Zuschnitt, aber sehr liebenswerter Art und meist milder Säure.

Spätburgunder Rotwein
Leuchtend und rubinrot bis dunkelrot ist seine Farbe, reichhaltig und fruchtig sein Aroma, das an den Geruch reifer Brombeeren erinnert, feinherb sein Gerbstoffgehalt.

Traminer
Das feine, in viele Nuancen gegliederte und würzige Bukett der Traminer erinnert stark an das der Gewürztraminer, ist aber nicht so deutlich ausgeprägt. Geschmacklich dominieren Reife und milde Säure.

Trollinger
Die Trollinger sind in der Farbe meist ziegelrot, im Bukett fruchtig und zeichnen sich durch einen herzhaften und kernigen Charakter aus.

Weißer Burgunder
Die „rassige" Alternative zum Ruländer, dem Grauen Burgunder, präsentiert ein duftiges, weiniges Aroma, eleganten bis kräftigen Körper und kernige Säure.

Weißherbst
Roséfarben mit weichem Goldschimmer, so präsentieren sich die meisten Weißherbste. Sie sind kräftig im Geschmack und von kerniger, säurebetonter Art.

Empfehlungen der Zuordnung von Weinen zur feinen Küche

Kalte Vorspeisen

Muscheln, Austern	Riesling, Nobling, Weißer Burgunder
Lachs, Forelle	Riesling, Nobling, Kerner, Weißer Burgunder, Schillerwein
Räucherfische	Silvaner, Weißer Burgunder, Auxerrois, Schillerwein
Fische, mariniert oder gebeizt	Riesling, Nobling, Kerner, Silvaner, Weißer Burgunder, Schillerwein
Krustentiere	Silvaner, Weißer Burgunder, Auxerrois, Schillerwein
Mousse – kräftig	Weißherbst, Badisch Rotgold, Schillerwein, Grauer Burgunder
Mousse – mild	Kerner, Silvaner, Weißer Burgunder

Warme Vorspeisen

Kalbsbries	Gutedel, Müller-Thurgau
Gänseleber	Grauer Burgunder, Ruländer, Traminer, Gewürztraminer
Innereien, gebraten (Kalbshirn, Geflügelleber, Rehleber usw.)	Gutedel, Kerner, Trollinger, Silvaner, Schwarzriesling
Taubenbrüstchen, marin., gefüllt	Weißer Burgunder, Auxerrois, Weißherbst, Schillerwein
Geflügel im Blätterteig (Taubenbrüstchen, Wachtel usw.)	Trollinger, Weißer Burgunder, Weißherbst, Badisch Rotgold, Schillerwein

Fisch

Süßwasser (Zander usw.) – kräftige Saucen	Riesling, Kerner, Silvaner, Weißer Burgunder
Salzwasser (St. Pierre usw.) – milde Saucen	Riesling, Nobling, Silvaner, Weißer Burgunder
Krustentiere	Trollinger, Silvaner, Weißer Burgunder, Auxerrois

Terrinen

Gemüse	Gutedel, Kerner, Trollinger, Silvaner, Schillerwein
Fisch	Riesling, Nobling, Weißer Burgunder
Gänse-, Entenleber	Grauer Burgunder, Ruländer, Traminer, Gewürztraminer
Innereien	Gutedel, Nobling, Trollinger, Silvaner, Schillerwein
Geflügel	Kerner, Silvaner
Fleisch	Kerner, Silvaner, Weißer Burgunder
Wild	Weißer Burgunder, Schillerwein, Weißherbst, Badisch Rotgold, Grauer Burgunder

Suppen

klare Suppen	
Cremesuppen	Gutedel, Silvaner
passierte Suppen	
neutral (z. B. Erbsen, Sellerie)	Gutedel, Kerner, Silvaner
süßlich (z. B. Tomaten, Karotten)	Trollinger, Müller-Thurgau, Bacchus, Schillerwein

Empfehlungen der Zuordnung von Weinen zur feinen Küche

Hauptgerichte

Fisch

Süßwasser (Lachsforelle, Hecht, Felchen, Waller usw.)
Riesling, Nobling, Weißer Burgunder

Salzwasser (Loup, Steinbutt, Seezunge usw.)
Riesling, Kerner, Trollinger, Weißer Burgunder

Krustentiere (Hummer, Langusten, Krebse usw.)
Trollinger, Silvaner, Weißer Burgunder, Auxerrois, Schillerwein

Geflügel

Perlhuhn, Poularde — Kerner, Silvaner, Weißer Burgunder
Ente, Gans — Trollinger, Weißer Burgunder, Weißherbst, Scheurebe, Spätburgunder
Taube — Weißer Burgunder, Weißherbst, Badisch Rotgold, Scheurebe, Samtrot
Wildgeflügel (Fasan, Rebhuhn, Wildente, Schnepfe) — Weißherbst, Badisch Rotgold, Schillerwein, Grauer Burgunder, Spätburgunder, Lemberger, Dornfelder
Wild (Hase, Reh, Hirsch) — Weißherbst, Badisch Rotgold, Spätburgunder, Lemberger, Dornfelder
Kalb, Schwein, Kaninchen — Trollinger, Silvaner, Weißer Burgunder, Auxerrois, Grauer Burgunder
Rind — Weißherbst, Badisch Rotgold, Scheurebe, Samtrot, Spätburgunder
Lamm — Scheurebe, Lemberger, Dornfelder

Käse

mild (Brie, Butterkäse usw.)
Gutedel, Kerner, Trollinger, Weißer Burgunder

kräftig (Gouda, Münster, Ziege usw.)
Scheurebe, Samtrot, Grauer Burgunder, Ruländer, Scheurebe, Gewürztraminer

Edelpilz (Bavaria blu, Roquefort usw.)
Scheurebe, Lemberger, Dornfelder, Traminer, Gewürztraminer

Desserts

Fruchtdesserts
Cremes, Soufflés
Mousses
Sabayons
Parfaits, Halbgefrorenes
Gratiniertes, Gebackenes (Auflauf, Apfelküchle usw.)

Müller-Thurgau, Bacchus, Muskateller, Scheurebe, Traminer, Gewürztraminer

Sorbets

Früchtesorbets — Müller-Thurgau, Bacchus, Muskateller, Scheurebe
Kräutersorbets — Riesling, Kerner, Silvaner
Marc-, Sekt-, Weinsorbets

Trockene, leichte Weine: Riesling, Nobling, Trollinger, Kerner, Gutedel, Silvaner, Müller-Thurgau, Bacchus, Muskateller

Trockene, mittlere Weine: Weißer Burgunder, Schillerwein, Auxerrois, Silvaner, Badisch Rotgold, Samtrot, Weißherbst

Trockene, kräftige Weine: Grauer Burgunder, Spätburgunder, Lemberger, Dornfelder, Traminer, Gewürztraminer

RESTAURANTS UND KASINOS
DER KÖCHE

7080 Aalen-Ebnat
Gasthof Lamm
L., B., W. Scherr
Unterkochener Str. 16, Tel. (073 67) 24 12
Küchenchef: Wolfgang Scherr
Plätze: 60/200
Ruhetage: —
Ferien: —
Geöffnet: Täglich 11.00–24.00
Warme Küche: 11.30–14.00; 17.30–21.30

7151 Affalterbach
Restaurant Lemberghalle
Werner Frey
Lembergweg 63, Tel. (07144) 3 70 24
Küchenchef: Werner Frey
Plätze: 90/240/40 (Terrasse)
Ruhetage: Montag
Ferien: Januar und Herbstferien
Geöffnet: 10.30–24.00
Warme Küche: 11.30–14.00; 17.30–22.00

7077 Alfdorf 2
Hotel-Restaurant Haghof
Familie Hermann Bulling
Tel. (071 82) 5 45
Küchenchef: Helmut Schiffner
Plätze: 150 (50/40/25/15/20)
Ruhetage: —
Ferien: —
Geöffnet: 10.00–24.00
Warme Küche: 12.00–14.00; 18.00–22.00

7144 Asperg
Hotel Adler
Richard Ottenbacher
Stuttgarter Str. 2, Tel. (07141) 6 30 01
Küchenchef: Heinz Bernardis
Plätze: 120
Ruhetage: Montag
Ferien: 3 Wochen in den
                 Sommerferien
Geöffnet: 11.45–14.30; 17.00–22.30
                 Weinstube durchgehend
Warme Küche: 11.45–13.30; 18.00–21.45

7150 Backnang
Restaurant Mildenberger
Horst Wendt
Schillerstr. 23, Tel. (07191) 6 82 11
Küchenchef: Horst Wendt
Plätze: 40
Ruhetage: So., Mo. bis 18.00
Ferien: 2 Wochen im Sommer
Geöffnet: 11.30–14.00; 18.00–24.00
Warme Küche: 11.30–14.00; 18.00–22.00

7150 Backnang-Waldrems
Gasthaus zum Lamm
Maria Hinderer
Neckarstr. 51, Tel. (07191) 6 87 54
Küchenchef: Gerd Harry Hinderer
Plätze: 30/10/35/10/38/120
Ruhetage: Freitag
Ferien: Ende Juli Mitte August
Geöffnet: 11.30–14.30, ab 17.00
Warme Küche: 11.30–14.00; 17.30–21.30

7342 Bad Ditzenbach-Gosbach
Gasthof-Restaurant Hirsch
August u. Monika Kottmann
Unterdorfstr. 2, Tel. (073 35) 51 88
Küchenchef: August Kottmann
Plätze: 100
Ruhetage: Montag
Ferien: Mitte Jan. bis Mitte Febr./
                 2 Wochen Juli u. Okt.
Geöffnet: Dienstag bis Sonntag
Warme Küche: 11.30–14.00; 18.00–21.30

7069 Berglen-Lehnenberg
Landgasthof Rössle
Roland Blessing
Lessingstr. 13, Tel. (07195) 78 11 u. 78 12
Küchenchef: Roland Blessing
Plätze: 200
Ruhetage: Dienstag
Ferien: die 2 ersten Wochen
                 der Sommerferien
Geöffnet: 7.00–24.00
Warme Küche: 11.30–14.00; 17.30–21.30

7440 Beuren
Beurener Hof
Hotelbetriebs GmbH Anhorn
Hohenneuffenstr. 16, Tel. (070 25) 51 57
Küchenchef: Wolf-Dieter Anhorn
Plätze: 78/24
Ruhetage: Dienstag ganzer Tag,
                 Mittwoch bis 18.00
Ferien: 15. 1. bis 31. 1.
Geöffnet: Täglich 11.30–24.00
Warme Küche: 11.30–14.00; 18.00–22.00

7186 Blaufelden
Gasthof zum Hirschen
Manfred Kurz
Hauptstraße 15, Tel. (079 53) 10 41
Küchenchef: Manfred Kurz
Plätze: 25/65
Ruhetage: Montag u. Sonntag abends
Ferien: Monat Januar
Geöffnet: 12.00–15.00; 18.00–24.00
Warme Küche: 12.00–15.00; 18.30–21.30

7300 Esslingen
Historisches Restaurant Dicker Turm
Arthur Moosmann
Auf der Burg, Tel. (07 11) 35 50 35
Küchenchef: Jochen Moosmann
Plätze: 100
Ruhetage: Montag, Sonntag ab 18.00
Ferien: —
Geöffnet: 11.00–23.00
Warme Küche: 11.30–14.00; 18.00–21.30

7024 Filderstadt 1 (Sielmingen)
Hahnen
Margitta Schweizer
Sielminger Hauptstr. 49, Tel. (07158) 46 54
Küchenchef: Alfred Schweizer
Plätze: Restaurant 72, NR 100
Ruhetage: Mittwoch
Ferien: Sommerferien 3½ Wochen,
                 Winter 10 Tage
Geöffnet: 9.00–24.00
Warme Küche: 11.30–14.00; 17.30–22.00

7024 Filderstadt 4 (Bonlanden)
Rotisserie, Hotel am Schinderbuckel
Peter Braun/Gesch.-Ltg.
Ingrid Nickoll u. Dieter Eberle
Bonlander Hauptstr. 145,
Tel. (07 11) 77 10 36
Küchenchef: Martin Steiner
Plätze: 170
Ruhetage: —
Ferien: —
Geöffnet: 6.00–24.00
Warme Küche: 12.00–14.30; 18.00–23.00

7290 Freudenstadt
Panorama-Restaurant
Gerd Stüben
Ludwig-Jahn-Str. 60, Tel. (074 41) 50 30
Küchenchef: Ekkehard Neubert
Plätze: 160
Ruhetage: —
Ferien: 19. 11.–29. 11.
Geöffnet: 9.00–24.00
Warme Küche: 11.00–22.30

7443 Frickenhausen
Gasthof zum Stern
Karl Handte
Hauptstr. 39, Tel. (070 22) 4 18 49
Küchenchef: Karl Handte
Plätze: Restaurant 80, Saal 80–120
Ruhetage: Freitag
Ferien: Mitte Juni–Juli
Geöffnet: 9.00–24.00
Warme Küche: 11.30–14.00; 18.00–22.00

7111 Friedrichsruhe
Wald- u. Schloßhotel Friedrichsruhe
Fürst Kraft zu Hohenlohe-Oehringen
Tel. (079 41) 60 87-0
Küchenchef: Lothar Eiermann u.
                 Werner Fuchß
Plätze: 90
Ruhetage: Mo. u. Di. mittags
                 nur für Passanten
Ferien: —
Geöffnet: 12.00–15.00; 18.00–24.00
Warme Küche: 12.00–14.00; 18.45–21.30

7487 Gammertingen
Hotel- u. Restaurant Posthalterei,
Romantik Hotel
Robert Baur
Sigmaringer Str. 4, Tel. (075 74) 8 76
Küchenchef: Robert Baur
Plätze: 50
Ruhetage: —
Ferien: —
Geöffnet: 8.00–23.00
Warme Küche: 12.00–14.00; 18.00–22.00

7160 Gaildorf-Unterrot
Gasthof Kocherbähnle
Ulrich und Wiltrud Oesterle
Schönberger Str. 8, Tel. (079 71) 70 54
Küchenchef: Ulrich u. Wiltrud Oesterle
Plätze: 120
Ruhetage: So. 15.00–Mo. 17.00 geschl.
Ferien: 2 Wo. in den Sommerferien
Geöffnet: 10.00–15.00; 17.00–24.00
Warme Küche: 11.30–14.00; 17.30–23.00

7804 Glottertal
Gasthaus zum Adler
Fr. Stephanie Langenbacher
Talstr. 11, Tel. (07684) 231/1081
Küchenchef: Richard Dutter
Plätze: 150
Ruhetage: Dienstag
Ferien: —
Geöffnet: 7.00–24.00
Warme Küche: 12.00–14.30; 18.00–21.30

7320 Göppingen-Ursenwang
Bürgerhof, Das Restaurant mit Markt
Wolfgang u. Marianne Kottmann
Tannenstr. 2
Tel. (07161) 811226 u. 812192
Küchenchef: Wolfgang Kottmann
Plätze: 180
Ruhetage: So. abends u. Mo. ganztägig
Ferien: 3 Wochen während der
               Sommerferien,
               1 Woche im Jan.
Geöffnet: 11.00–14.30; 18.00–24.00
Warme Küche: 11.30–14.00; 18.00–21.30

7423 Gomadingen-Offenhausen
Gestütsgasthof Offenhausen
Dietmar Gulewitsch
Gestütshof 1, Tel. (07385) 1611 u. 1612
Küchenchef: Dietmar Gulewitsch
Plätze: 100
Ruhetage: Di. ab 15.00 u.
               Mi. ganztägig
Ferien: Februar
Geöffnet: 11.00–24.00
Warme Küche: 11.45–14.15; 18.00–21.30

7141 Großbottwar
Stadtschänke am Markt
Hans Könneke
Hauptstr. 36, Tel. (07148) 8024
Küchenchef: Hans Könneke
Plätze: 70
Ruhetage: Mittwoch
Ferien: —
Geöffnet: 11.30–14.30 u. ab 17.30
Warme Küche: 11.30–14.30; 18.00–22.00

6900 Heidelberg
Romantik Hotel Zum Ritter Sankt Georg
Fam. Georg Kuchelmeister
Hauptstr. 178,
Tel. (06221) 20203 u. 24272
Küchenchef: Walter Atzinger
Plätze: 220
Ruhetage: Restaurant 24. 12.
Ferien: —
Geöffnet: 9.00–24.00
Warme Küche: 12.00–14.00; 18.00–22.00

7920 Heidenheim
Hotel-Restaurant Ottilienhof
Walter Kurzmann
Schnaitheimer Str. 19, Tel. (07321) 41077
Küchenchef: Walter Kurzmann
Plätze: 40
Ruhetage: So. u. feiertags ab 15.00
Ferien: —
Geöffnet: 7.00–23.00
Warme Küche: 11.00–14.30; 18.00–22.00

7918 Illertissen-Dornweiler
Dornweiler Hof
Hans und Priska Steinhart
Dietenheimer Str. 91, Tel. (07303) 2781
Küchenchef: Hans Steinhart
Plätze: 130
Ruhetage: Dienstag
Ferien: 3 Wo. im Januar
Geöffnet: 9.00–24.00
Warme Küche: 11.30–14.00; 17.30–22.00

7919 Illereichen-Altenstadt
Landhotel Schloßwirtschaft
Eberhard Aspacher
Kirchplatz 2, Tel. (08337) 8045
Küchenchef: Eberhard Aspacher
               Manfred Führer
Plätze: 60
Ruhetage: Montag
Ferien: —
Geöffnet: 9.00–24.00
Warme Küche: 12.00–14.00; 18.00–22.00

7061 Kaisersbach-Ebni
Landhotel Hirsch Ebnisee
Iris und Ernst-Ulrich Schassberger
Winnender Str. 10, Tel. (07184) 2920
Küchenchef: Thomas Hirt
Plätze: 27/45
Ruhetage: So. Abend bis Di. 19.00
Ferien: die letzten 3 Wochen Jan.
               und ersten 3 Wochen Feb.
Geöffnet: 12.00–15.00; 18.00–24.00
Warme Küche: 12.00–14.00; 19.00–22.00

7053 Kernen i. R.-Stetten
Gasthof Zum Ochsen
Schlegel GmbH
Kirchstr. 15, Tel. (07151) 42015
Küchenchef: Rolf Schlegel
Plätze: 200
Ruhetage: Mittwoch
Ferien: 3 Wochen über Fasching
Geöffnet: 11.30–24.00
Warme Küche: 12.00–14.30; 17.30–21.45

7053 Kernen i. R.-Stetten
Hotel-Gasthof Hirsch
Fritz u. Ingeborg Heim
Hirschstr. 2, Tel. (07151) 44240 u. 46824
Küchenchef: Fritz Heim
Plätze: 120
Ruhetage: Donnerstag u. Freitag
Ferien: 3 Wochen während der
               Sommerferien
Geöffnet: 11.00–24.00
Warme Küche: 11.30–14.00; 17.30–21.30

7053 Kernen i. R.-Rommelshausen
Gasthof Zum Lamm
Friederich Schmid
Hauptstr. 44, Tel. (07151) 41352
Küchenchef: Friederich Schmid
Plätze: 110 (Saal 48, 2 NZ à 20)
Ruhetage: Mi. sowie jeder
               1. u. 3. Di. d. Monats
Ferien: 14 Tage ab Weihnachten
Geöffnet: 11.00–14.30; 17.00–24.00
Warme Küche: 11.30–14.00; 17.30–21.00

7312 Kirchheim/Teck
Restaurant Altes Haus
Peter Bissinger
Alleenstraße 52, Tel. (07021) 47291
Küchenchef: Peter Bissinger
Plätze: 45
Ruhetage: Dienstag
Ferien: Unbestimmt
Geöffnet: 17.30–24.00;
               sonntags 12.00–14.00;
               17.30–24.00
Warme Küche: 17.30–22.00

7316 Köngen/Neckar
Hotel-Restaurant Neckartal
Werner Nödinger
Bahnhofstr. 19, Tel. (07024) 8841/42
Küchenchef: Werner Nödinger
Plätze: 20/35/35/60
Ruhetage: Freitag
Ferien: 2 Wochen im August
Geöffnet: 9.00–24.00
Warme Küche: 11.30–14.00; 17.00–22.00

7923 Königsbronn-Zang
Landgasthof Löwen
Frank Widmann
Strothstr. 17, Tel. (07328) 6292
Küchenchef: Frank Widmann
Plätze: 180
Ruhetage: Dienstag
Ferien: Anf. August–Mitte Sept.
Geöffnet: 11.00–24.00
Warme Küche: 11.30–14.15; 18.00–21.30

7750 Konstanz
Seehotel Siber
Bertold Siber
Seestr. 25, Tel. (07531) 63044/45
Küchenchef: Bertold Siber
Plätze: 85
Ruhetage: —
Ferien: 1 Woche über Fasnacht
Geöffnet: 11.30–24.00
Warme Küche: 12.00–14.00; 19.00–23.00

7054 Korb bei Waiblingen
Hotel-Restaurant Rommel
Karlheinz Haase
Boschstr. 7, Tel. (07151) 3976–77
Küchenchef: Karlheinz Haase
Plätze: 80–110
               in versch. Räumlichkeiten
Ruhetage: —
Ferien: —
Geöffnet: Täglich ab 17.00
               Sonn- u. Feiertage ganztägig
               geöffnet
Warme Küche: 18.00–23.00;
               So. 12.00–14.00; 18.00–23.00

7014 Kornwestheim
Hotel-Restaurant Hasen
Heinz und Helga Renninger
Christofstr. 22, Tel. (07154) 6306
Küchenchef: Heinz Renninger
Plätze: 180
Ruhetage: Montag
Ferien: 3 Wo. in den Sommerferien
Geöffnet: 10.00–24.00
Warme Küche: 11.00–14.00; 17.00–21.30

7109 Krautheim an der Jagst
Landgasthof-Restaurant Zur Krone
Wolfgang Riegler
König-Albrecht-Str. 3, Tel. (06294) 362
Küchenchef: Wolfgang Riegler
Plätze: 180
Ruhetage: Dienstag
Ferien: —
Geöffnet: 8.30–24.00
Warme Küche: 11.30–14.00; 18.00–21.30

7022 Leinfelden bei Stuttgart
Gasthof-Restaurant Bahnhof Leinfelden
Hans Hartmann
Bahnhofstr. 37, Tel. (0711) 752739
Küchenchef: Dieter Holzäpfel
Plätze: 120 mit Biergarten
Ruhetage: Sa. (u. So. bis 17.00)
Ferien: 3 Wochen während der
                Sommerferien
                2 Wochen an Weihnachten
Geöffnet: 10.00–14.30; 17.00–24.00
Warme Küche: 11.30–14.00; 17.30–21.30

7250 Leonberg-Eltingen
Hotel-Restaurant Hirsch
Heiner Eiss KG
Hindenburgstr. 1, Tel. (07152) 43071
Küchenchef: Herr Geiger u. Herr Baur
Plätze: 350
Ruhetage: —
Ferien: —
Geöffnet: 6.00–24.00
Warme Küche: 12.00–14.30; 17.30–23.00

7250 Leonberg-Höfingen
Schloß Höfingen
Franz Feckl
Am Schloßberg 17, Tel. (07152) 21049
Küchenchef: Franz Feckl
Plätze: 60
Ruhetage: Dienstag ganztags
                Samstagmittag
Ferien: Juli
Geöffnet: 12.00–15.00; 18.00–24.00
Warme Küche: 12.00–14.00; 18.00–22.00

7414 Lichtenstein
Gasthof Schwanen
Karl Bader
Nebelhöhlestr. 11, Tel. (07129) 2658
Küchenchef: Karl Bader
Plätze: 80
Ruhetage: Mittwoch
Ferien: Sommer 3 Wochen
                Winter 1 Woche
Geöffnet: 10.00–24.00
Warme Küche: 11.30–14.00; 17.30–21.30

7414 Lichtenstein-Honau
Forellenhof Rössle
Albrecht Gumpper
Heerstr. 20, Tel. (07129) 4001 u. 4002
Küchenchef: Walter Sreeb
Plätze: 200
Ruhetage: —
Ferien: —
Geöffnet: 10.00–22.30
Warme Küche: 11.30–14.00; 17.00–21.00

7101 Löwenstein
Gasthof Lamm
Otto Assenheimer
Maybachstr. 43, Tel. (07130) 542
Küchenchef: Otto Assenheimer
Plätze: Gastraum 30, NZ 16 u. 30
Ruhetage: Montag
Ferien: 3 Wochen im Januar,
                2 Wochen im August
Geöffnet: 11.00–14.00; 17.00–24.00
Warme Küche: 11.00–14.00; 17.00–21.00

7140 Ludwigsburg
Alte Sonne
M. u. D. Benzing
Bei der Katholischen Kirche 3
Tel. (07141) 25231 u. 32
Küchenchef: Max Benzing
Plätze: 75
Ruhetage: Samstag und Sonntag
Ferien: 3 Wochen
                in den Sommerferien
Geöffnet: 11.30–23.00
Warme Küche: 12.00–14.00; 18.00–22.00

7145 Markgröningen
Ratstüble
Rainer Steng
Marktplatz 2, Tel. (07145) 5383
Küchenchef: Rainer Steng
Plätze: 60
Ruhetage: Montag
Ferien: unbestimmt
Geöffnet: 10.00–14.30; 17.00–24.00
Warme Küche: 11.30–14.00; 17.30–21.30

7133 Maulbronn
Gasthof-Restaurant Birkenhof
Friedrich Schempf
Postfach 2, Tel. (07043) 6763 u. 8098
Küchenchef: Karl Schempf
Plätze: 180
Ruhetage: Dienstag (Restaurant)
Ferien: —
Geöffnet: 11.30–14.00; 17.00–24.00
Warme Küche: 12.00–14.00; 17.30–22.00

7430 Metzingen
Hotel-Restaurant Schwanen
Familie Wetzel
Bei der Martinskirche 10
Tel. (07123) 1316
Küchenchef: Georg Wurster
Plätze: 120/60/25
Ruhetage: Montag
Ferien: —
Geöffnet: 12.00–14.00; 17.30–21.30
Warme Küche: 12.00–14.00; 17.30–21.30

7430 Metzingen-Glems
Gasthof Zum Waldhorn
Familie Harter
Neuhauser Str. 32, Tel. (07123) 15167
Küchenchef: Otto Harter
Plätze: 40/40/80
Ruhetage: Dienstag
Ferien: 3 Wochen Juli-August
Geöffnet: 11.00–24.00
Warme Küche: 11.30–14.00, 17.30–21.30

7157 Murrhardt
Sonne-Post
W. u. A. Bofinger
Pächter Fam. Lautscham
Karlstr. 6, Tel. (07192) 8081
Küchenchef: Norbert Vögele
Plätze: 160
Ruhetage: —
Ferien: —
Geöffnet: 10.00–24.00
Warme Küche: 11.30–14.30; 17.30–22.00

7157 Murrhardt-Fornsbach
Landgasthof Krone
Rudi Pfitzer
Rathausplatz 3, Tel. (07192) 5401
Küchenchef: Rudi Pfitzer
Plätze: 20/25/36/100
Ruhetage: Montag
Ferien: 3 Wochen im Februar
                2 Wochen im September
Geöffnet: 7.00–24.00
Warme Küche: 11.30–14.00; 17.30–22.00

7446 Oberboihingen
Gasthof zur Linde
Familie Ebermann
Nürtinger Str. 24, Tel. (07022) 61168
Küchenchef: Jörg Ebermann
Plätze: 100
Ruhetage: Montag
Ferien: —
Geöffnet: 11.00–24.00
Warme Küche: 11.30–14.00; 18.00–21.30

7141 Oberstenfeld
Gasthof-Hotel Zum Ochsen
Familie Betz
Großbottwarer Str. 31, Tel. (07062) 3033
Küchenchef: Friedrich Schick
Plätze: 120
Ruhetage: Dienstag
Ferien: Anf.–Mitte Januar
Geöffnet: 11.00–24.00
Warme Küche: 12.00–14.00; 17.30–21.45

7302 Ostfildern 1 (Ruit)
Hirsch Hotel Gehrung
Klaus Gehrung
Stuttgarter Str. 7, Tel. (0711) 442088
Küchenchef: Gerhard Bauknecht
Plätze: 100
Ruhetage: Sonntag
Ferien: 3 Wochen im Sommer
Geöffnet: 7.00–24.00
Warme Küche: 11.30–14.00; 17.00–22.00

7302 Ostfildern 2 (Nellingen)
La cuisine im Filderhotel
Heide Otto KG
In den Anlagen 1, Tel. (0711) 342091
Küchenchef: Joachim Otto
Plätze: 70
Ruhetage: Freitag und Samstag
Ferien: 3 Wochen in den
                Sommerferien
Geöffnet: 6.30–24.00
Warme Küche: 12.00–14.00; 18.00–22.00

7310 Plochingen
Restaurant Stumpenhof
Dieter Wägerle
Stumpenhof 1, Tel. (07153) 24425
Küchenchef: Dieter Wägerle
Plätze: 110
Ruhetage: Montag und Dienstag
Ferien: 3 Wochen im Sommer
               2 Wochen im Winter
Geöffnet: 10.00–23.00
Warme Küche: 12.00–14.00; 18.00–21.30

7980 Ravensburg
Waldhorn
Albert Bouley
Marienplatz 15, Tel. (0751) 16021
Küchenchef: Albert Bouley
Plätze: 40
Ruhetage: Sonntag, Mo. vormitt.
Ferien: —
Geöffnet: 11.30–15.00; 18.00–24.00
Warme Küche: 12.00–14.00; 18.30–22.00

7062 Rudersberg-Schlechtbach
Zum Stern
Armin Wiedmann
Heilbronner Str. 16, Tel. (07183) 8377
Küchenchef: Armin Wiedmann
Plätze: 48
Ruhetage: Montag u. Dienstag Mittag
Ferien: —
Geöffnet: 11.00–14.00; 17.30–24.00
Warme Küche: 11.30–14.00; 18.00–22.00

7070 Schwäbisch Gmünd
Fuggerei
Albert und Erika Bofinger
Münstergasse 2, Tel. (07171) 30003
Küchenchef: Albert Bofinger
Plätze: 60
Ruhetage: Dienstag
Ferien: 2 Wochen im Januar
               2 Wochen im Juli/August
Geöffnet: 11.30–15.00; 17.30–24.00
Warme Küche: 12.00–14.00; 18.00–21.30

7070 Schwäbisch Gmünd
Postillion
Vincent Klink
Königsturmstr. 35, Tel. (07171) 61584
Küchenchef: Vincent Klink
Plätze: 40
Ruhetage: So. u. Feiertage, montags
Ferien: 3 Wochen im Sommer
Geöffnet: 11.30–15.00; 18.00–24.00
Warme Küche: 12.00–14.00; 18.00 21.00

7032 Sindelfingen
Adlon, Hotel Berlin
Familie Reinheimer
Berliner Platz 1, Tel. (07031) 61970
Küchenchef: Günter Koppert
Plätze: 80
Ruhetage: Samstagmittag geschlossen
Ferien: —
Geöffnet: 12.00–14.00; 18.00–22.00
Warme Küche: 12.00–14.00; 18.00–22.00

7419 Sonnenbühl-Erpfingen
Gasthof zum Löwen
Karl-Heinz Pfitzer
Trochtelfinger Str. 2, Tel. (07028) 2222
Küchenchef: Karl-Heinz Pfitzer
Plätze: 120
Ruhetage: Mittwoch
Ferien: 4 Wochen im Februar
Geöffnet: 11.00–23.00
Warme Küche: 12.00–14.00; 18.00–21.00

7924 Steinheim-Sontheim
Landgasthof Sontheimer Wirtshäusle
Familie Bosch
An der B 466, Tel. (07329) 285
Küchenchef: Manfred Schwarz-Bosch
Plätze: z. Zt. 45 + 24 (NZ), 50 im
               Bau, Fertigst. April 1990
Ruhetage: Samstag
Ferien: —
Geöffnet: 7.00–24.00
Warme Küche: 11.30–14.00; 17.45–21.00

7000 Stuttgart 1
Alte Post
Wolfgang Pfeiffer
Friedrichstr. 43, Tel. (0711) 293079
Küchenchef: Wolfgang Pfeiffer
Plätze: 45
Ruhetage: Sonntag (Sa. u. Mo. nur
               abends)
Ferien: Ende Juli–Mitte August
Geöffnet: 12.00–14.30; 18.00–23.00
Warme Küche: 12.00–14.30; 18.00–22.00

7000 Stuttgart 1
Hotel am Schloßgarten
Restaurant/Zirbelstube
LEGA GmbH
Schillerstr. 23, Tel. (0711) 20026-0
Küchenchef: Siegfried Keck
Plätze: 70/70
Ruhetage: Sonntag
Ferien: —
Geöffnet: 12.00–14.00; 18.00–24.00
Warme Küche: 12.00–14.00; 18.00–23.15

7000 Stuttgart 1
Restaurant Graf Zeppelin
Steigenberger Hotels AG
Arnulf-Klett-Platz 7, Tel. (0711) 299881
Küchenchef: Adolf Niefer
Plätze: 60
Ruhetage: Samstagmittag
               sonn- und feiertags
Ferien: 3 Wochen im Sommer
Geöffnet: Mo.–Fr. 12.00–14.30;
               18.30–22.30;
               Sa. 18.30–22.30
Warme Küche: 12.00–14.00; 19.00–22.00

7000 Stuttgart 1
Villa Berg im Parkhotel Stuttgart
Hans Karr
Villastr. 21, Tel. (0711) 280161
Küchenchef: Helmut Kübler
Plätze: 70
Ruhetage: —
Ferien: —
Geöffnet: 9.00–24.00
Warme Küche: 12.00–14.30; 18.00–22.30

7000 Stuttgart 1
Weinstube zur Weinsteige im Hotel Wörtz
Richard Scherle
Hohenheimer Str. 30, Tel. (0711) 240681
Küchenchef: Richard Scherle
Plätze: 70
Ruhetage: Sa., Sonn- und Feiertage
Ferien: Mitte Dez.–Mitte Jan.
Geöffnet: 7.00–24.00
Warme Küche: 12.00–14.00; 18.00–22.00

7000 Stuttgart-Bad Cannstatt
Krehl's Linde
Volker Krehl
Obere Waiblinger Str. 113,
Tel. (0711) 527567 u. 528 13 85
Küchenchef: Volker Krehl
Plätze: 55
Ruhetage: Sonntag und Montag
Ferien: Ende Juli–Mitte August
Geöffnet: 12.00–14.00; 18.00–24.00
Warme Küche: 12.00–14.00; 18.00–23.00

7000 Stuttgart-Bergheim
Hotel-Gasthof Bergheim
Rainer Mohr
Grubenäcker 177, Tel. (0711) 864819
Küchenchef: Rainer Mohr
Plätze: 20/20/80, Terrasse 120
Ruhetage: Montag, Donnerstag ab 14.00
Ferien: Mitte Aug.–Anf. Sept.
Geöffnet: 7.00–24.00
Warme Küche: 11.30–14.00; 18.00–21.30

7000 Stuttgart-Degerloch
Waldhotel Degerloch
Peter Steinbrück
Guts-Muths-Weg 18
Tel. (0711) 761790 u. 765017
Küchenchef: Jörg Dietrich
Plätze: Restaurant 80 +
               40 Terrasse
Ruhetage: —
Ferien: —
Geöffnet: 7.00–24.00
Warme Küche: 12.00–14.00; 18.00–22.00

7000 Stuttgart-Feuerbach
Gasthaus Lamm
Hermann Engel
Mühlstr. 24, Tel. (0711) 853615
Küchenchef: Hermann Engel
Plätze: 30
Ruhetage: So. u. Feiertage
               Sa. bis 18.00
Ferien: 3 Wo. über Weihnachten
Geöffnet: 12.00–14.30; 18.00–24.00
Warme Küche: 12.00–14.00; 19.00–22.00

7000 Stuttgart-Möhringen
Landgasthof Riedsee
Reinwalt Renz
Elfenstraße 120, Tel. (0711) 712484
Küchenchef: Reinwalt Renz
Plätze: 70/20, Terrasse 90
Ruhetage: Sonntags ab 15.00
               und montags
Ferien: —
Geöffnet: 11.30–24.00
Warme Küche: 11.30–14.00; 18.00–22.00

7000 Stuttgart-Mühlhausen
Öxle's Löwen
Martin Öxle
Veitstr. 2, Tel. (07 11) 53 22 26
Küchenchef: Martin Öxle
Plätze: 40
Ruhetage: Sonn- u. feiertags; Montag
                und Samstag bis 18.30
Ferien: Anfang Januar
Geöffnet: 12.00–14.00; 18.30–24.00
Warme Küche: 12.00–14.00; 18.30–22.00

7820 Titisee-Neustadt
Kurhotel Brugger am See
Familie Eckstein
Tel. (07651) 8 01-0
Küchenchef: Rudolf Schmidt
Plätze: 90/70/50/20
Ruhetage: —
Ferien: —
Geöffnet: 9.00–24.00
Warme Küche: 12.00–14.00; 19.00–21.00

7400 Tübingen-Derendingen
Gasthaus zum Hirsch
Paul Fleischmann u. Anne Steiner
Jurastr. 27, Tel. (07071) 7 37 88
Küchenchef: Paul Fleischmann
Plätze: 70
Ruhetage: Mittwoch
Ferien: 2. und 3. Juliwoche
Geöffnet: 11.00–24.00;
                Sonntag 10.30–24.00
Warme Küche: 11.30–14.00; 18.00–22.00

7900 Ulm/Donau
Hotel Stern
Gebrüder Loser
Sterngasse 17, Tel. (07 31) 6 30 91
Küchenchef: Paul Sauter
Plätze: 80
Ruhetage: —
Ferien: —
Geöffnet: 7.00–24.00
Warme Küche: 11.30–14.00; 17.30–22.00

7050 Waiblingen
Restaurant Koch
Rosemarie Reutter, Manfred Koch
Bahnhofstr. 81, Tel. (07151) 5 34 35
Küchenchef: Manfred Koch
Plätze: 150
Ruhetage: Sa. bis 18.00;
                So. ab 14.00
Ferien: Ende Dez.–Anf. Jan.
Geöffnet: Mo.–Fr. 11.30–14.00;
                16.30–24.00
Warme Küche: Mo.–Fr. 11.30–14.00;
                18.00–22.00;

7050 Waiblingen
Restaurant Remsstuben
Erdmuthe u. Günther Butz
An der Talaue 4, Tel. (07151) 2 10 78
Küchenchef: Günther Butz
                Siegbert Kugler
Plätze: 80/70
Ruhetage: —
Ferien: —
Geöffnet: 11.30–23.30
Warme Küche: 12.00–22.00

7076 Waldstetten (Ostalbkreis)
Sonnenhof
Helmut u. Rita Hilse
Lauchgasse 19, Tel. (07171) 4 23 09
Küchenchef: Helmut Hilse
Plätze: 40/25/90/60/40
Ruhetage: Montag
Ferien: —
Geöffnet: 11.00–15.00; 17.00–24.00
                Somm. auch 15.00–17.00
Warme Küche: 12.00–14.00; 18.00–22.00

7321 Wangen
Hotel-Restaurant Linde
Kurt Clement
Hauptstr. 30, Tel. (07161) 2 30 22
Fax (07161) 13 685
Küchenchef: Kurt Clement
Plätze: 60 Restaurant
                35 Weinstube
                20 Konferenzraum
                18 Frühstücksraum
Ruhetage: —
Ferien: Ende Okt.–Mitte Nov.
Geöffnet: Täglich 7.00–24.00
Warme Küche: 11.30–14.00; 17.30–22.00

7321 Wangen
Landgasthof Adler
Hartmut Clement
Hauptstr. 103, Tel. (07161) 2 11 95
Küchenchef: Hartmut Clement
Plätze: 30
Ruhetage: Montag
Ferien: Letzte 2 Januarwochen
Geöffnet: 12.00–14.00; 18.00–24.00
Warme Küche: 12.00–14.00; 18.00–21.30

6992 Weikersheim
Laurentius
Heinrich u. Lony Koch
Marktplatz 5, Tel. (07934) 70 07
Küchenchef: Heinrich Koch u.
                Jürgen Koch
Plätze: 50 und 60
Ruhetage: —
Ferien: Februar
Geöffnet: Restaurant mittags u. abends
                Café 15.00–18.00
Warme Küche: 12.00–14.00; 18.00–21.30

7056 Weinstadt-Schnait
Gasthof-Weinstube zum Lamm
Familie Heldmann
Silcherstr. 75, Tel. (07151) 6 50 03
Küchenchef: Wolf-Dietrich Wieck
Plätze: 160
Ruhetage: Dienstag
Ferien: 14 Tage im Januar
Geöffnet: 11.00–24.00
Warme Küche: 11.30–14.00; 17.30–21.30

Weinstadt-Strümpfelbach
Gasthaus zum Lamm
Walter Hofmann
Hindenburgstr. 16, Tel. (07151) 6 23 31
Küchenchef: Walter Hofmann
Plätze: 90
Ruhetage: Montag und Dienstag
Ferien: 2 Wochen im Januar
                3 Wochen im August
Geöffnet: 11.00–15.00; 17.00–24.00
Warme Küche: 11.30–14.00; 18.00–21.00

6980 Wertheim-Bettingen
Restaurant-Hotel Schweizer Stuben
Adalbert Schmitt
Geiselbrunnweg 11, Tel. (09342) 30 70
Küchenchef: Dieter Müller
Plätze: 58
Ruhetage: So. mittags, Mo.
                und Di. mittags
Ferien: Erste 3 Januarwochen
Geöffnet: 12.00–15.00; 19.00–24.00
Warme Küche: 12.00–13.45; 19.00–21.45

7437 Westerheim
Restaurant Silberdistel
Lothar Jolly
Alb-Camping, Tel. (07333) 68 10
Küchenchef: Lothar Jolly
Plätze: 150
Ruhetage: Montag
Ferien: —
Geöffnet: Wochentags 18.00–23.30;
                Sa./So. 10.00–22.30
Warme Küche: Wochentags 18.00–22.00;
                Sa./So. 11.30–14.30;
                18.00–22.00

7057 Winnenden-Birkmannsweiler
Landgasthof Heubach-Krone
Eugen u. Monika Heubach
Hauptstr. 99, Tel. (07195) 78 53
Küchenchef: Eugen Heubach
Plätze: 200
Ruhetage: Dienstag und Mittwoch
Ferien: 3 Wochen Juli/August
Geöffnet: 11.00–14.00; 17.00–24.00
Warme Küche: 11.30–14.00; 17.30–21.30

Köche in Kasinos und Großküchen

Siegfried Auer
Klinikum Günzburg
8870 Günzburg

Gernot Behlke
Technische Werke Stuttgart (TWS)
7000 Stuttgart

Helmut Biesinger
Württembergische
Metallwarenfabrik (WMF)
7340 Geislingen

Dieter Fembacher
Stadtkrankenhaus
8220 Traunstein

Rudolf Glaser
Firma Gehring
7302 Ostfildern 2

Dieter Grabowski
Robert-Bosch-Krankenhaus
7000 Stuttgart

Karl Haaf
Olga-Hospital
7000 Stuttgart

Hermann Häring
Altenheim St. Josef
7208 Spaichingen

Roland Hagemann
Firma Mann & Hammel
7140 Ludwigsburg

Albrecht Keller
Theodor-Heuss-Kaserne
7000 Stuttgart-Bad Cannstatt

Karl Knipp
Allgemeine Rentenanstalt
7000 Stuttgart

Heinz Peter Kotheder
Daimler-Benz
7032 Sindelfingen

Hansjoachim Mackes
Wohnstift Augustinum
7000 Stuttgart

Manfred Maucher
Kasino des ZDF
6500 Mainz

Rolf Minder
Merz-Schule
7000 Stuttgart

Friedrich Nagel
Allianz Versicherung
7000 Stuttgart

Wilhelm Oppermann
B. Birkel Söhne GmbH
7056 Endersbach

Werner Prechtl
Psychiatrisches Landeskrankenhaus
7057 Winnenden

Gerhard Rittberger
ANT
7150 Backnang

Wolfgang Sensz
Feinkost Käfer
8000 München

Erich Stradinger
IBM
7000 Stuttgart

Erich Theuerkauf
Firma Getrag
7140 Ludwigsburg

Wolfgang Walter
EVS
7000 Stuttgart

Restaurants befreundeter Mitglieder der Schweizerischen Gilde etablierter Köche

CH-9425 Buriet-Thal
Hotel Landgasthof Schiff
Hanspeter Trachsel
Buriet-Thal, Tel. (0041 71) 44 47 77
Küchenchef: Hanspeter Trachsel
Plätze: 40/40/80
Ruhetage: –
Ferien: –
Geöffnet: 7.30–24.00
Warme Küche: 11.00–23.00

CH-4438 Langenbruck
Hotel Landgasthof Bären
Hans Grieder
Hauptstr. 10, Tel. (0041 62) 60 14 14
Küchenchef: Hans Grieder
               Alexander Topp
Plätze: 20/35/35/36/40/42/100
Ruhetage: –
Ferien: –
Geöffnet: 7.00–24.00
Warme Küche: 11.00–14.00; 17.00–22.00

CH-3812 Wilderswil
Hotel Alpenblick
Richard Stöckli
Wilderswil, Tel. (0041 36) 22 07 07
Küchenchef: Richard Stöckli
Plätze: 60/80
Ruhetage: Mo. u. Di. bis 17.30
Ferien: Nov. bis Mitte Dez.
Geöffnet: 9.00–24.00
Warme Küche: 11.00–14.00; 17.30–22.00

CH-6300 Zug
Restaurant Rosenberg
Franz Erni
Rosenbergstr. 30, Tel. (0041 42) 21 71 71
Küchenchef: Franz Erni
Plätze:
Ruhetage: Samstag/Sonntag
Ferien:

REGISTER